新坐标管理系列精品教材

辽宁省省级精品课配套教材

Operations Research for Management

管理运筹学

——模型与方法（第2版）

韩大卫 编著

清华大学出版社

北 京

内容简介

本书从典故谈起，较精辟地阐述了运筹学的基本属性、历史沿革与模型要义。通篇从经济管理的角度，简明系统地介绍了线性规划基本模型、单纯形法、对偶模型、参数分析、运输模型、整数规划、目标规划、网络规划、动态规划、决策分析、矩阵对策、排队论、存贮论等分支的基本理论、模型与方法。

全书内容精简、整体统一、融会贯通，贴近实际。多用直观手段、通俗语言和详尽算例来阐明基本方法，并以较丰富的案例、实例来说明模型的建立与应用。各章末配有适当的习题，以便提纲挈领，消化内容，巩固学识。

本书可供普通高校经管类专业本科生、研究生，MBA 和工程硕士生，以及职业技术学院同类专业学生选作教材，也可供各企事业单位、各级权力机关选作管理科学的培训教材或参考读物。

图书在版编目(CIP)数据

管理运筹学：模型与方法/韩大卫主编. --2 版. --北京：清华大学出版社，2014（2025.7 重印）
（新坐标管理系列精品教材）
ISBN 978-7-302-36329-3

Ⅰ. ①管… Ⅱ. ①韩… Ⅲ. ①管理学—运筹学—高等学校—教材 Ⅳ. ①C931.1

中国版本图书馆 CIP 数据核字(2014)第 084739 号

责任编辑：刘志彬
封面设计：汉风唐韵
责任校对：宋玉莲
责任印制：刘海龙

出版发行：清华大学出版社
网　　址：https://www.tup.com.cn，https://www.wqxuetang.com
地　　址：北京清华大学学研大厦 A 座　　邮　　编：100084
社 总 机：010-83470000　　邮　　购：010-62786544
投稿与读者服务：010-62776969，c-service@tup.tsinghua.edu.cn
质量反馈：010-62772015，zhiliang@tup.tsinghua.edu.cn
印 装 者：三河市龙大印装有限公司
经　　销：全国新华书店
开　　本：185mm×260mm　　**印　张**：21.5　　**字　　数**：542 千字
版　　次：2009 年 1 月第 2 版　　**印　　次**：2025 年 7 月第10 次印刷
定　　价：50.00 元

产品编号：058402-02

前　言

运筹学是20世纪40年代前后诞生的一门年轻的独立科学，它以运行系统作为研究对象，主要关注现实系统的最优运作，以及未来系统的最优设计，这是它不同于此前一切科学的最显著特色。运筹学的目的是为职能管理人员有效设计或控制所关注的系统，为其良序运行提供定量分析的方法与科学决策的依据。

运筹学既是基础科学，又是应用科学，其自身体系异常浩繁，除了科学理论体系外，还包括应用体系、各种算法的计算机程序体系等。单就其科学理论体系而言，就多达四五十个分支，绝非任何一本教材所能总揽。本书名为"管理运筹学模型与方法"，选材为经济管理中常用的运筹学分支，并侧重介绍其模型与方法，主要面向管理学、经济学两大学科门类各专业本科、硕士层次运筹学的课程教学。

因此，本书注意从管理学和经济学的角度介绍运筹学的基础知识，多以这两大学科的各种实际问题为背景，引出基本概念、基本模型和基本方法，并且侧重各种方法及其应用；为适应不同需求，也选择性地纳入一些理论证明，但回避过于抽象、繁复的数学演绎；对于复杂的运筹学算法，大都运用直观手段和通俗语言来说明其基本思想，并辅以较丰富的算例和实例来说明求解的步骤，以便读者自学。每章末都配有适当的习题，以利读者巩固学识、加深理解、融会贯通。

运筹学课程是经管类各专业的主干技术基础课，也是核心课程之一。通过本课程的学习，应掌握运筹学主要分支的基本概念、基本模型与基本方法，重点是对各种模型与方法的运用。建议教师通过案例分析与建模求解，以及适当采用算法编程与计算机应用的实习训练等，加强对学生实际应用能力的开发与培养，以便为学习后续课程和本课程的高深内容，以及为将来实际应用奠定良好的基础。

本书是为适应社会实际需求，而将2009年首版的内容精简而成，同时订正了原版中的少许印刷纰漏，可谓本书为原书的"精简版"。

恳请广大读者不吝赐教，期冀再版更臻完善。

编　者

2013年12月30日于大连

目录

第0章 绪论

运筹学,顾名思义,即运用、筹划的学问。其某些思想可以说在我国由来已久,从"田忌赛马"、"丁谓挖沟"、"沈括运粮"三个典故中已见端倪。但是作为一门现代科学的运筹学,则是20世纪40年代前后诞生于英国。在以后的历程中,它发展迅速,应用广泛,成效卓著,已经成为现代化科学管理不可或缺的强有力工具。

0.1 运筹学的基本属性

为了便于了解运筹学的基本思想与特点,我们先从典故谈起,再及其他。

0.1.1 典故

(1) **田忌赛马**。战国时期,齐威王常邀大将军田忌赛马,双方约定:每方出上马、中马、下马各一匹各赛一局。由于在同等马中,田忌的马稍逊一筹,因此每次赛马田忌总输于齐王。后来,宰相邹忌欲陷害田忌,促成每局赌注千金。田忌的一个谋士孙膑为此献策:以下马对齐王的上马,以上马对齐王的中马,以中马对齐王的下马。田忌依计而行,结果一负两胜,净赢千金。

在这个典故中,由于孙膑运筹有方,田忌终于以弱胜强。这不仅显示出我国古朴运筹学的某些思想精华及实践成就,还蕴含着现代运筹学的重要分支之一——对策论(或博弈论)的某些思想萌芽。

(2) **丁谓挖沟**。北宋真宗年间,皇宫失火被毁,主持重建工作的大臣丁谓对这项既定任务进行统筹规划。他抓住取土、运材、除圾三个关键环节,有针对性地采取了一个有力措施——在宫址前的大街上挖一条长沟。这样,先挖沟取土就近烧制砖瓦;再将汴京(开封)附近的汴水引入沟内形成一条水上通道,使载运外地建筑材料的船只、排筏直抵宫址;待全部工程完毕,再将失火焚毁和施工中产生的破砖碎瓦等建筑垃圾就近填入沟内,修复大街。

在这个典故中,一沟三用,一举数得,可节省大量人力、物力、财力和时间。这不仅是我国古朴运筹学的又一思想建树和实践成就,还蕴含着现代运筹学的重要方法之一——"统筹法"的某些思想萌芽。

(3) **沈括运粮**。沈括生于北宋时期,是我国历史上著名的科学家,曾率兵抗击过西夏军队的侵扰。在他为后世留下的《梦溪笔谈》这一鸿著中,记有他运用定量分析的方法研究军队的人数及其行军的天数与所需粮食数和运粮的民夫数之间关系的具体实例。沈括认为,自运军粮花费颇大且难以远行,因此夺取敌军的粮食至关重要,从而做出"因粮于敌"的决策。

尽管沈括运用的定量分析方法与现代运筹学方法相差很大,但仅就其成功运用该法于运筹实践因而较早体现了运筹学的这一显著特点而言,已堪为运筹史上率先垂范之举,况且其所作结论与一千多年前《孙子兵法》中“食敌一盅,当吾三十盅”的精辟论断一脉相承,彰显出我国古典军事运筹学的卓越思想和悠久历史。

以上三个典故虽然不能概括我国古朴运筹学的思想精华和实践成就的全貌,更不可能反映现代运筹学的精华与成就,但从中已能粗略看出运筹学的某些基本特征。

0.1.2 名称

“运筹学”一词来源于英语名词 operational research,在美国和加拿大等国称为 operations research,简称 OR。按这一名词的来历,直译应为“作战研究”,因为它最早于1938年由英国波德塞(Bawdesy)科学小组负责人罗韦(A. P. Rowe)提出,指的是该科学小组与皇家空军合作进行的关于防空预警演习中的战术研究工作。因此,罗韦被认为是 OR 一词的创始人,而英国的波德塞则是 OR 这一学科的发祥地。

但是,由于社会发展的需要,OR 得到了合乎历史逻辑的充分发展,已不再局限于“作战研究”的狭义。因此,早期将这门学科引入我国的著名学者许国志按 OR 的广泛含义将它译为“运筹学”,后于1964年由中国数学学会正式确定为国内通用的统一名称。

“运筹”一词出自《汉书·高帝纪》中的一段话,“上(指汉高祖刘邦)曰:‘夫运筹帷幄之中,决胜于千里之外,吾不如子房’(子房是刘邦的得力辅佐大臣张良的字)。”运筹这个词具有运用筹划、运谋筹策、规划调度、运营研究等内涵。

0.1.3 定义

运筹学是一门仍在蓬勃发展的新兴学科,人们对它的认识需要不断深化,迄今为止,还没有一个公认的运筹学定义,下面列举一些较有影响的解释作为参考。

运筹学的先驱,英国曼彻斯特大学的物理教授,著名的诺贝尔奖获得者布莱克特(P. M. S. Blackett)曾于1941年在关于运筹学第一份备忘录中把运筹学称为“作战的科学分析”(scientific analysis of operations)。这被认为是对运筹学所作的最早描述。在1943年3月修订的第二份备忘录中,他说:运筹学的“目的是帮助找出一些方法,来改进正在进行中的或计划在将来进行的作战的效率。为了达到这一目的,要研究过去的作战来明确事实,要得出一些理论来解释事实,最后利用这些事实和理论对未来的作战做出预测……能够做出的有用的定量预测,往往比想象中可能做出的多得多”。这些关于运筹学的最早描述虽然仅限于作战的范畴,但其基本思想至今仍然普遍有效。

英国运筹学会的解释是:“运筹学是把科学方法应用于工业、商业、民政和国防方面,以指导和处理有关人、机、物、财的大系统中所发生的各种复杂问题。其独特的方法是开发一个科学的系统模式,纳入随机和各种风险的尺度,并运用这个模式预测和比较各种决策、战略,以及控制方案所产生的后果。其目的是帮助主管人员科学地决定方针和行动。”

美国运筹学会所作的解释是:“运筹学是一种实验与应用的科学,用之于观察、理解和预测有目标的人-机系统的行为”;“运筹学所研究的,通常是在要求分配有限资源的条件下,科学地决定如何最佳设计和运营人-机系统。”

1978年出版的、由数十位美国一流运筹学家合著的《运筹学手册》(Handbook of Operations Research)中指出："运筹学就是用科学方法去了解和解释**运行系统**的现象，它在自然界的范围内所选择的研究对象就是这些系统。这些系统时常包含着人和自然环境中运行的机器。这里所谓机器，其含义是很广泛的，从通常所指的机械器件一直到按照公认的规则运行的复杂社会结构。"

"因此，运筹科学观察运行系统的现象，创造出一些理论(近年来许多运筹学工作者把它们叫作模型)来解释这些现象，用这些理论来描述在条件变化时将会发生什么事情，并根据新的观察来检验这些预言。"

"总之，运筹学之所以是一门科学，是因为它用科学方法来创建它的知识。它与其他科学不同的地方在于它研究的是运行系统的现象，这是自然界中被其他科学大大忽略了的部分。"

我国《管理百科全书》的解释是："运筹学是应用分析、试验、量化的方法，对经济管理系统中人力、物力、财力等资源进行统筹安排，为决策者提供有依据的最优方案，以实现最有效的管理。"

0.1.4　特点

(1) **边缘学科**。运筹学的诞生和发展，是许多学科的专家通力协作、共同努力的结果，因此，运筹学是多学科、诸理论交叉渗透而形成的一门边缘学科。

(2) **研究与实践紧密联系**。作为一门科学，运筹学不仅包括研究活动，即用科学的方法来创建它的知识，还包括以这些知识的应用为目的的工程活动和其他实践活动。在运筹学的进程中，研究与实践始终紧密联系、互相促进，共同推动运筹学的发展。

(3) **科学与艺术的结合**。运筹学不仅是一门科学，也是一门艺术。在运筹学的研究与实践中，往往不只是单纯运用科学方法和科学知识，还要用到发明和设计的艺术及各种各样的联络、解释和实行的艺术。

(4) **利用模型**。无论是运筹学的理论研究还是应用研究，其核心问题都是如何建立适当的模型(通常是数学模型)以解释运行系统的现象和预测系统未来的情况。运筹学模型大致可分为确定型、随机型、模糊型三类。

(5) **数量方法**。运筹学是从定量分析的角度研究系统的变化规律，从而对系统未来的情况做出定量预测。它不仅需要利用已有的数学工具(解析数学、统计数学、计算数学、模糊数学等)，还创造出一些独特的数量方法。

(6) **试验方法**。运筹学研究并应用试验方法。例如，直接试验中有"优选法"、"调优运算法"、"正交试验法"等，模拟试验中有各种实物模拟法以及计算机模拟法等。

(7) **有赖于计算机**。在运筹学模型的实际应用中，往往需要进行十分浩繁的数值计算，即便那些本身不很复杂的模型也多如此，以致手工计算根本无法胜任，必须借助于计算机才能完成。还有一些模型的算法尽管理论上是正确的和可行的，但囿于目前计算机的功能而无法实现。因此，运筹学的发展有赖于计算机和计算机科学的发展，而研究、改善各种算法的计算机程序也是运筹学的任务之一。

(8) **全局优化**。根据系统科学，一个系统的各个局部独自优化，其全局未必为优，甚或不能有效运行；反之，全局优化，局部未必都优。运筹学总是以全局优化为目标，力求找出全局最优的方案。

(9) **科学决策的依据**。运筹学作为一种科学方法,能为现代管理中许多复杂问题提供科学的决策程序、决策模型,以及定量分析的丰富资料和优化方案,从而为科学决策提供重要依据。

(10) **适用面广**。运筹学研究的问题存在于不同领域,来自不同部门,虽千变万化却有共同规律可循。运筹学就是不断探索这些规律,并且据以提出一些一般理论和通用方法。因此,运筹学的适用面很广。

0.1.5 相关学科

如前所述,运筹学是一门边缘学科,它与许多学科交叉或密切相关,其中主要相关学科有:数学科学、管理科学、经济科学、系统科学、计算机科学。在前面介绍运筹学的特点时已经概要叙述过它同数学科学、计算机科学的关系,这里再概述一下它同系统科学、管理科学、经济科学的关系。

现代科学的飞速发展使科学知识发生了"爆炸",因而各种学科越分越多,越分越细,越来越专门化。但是,人们在实践中所遇到的许多问题也都十分复杂,往往要用到许多学科的知识,而非单独某一学科所能解决。例如,美国的"阿波罗登月计划"、我国的"嫦娥奔月计划",其全部任务由地面、空间、登月三部分组成,不仅直接用到火箭技术、电子技术、冶金、机械、化工等多种技术,还用到天文、物理、生物、化学、数学等基础科学的知识,因此,非少数学科和技术领域的少数人所能胜任。像这样一些庞大、复杂的系统工程,其计划、组织与实施是靠系统科学的有效指导而得以圆满完成的,而运筹学就是系统科学的最重要来源之一。在解决这样一些涉及多领域、多学科、多部门的实际问题时,作为系统科学的主要基础和基本手段的运筹学往往可以大显身手。

在美国,管理科学(management science)有其特定含义,它是一门同运筹学勉强有所区别的学科。在我国,管理科学的含义更加广泛,以致无法确切定义。在很大程度上可以说,管理就是决策,因此管理科学是一门决策科学,即帮助人们正确地决定应付各种复杂情况及解决各种复杂问题的方针和行动,以便有效地管理各种复杂系统使之有序运行的一门科学。而运筹学的首要特点就是能提供科学决策的依据,因此运筹学是管理科学的重要基础,是实行科学管理的强有力工具。

本书名为**管理运筹学——模型与方法**,侧重于管理中常见的运筹学问题及其适用的运筹学模型与方法,尤其关注经济系统管理中一些常见问题。一个经济系统的运行过程可以归结为投入产出的过程,即投入资源(人力、物力、财力、信息、时间)、产出效益(实物和劳务的数量、质量、价值、效率)的过程。人们自然希望以较少的投入实现较大的产出,这就产生了经济系统如何运营的问题。对此,运筹学主要从以下两个方面进行研究:

① 投入既定,如何实现最大产出?

② 产出既定,如何实现最小投入?

这是运筹学在经济管理中研究的两类基本问题,即所谓经济系统最优化问题。运筹学能够根据人们的不同需要,提供一些特定的方法用以给出相应的最优方案,从而帮助人们做出科学的决策。"田忌赛马"、"丁谓挖沟"的典故恰好分别是运筹学思想在这两类问题中成功运用的范例。

由此可见，人们的管理实践是运筹学和管理科学的思想源泉，而运筹学的根本宗旨就是为管理者提供科学决策的依据。

0.2 运筹学的历史沿革

运筹学作为一门科学，其发展大致经历了以下三个阶段：初创、确立、扩展。

0.2.1 初创时期（第二次世界大战时期）

第二次世界大战期间，作为反法西斯主要前线国之一的英国处于极度危难的形势下，因而运用科学的方法合理调配和充分利用有限的国防资源以达到最强的战斗力，就成为当务之急。在军界与学术界的共同推动下，运筹学应运而生，并日益显示出其重要意义和强大生命力。

1935年，英国科学家为了对付德国空军日益严重的威胁，开始进行一项后来被称为“雷达系统”的研究。不久，他们在波德塞成立了研究机构，并安装了新设计的设备。后来又与皇家空军紧密合作，研究如何利用雷达进行防空预警以及如何引导己方的飞机迎击敌机等战术行动。

1938年，波德塞科学小组负责人罗韦把他们从事的战术效率的测量工作称为“作战研究”（OR，即运筹学）。从此，以这一名词为标志的一门新兴科学就初步建立起来。

1939年，在波德塞工作的一位领导人威廉斯（E. C. Williams）教授应邀到皇家空军作战指挥部参加战术评价改进的工作，在其后两年取得了很有价值的成果，并被推广到空军轰炸指挥部、海岸指挥部以及英军防空指挥部。

1940年，布莱克特应邀参加英军防空指挥部的作战研究工作，并成立了一个被称为“布莱克特马戏团”的小组，小组成员包括生理学家3人，数学家和数学物理学家各2人，天文物理学家、普通物理学家、检测员和军官等各1人。组织机构的这种跨学科、多专业的人员配备，以及各类人员之间的紧密合作、良好配合，成为运筹学的一个显著特点，对运筹学的发展产生了积极的影响。

1941年3月，布莱克特转到空军海岸指挥部，又成立了一个新的OR小组。1941年12月，布莱克特被咨询能否帮助海军部成立一个OR小组，为此他写了一份关于“具有作战水平的科学家”的备忘录，对整个英军乃至盟军的OR建设都起到了重要作用。

1942年以后，英国各军兵种，包括国内和国外驻军，在每一个大的军事指挥部都成立了OR小组，而布莱克特首建的防空指挥部OR小组则成为全军OR组织的核心。这些OR小组在大战期间做了大量卓有成效的工作，为运筹学的发展积累了丰富的素材，其中比较显赫的范例有雷达的合理部署、深水炸弹的最佳定深规范、保持飞机最强战（略）力（量）的巡航比率、空军基地飞机种类的合理配置及远航轰炸的最佳编队、海运商船与护航军舰的最佳编队等。

在英国的影响下，美国、法国（戴高乐政府）、加拿大、澳大利亚等国也接受了运筹学思想，也先后建立了OR小组，纷纷从事作战计划的研究，并尝试实用以提高作战效果。

第二次世界大战期间，出于同样的目的，苏联的科学家们完全独立地从事了类似的研究，发展了类似的思想。例如，苏联著名数学家康托洛维奇（Л. В. Канторович）曾于1939

年在列宁格勒大学做了题为"生产组织与计划中的数学方法"的学术报告,详细介绍了他在关于合理调配和使用资源以便充分发挥其效用的研究中所提出的新的数学方法和理论,以及用以解决工业、建筑业、运输业中的实际问题所得到的一系列成果。在这份报告中已经包含着现代运筹学的某些基本思想与方法。

第二次世界大战期间,虽然运筹学已经诞生,但是由于战时的特殊环境,其研究方向主要集中于军事应用方面,其中绝大多数工作都是其他科学中的方法和手段的移植,特别是大多数数学模型都是OR小组通过类比其他科学的概念而受到启发,并且直接利用数学分析与概率统计的工具建立起来的,因而理论研究十分薄弱,除了美国海军运筹组对搜索论的粗糙研究外,再未提出新的理论,更未形成一门学科的理论体系。因此,这一时期只是运筹学的初创时期,而其学科机制则是在战后大约十年中逐步确立起来的。

0.2.2 确立时期(1945—1955年)

第二次世界大战结束后,运筹学的各个方面,诸如理论、应用、组织、文献、教育等,在国际与科际间都得到较大的发展,迅速成长为一门具有许多分支和复杂体系的新兴基础科学和应用科学。

第二次世界大战结束之初,百业待兴的英国经济建设面临着所需资源由于战争的破坏和损耗而严重短缺的困难,因此,合理调配并充分利用稀缺的经济资源以取得最佳经济效果便成为亟待解决的问题。而经济组织内与日俱增的复杂性和专门化所产生的各种决策问题,也比战前更为显著地引起社会的关注。越来越多的人,尤其是那些战时曾在军界运筹学小组内工作过,现时已成为企业顾问的科学家们,逐渐认识到现时所面临的这些问题同战时军界所面临的问题基本上是一致的,于是积极促成学术界对运筹学的开发;而战时军界对运筹学的有效运用及其显著成果也逐渐公开,从而激发了企业界对这种新技术的高度重视。在学术界与企业界的共同推动下,短短几年里运筹学就在英国扎下了牢固的根基。

美国在此期间对运筹学的认识与实践紧随英国之后,也处于类似的演变过程。尤其从1950年以后,由于计算机首先在美国诞生,并且得以迅速推广应用,使得过去许多因计算量庞大而无法解决的非常复杂的运筹学应用问题迎刃而解,这更加速了运筹学在美国的发展进程。

第二次世界大战后,在学术界与企业界的积极推动下,运筹学不仅发展了原有的技术,还创造了许多新的技术,如线性规划、非线性规划,与此同时其理论基础也逐渐建立起来。另外,一些在第二次世界大战前已初步确定或初露端倪的理论,诸如排队论、价值论、存贮论、对策论等,这时也得到进一步发展。

1948年4月在英国成立了世界上第一个运筹学专业学术团体——英国运筹学俱乐部,成员有30人;1950年该俱乐部创办了世界上第一种运筹学刊物《运筹学季刊》;1953年该俱乐部更名为英国运筹学会。1952年5月,美国运筹学会(ORSA)成立,同年出版了《美国运筹学会会刊》,1956年该刊物更名为《运筹学》。1955年年初,美国运筹学会向英国运筹学会建议召开一次国际运筹学会议,不久两国运筹学会便成立了一个专门的组织委员会,共同筹办首次国际运筹学会议。

在此期间,运筹学著作、论文集等已陆续出现,其中有些文献对运筹学的发展产生过重要影响。此外,运筹学各有关专题的论著也陆续问世。

从20世纪50年代初开始，运筹学教育日益受到重视并获得越来越大的发展，运筹学先驱国的许多大学都开设了有关课程，有些国家还普遍开设了各种期限的培训班。

这一时期运筹学在各个方面的发展中成长起来，1955年，美国运筹学会第一任会长摩尔斯综述了运筹学的概况，归纳了它包括的内容与分支，并在展望未来时强调注意基本理论、运行实验和专业教育。这标志着作为一门科学的运筹学已经屹立于科学之林。

0.2.3 扩展时期(1956年以后)

自1956年以来，运筹学在各个方面都取得长足进步，而今已经发展成为一个涉及众多领域并拥有庞大结构的科学体系。纵观这一时期的趋势，大致呈现4个特点：学术活动国际化、学科理论系统化、应用实践广泛化、科际结合扩大化。

(1) **学术活动国际化**。1955年以后，经过两年的筹备，第一届国际运筹学会议于1957年9月在英国牛津大学召开，有21个国家的250名代表出席。1959年1月1日，国际运筹学联合会(IFORS)正式成立，为促进运筹学的国际交流及其在全世界的发展做出了重大贡献，使运筹学成为一种广泛的世界性学术活动。

(2) **学科理论系统化**。1955年以后，运筹学创造出更多新技术、新理论。20世纪60年代中期以后，运筹学呈现知识爆炸的趋势，各种文献如雨后春笋般层出不穷。由于知识迅速膨胀，运筹学的分支越来越多，内容越分越细，学科理论更加系统化，形成一个庞大而复杂的理论体系。近20多年来，软运筹或智能方法得到较快发展，产生了遗传算法、神经元网络、模拟退火法、禁忌搜索、蚁群算法等新技术。

(3) **应用实践广泛化**。如果说运筹学在初创时期主要应用于军事作战，在确立时期主要应用于工商管理，那么在其扩展时期则应用得更加广泛，不仅在军事和工商业方面继续保持对应用运筹学的旺盛态势，在农业、建筑业、能源、交通运输、公用事业、政府工作、文教、卫生、体育、治安、市政、环保、工程设计、社会福利等方面也都得到大量的、成功的应用。可以说，运筹学的应用几乎遍及人类活动的各个领域。

(4) **科际结合扩大化**。运筹学在初创时期就已体现出科际结合的特点，在其扩展时期这一特点更加明显。除了早期就已具有的与数学科学的天然紧密结合，与物理学、生理学、工程技术科学的结合，以及稍后又与经济科学、管理科学、计算机科学紧密结合外，从20世纪60年代起还与系统科学结下了不解之缘，并且有力地促进了系统科学的发展。从此，运筹学研究的系统便由小及大，而且研究对象领域也更加广泛，从物理系统到社会系统，从现在系统到未来系统，都有运筹学的用武之地。这不仅增加了它同未来学和社会科学的结合，还促使其研究方式也从单纯技术型转向技术型与非技术型相结合，从而大大增加了其适应能力。运筹学在与其他科学的结合中，从来就是突出运用、融会贯通、不断创新、独具特色，一直保持着强大的生命力，从而能够蓬勃发展，长盛不衰。

0.2.4 运筹学在我国发展的概况

我国虽然早在上古时期就萌发了运筹学的某些朴素思想，并且产生了人类最早的运筹活动，但是运筹学作为一门科学传播到我国只有50多年的时间。

1956年，中国科学院数学所成立运筹学室，开始尝试现代理论研究。1958年他们编写的通俗小册子《运筹学》出版,这本书流行较广,开我国运筹学启蒙读物之先河。

1958年,运筹学在全国范围内取得较大发展,在研究、实践、教育、文献等许多方面都有了良好的开端。例如,我国运筹学工作者总结了粮食部门和运输部门在粮食调配及运输方面的创举和经验,在世界上首次提出一种简易可行、独具特色的求解线性规划运输问题的"图上作业法"。同年,我国著名数学家华罗庚教授在兼任中国科技大学新创办的应用数学与计算机系主任时,十分重视运筹学这门世界上崭新的学科,亲自为高年级学生和教师主办运筹学(主要是规划论)讨论班,尔后,又在该系设置了运筹学专业。

1960年,在华罗庚的推动下,在山东济南召开了全国运筹学现场会。这是一次对我国运筹学早期工作的重大检阅。华罗庚向大会报告了他的研究心得和取得的成果。他的身体力行激励了一大批优秀的数学工作者转向运筹学的研究,并且成为我国运筹学工作的中坚分子。

1962年,山东师范大学管梅谷教授首创邮递员循回路线奇偶点方法这一新技术,后来国际上把他研究的问题称为"中国邮递员问题"。

1963年,我国著名科学家钱学森倡导"计划评审术"的研究与应用。

1965年,华罗庚倡导"统筹法"的研究与推广应用。

1970年,华罗庚亲率小分队深入全国各地生产第一线推广应用"优选法"。

1972年,我国著名力学家钱令希教授系统地总结了结构力学的最优设计的理论与方法,并在他任教的大连工学院(现名大连理工大学)组建了一个最优化技术研究小组,积极从事这方面的理论与应用研究及软件开发,取得了可喜的成果,促进了这个领域中运筹学的发展。

1979年8月,我国第一个运筹学专业学会——东北地区运筹学会在大连工学院等高校倡建下在大连成立。该组织不仅促进了东北地区运筹学的理论与应用研究的发展,还在全国范围举办了近百个培训班,培养出一支初具规模的运筹学队伍,还组织编写了一套《运筹学小丛书》,由辽宁人民出版社陆续出版,为运筹学在我国的普及和发展做出了重要贡献。

1980年4月,中国数学学会运筹学会在山东济南正式成立。尔后,其下属的几个专门委员会以及各大区、各省市级的协作组或分会也相继成立。1982年春季和秋季,学会的两种刊物《运筹通讯》和《运筹学杂志》相继创刊发行。

1982年4月,我国运筹学会正式加入国际运筹学联合会;1985年年初又与一些亚太国家发起成立亚太运筹学联合会。

可以相信,随着我国现代化的进展,运筹学必将发挥越来越重要的作用,同时学科自身也会取得越来越大的进步,使我国在不远的将来跻身于运筹学世界强国之列。

0.3 运筹学模型概要

0.3.1 基本概念

为了便于研究现实系统的运行现象,使受控系统最有效地运行,人们建立了运筹学模型。

所谓**模型**,简单地说,就是现实系统的简仿物或抽象表示。运筹学模型只属于后者,其主要功能在于它能把现实系统诸要素间的复杂关系抽象成数学关系式或其他简化形式,从而能够更简明地揭示复杂系统的本质特征，更迅速地把握其变化规律。运用运筹学模型对现实系统进行研究所得到的结果，在相当大的程度上也确实能够正确地指导人们的实践活动，并得到满意的效果。因此，恰当地建立现实系统的模型（以下简称“建模”），是运筹学研究和解决问题的基础。

运筹学模型可以分为数学模型和模拟模型两类。目前已有的运筹学模型绝大多数都属于前者。

所谓**数学模型**，是用数学符号表示出来的一个或一组数学表达式，以及图表、图像、图示等用以描述现实系统的特征及其内在联系的一种抽象工具。而运筹学的数学模型除了具有上述特点外，通常还能据以运用定量分析的方法求得最优解。

一般来说，一个运筹学的数学模型可由决策变量、约束条件和目标函数这三个要素构成。其中**决策变量**是一些未知数，若每一变量都取定一个数值，则这些数值构成的一个集合（通常表示成一个向量）称为一个**解**，它代表实际问题的一个决策方案。实际问题的决策方案往往受到某些条件的制约，这些条件的数学描述称为约束条件，其具体形式往往是关于决策变量的等式或不等式，因而决策变量的取值要受这些约束条件的限制。在人们对实际问题做出决策之前，总有一个预期达到的目标，譬如希望收益达到最大或损失达到最小，这种目标往往表示成一个关于决策变量的函数，称为**目标函数**。根据实际问题的不同，要求目标函数取最大值或最小值，统称**最优值**。通常把满足所有约束条件的解称为**可行解**，否则称为**非可行解**。能使目标函数达到最优值的可行解称为**最优解**。可行解给出实际问题的一个可行方案，最优解则给出一个最优方案。建模的一个重要目的就在于据以求出一个解决实际问题的最优方案。

当实际问题的建模十分困难，或虽能建模但难以求解时，往往采用模拟试验的方法，这时又有物理模拟和计算机模拟之分，后者更为常用且有效。这时也需要模型，称为模拟模型。它是模拟试验的工具。模拟模型也能反映现实系统的某些特征和内在联系，而且能据以建立一个模拟系统，便于反复操作试验和获取数据资料，通过统计分析推断，更方便、更迅速地了解被模拟的现实系统的某些变化规律，及时做出预测或决策。但是它不像数学模型那样能据以求得问题的最优解。因此，为了取长补短，有时也将两种模型结合使用。先建立一个比较简化而便于求解的数学模型，据以求出一个相对最优解；然后再建立一个模拟模型，通过模拟试验的结果对比加以验证或补充修正。

运筹学模型可按照变量的性质划分为确定型、随机型、模糊型三类，多达几十个分支。

(1) **确定型**。属于这类模型的主要分支有：线性规划、整数规划、目标规划、非线性规划、几何规划、不可微规划、参数规划、多目标规划、大型规划、图论、网络规划等。

(2) **随机型**。属于这类模型的主要分支有：随机过程、排队论、价值论、决策分析、多属性决策、对策论、搜索论、可靠论、随机规划、质量控制等。

(3) **混合型**。既有确定型又有随机型的分支简称为混合型分支。主要有：动态规划、组合规划、存贮论、汰置论、模拟论、最优控制论等。

上述各种规划统称规划论或数学规划，其中除动态规划外的各种规划统称静态规划。

(4) **模糊型**。自1965年美国著名控制论专家扎德(L. A. Zadeh)始创模糊数学以来，这种新型数学工具得以迅速推广，几乎渗透到各个科学技术领域。以数量方法为主要特征的运筹学由于引入了模糊数学，从而形成了各种模糊性模型及其相应的新分支，如模糊规划论、模糊图论、模糊排队论、模糊对策论、模糊存贮论等。

0.3.2 基本结构

下面概述运筹学模型(以下简称"OR模型")的一般结构与其须满足的基本要求。

1. OR模型的一般结构

OR模型一般是对可控变量(决策变量)、不可控变量、工艺参数和利益指标之间的函数关系的一种明确表示。例如,若设

x_i——第 i 个可控变量,其集合为 X;

s_j——第 j 个不可控变量,其集合为 S;

c_k——第 k 个常数或参数,其集合为 C;

v_r——第 r 个利益指标,其集合为 V。

则此时OR模型就是把 x_i, s_j, c_k 同 v_r 联系起来的一个或一组函数 f:

$$v_r = f(x_i, s_j, c_k)$$

当然,v_r 并不一定能表示成 x_i, s_j, c_k 的显函数,因此,OR模型的一般结构常表示成一个有序四元组:

$$\{X, S, C, V\}$$

如果对此有几种不同的最优化准则,并且据以运用定量分析的方法能够求出各自不同的最优利益指标,则记

V_t^*——第 t 种准则下的最优利益指标集

V^*——$\{V_t^*\}$

也可把OR模型的一般结构记成一个有序五元组:

$$\{X, S, C, V, V^*\}$$

它蕴含着构成OR模型的各种关系,通常可分为定义关系、经验关系、规范关系三种类型。

(1) **定义关系**。这种关系往往来自其他学科(譬如经济学、会计学等)的有关定义或实际的恒等式。例如

$$利润 = 收入 - 支出$$

$$销售金额 = 销售单价 \times 销售量$$

$$Y_t = C_t + I_t + G_t$$

其中,Y_t、C_t、I_t、G_t 分别表示第 t 年的国民收入、消费、投资、政府开支。

这种关系通常易于表达,在多数情况下很少需要或不需要数据分析。

(2) **经验关系**。这种关系是以利用历史数据、工程分析、实验证据、法律、政策和管理实施标准等有关规定及合理推测为基础的。例如,根据历史数据,某市货运量 Y 与农业总产值 x_1、工业总产值 x_2 之间大致有一种线性关系,则

$$Y = a_0 + a_1x_1 + a_2x_2 \pm \varepsilon$$

就是这种经验关系的一个例子。这些类型的关系通常要用统计分析的方法来确定所含参数(如上式中的 a_0, a_1, a_2)的数值。

经验关系的表达和利用有两个缺点或难点:第一,根据历史数据得到的经验关系可能体现不出当前和未来的实际关系;第二,与数据所对应的运行方法可能代表较低的实施标

准，而不能鼓励人们去改进管理和控制，以便取得更好的结果。

(3) **规范关系**。这里“规范”指它们表示的是变量应该如何相互联系，而不是它们过去是如何联系的。这种关系往往来自 OR 技术的理论研究结果。例如，排队论、存贮论、价值论等许多模型就属于这种规范关系。它们往往是在某些人为假设的前提下得到的理想模型，一般只能近似描述或在某种程度上描述实际系统的关系，因而不能确保其实用中的有效性。因此，许多从事实际工作的管理决策者往往不愿采用根据这类模型得到的最优解，而宁肯采用符合实际的经验解(满意解)。这就促成了“启发式方法”的发展，并且形成了 OR 技术的非规范学派。当然，非规范关系也属于经验关系。

2. 对 OR 模型的基本要求

(1) **具有足够的精确度**。所建模型必须能够反映真实系统的本质属性(特征、要素及其相互关系)。

(2) **简练**。建模时应把真实系统中非本质的东西去掉，使模型尽量简化和实用。能用最简练的模型求得符合实际的满意解，就不必再去建立一个更复杂的模型，因为复杂模型的建立和求解往往需要付出较高的代价，甚至可能无法求解。

(3) **根据充分**。要依据科学规律、经济规律和法律、政策等的有关规定来构成模型系统的关系，并要注意其前提条件的适用范围。

(4) **可控**。模型系统须能运行并能加以操作和控制，否则毫无现实意义。

0.3.3 应用建模

运筹学方法就是发现问题、提出问题、描述问题、建模求解的方法，关键在于如何恰当建立实际问题的运筹学模型。虽然没有必须遵循的固定程序，但大致包括如图 0-1 所示的 8 个基本步骤。

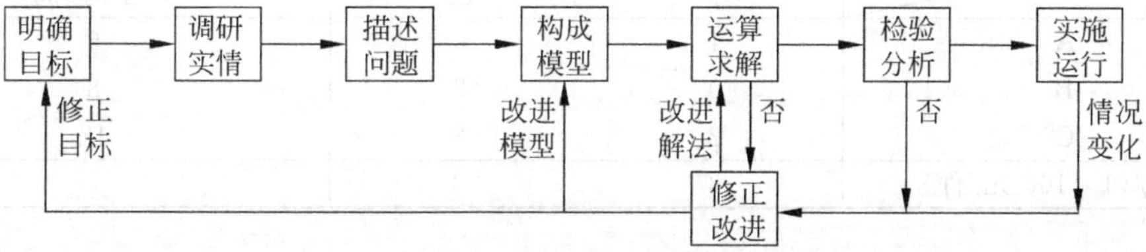

图 0-1 建立与应用运筹学模型的基本步骤

由此可见，运筹学模型的建立与应用是一个连续的、反复的、完整的过程。其中，除了建模求解已有一些研究得较为详尽的标准模型和有效算法可资利用外，其余工作并无固定模式。实际运行时，有时可先调研实情，后提出目标。有时在提出目标后，可立即着手方案的研拟，一边建模求解，一边模拟试验，两法并举得出一个较优方案；然后进行可行性研究，这时才调研实情，看该方案是否可行，是则付诸实施，否则修正改进。**启发式方法**就属于这种运行过程。总之，上述步骤一般说来都是必要的，不过执行时应视具体情况灵活变通。

同一切科学一样，运筹学有其独特的性质、作用与意义，也有其局限性。但是运筹学是一门新兴科学，它已经并仍在继续显示出强大的生命力，必然有着广阔的天地和美好的前景。

第1章 线性规划基本模型

线性规划(linear programing,LP)诞生于20世纪40年代前后,迄今,其理论完备、方法成熟、应用广泛、成效显著,已成为运筹学中最常用的一个分支。

1.1 线性规划的实用模型

1.1.1 资源分配模型

【例 1-1】(范例) 某装备厂拟生产甲、乙两种新产品,每件利润分别为300元和200元。甲、乙产品的部件分别在A,B两个车间生产,每件甲、乙产品的部件分别消耗A,B车间1,2工时。两种产品的部件最后都要在C车间装配,装配每件甲、乙产品分别消耗2工时和3工时。已知A,B,C三个车间每周可用于这两种产品的最大生产能力分别为6工时、8工时、18工时,则每周各生产甲、乙产品多少件?试建立该问题的数学模型。

解 首先列出该问题的数据表(见表1-1),据此便于建立问题的数学模型。

表 1-1 范例的数据表

车间 \ 产品	单耗/(工时/件) 甲	乙	最大生产能力/(工时/周)
A	1	0	6
B	0	2	8
C	2	3	18
利润/(1×100元/件)	3	2	

设 x_1,x_2 分别为甲、乙产品的周产量,称为**决策变量**;z 为这两种产品每周的总利润,则有

$$z=3x_1+2x_2 \qquad ⓪$$

显然希望总利润 z 越大越好,因此称⓪式为**目标函数**,z 为**目标值**;但 z 值取决于 x_1,x_2 值,而产量 x_1,x_2 的取值受到A,B,C三个车间生产能力的限制,由表1-1可得

$$1x_1+0x_2\leqslant 6 \qquad ①$$

$$0x_1+2x_2\leqslant 8 \qquad ②$$

$$2x_1+3x_2\leqslant 18 \qquad ③$$

又因产量 x_1,x_2 的取值不能为负数,故还有

$$x_1\geqslant 0,\quad x_2\geqslant 0 \qquad ④$$

上述式①,②,③称为**函数约束**,式④称为**非负性约束**,统称为**约束条件**或**约束方程**,简称**约束**。

综上所述，可将例1-1的数学模型简记如下：

$$\max z = 3x_1 + 2x_2 \quad ⓪$$

$$\text{s.t.}\begin{cases} x_1 \leqslant 6 & ① \\ 2x_2 \leqslant 8 & ② \\ 2x_1 + 3x_2 \leqslant 18 & ③ \\ x_1,\ x_2 \geqslant 0 & ④ \end{cases}$$

其中，max是英文maximize(最大化)的缩写；s.t.是英文subject to(受约束于)的缩写。

由目标函数和约束方程构成的一组数学表达式，称为**数学规划**(模型)；若全为线性表达式，则称为**线性规划**(模型)；若组中有一个或更多表达式非线性，则称为**非线性规划**(模型)。

模型是问题的最简形式。上述例1-1的LP模型将原始问题归结为：寻求决策变量x_1，x_2的适当取值，使其既满足所有约束式①～④，又使式⓪中的目标函数z值达到最大。

例1-1是3种资源(A,B,C三个车间的有限工时)如何分配给2项生产活动(甲、乙产品的生产)的问题。这既是一个**资源分配问题**，也是一个**经营规划问题**，皆可谓运筹学的**优化问题**。更一般的，可将这类问题表述如下：

某企业拟将现有的m种资源(用$i=1,2,\cdots,m$表示)投入n项生产或商务活动(用$j=1,2,\cdots,n$表示)。其中资源i现有数量为b_i，项目j每经营1个单位所创造的利润(或价值)为c_j，所消耗的第i种资源的数量为a_{ij}。为履行合同，项目j的经营数量至少为e_j；而经市场调查，其最高需求量为d_j。则应如何拟定经营规划？试建立其数学模型。

下面，就此说明建立线性规划模型(简称**建模**)的一般步骤。

1° **正确设立决策变量**

设$x_j(j=1,2,\cdots,n)$为项目j的经营数量。

2° **恰当建立目标函数**

n项经营活动的总利润(或总产值、总收入)为$z=\sum_{j=1}^{n}c_jx_j$。

3° **适度构建约束方程**

(1) 合同约束　　$x_j \geqslant e_j$　　$(j=1,2,\cdots,n)$

(2) 需求约束　　$x_j \leqslant d_j$

(3) 资源约束　　$\sum_{j=1}^{n}a_{ij}x_j \leqslant b_i$　　$(i=1,2,\cdots,m)$

综上所述可得LP模型如下：

$$\max z = \sum_{j=1}^{n}c_jx_j$$

$$\text{s.t.}\begin{cases} \sum_{j=1}^{n}a_{ij}x_j \leqslant b_i & (i=1,2,\cdots,m) \\ x_j \geqslant e_j & (j=1,2,\cdots,n) \\ x_j \leqslant d_j \end{cases}$$

1.1.2 产品配套模型

【例1-2】 某厂生产一种部件，由3个A零件和5个B零件配套组装成品。该厂有甲、乙、丙三种机床可加工A,B两种零件,每种机床的台数,以及每台机床每个工作日全部用于加工某一种零件的最大产量(即生产率:件/日)见表1-2。则应如何安排生产?试建立其数学模型。

表 1-2

机床种类	现有数量/台	每台机床生产率/(件/日)	
		A零件	B零件
甲	2	30	40
乙	3	25	35
丙	4	27	30

解 求解本题,不能单纯追求两种零件的总产量达到最大,而应要求每个工作日按3∶5的比例生产出来的A,B零件的套数达到最大。为此分析如下:

1. 决策变量

设以 x_{ij} 表示机床 i 每个工作日加工零件 j 的时间(单位:工作日)($i=1,2,3$; $j=1,2$); z 为A,B两种零件按3∶5的比例配套的数量(套/日)。

2. 约束条件

(1) 工时约束

$$x_{11}+x_{12}=1$$
$$x_{21}+x_{22}=1$$
$$x_{31}+x_{32}=1$$

(2) 配套约束

先按表1-2算出每种机床的总生产率,见表1-3。

表 1-3

机床种类	每种机床生产率/(件/日)	
	A零件	B零件
甲	60	80
乙	75	105
丙	108	120

据此可列出零件配套约束:

$$z=\min\{(60x_{11}+75x_{21}+108x_{31})/3,\quad (80x_{12}+105x_{22}+120x_{32})/5\}$$

但上式非线性,故等价改写如下:

$$z\leqslant(60x_{11}+75x_{21}+108x_{31})/3$$
$$z\leqslant(80x_{12}+105x_{22}+120x_{32})/5$$

即

$$z-20x_{11}-25x_{21}-36x_{31}\leqslant 0$$
$$z-16x_{12}-21x_{22}-24x_{32}\leqslant 0$$

综上所述可得LP模型如下：

$$
\max z
$$

$$
\text{s.t.}\begin{cases}
z-20x_{11}-25x_{21}-36x_{31}\leqslant 0\\
z-16x_{12}-21x_{22}-24x_{32}\leqslant 0\\
x_{11}+x_{12}=1\\
x_{21}+x_{22}=1\\
x_{31}+x_{32}=1\\
x_{ij}\geqslant 0,\quad (i=1,2,3;\ j=1,2)
\end{cases}
$$

1.1.3 下料模型

【例1-3】 某项管网工程，要用某一口径的管材，其原材长5m，但用材的长度、数量不尽相同，见表1-4。应如何下料才能耗材最省？试建立其数学模型。

表 1-4

用材	长度/m	需求量/根
A	2.6	150
B	1.8	200
C	1.1	360

解 首先考虑用一根5m长的原材截成A,B,C三种用材，有哪些下料方式。为此，只需找出全部省料截法，见表1-5。（所谓省料截法，这里指一根原材截后的余料长度小于最短的用材C的长度的各种截法）

表 1-5

截法 j / 用材	一根原材所截各种用材的数量/根					需求量/根
	1	2	3	4	5	
A(2.6)	1	1	0	0	0	150
B(1.8)	1	0	2	1	0	200
C(1.1)	0	2	1	2	4	360
余料/m	0.6	0.2	0.3	1.0	0.6	

现在问题归结为：采用上述五种截法各截多少根原材，才能既满足需求，又使总下料根数最少？

设以x_j表示按第j种截法下料的根数($j=1,2,3,4,5$)，z为下料总根数，则由表1-5可建立LP模型如下：

$$
\min z=x_1+x_2+x_3+x_4+x_5
$$

$$
\text{s.t.}\begin{cases}
x_1+x_2\geqslant 150\\
x_1+2x_3+x_4\geqslant 200\\
2x_2+x_3+2x_4+4x_5\geqslant 360\\
x_1,\ x_2,\ x_3,\ x_4,\ x_5\geqslant 0
\end{cases}
$$

1.1.4 配料模型

【例 1-4】 某食品厂拟用 A,B 两种紧俏原料和一种普通原料 C,加工制作甲、乙、丙三种食品。食品的规格、加工费、销价,以及原料的购价、供量见表 1-6。应如何为三种食品配料?试建立其数学模型。

表 1-6

原料 \ 食品		食品规格(配用的原料所占比率)/%			食品	
		A	B	C	加工费	销价
甲		不少于 50	不少于 30	不限	2	10
乙		不少于 60	不少于 20	不限	2	8
丙		不少于 40	不限	不多于 60	3	6
原料	购价	5	6	2	元/kg	
	供量	100	60	不限	kg/天	

解 分析如下:

1. 决策变量

设以 x_{ij} 表示每天给食品 i 所配用的原料 j 的数量(kg/天)($i=1,2,3$; $j=1,2,3$),见表 1-7。

表 1-7

原料 j \ 食品 i	A	B	C
甲	x_{11}	x_{12}	x_{13}
乙	x_{21}	x_{22}	x_{23}
丙	x_{31}	x_{32}	x_{33}

2. 约束条件

(1) 规格约束

由表 1-6,有

$$\frac{x_{11}}{x_{11}+x_{12}+x_{13}} \geqslant 0.50 \qquad \frac{x_{12}}{x_{11}+x_{12}+x_{13}} \geqslant 0.30$$

$$\frac{x_{21}}{x_{21}+x_{22}+x_{23}} \geqslant 0.60 \qquad \frac{x_{22}}{x_{21}+x_{22}+x_{23}} \geqslant 0.20$$

$$\frac{x_{31}}{x_{31}+x_{32}+x_{33}} \geqslant 0.40 \qquad \frac{x_{33}}{x_{31}+x_{32}+x_{33}} \leqslant 0.60$$

整理得

$$-x_{11}+x_{12}+x_{13} \leqslant 0$$
$$3x_{11}-7x_{12}+3x_{13} \leqslant 0$$
$$-2x_{21}+3x_{22}+3x_{23} \leqslant 0$$
$$x_{21}-4x_{22}+x_{23} \leqslant 0$$
$$-3x_{31}+2x_{32}+2x_{33} \leqslant 0$$
$$-3x_{31}-3x_{32}+2x_{33} \leqslant 0$$

(2) 原料供量约束

由表 1-6,有

$$x_{11}+x_{21}+x_{31}\leqslant 100$$

$$x_{12}+x_{22}+x_{32}\leqslant 60$$

3. 目标函数

由表 1-6 可知,食品甲、乙、丙的总价值量如下:

(1) 总收益(未扣除原料费)

$(10-2)(x_{11}+x_{12}+x_{13})+(8-2)(x_{21}+x_{22}+x_{23})+(6-3)(x_{31}+x_{32}+x_{33})$

(2) 原料总费用

$$5(x_{11}+x_{21}+x_{31})+6(x_{12}+x_{22}+x_{32})+2(x_{13}+x_{23}+x_{33})$$

(3) 总利润

即(1),(2)两项之差:

$$\begin{aligned}&8(x_{11}+x_{12}+x_{13})+6(x_{21}+x_{22}+x_{23})+3(x_{31}+x_{32}+x_{33})-\\&5(x_{11}+x_{21}+x_{31})-6(x_{12}+x_{22}+x_{32})-2(x_{13}+x_{23}+x_{33})\\=&3x_{11}+2x_{12}+6x_{13}+x_{21}+4x_{23}-2x_{31}-3x_{32}+x_{33}\end{aligned}$$

综上可得 LP 模型如下:

$$\max z=3x_{11}+2x_{12}+6x_{13}+x_{21}+4x_{23}-2x_{31}-3x_{32}+x_{33}$$

$$\text{s. t.}\begin{cases}-x_{11}+x_{12}+x_{13}\leqslant 0\\3x_{11}-7x_{12}+3x_{13}\leqslant 0\\-2x_{21}+3x_{22}+3x_{23}\leqslant 0\\x_{21}-4x_{22}+x_{23}\leqslant 0\\-3x_{31}+2x_{32}+2x_{33}\leqslant 0\\-3x_{31}-3x_{32}+2x_{33}\leqslant 0\\x_{11}+x_{21}+x_{31}\leqslant 100\\x_{12}+x_{22}+x_{32}\leqslant 60\\x_{ij}\geqslant 0,\quad(i=1,2,3;\ j=1,2,3)\end{cases}$$

1.2 线性规划的一般模型

1.2.1 线性规划的通式

1. 基本概念

分析 1.1 节中的几种实用模型,可以归纳得出线性规划的**通用模型**(简称**通式**):

$$\text{opt } z=c_1x_1+c_2x_2+\cdots+c_nx_n \tag{1-1a}$$

$$\text{s. t.}\begin{cases}\left.\begin{array}{l}a_{11}x_1+a_{12}x_2+\cdots+a_{1n}x_n\leqslant b_1\\a_{21}x_1+a_{22}x_2+\cdots+a_{2n}x_n\leqslant b_2\\\quad\vdots\qquad\quad\vdots\qquad\qquad\vdots\qquad\ \vdots\\a_{m1}x_1+a_{m2}x_2+\cdots+a_{mn}x_n\leqslant b_m\end{array}\right\}&(1\text{-}1\text{b})\\x_j\geqslant(\text{或}\leqslant)\ 0,\text{或自由},(j=1,2,\cdots,n)&(1\text{-}1\text{c})\end{cases}$$

其中,opt 是英文 optimize(最优化)的缩写;对不同的实际问题,可替以更加明确的 max 或 min。式(1-1b)中的符号$\lesseqqgtr$,表示$\leqslant$、$=$、$\geqslant$这三者之一。

式(1-1a)中的 $z=c_1x_1+c_2x_2+\cdots+c_nx_n$ 称为**目标函数**,opt 称为**目标要求**。式(1-1b)称为**函数约束**,式(1-1c)中的 $x_j\geqslant$(或$\leqslant$)0 称为**非负(正)性约束**,此二式统称为**约束条件**或**约束方程**,简称**约束**。

a_{ij},b_i,c_j 称为 LP 模型的**参数**。其中 a_{ij} 称为**消耗系数**,b_i 称为**右端常数**,c_j 称为**价值系数**。

若将某一约束方程的"$\lesseqqgtr$"号换成"="号,则称之为原约束方程的**边界方程**。

通式固然通用,但其千变万化,不便用于研究线性规划的有效解法。于是,模型的各种标准形及典式(典范模式)便应运而生。目前,人们已经研究出求解线性规划的几种不同方法,其典式也不尽相同。本书只介绍其中一种有效方法——单纯形法(第 2 章),本节后面将专门介绍这种典式。

2. 解的概念

(1) **可行解**

方程组(1-1b),(1-1c)的解 $\boldsymbol{X}=(x_1,x_2,\cdots,x_n)^{\mathrm{T}}$ 称为 LP 问题的**可行解**,其集合称为**可行集**,或**可行域**,记为 $\boldsymbol{R}=\{\boldsymbol{X}\mid(1-1\text{b}),(1-1\text{c})\}$。

(2) **最优解**

满足式(1-1a),即能使目标函数达到最优化的**可行解**,称为 LP 问题的**最优解**,简称为**解**,记为

$$\boldsymbol{X}^*=(x_1^*,x_2^*,\cdots,x_n^*)^{\mathrm{T}}$$

它所对应的目标函数值称为**最优值**,记为 $z^*=c_1x_1^*+c_2x_2^*+\cdots+c_nx_n^*$。

1.2.2 线性规划的标准形

单纯形法要求 LP 模型必须为下述特定形式:

$$(\boldsymbol{M_1}):\quad \max z=c_1x_1+c_2x_2+\cdots+c_nx_n \tag{1-2a}$$

$$\text{s.t.}\begin{cases}\left.\begin{aligned}a_{11}x_1+a_{12}x_2+\cdots+a_{1n}x_n&=b_1\\a_{21}x_1+a_{22}x_2+\cdots+a_{2n}x_n&=b_2\\\vdots\qquad\qquad\vdots\qquad\qquad&\vdots\quad\vdots\\a_{m1}x_1+a_{m2}x_2+\cdots+a_{mn}x_n&=b_m\end{aligned}\right\}&(1\text{-}2\text{b})\\x_j\geqslant 0,\quad(j=1,2,\cdots,n)&(1\text{-}2\text{c})\end{cases}$$

称为**基于单纯形法的线性规划标准形**[①],简称为 **LP 标准形**,或**标准形 LP**。

也可简记为

$$(\boldsymbol{M_2}):\quad \max z=\sum_{j=1}^{n}c_jx_j$$

① 其实单纯形法对目标函数为 max 或 min 并无限制,其他教材也有以 min 作为标准形的目标要求,仅相关规则有所区别而已。

$$\text{s. t.}\begin{cases}\sum_{j=1}^{n} a_{ij}x_j = b_i, & (i=1,2,\cdots,m)\\ x_j \geqslant 0, & (j=1,2,\cdots,n)\end{cases}$$

或表示成矩阵向量的形式：

$$(\boldsymbol{M_3}):\quad \max z = \boldsymbol{C}^{\mathrm{T}}\boldsymbol{X}$$

$$\text{s. t.}\begin{cases}\boldsymbol{AX} = \boldsymbol{b}\\ \boldsymbol{X} \geqslant \boldsymbol{0}\end{cases}$$

其中

$$\boldsymbol{C}^{\mathrm{T}} = (c_1, c_2, \cdots, c_n)$$

$$\boldsymbol{A} = \begin{pmatrix} a_{11} & a_{12} & \cdots & a_{1n}\\ a_{21} & a_{22} & \cdots & a_{2n}\\ \vdots & \vdots & & \vdots\\ a_{m1} & a_{m2} & \cdots & a_{mn}\end{pmatrix},\quad \boldsymbol{X} = \begin{pmatrix} x_1\\ x_2\\ \vdots\\ x_n\end{pmatrix},\quad \boldsymbol{B} = \begin{pmatrix} b_1\\ b_2\\ \vdots\\ b_m\end{pmatrix}$$

对标准形式(1-2b)还有一个规定，即其**右端常数的取值必须全为非负**，即 $b_i \geqslant 0 (i=1,2,\cdots,m)$。

本书约定：向量原形均为列向量，故行向量用其转置形式表示，如 $\boldsymbol{C}^{\mathrm{T}}$。

另为叙述方便，将上述标准形的三种形式($\boldsymbol{M}_1$)，($\boldsymbol{M}_2$)，($\boldsymbol{M}_3$)统称为**标准形(问题)**($\boldsymbol{M}$)。

1.2.3 线性规划的标准化

由 1.1 节可知，实际问题的 LP 模型通常都不是标准形，但可通过**等价变换**(即不改变问题的解的变换)最终都能化成标准形。这类转化工作称为**标准化**。非标准形包括以下几种情况。

1. min 型目标函数

对于最小化目标函数 $\min z = \boldsymbol{C}^{\mathrm{T}}\boldsymbol{X}$，由于

$$-\max(-z) = \min z = \boldsymbol{C}^{\mathrm{T}}\boldsymbol{X}$$

因此，只需令 $z' = -z$，就可将原目标函数化成标准形：

$$\max z' = -\boldsymbol{C}^{\mathrm{T}}\boldsymbol{X}$$

2. 非标准约束方程

(1) 若某个方程右端常数 $b_i < 0$，只需将该方程两端同乘以 -1，即可符合标准。

(2) 若某个方程为≤形式，只需给左端加上一个取值非负的**松弛变量**，即可化为等式。

(3) 若某个方程为≥形式，只需给左端减去一个取值非负的**剩余变量**，即可化为等式。

由于松弛变量往往表示某种资源现有总量中未用于经营活动的那部分数量，而剩余变量往往表示经营的某种成品或其所含某种必要成分超过现实需求指标的那部分数量，均无价值实现，故其在目标函数中的价值系数全都为 0。松弛、剩余变量也可统称为松弛变量。

3. 取值非正的变量

(1) 若 $x_k \leqslant 0$，只需通过变量代换

$$x_k = -x'_k$$

则 $x_k'\geqslant 0$,用以取代 x_k,即可符合标准。

(2) 若 x_k 为**自由变量**,即其取值可正、可负、可为0,只需通过变量代换

$$x_k = x_k' - x_k'',\quad 且\ x_k', x_k'' \geqslant 0$$

用 $x_k'-x_k''$取代 x_k,即可符合标准。然而,当有多个自由变量 x_j 时,为避免无谓地增加变量个数,可令 $x_j=x_j'-x''$,x''对其所在式中的一切 j 都是同一个变量。

【例 1-5】 试将范例的 LP 问题

$$\max z = 3x_1 + 2x_2 \qquad ⓪$$

$$\text{s.t.}\begin{cases} x_1 \leqslant 6 & ① \\ 2x_2 \leqslant 8 & ② \\ 2x_1 + 3x_2 \leqslant 18 & ③ \\ x_1, x_2 \geqslant 0 & ④ \end{cases}$$

化为标准形。

解 将式①,②,③左端各加上一个松弛变量 x_3,x_4,x_5,化为等式,即可得到范例的标准形:

$$\max z = 3x_1 + 2x_2$$

$$\text{s.t.}\begin{cases} x_1 + x_3 = 6 \\ 2x_2 + x_4 = 8 \\ 2x_1 + 3x_2 + x_5 = 18 \\ x_1,\ x_2,\ x_3,\ x_4,\ x_5 \geqslant 0 \end{cases}$$

其中,松弛变量 x_3,x_4,x_5 分别表示A,B,C三个车间生产能力的松弛数量,即未被甲、乙产品耗用的生产能力,显然均未创造价值,故其在目标函数中的价值系数全都为0。

【例 1-6】 试将下述 LP 问题化为标准形:

$$\min z = 2x_1 - x_2 + 3x_3 - x_4$$

$$\text{s.t.}\begin{cases} 2x_1 + x_2 - 3x_3 + x_4 \leqslant 3 & ① \\ 3x_1 - 2x_2 + x_3 - x_4 \geqslant 2 & ② \\ -x_1 - 3x_2 + 2x_3 - x_4 \geqslant -1 & ③ \\ x_2 \leqslant 0,\quad x_3 \geqslant 0 \end{cases}$$

解 将目标函数中的价值系数全都反号;将式①左端加上一个松弛变量 x_5,再将式②,③左端各减去一个剩余变量 x_6,x_7 化为等式;将式③两端同乘以-1,得到

$$\max z' = -2x_1 + x_2 - 3x_3 + x_4$$

$$\text{s.t.}\begin{cases} 2x_1 + x_2 - 3x_3 + x_4 + x_5 = 3 \\ 3x_1 - 2x_2 + x_3 - x_4 - x_6 = 2 \\ x_1 + 3x_2 - 2x_3 + x_4 + x_7 = 1 \\ x_2 \leqslant 0,\quad x_3, x_5, x_6, x_7 \geqslant 0 \end{cases}$$

令 $x_j=x_j'-x_1''$,且 $x_j', x_1''\geqslant 0(j=1,4)$;再令 $x_2=-x_2'$;分别代入上面各式中,即可得到原问题的标准形:

$$\max z' = -2x_1' + x_1'' - x_2' - 3x_3 + x_4'$$

$$
\text{s.t.}\begin{cases}2x_1'-3x_1''-x_2'-3x_3+x_4'+x_5=3\\3x_1'-2x_1''+2x_2'+x_3-x_4'-x_6=2\\x_1'-2x_1''-3x_2'-2x_3+x_4'+x_7=1\\x_1',\ x_1'',\ x_2',\ x_3,\ x_4',\ x_5,\ x_6,\ x_7\geqslant 0\end{cases}
$$

1.2.4 线性规划的典式

标准化仅为单纯形法的预备步骤之一，还须化成下述**典式**：

$$
\max z=c_1x_1+c_2x_2+\cdots+c_nx_n
$$

$$
\text{s.t.}\begin{cases}\left.\begin{array}{l}x_1\qquad\qquad +a_{1,m+1}x_{m+1}+\cdots+a_{1n}x_n=b_1\\ \quad x_2\qquad\ \ +a_{2,m+1}x_{m+1}+\cdots+a_{2n}x_n=b_2\\ \quad\vdots\qquad\qquad\vdots\qquad\qquad\vdots\qquad\ \vdots\\ \qquad\ x_m+a_{m,m+1}x_{m+1}+\cdots+a_{mn}x_n=b_m\end{array}\right\}\\ x_j\geqslant 0,\quad (j=1,2,\cdots,n)\end{cases}\tag{1-3}
$$

才能适用单纯形法。方程组(1-3)的系数阵为

$$
\begin{pmatrix}1&0&\cdots&0&a_{1,m+1}&\cdots&a_{1n}\\0&1&\cdots&0&a_{2,m+1}&\cdots&a_{2n}\\\vdots&\vdots&&\vdots&\vdots&&\vdots\\0&0&\cdots&1&a_{m,m+1}&\cdots&a_{mn}\end{pmatrix}
$$

其中前 m 列构成一个满秩单位阵，这恰是典式的本质属性。

更一般地说，标准形($\boldsymbol{M}$)为典式的充要条件是：在其函数约束方程组(1-2b)的系数阵中，存在一个满秩**排列阵**，即每行每列有且仅有一个元素为 1、其余元素全为 0 的 m 阶方阵。

我们强调指出：典式标准形是单纯形法的唯一必要前提。

LP 问题的标准形多为非典式，将标准形转化为典式，往往需要采用人工方法，这将留待 2.4 节专题介绍。

1.3 线性规划的图解法

本节所谓**图解法**，是指借助几何图形来求解 LP 问题的方法。图解法简明直观，还有助于领会线性规划的基本特性以及单纯形法的基本思想。但其致命缺陷是并非通用，只适于二维 LP 问题。

1.3.1 基本步骤

1° 建立平面直角坐标系

2° 画出可行域

3° 画出目标函数等值线及其法线

4° 平移目标函数等值线，确定问题的解

【例 1-7】 试用图解法求解范例的 LP 问题：

$$\max z = 3x_1 + 2x_2 \quad ⓪$$

$$\text{s.t.}\begin{cases} x_1 \leqslant 6 & ① \\ 2x_2 \leqslant 8 & ② \\ 2x_1 + 3x_2 \leqslant 18 & ③ \\ x_1, x_2 \geqslant 0 & ④ \end{cases}$$

解 1° 以 x_1 为横轴、x_2 为纵轴，建立 x_1Ox_2 平面直角坐标系。

2° 依次画出每个约束方程的图形，其交集(公共部分)就是**可行域**。

先画出式④的图形，即**第一象限**。

再将①，②两式均取为**等式**，得其**边界方程**，画出其边界直线，对照原式，就能判定其图形区域位于边界线哪一侧。其交集见图 1-1(a)，即矩形 $OAFD$。

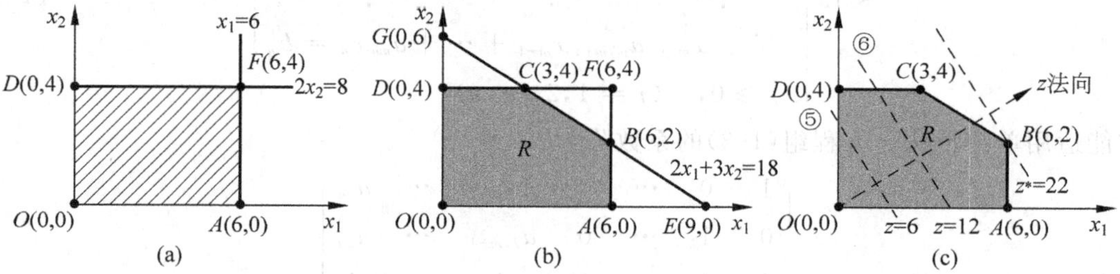

图 1-1

然后，将式③取为等式，得其边界方程：

$$2x_1 + 3x_2 = 18$$

选择其中两个**轴点**(9,0)和(0,6)，连成一条直线，即式③的边界线，见图 1-1(b)。选取该直线外一点作**参照点**，通常取作**原点 *O***，将其坐标值(0,0) 代入式③左端，结果能使式③成立，可知原点 O 在式③所代表的区域内，从而确定该区域位于其边界线的左下方(包含原点)。而式③的图形就是其边界线及其左下方区域。它与矩形 $OAFD$ 的交集为五边形 $OABCD$，此即**可行域 *R***，如图 1-1(b)阴影部分所示。

3° 画出目标函数等值线及其法线

范例的目标函数

$$z = 3x_1 + 2x_2$$

代表以 z 为参数的一族平行线。适当给 z 赋值，譬如，先后令 $z=6,12$，可得两条平行线：

$$3x_1 + 2x_2 = 6 \quad ⑤$$

$$3x_1 + 2x_2 = 12 \quad ⑥$$

位于同一条直线上的点，具有相同的目标函数值，故称为**目标函数等值线**。依次画出这两条等值线，再画出其一条垂线，并对照⑤，⑥两条等值线，易知右上方为 z 值沿着垂线增加的方向，用箭头在垂线上标示，此即目标函数等值线的法线，见图 1-1(c)。法线方向是目标函数值增加最快的方向。

4° 平移目标函数等值线，确定问题的解

沿着法线方向，平行移动目标函数等值线⑥，当移到与可行域**相切**时，恰在边界点 B

处，可知 z 值这时在可行域上已达最大，故可确定 B 点就是**最优点**，而其坐标(6,2)就是**最优解**，代入目标函数 $z=3x_1+2x_2$ 算出**最优值**，最终结果为

$$\boldsymbol{X}^* = (6,2)^{\mathrm{T}}, \quad z^* = 22$$

这说明每周应生产甲产品 6 件、乙产品 2 件，这样获利最大，为 2 200 元。

1.3.2 求解结果

无论用何种有效方法求解现实中形形色色的 LP 问题，其结果都不尽相同：可能**有解**，又分为**唯一解**和**多重解**；也可能**无解**，又分为**解无界**和**无可行解**。分别说明如下。

1. 唯一解

如范例，只有唯一最优点 B。

2. 多重解

【例 1-8】 若将范例的目标函数改为

$$z = 3x_1 + 4.5x_2$$

试就此做出相应分析。

解 这相当于改变了范例目标函数的斜率，见图 1-2。这样，将目标函数等值线沿着法线方向平移至与可行域相切时，恰与边界线 BC 重合，则线段 BC 上无穷多个点都是最优点，此即**多重解**。

3. 解无界

【例 1-9】 求解下列 LP 问题：

$$\max z = 3x_1 + 2x_2$$
$$\text{s. t.}\begin{cases} 2x_1 + x_2 \geqslant 2 \\ -x_1 + 2x_2 \leqslant 3 \\ x_1, \quad x_2 \geqslant 0 \end{cases}$$

解 用图解法求解，可行域如图 1-3 所示，是一个右上方无界的区域。在其域内可将目标函数等值线沿着法线方向平移到无穷远处，即最优值 $z^* \to \infty$，最优解

$$\boldsymbol{X}^* = (\infty, c)^{\mathrm{T}}, \quad (0 \leqslant c < \infty)$$

可谓**解无界**。

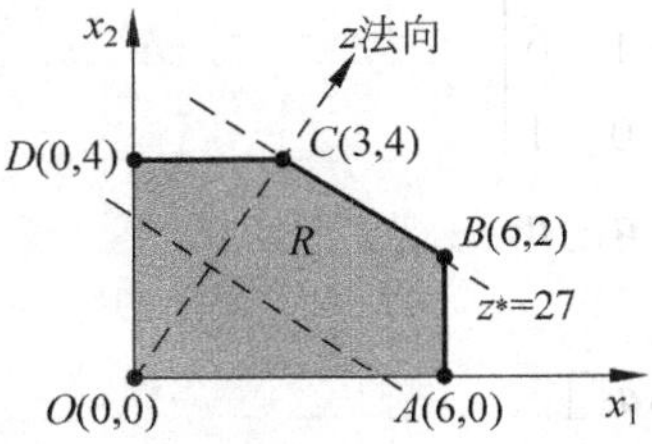

图 1-2

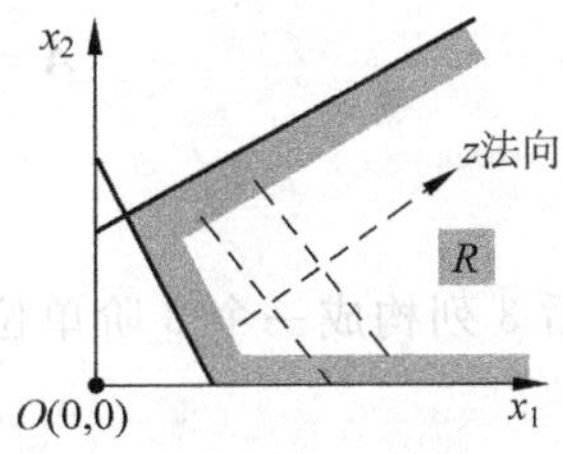

图 1-3

若实际问题出现这种结果，往往说明建模时遗漏了某些必要的约束。

4. 无可行解

【例 1-10】 考虑范例，若该厂从产量管理上规定，甲、乙两种产品每周总产量不低于

10件，试就此做出相应分析。

解 这相当于增加一个约束

$$x_1 + x_2 \geqslant 10 \qquad ⑤$$

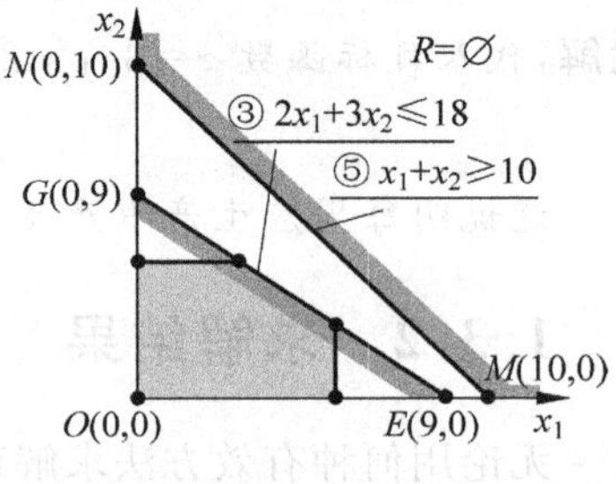

图 1-4

用图解法求解，如图1-4所示。可见，在第一象限，式⑤与式③的图形不相交，或其交集为空集$\varnothing$，这说明约束④，⑤与约束③，④不相容，亦即新可行域为$R=\varnothing$，此即**无可行解**。

若实际问题出现这种结果，往往说明管理上提出的要求超出了现有资源的承受能力。

综上可知，线性规划的可行域为**凸形**，若问题有解，则必能在可行域的某个顶点处得到；若有两个顶点同时最优，则连接这两个顶点而成的线段上无穷多个点都是最优点；若可行域无界，则可能发生解无界的结果；若有些约束不相容，则无可行解。

1.4 标准形线性规划的解

1.4.1 基本概念

1. 基本解

基本解的概念只适用于标准形线性规划，是单纯形法的重要基本概念之一。

考虑范例的标准形

$$\max z = 3x_1 + 2x_2 \tag{1-4a}$$

$$\text{s.t.}\begin{cases} \left.\begin{aligned} x_1 \qquad + x_3 \qquad\qquad &= 6 \\ 2x_2 \qquad + x_4 \qquad &= 8 \\ 2x_1 + 3x_2 \qquad\qquad + x_5 &= 18 \end{aligned}\right\} & (1\text{-}4b) \\ x_1,\ x_2,\ x_3,\ x_4,\ x_5 \geqslant 0 & (1\text{-}4c) \end{cases}$$

其系数阵为

$$\begin{matrix} & x_1 & x_2 & x_3 & x_4 & x_5 \\ \boldsymbol{A} = & \begin{pmatrix} 1 & 0 & 1 & 0 & 0 \\ 0 & 2 & 0 & 1 & 0 \\ 2 & 3 & 0 & 0 & 1 \end{pmatrix} \\ & \boldsymbol{a}_1 & \boldsymbol{a}_2 & \boldsymbol{a}_3 & \boldsymbol{a}_4 & \boldsymbol{a}_5 \end{matrix}$$

易见$\boldsymbol{A}$阵的后3列构成一个3阶单位阵，记为

$$\boldsymbol{B}_0 = [\boldsymbol{a}_3, \boldsymbol{a}_4, \boldsymbol{a}_5]$$

则由线性代数可知，$\boldsymbol{A}$满秩，其秩数$r(\boldsymbol{A})=$行数$=3<5-$列数，方程组(1-4b)有无穷多个解

$$\boldsymbol{X} = (x_1, x_2, x_3, x_4, x_5)^{\mathrm{T}}$$

称$\boldsymbol{B}_0$中的向量$\boldsymbol{a}_3, \boldsymbol{a}_4, \boldsymbol{a}_5$为**基向量**，它们对应的变量$x_3, x_4, x_5$为**基变量**，其余变量$x_1, x_2$为**非基变量**。令非基变量全都取值为0，即令

$$x_1 = x_2 = 0 \quad ①$$

则由方程组(1-4b)易得

$$x_3 = 6,\quad x_4 = 8,\quad x_5 = 18 \quad ②$$

由①,②两式可得方程组(1-4b)的一个特解

$$\boldsymbol{X}_0 = (0,0,6,8,18)^{\mathrm{T}}$$

称为线性规划(1-4)的一个**基本解**。

更一般的,考虑标准形线性规划:

$$\max z = \boldsymbol{C}^{\mathrm{T}}\boldsymbol{X} \tag{1-5a}$$

$$\text{s.t.}\begin{cases}\boldsymbol{AX} = \boldsymbol{b} & \text{(1-5b)}\\ \boldsymbol{X} \geqslant \boldsymbol{0} & \text{(1-5c)}\end{cases}$$

假设 $\boldsymbol{A}=(a_{ij})_{m\times n}$ 是满秩阵,且秩数为 $r(\boldsymbol{A})=m<n$,将其系数阵 $\boldsymbol{A}$ 记为

$$\boldsymbol{A} = [\boldsymbol{a}_1,\boldsymbol{a}_2,\cdots,\boldsymbol{a}_m,\boldsymbol{a}_{m+1},\cdots,\boldsymbol{a}_n]$$

则有下述定义:

(1) **基(矩阵)**

设 $\boldsymbol{B}$ 为 $\boldsymbol{A}$ 的一个 m 阶子矩阵,若其行列式 $|\boldsymbol{B}|\neq 0$,则称 $\boldsymbol{B}$ 为方程组(1-5b)或线性规划(1-5)的一个**基矩阵**,简称一个基。

(2) **基变量**

不失一般性,设基矩阵为

$$\boldsymbol{B} = [\boldsymbol{a}_1,\boldsymbol{a}_2,\cdots,\boldsymbol{a}_m],\quad (|\,\boldsymbol{B}\,|\neq 0)$$

则称 $\boldsymbol{B}$ 中 m 个向量 $\boldsymbol{a}_1,\boldsymbol{a}_2,\cdots,\boldsymbol{a}_m$ 为**基向量**,称系数阵 $\boldsymbol{A}$ 中其余 $n-m$ 个向量 $\boldsymbol{a}_{m+1}$,$\boldsymbol{a}_{m+2},\cdots,\boldsymbol{a}_n$ 为**非基向量**。将所有非基向量构成的矩阵记为

$$\boldsymbol{N} = [\boldsymbol{a}_{m+1},\boldsymbol{a}_{m+2},\cdots,\boldsymbol{a}_n]$$

则系数阵 $\boldsymbol{A}$ 可改写为

$$\boldsymbol{A} = [\boldsymbol{B},\boldsymbol{N}]$$

称基向量对应的 m 个变量 $x_1,x_2,\cdots,x_m$ 为**(以 $\boldsymbol{B}$ 为基的)基变量**,称非基向量对应的 $n-m$ 个变量 $x_{m+1},x_{m+2},\cdots,x_n$ 为**(以 $\boldsymbol{B}$ 为基的)非基变量**。将所有基变量构成的向量记为 $\boldsymbol{X}_B$,称为**基变矢**,所有非基变量构成的向量记为 $\boldsymbol{X}_N$,称为**非基变矢**,则变矢 $\boldsymbol{X}$ 可改写为

$$\boldsymbol{X} = \begin{pmatrix}\boldsymbol{X}_B\\ \boldsymbol{X}_N\end{pmatrix}$$

而方程组

$$\boldsymbol{AX} = \boldsymbol{b}$$

可改写为

$$[\boldsymbol{B},\boldsymbol{N}]\begin{pmatrix}\boldsymbol{X}_B\\ \boldsymbol{X}_N\end{pmatrix} = \boldsymbol{b}$$

即

$$\boldsymbol{BX}_B + \boldsymbol{NX}_N = \boldsymbol{b} \tag{1-5b$'$}$$

(3) **基本解**

令非基变量全都取值为0,亦即 $\boldsymbol{X}_N=\boldsymbol{0}$,这时方程组(1-5b′)简化为

$$\boldsymbol{BX}_B = \boldsymbol{b}$$

由前假设 $\boldsymbol{B}$ 的行列式 $|\boldsymbol{B}|\neq 0$,则 $\boldsymbol{B}$ 可逆,用 $\boldsymbol{B}^{-1}$ 左乘上式两端,解得

$$\boldsymbol{X}_B=\boldsymbol{B}^{-1}\boldsymbol{b}$$

与 $\boldsymbol{X}_N=\boldsymbol{0}$ 一起构成方程组(1-5b)的一个特解

$$\boldsymbol{X}_0=\begin{pmatrix}\boldsymbol{B}^{-1}\boldsymbol{b}\\ \boldsymbol{0}\end{pmatrix}$$

称为方程组(1-5b)或线性规划(1-5)的一个**以 $\boldsymbol{B}$ 为基的基本解**,简称**基本解**。

2. 最优基本解

(1) **基本可行解**

顾名思义,既是基本解,又是可行解,就是**基本可行解**。

在 1.2.1 节中,已就线性规划的通式定义过可行解。对标准形(1-5)而言,方程组(1-5b)和(1-5c)的解即可行解。由于基本解是方程组(1-5b)的解,因此,只需再满足非负性约束(1-5c),它就是一个基本可行解。故此可称:满足非负性约束的基本解为**基本可行解**。

譬如范例,由前已经求得一个以 $\boldsymbol{B}_0=[\boldsymbol{a}_3,\boldsymbol{a}_4,\boldsymbol{a}_5]$ 为基的基本解

$$\boldsymbol{X}_0=(0,0,6,8,18)^{\mathrm{T}}$$

易见其所有分量全都取值非负,所以 $\boldsymbol{X}_0$ 就是一个基本可行解。

又取 $\boldsymbol{B}_1=[\boldsymbol{a}_2,\boldsymbol{a}_3,\boldsymbol{a}_4]$ 为基(易知 $|\boldsymbol{B}_1|=3\neq 0$),令相应的非基变量

$$x_1=x_5=0$$

代入式(1-5b)中,解得基变量

$$x_2=6,\quad x_3=6,\quad x_4=-4$$

又得到一个以 $\boldsymbol{B}_1$ 为基的基本解

$$\boldsymbol{X}_1=(0,6,6,-4,0)^{\mathrm{T}}$$

由于其中有一个分量 $x_4=-4$,所以 $\boldsymbol{X}_1$ 不可行,不是基本可行解,仅是基本解。

再取 $\boldsymbol{B}_2=[\boldsymbol{a}_1,\boldsymbol{a}_2,\boldsymbol{a}_4]$ 为基($|\boldsymbol{B}_2|=-3\neq 0$),类似可得相应的一个基本可行解

$$\boldsymbol{X}_2=(6,2,0,4,0)^{\mathrm{T}}$$

(2) **最优基本解**

满足式(1-5a),即能使目标函数 $z=\boldsymbol{C}^{\mathrm{T}}\boldsymbol{X}$ 取得最大值的基本可行解,称为标准形 LP 问题(1-5)的**最优基本解**,记为 $\boldsymbol{X}^*$,它所对应的目标函数值称为**最优值**,记为 $z^*=\boldsymbol{C}^{\mathrm{T}}\boldsymbol{X}^*$。

譬如,将 $\boldsymbol{X}_2$ 代入目标函数(1-5a)中,算得 $z=22$;由 1.3.1 节例 1-7 的图解法已知,这恰是范例的最优值,而 $\boldsymbol{X}_2$ 的前 2 个分量(6,2) 恰为范例原型的最优解,故 $\boldsymbol{X}_2$ 为范例的最优基本解。

(3) **可行基与最优基**

基本可行解对应的基称为**可行基**,最优基本解对应的基称为**最优基**,记为 $\boldsymbol{B}^*$。

如 $\boldsymbol{B}_0$,$\boldsymbol{B}_2$ 是范例标准形(1-5)的可行基,$\boldsymbol{B}_2$ 还是最优基;而 $\boldsymbol{B}_1$ 不是可行基。

(4) **退化基本(可行)解**

基本(可行)解中恰有 m 个基变量和 $n-m$ 个非基变量,而非基变量全都为 0,即基本(可行)解中至少有 $n-m$ 个 0 分量,而基变量一般不为 0。如果一个基本(可行)解中,有一个或更多个基变量取值为 0,则称之为**退化基本(可行)解**,否则称为**非退化的基本(可行)解**。

3. 凸性的基本概念

(1) 凸组合

由线性代数知道，k 个 n 维向量 $\boldsymbol{X}_1,\boldsymbol{X}_2,\cdots,\boldsymbol{X}_k$，各与一个任意实数 $\mu_1,\mu_2,\cdots,\mu_k$ 分别相乘以后再相加，得到一个新的 n 维向量 $\boldsymbol{Y}$，即有

$$\boldsymbol{Y}=\mu_1\boldsymbol{X}_1+\mu_2\boldsymbol{X}_2+\cdots+\mu_k\boldsymbol{X}_k$$

则称 $\boldsymbol{Y}$ 为这 k 个 n 维向量 $\boldsymbol{X}_1,\boldsymbol{X}_2,\cdots,\boldsymbol{X}_k$ 的一个**线性组合**。

若再规定各实数 $\mu_1,\mu_2,\cdots,\mu_k$ 的取值：①均为非负，②总和为 1，则称 $\boldsymbol{Y}$ 为这 k 个 n 维向量 $\boldsymbol{X}_1,\boldsymbol{X}_2,\cdots,\boldsymbol{X}_k$ 的一个**凸组合**。

上述定义也可用严格的数学语言描述：设 $\forall \boldsymbol{X}_i\in\boldsymbol{E}^n$，$\forall \mu_i\in\boldsymbol{E}^1$，$(i=1,2,\cdots,k)$，若

① $\mu_i\geqslant 0,(i=1,2,\cdots,k)$

② $\mu_1+\mu_2+\cdots+\mu_k=1$

则称

$$\boldsymbol{Y}=\mu_1\boldsymbol{X}_1+\mu_2\boldsymbol{X}_2+\cdots+\mu_k\boldsymbol{X}_k$$

为 $\boldsymbol{X}_1,\boldsymbol{X}_2,\cdots,\boldsymbol{X}_k$ 的一个**凸组合**。(其中：$\forall$——任意，$\boldsymbol{E}^n$——n 维欧氏空间)

两个 n 维向量 $\boldsymbol{X}_1,\boldsymbol{X}_2$ 的凸组合可表示为

$$\boldsymbol{Y}=\mu\boldsymbol{X}_1+(1-\mu)\boldsymbol{X}_2,\quad(\mu\in[0,1])$$

$\boldsymbol{Y}$ 表示 n 维空间两点 $\boldsymbol{X}_1,\boldsymbol{X}_2$ 连接而成线段(简称**连线**)上的任意一点。这是两点凸组合的几何意义。据此，我们有如下定义。

(2) 凸集

如果 n 维空间一个子集 $\boldsymbol{S}$ 中任意两点 $\boldsymbol{X}_1,\boldsymbol{X}_2$ 连线上的点都在 $\boldsymbol{S}$ 中，则称 $\boldsymbol{S}$ 为**凸集**。

也可用数学语言描述：设 $\boldsymbol{S}\subset\boldsymbol{E}^n$，若对 $\forall \boldsymbol{X}_1\in\boldsymbol{S}$，$\forall \boldsymbol{X}_2\in\boldsymbol{S}$，以及 $\forall\mu\in[0,1]$，都有 $\boldsymbol{Y}\in\boldsymbol{S}$，其中

$$\boldsymbol{Y}=\mu\boldsymbol{X}_1+(1-\mu)\boldsymbol{X}_2$$

则称 $\boldsymbol{S}$ 为**凸集**。

凸集的外形为凸形，且其内部一个点也不少，更不能出现孔洞。如三角形、圆、立方体、椭球等都是凸集；再如，范例的可行域图形，也是凸集，见图 1-1。另外，凸集也可能是无界域，如 $\boldsymbol{E}^n$ 及其各个卦限，等等。但若从凸集中删除一个点，则所得点集就不是凸集了，如图 1-5(a)所示。外形为凹形的点集均非凸集，如图 1-5(b)所示，等等。

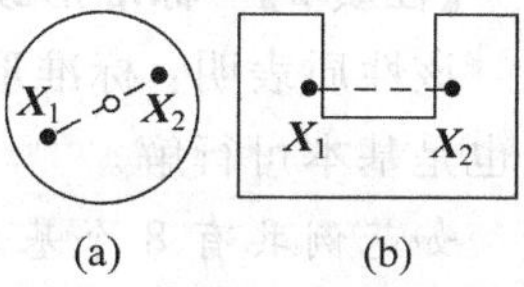

图 1-5

(3) 极点

设 $\boldsymbol{X}$ 是凸集 $\boldsymbol{S}$ 中的一个点，如果不能将 $\boldsymbol{X}$ 表示成 $\boldsymbol{S}$ 中任意不同两点 $\boldsymbol{X}_1,\boldsymbol{X}_2$ 连线内的点，则称 $\boldsymbol{X}$ 是凸集 $\boldsymbol{S}$ 的一个**极点**。

也可用数学语言描述：设 $\boldsymbol{X}\in$ 凸集 $\boldsymbol{S}$，若 $\forall \boldsymbol{X}_1\in\boldsymbol{S}$，$\forall \boldsymbol{X}_2\in\boldsymbol{S}$，且 $\boldsymbol{X}_1\neq\boldsymbol{X}_2$，及 $\forall\lambda\in(0,1)$，都不能使式

$$\boldsymbol{X}=\lambda\boldsymbol{X}_1+(1-\lambda)\boldsymbol{X}_2$$

成立，则称 $\boldsymbol{X}$ 为凸集 $\boldsymbol{S}$ 的一个**极点**。

譬如，圆周上的点都是极点，因为圆中任意不同两点的连线都是一根弦或弦内的一部

分线段,不可能使圆周上的点位于其内。再如图 1-1(c)中 O,A,B,C,D 五点都是范例可行域 $\boldsymbol{R}$ 的极点。

1.4.2 基本性质

【性质 1】 线性规划的可行域是凸集。

仅就标准形线性规划(1-5)证明其可行域

$$\boldsymbol{R}=\{\boldsymbol{X} \mid \boldsymbol{A}\boldsymbol{X}=\boldsymbol{b}, \boldsymbol{X} \geqslant \boldsymbol{0}\} \tag{1-6}$$

是凸集。类似可对通式(1-1)做出相应证明,但叙述较繁,感兴趣的读者可自行尝试。

证明 按凸集的定义,只需证明:对 $\forall \boldsymbol{X}_1 \in \boldsymbol{R}, \forall \boldsymbol{X}_2 \in \boldsymbol{R}$,及 $\forall \mu \in [0,1]$,都有 $\boldsymbol{Y} \in \boldsymbol{R}$,其中

$$\boldsymbol{Y}=\mu \boldsymbol{X}_1+(1-\mu) \boldsymbol{X}_2$$

下面就来证明这一结论。

因为 $\boldsymbol{X}_1 \in \boldsymbol{R}, \boldsymbol{X}_2 \in \boldsymbol{R}$,所以按式(1-6),有

$$\boldsymbol{A}\boldsymbol{X}_1=\boldsymbol{b}, \quad \boldsymbol{A}\boldsymbol{X}_2=\boldsymbol{b}$$

则有

$$\boldsymbol{A}\boldsymbol{Y}=\boldsymbol{A}[\mu \boldsymbol{X}_1+(1-\mu) \boldsymbol{X}_2]=\mu \boldsymbol{A}\boldsymbol{X}_1+(1-\mu) \boldsymbol{A}\boldsymbol{X}_2=\mu \boldsymbol{b}+(1-\mu) \boldsymbol{b}=\boldsymbol{b} \tag*{①}$$

又因 $\boldsymbol{X}_1 \in \boldsymbol{R}, \boldsymbol{X}_2 \in \boldsymbol{R}$,故按式(1-6),还有

$$\boldsymbol{X}_1 \geqslant \boldsymbol{0}, \quad \boldsymbol{X}_2 \geqslant \boldsymbol{0}$$

又对 $\forall \mu \in[0,1]$,都有 $\mu \geqslant 0, 1-\mu \geqslant 0$,则有

$$\mu \boldsymbol{X}_1 \geqslant \boldsymbol{0}, \quad (1-\mu) \boldsymbol{X}_2 \geqslant \boldsymbol{0}$$

故有

$$\boldsymbol{Y}=\mu \boldsymbol{X}_1+(1-\mu) \boldsymbol{X}_2 \geqslant \boldsymbol{0} \tag*{②}$$

由①,②两式可知 $\boldsymbol{Y} \in \boldsymbol{R}$,故 $\boldsymbol{R}$ 是凸集。 **(证毕)**

凸集具有良好的性质,而性质 1 恰恰反映出线性规划可行解总体的良好性质。

【性质 2】 标准形线性规划的基本可行解与可行域的极点互相对应。

该性质表明:标准形线性规划的基本可行解是可行域的极点;反之亦然,可行域的极点也是基本可行解。

如范例共有 8 个基本解,见表 1-8。其中有 5 个是基本可行解,也是可行域的 5 个极点。而其前两个分量,恰好是范例原型可行域的 5 个极点。

表 1-8 范例的全部 8 个基本解

序	原型的极点	标准形的基本解与极点					可行?	目标值	最优?
		(x_1	x_2	x_3	x_4	x_5)			
1	$O(0,0)$	(0	0	6	8	18)	是	0	否
2	$D(0,4)$	(0	4	6	0	6)	是	8	否
3	$C(3,4)$	(3	4	3	0	0)	是	17	否
4	$A(6,0)$	(6	0	0	8	6)	是	18	否
5	$B(6,2)$	(6	2	0	4	0)	是	22	是
6	$G(0,6)$	(0	6	6	−4	0)	否	12	否
7	$F(6,4)$	(6	4	0	0	−6)	否	26	否
8	$E(9,0)$	(9	0	−3	8	0)	否	27	否

对性质 2 和下面的性质 3，本书不予证明，感兴趣的读者可参阅文献[2]。

【性质 3】 线性规划的基本定理 对标准形线性规划问题($\boldsymbol{M}$)而言：

(1) 若($\boldsymbol{M}$)有可行解，则必有基本可行解；

(2) 若($\boldsymbol{M}$)有最优解，则必有最优基本解。

这意味着若用单纯形法寻求 LP 问题($\boldsymbol{M}$)的最优解，则按性质 3(2)，只需在基本可行解中寻找；由性质 2 知，基本可行解是可行域的极点，反之亦然，所以只需在可行域的极点中**寻优**；再由下面的性质 5 可知，只需在可行域的**有限**个极点中寻优。这就使寻优的对象，从不可数无穷多个可行解转化为有限个可行极点，从而使寻优的过程，实现了本质的飞跃，可在有限步骤内完成。所以说，性质 3 是线性规划最重要的理论成果。

【性质 4】 若 LP 问题的可行域 $\boldsymbol{R}\neq\varnothing$，则 $\boldsymbol{R}$ 至少有一个极点。

该性质是性质 3(1)和性质 2 的直接推论。因为 $\boldsymbol{R}\neq\varnothing$ 意味着 LP 问题有可行解，则按性质 3(1)，该问题必有基本可行解；再按性质 2，可行域 $\boldsymbol{R}$ 必有极点。

【性质 5】 任何 LP 问题可行域 $\boldsymbol{R}$ 的极点个数均不超过有限个。

因为任何 LP 问题都能等价化为标准形($\boldsymbol{M}$)，下面仅就此形式说明性质 5 的正确性。对问题($\boldsymbol{M}$)而言，从其系数阵 $\boldsymbol{A}$ 的 n 列中，取出 m 列以构成一个基，基的个数不会超过 $C_n^m<\infty$，所以

$$\text{基本可行解的个数}\leqslant\text{基本解的个数}\leqslant C_n^m<\infty$$

因此，基本可行解对应的可行域极点的个数$<\infty$。

这就启发人们，可像采用表 1-8 求解范例那样，去求解其他 LP 问题，这就是**枚举法**。但当问题的阶数 m 和维数 n 较大时，枚举法就失效了。而单纯形法则是一种通用有效的方法。

习 题

1.1 试述 LP 模型的要素、组成部分及特征。判断下述模型是否是 LP 模型并简述理由。(式中 x,y 为变量；θ 为参数；a,b,c,d,e 为常数)

(1) $\max z=2x_1-x_2-3x_3$

$$\text{s.t.}\begin{cases}x_1+x_2+x_3=1\\3x_1-x_2+5x_3\leqslant 8\\2x_1-4x_2+3x_3\geqslant 5\\x_1\geqslant 0,\quad x_2\leqslant 0\end{cases}$$

(2) $\min z=\sum\limits_{i=1}^{m}a_ix_i+\sum\limits_{j=1}^{n}b_jy_j$

$$\text{s.t.}\begin{cases}x_i\leqslant c_i, & (i=1,2,\cdots,m)\\y_j\leqslant d_j, & (j=1,2,\cdots,n)\\x_i+y_j\geqslant e_{ij}\end{cases}$$

(3) $\min z=\sum\limits_{k=1}^{n}kx_k$

$$\text{s.t.}\begin{cases}\sum\limits_{k=1}^{n}a_{ik}x_k\geqslant b_i, & (i=1,2,\cdots,m)\\x_k\geqslant 0, & (k=1,2,\cdots,n)\end{cases}$$

(4) $\max z = \sum_{j=1}^{n} c_j x_j$

$$\text{s.t.} \begin{cases} \sum_{j=1}^{n} a_{ij} x_j \leqslant b_i + d_i \theta, & (i = 1,2,\cdots,m) \\ x_j \geqslant 0, & (j = 1,2,\cdots,n) \end{cases}$$

1.2 试建立下列问题的数学模型:

(1) 设备配购问题

某农场要购买一批拖拉机以完成每年三季的工作量:春种 330 公顷,夏管 130 公顷,秋收 470 公顷。可供选择的拖拉机型号、单台投资额及工作能力如表 1-9 所示。

表 1-9

拖拉机型号	单台投资/元	单台工作能力/公顷		
		春种	夏管	秋收
东方红	50 000	30	17	41
丰 收	45 000	29	14	43
跃 进	44 000	32	16	42
胜 利	52 000	31	18	44

问配购哪几种拖拉机各几台,才能完成上述每年工作量且使总投资最小?

(2) 物资调运问题

甲、乙两煤矿供给 A,B,C 三个城市的用煤。各矿产量和各市需求如表 1-10 所示,各矿与各市之间的运输价格如表 1-11 所示。

表 1-10

煤矿	日产量/吨	城市	日需求量/吨
甲	200	A	100
乙	250	B	150
		C	200

表 1-11

煤矿 \ 城市	运价/(元/吨)		
	A	B	C
甲	90	70	100
乙	80	65	80

问应如何调运,才能既满足城市用煤需求,又使运输的总费用最少?

(3) 食谱问题

某疗养院营养师要为某类病人拟订本周菜单。可供选择的蔬菜及其费用和所含营养成分的数量,以及这类病人每周所需各种养分的最低数量如表 1-12 所示。另外为了口味的需求,规定一周内所用的卷心菜不多于 2 份,其他蔬菜不多于 4 份。若病人每周需 14 份蔬菜,问选用每种蔬菜各多少份?

(4) 下料问题

制造某种机床,每台分别需要 A,B,C 三种轴件 1,2,4 根,轴件长度分别为 2.9m,2.1m,1.2m,各种轴件都用长 7.4m 的圆钢来截毛坯。如果制造 100 台机床,问最少要用多少根圆钢?试建立数学模型。

表 1-12

蔬菜 \ 养分	每份所含养分数量					每份费用/元
	铁/毫克	磷/毫克	维生素A/单位	维生素C/毫克	烟酸/毫克	
青豆	0.45	10	415	8	0.30	0.15
胡萝卜	0.45	28	9 065	3	0.35	0.15
花菜	1.05	50	2 550	53	0.60	0.24
卷心菜	0.40	25	75	27	0.15	0.06
甜菜	0.50	22	15	5	0.25	0.18
土豆	0.50	75	235	8	0.80	0.10
每周养分最低需求量	6.00	325	17 500	245	5.00	

1.3 某农户年初承包了40亩土地，并备有生产专用资金25 000元。该户劳动力情况为：春夏季4 000工时，秋冬季3 500工时。若有闲余工时则将为别的农户帮工，其收入为：春夏季5元/工时，秋冬季4元/工时。该户承包的地块只适宜种植大豆、玉米、小麦，为此已备齐各种生产资料，因此不必动用现金。另外，该农户还饲养奶牛和鸡。每年每头奶牛需投资4 000元，每只鸡需投资30元。每头奶牛需用地1.5亩种植饲草，并占用劳动力：春夏季0.3工时和秋冬季0.6工时，每年净收入100元。该农户现有鸡舍最多能容纳300只鸡，牛棚最多能容纳8头奶牛。三种农作物一年需要的劳动力及收入情况如表1-13所示。问该农户应如何拟订经营方案，才能使当年净收入最大？试建立该问题的数学模型。

表 1-13

		大豆	玉米	小麦
所需工时/亩	春夏季	20	35	10
	秋冬季	50	75	40
净收入/(元/亩)		500	800	400

1.4 某厂生产甲、乙两种产品，每种产品都要在A,B两道工序加工。其中B工序可由B_1或B_2完成，但乙产品不能用B_1加工。生产这两种产品都需要C,D,E三种原材料，有关数据如表1-14所示。又据市场预测，甲产品每天销售不超过30件。问应如何安排生产才能获利最大？试建立数学模型。

表 1-14

		产品单耗		日供应量		单位成本	
		甲	乙	数量	单位	数量	单位
工序	A	2	1	80	工时	6	元/工时
	B_1	3	—	60	工时	2	元/工时
	B_2	1	4	70	工时	5	元/工时
原材料	C	3	12	300	m	2	元/m
	D	5	3	100	件	1	元/件
	E	4	1.5	150	kg	4	元/kg
其他费用/(元/件)		26	29				
单价/(元/件)		80	100				

1.5　某木材公司经营的木材储存在仓库中，最大贮存量为200 000m^3。由于木材价格随季节变化，该公司于每季初购进木材，一部分当季售出，一部分贮存以后出售。贮存费为$a+bu$，其中$a=7$元/m^3，$b=10$(元/m^3)/季，u为贮存的季度数。由于木材久贮易损，因此当年所有库存木材应于秋末售完。各季度木材单价及销量如表1-15所示。为获全年最大利润，该公司各季应分别购销多少木材？试建立数学模型。

表　1-15

季	购价/(元/m^3)	售价/(元/m^3)	最大销售量/(m^3)
冬	310	321	10 000
春	325	333	14 000
夏	348	352	20 000
秋	340	344	16 000

1.6　试用图解法求解下列LP问题：

(1) $\min z=6x_1+4x_2$

$$\text{s.t.}\begin{cases}2x_1+x_2\geqslant 1\\3x_1+4x_2\geqslant 1.5\\x_1,\quad x_2\geqslant 0\end{cases}$$

(2) $\max z=2.5x_1+x_2$

$$\text{s.t.}\begin{cases}3x_1+5x_2\leqslant 15\\5x_1+2x_2\leqslant 10\\x_1,\quad x_2\geqslant 0\end{cases}$$

(3) $\max z=2x_1+2x_2$

$$\text{s.t.}\begin{cases}x_1-x_2\geqslant -1\\-x_1+2x_2\leqslant 4\\x_1,\quad x_2\geqslant 0\end{cases}$$

(4) $\max z=x_1+x_2$

$$\text{s.t.}\begin{cases}x_1-x_2\geqslant 0\\3x_1-x_2\leqslant -3\\x_1,\ x_2\geqslant 0\end{cases}$$

(5) $\min z=2x_1-10x_2$

$$\text{s.t.}\begin{cases}x_1-x_2\geqslant 0\\x_1-5x_2\geqslant -5\\x_1,\quad x_2\geqslant 0\end{cases}$$

(6) $\min z=-10x_1-11x_2$

$$\text{s.t.}\begin{cases}3x_1+4x_2\leqslant 10\\5x_1+2x_2\leqslant 8\\x_1-2x_2\leqslant 2\\x_1,\quad x_2\geqslant 0\end{cases}$$

1.7　试将1.6(3)～(6)题化成标准形。

1.8　试将下列LP问题化成标准形。

(1) $\min z=2x_1+3x_2+5x_3$

$$\text{s.t.}\begin{cases}x_1-x_2-x_3\geqslant -5\\-6x_1+7x_2-9x_3=15\\19x_1+7x_2+5x_3\leqslant 13\\x_1\geqslant 0,\quad x_2\geqslant 0\end{cases}$$

(2) $\min z=3x_1+4x_2+2x_3+x_4$

$$\text{s.t.}\begin{cases}3x_1+x_2+x_3\leqslant 7\\4x_1+x_2+6x_3\geqslant 6\\-x_1-x_2+x_3+x_4=-4\\x_1\geqslant 1,\quad x_2\geqslant 0\end{cases}$$

1.9　证明下述 LP 问题的可行域是一个空集：

$$\min z = x_1 - 2x_2 + 2x_3 + x_4$$

$$\text{s. t.}\begin{cases} x_1 + x_2 + x_3 + x_4 = 4 \\ x_1 + x_2 - x_3 - x_4 = 6 \\ x_1,\ x_2,\ x_3,\ x_4 \geqslant 0 \end{cases}$$

1.10　已知 LP 问题如下：

$$\min w = x_1 + 2x_2 - 3x_3 + 4x_4$$

$$\text{s. t.}\begin{cases} \quad\ \ 5x_2 + x_3 + 3x_4 = 5 \\ x_1 + 4x_2 + x_3 \ \ + x_4 = 7 \\ x_1,\ \ x_2,\ x_3,\ \ x_4 \geqslant 0 \end{cases}$$

判断下述各点是不是该 LP 问题的可行解、基本解、基本可行解？试从中找出一个较优解：

$$\boldsymbol{X}_1 = (8,2,7,-4)^{\mathrm{T}},\quad \boldsymbol{X}_2 = (1,0,2,1)^{\mathrm{T}},\quad \boldsymbol{X}_3 = (2,0,5,0)^{\mathrm{T}},$$
$$\boldsymbol{X}_4 = (0,0,-1,2)^{\mathrm{T}},\quad \boldsymbol{X}_5 = (3,1,0,0)^{\mathrm{T}},\quad \boldsymbol{X}_6 = (2,1/2,1,1/2)^{\mathrm{T}}。$$

1.11　已知某 LP 问题的可行域如下：

$$\begin{cases} 2x_1 \ + x_2 - x_3 \qquad\qquad\qquad = 25 \\ \ x_1 + 3x_2 \qquad\quad - x_4 \qquad = 30 \\ 4x_1 + 7x_2 - x_3 - 2x_4 - x_5 = 85 \\ \ x_1,\ \ x_2,\ x_3,\ \ x_4,\ x_5 \geqslant 0 \end{cases}$$

判断下述各点：

$$\boldsymbol{X}_1 = (5,15,0,20,0)^{\mathrm{T}},\quad \boldsymbol{X}_2 = (9,7,0,0,8)^{\mathrm{T}},\quad \boldsymbol{X}_3 = (15,5,10,0,0)^{\mathrm{T}}$$

是否为该可行域的极点并说明理由。

1.12　试证明：若 LP 问题有两个不同的最优基本解，则必有无穷多个最优解。

1.13　设 $\boldsymbol{R}_1, \boldsymbol{R}_2 \subset \boldsymbol{E}^n$ 为凸集，则下列集合均为凸集：

(1) $\boldsymbol{R}_1 + \boldsymbol{R}_2 = \{\boldsymbol{Y} = \boldsymbol{X}_1 + \boldsymbol{X}_2 \mid \boldsymbol{X}_1 \in \boldsymbol{R}_1, \boldsymbol{X}_2 \in \boldsymbol{R}_2\}$

(2) $\boldsymbol{R}_1 - \boldsymbol{R}_2 = \{\boldsymbol{Y} = \boldsymbol{X}_1 - \boldsymbol{X}_2 \mid \boldsymbol{X}_1 \in \boldsymbol{R}_1, \boldsymbol{X}_2 \in \boldsymbol{R}_2\}$

(3) $\lambda\boldsymbol{R}_1 = \{\boldsymbol{Y} = \lambda\boldsymbol{X} \mid \boldsymbol{X} \in \boldsymbol{R}_1, \lambda \in \boldsymbol{E}^1\}$

1.14　设 $\boldsymbol{R}_i \subset \boldsymbol{E}^n$ 为凸集$(i=1,2,\cdots)$，则 $\boldsymbol{R} = \bigcap_i \boldsymbol{R}_i$ 也为凸集。

1.15　试举出下述某一类型的 LP 问题的实例：产品配比问题、配料问题、物资调运问题、食谱问题、下料问题及其他 LP 问题，然后建模并化标准形，再设法找出一个基本可行解。

1.16　试用枚举法求解下述 LP 问题：

(1) $\min w = x_1 + 4x_2 + x_3$

$$\text{s.t.}\begin{cases} 2x_1 - 2x_2 + x_3 = 4 \\ x_1 - x_3 = 1 \\ x_1,\ x_2,\ x_3 \geqslant 0 \end{cases}$$

(2) $\min w = x_1 - 2x_2 + 3x_3$

$$\text{s.t.}\begin{cases} -2x_1 + x_2 + 3x_3 = 2 \\ 2x_1 + 3x_2 + 4x_3 = 10 \\ x_1,\ x_2,\ x_3 \geqslant 0 \end{cases}$$

(3) 1.6 题之(2)

(4) 1.6 题之(6)

第2章

单纯形法

单纯形法(simplex method，SM)早于 1947 年就由美国青年学者丹茨格(G. B. Dantzig)首创提出，是一种求解线性规划的通用有效方法。几十年来，尽管续有其他有效方法诞生，但多因不具备对偶性等单纯形法的诸多优点，始终未能撼动其主导地位。

2.1 基本思想

单纯形法从内容上分为两种：①**原本方法**(primal simplex method)，②**对偶方法**(dual simplex method)。本章仅介绍前者，后者留待第 3 章 3.3 节介绍。

单纯形法从形式上又分为 3 种：①方程组形式；②表格形式；③矩阵形式。矩阵形式最简，便于理论研究，但比较抽象，不易理解，本书不予介绍。

本节将就最直观的方程组形式，介绍单纯形法的基本思想；下节再就最简明的表格形式，介绍单纯形法的运算步骤。而运算步骤才是单纯形法、乃至大多运筹学方法的本质属性与核心内容。

下面，先对单纯形法的基本思路，用范例辅以较形象的几何解释。

2.1.1 基本思路

见图 2-1。若将图中那条 $z=0$ 的目标函数等值线看成"海拔高度为 0 的地平线"，将可行域 $\boldsymbol{R}$ 看成一座"高山"局部，从"地平线"沿着法线方向看去，B 点就是 $\boldsymbol{R}$ 的"峰顶"。应如何"登峰"？

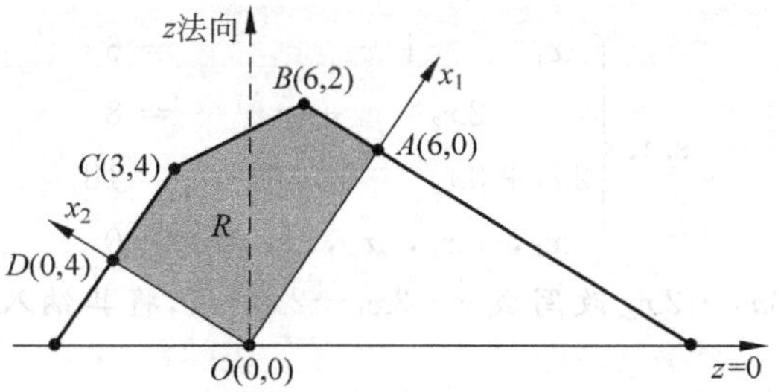

图 2-1

目前尚无"一步登峰"法，或者说，由于"山高路远"且"云遮雾障"，"登山者"看不清"峰顶"方位，则如何应对？目前已有几种不同的有效方法，而单纯形法则是一种沿着"脊线"或"棱线"循序渐进的逐步攀登法。首先，找出此山可行域的一个"棱点"，即极点，检验它是否"峰顶"，是则结束，否则以该极点作为始点，选择可行域 $\boldsymbol{R}$ 内一条"脊线"作为上进路线，再恰当确定行程,便能到达另一极点。接续类似选定路程上进,直至抵达峰顶为止。

就本例而言,若从"山底"极点起步,仅 O 点可行,故选 O 点为始点。这样,在可行域 $\boldsymbol{R}$ 内,共有两条抵达"峰顶"的"脊线"OAB 和 $ODCB$,可谓"总脊线",当然从中易辨优劣。但因远看不清,眼下能够看清的只有 x_1 轴和 x_2 轴 2 段"脊线",则应如何选择第 1 步路线呢?由于同样只走 1 步,沿着 x_1 轴"走 1 步",即让 x_1 值从 0 增大为 1,能使目标函数 $z=3x_1+2x_2$ 的值 z 从 0 增大为 3,即能使"登山者"沿"海拔高度"上升 3 个单位;而沿着 x_2 轴"走 1 步",即让 x_2 值从 0 增大为 1,只能使目标函数的值 z 从 0 增大为 2,即沿"海拔高度"上升 2 个单位,不如前者上升得高;所以选择第 1 步路线为沿着 x_1 轴上进,再确定行程为 x_1: 0→6,便到达另一个极点 A。这时需要检验 A 点是否"峰顶",是则结束,否则继续……终即选定"总脊线"OAB 而抵达"峰顶"B 点。

综上,可将按单纯形法完成本例的"登顶过程",分成以下 3 个阶段:

第 1 阶段,先在可行域 $\boldsymbol{R}$ 内,选定一个极点 $O(0,0)$ 作为始点;

第 2 阶段,从 O 点出发,选择沿着 $\boldsymbol{R}$ 内"脊线"x_1 轴攀登至另一个可行极点 $A(6,0)$;

第 3 阶段,从 A 点出发,选择沿着 $\boldsymbol{R}$ 内"脊线"AB 攀登至可行极点 $B(6,2)$,即达"峰顶"。

更一般地说,单纯形法解题的基本思路是:

- 首先,确定可行域 $\boldsymbol{R}$ 内一个极点作为**始点**,称为**初始基本可行解**;
- 然后,检验当前解(可行极点)是否最优,是则结束;
- 否则从该点出发,进化到另一极点,既使目标函数值上升(起码不降),又保达点可行;
- 如此不断施行从这一可行极点向另一可行极点的进化(基本可行解的转化),直到目标函数值升为最大,当前解(达点)化成最优(峰点),或依法判明问题无解为止。

2.1.2 唯一前提

【例 2-1】 试用方程组形式的单纯形法,求解范例的 LP 问题。

解 在 1.2 节分析例 1-5 时,已经得到范例的标准形:

$$\max z = 3x_1 + 2x_2$$

$$\text{s. t.}\begin{cases} x_1 + x_3 = 6 \\ 2x_2 + x_4 = 8 \\ 2x_1 + 3x_2 + x_5 = 18 \\ x_1,\ x_2,\ x_3,\ x_4,\ x_5 \geqslant 0 \end{cases}$$

先将目标函数 $z=3x_1+2x_2$ 改写成 $z-3x_1-2x_2=0$,将其纳入约束方程组中,得到 LP 等价问题:

$$\max z$$

$$\text{s. t.}\begin{cases} z - 3x_1 - 2x_2 = 0 & ⓪ \\ x_1 + x_3 = 6 & ① \\ 2x_2 + x_4 = 8 & ② \\ 2x_1 + 3x_2 + x_5 = 18 & ③ \\ x_1,\ x_2,\ x_3,\ x_4,\ x_5 \geqslant 0 & ④ \end{cases}$$

牢记变量 z 值须达最大，恒保其余变量 $x_j(j=1,2,3,4,5)$ 的值均须非负，只需求解下列方程组：

$$(\text{Ⅰ})\begin{cases} z-3x_1-2x_2 \qquad\qquad\qquad\qquad = 0 & ⓪ \\ \hline x_1 \qquad\quad +x_3 \qquad\qquad\quad = 6 & ① \\ \qquad\quad 2x_2 \qquad\quad +x_4 \qquad = 8 & ② \\ 2x_1+3x_2 \qquad\qquad\qquad +x_5 = 18 & ③ \end{cases}$$

将 z 作为一个附加方程式⓪的永恒的基变量，再取松弛变量 x_3,x_4,x_5 作为约束方程式①，②，③的基变量，易见它们的系数列向量构成一个 4 阶单位阵，这说明方程组(Ⅰ)已是典式。如前 1.2.4 节所述，这是单纯形法的唯一必要前提。

注意：LP 模型必须符合典式，方能确定初始基本可行解。

2.1.3 进化规程

1. 确定一个可行极点作为始点

在典式(Ⅰ)的约束方程组中，以 $\boldsymbol{B}_0=[\boldsymbol{a}_3,\boldsymbol{a}_4,\boldsymbol{a}_5]$ 为基，得到相应的一个基本可行解

$$\boldsymbol{X}_0=(0,0,6,8,18)^{\mathrm{T}}$$

换言之，$\boldsymbol{X}_0$ 也是以 $\boldsymbol{x_3},\boldsymbol{x_4},\boldsymbol{x_5}$ **为基变量**的基本可行解。

$\boldsymbol{X}_0$ 各分量中，基变量 x_3,x_4,x_5 的值，恰为约束方程式①，②，③的右端常数；而 $\boldsymbol{X}_0$ 对应的目标函数值，恰为附加方程式⓪的右端常数，即 $z=0$；这意味着，很容易识别方程组(Ⅰ)的一个基本可行解 $\boldsymbol{X}_0$，及其对应的目标函数值 z_0。这一优点绝非偶然，它正是典式的一个必然结果。这样，就能确定 $\boldsymbol{X}_0$ 为始点(初始基本可行解)。

2. 检验当前解是否最优，称为最优性检验

将式⓪称为**检验方程**，其中变量 x_j 的系数，称为**检验数**，记为 $\sigma_j(j=1,2,\cdots,n)$，可据以检验前解是否最优，这正是将式⓪引入方程组(Ⅰ)中的用意所在。

最优性检验的准则是：

- 若一切检验数非负：$\sigma_j\geqslant 0(j=1,2,\cdots,n)$，则 LP 问题的当前解最优；
- 否则，只要存在一个负检验数 $\sigma_j<0$，则当前解非优。

按此准则对范例的当前解，即典式方程组(Ⅰ)对应的基本可行解 $\boldsymbol{X}_0$，进行最优性检验如下：

由于式⓪中存在负检验数 $\sigma_1=-3,\sigma_2=-2$，因此可以判定当前解 $\boldsymbol{X}_0$ 非优。

从范例的经济意义上解释，$\boldsymbol{X}_0$ 的前 2 个分量 $x_1=0,x_2=0$，意味着不生产甲、乙两种产品，当然利润为 0；而只要安排生产甲、乙两种产品，就能使利润值 z 增大。因此，当前方案未臻最优。

3. 从当前极点进化到另一极点，既使目标函数值上升，又保达点可行

由于目前 $x_1=0,x_2=0$，均为非基变量，如果让它们变为基变量，也即让其取值从 0 变为正数，由式⓪易见，就能使目标函数值 z 增大，这就须要从当前的非基变量 $x_1=0$ 和 $x_2=0$ 中，选择一个 $x_k(k=1,2)$ 变为基变量，即所谓选择“上进路线”。

用专业术语称为：选择一个**进基变量** x_k；或者说，选择一个非基变量 x_k，**让** x_k **进基**。

由本节开始就范例所作几何解释，已知应选 x_1 进基。现就范例再作经济解释，若只生

产一件产品，则因甲产品的单位利润为300元，大于乙产品的单位利润200元，所以选择生产甲产品。

但应**注意**：在一个线性规划中，基变量的个数恒等于阶数 m，本例阶数 $m=3$。

因此，在确定 x_1 进基后，还必须在原有3个基变量 x_3, x_4, x_5 中，选择一个 x_r 变为非基变量。

用专业术语称为：选择一个**离基变量** x_r；或选择一个基变量 x_r，**让 $\boldsymbol{x_r}$ 离基**，即以 x_k 替换 x_r。

上述基变量的更替意味着，要将当前这个基本可行解

$$\boldsymbol{X}_0 = (0,0,6,8,18)^{\mathrm{T}}$$

转化为另一个基本解

$$\boldsymbol{X}_1 = (x_1,0,0,x_4,x_5)^{\mathrm{T}}$$

或

$$\boldsymbol{X}_1 = (x_1,0,x_3,0,x_5)^{\mathrm{T}}$$

或

$$\boldsymbol{X}_1 = (x_1,0,x_3,x_4,0)^{\mathrm{T}}$$

这是一个重要的问题。因为如前所述，单纯形法是在可行极点中寻优，因此，每次转换后所得新基本解必须始终保持可行性。目前即要确保达点 $\boldsymbol{X}_1$ 可行，也就是说，$\boldsymbol{X}_1$ 的诸分量中，除了 x_1 变为正数，x_2 仍为非基变量，仍为 $x_2=0$ 外，其他分量 x_3, x_4, x_5 必须全都保持取值非负。

为此，从方程组(Ⅰ)的式①，②，③中，依次解出 x_3, x_4, x_5，并且令其$\geqslant 0$，可以得到

$$\begin{cases} x_3 = 6 - x_1 \geqslant 0 \rightarrow x_1 \leqslant 6 \\ x_4 = 8 \geqslant 0 \\ x_5 = 18 - 2x_1 \geqslant 0 \rightarrow x_1 \leqslant 18/2 \end{cases} \tag{2-1}$$

故有

$$x_1 \leqslant \min\{6, 18/2\} = 6 \tag{2-2}$$

但不能取 $x_1 < 6$

否则，由式(2-1)容易推知，x_3, x_4, x_5 全都为正数，无一离基。因此，式(2-2)只能取为等式，即有

$$x_1 = \min\{6, 18/2\} = 6$$

亦即所谓“确定行程”，从而由式(2-1)可得

$$x_3 = 0(\text{离基}),\quad x_4 = 8,\quad x_5 = 6$$

于是得到一个新基本可行解，亦即所谓“抵达的新极点”

$$\boldsymbol{X}_1 = (6,0,0,8,6)^{\mathrm{T}}$$

这就实现了一次基本可行解之间的转换，或可行基之间的转换，简称为**(可行)基变换**。相应的运算，称为**换基运算**。因此也可以说，单纯形法本质上是一种**迭代**运算的方法。

2.1.4 可行基变换

1. 转换规则——主元的确定

通过进基、离基变量的更替，实现基变换，从而也就实现从当前极点进化到另一极点。

为确保始终是在可行基或可行极点之间转换，必须遵循以下规则。

(1) 确定进基变量的规则——最小检验数规则

按照

$$\min\{\sigma_j \mid \sigma_j < 0, j = 1,2,\cdots,n\} = \sigma_k \tag{2-3a}$$

确定 σ_k 对应的非基变量 x_k 进基，同时确定 x_k 的系数列向量 $\boldsymbol{a}_k$ 为**主列**。

通俗地说：在负检验数中，选择最小检验数对应的非基变量进基，同时确定进基变量的系数列向量为主列。

(2) 确定离基变量和主元的规则——最小比值规则

根据主列 $\boldsymbol{a}_k$ 中的一切正数 $a_{ik}>0(i=1,2,\cdots,m)$，按照式

$$\theta = \min\left\{\frac{b_i}{a_{ik}} \mid a_{ik} > 0\right\} = \frac{b_l}{a_{lk}} \tag{2-3b}$$

确定**最小比值** θ，以 θ 所对应的第 l 行(方程)为**主行(主方程)**，主行中的原基变量 x_r 就是**离基变量**，同时确定主列中的主行元素 a_{lk} 为**主元**。

通俗地说：以主列中的正数为**分母**，以同行(方程)的右端常数为**分子**，求**比值**；以诸比值中**最小比值**所对应的那行(方程)为主行(主方程)，主行中的原基变量离基，而主行、主列交叉处那个元素即为主元。

现就方程组(Ⅰ)说明如下：先按式(2-3a)，有

$$\min\{-3,-2\} = -3 = \sigma_1 \rightarrow x_1 \text{ 进基}$$

同时确定 x_1 的系数列向量 $\boldsymbol{a}_1$ 为主列。

再按式(2-3b)，以主列 $\boldsymbol{a}_1$ 中的正数为分母，以同行(方程)的右端常数为分子，求比值，有

$$\theta = \min\{6/1, 18/2\} = 6$$

以最小比值 $\theta=6$ 所对应的方程①那行为主行(主方程)，主行中的原基变量 x_3 离基，同时确定主行、主列交叉处那个元素 1 为主元，并套上圆圈，以示醒目。

上述判断、运算过程及其结果，可用方程组(Ⅰ)示意如下：

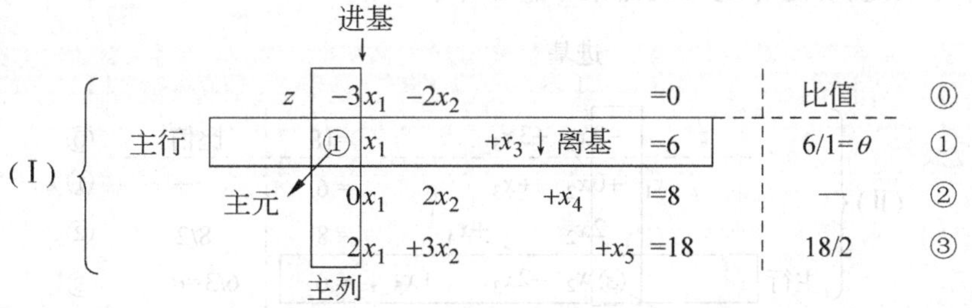

2. 转换方法——换基运算

换基运算即对当前方程组进行的一系列**初等变换**，其目的是：将主列化成**单位向量**，以符合典式。

1° **先将主元化为 1**。为此，用主元的倒数乘以主方程，得到新方程ⓐ，称为**源方程**。

2° **再将主列中其余元素全部消去，都化为 0**。为此，欲消去主列中哪行非 0 元素，就用其相反数乘以源方程ⓐ后，再加给该非 0 元素所在那行的方程。反复这样去做，直到将

主列中(除主元已变为 1 外)其余元素全部消去,都化为 0 为止。变换最终得到一个新方程组,而其中原主列那个向量便已化成单位向量。

现就范例的当前方程组(Ⅰ)加以具体说明:

1° 由于主元为 1,已符合要求;将主方程①添写入新方程组(Ⅱ)中,仍置于原行序①处,作为**源方程**,标上记号(如打√),以备正确识别、援用。

2° 再将方程组(Ⅰ)主列 $\boldsymbol{a}_1$ 中其余非 0 元素全部消去,都化为 0。

首先,由于方程组(Ⅰ)方程②的主列元素为 0,已符合要求,无须变换;故将方程②直接添写到方程组(Ⅱ)中,仍置于原行序②处。

然后,为将方程组(Ⅰ)方程③的主列元素 2 消去,用其相反数 −2 乘以方程组(Ⅱ)中的源方程①后,再加给该元素 2 所在那行的方程③,将所得新方程添写到方程组(Ⅱ)中,仍置于原行序③处。

最后,为将方程组(Ⅰ)方程⓪的主列元素 −3 消去,用其相反数 3 乘以方程组(Ⅱ)中的源方程①后,再加给该元素 −3 所在那行的方程⓪,将所得新方程添写到方程组(Ⅱ)中,仍置于原行序⓪处。

这样得到一个新方程组(Ⅱ),如下所示:

$$
(\text{Ⅱ})\begin{cases}
z \quad -2x_2+3x_3 \qquad\qquad\quad =18 & \text{⓪} \\
\hline
x_1 \qquad\quad +x_3 \qquad\qquad\quad =6\ \checkmark & \text{①} \\
\qquad 2x_2 \qquad +x_4 \qquad\quad =8 & \text{②} \\
\qquad 3x_2-2x_3 \qquad +x_5=6 & \text{③}
\end{cases}
$$

换基运算可确保方程组(Ⅱ)必定符合典式,它给出一个以 $\boldsymbol{B}_1=[\boldsymbol{a}_1,\boldsymbol{a}_4,\boldsymbol{a}_5]$ 为基的基本可行解

$$\boldsymbol{X}_1=(6,0,0,8,6)^{\mathrm{T}}$$

及其目标值 $z=18$;较 $\boldsymbol{X}_0$ 更好。

再对 $\boldsymbol{X}_1$ 进行最优性检验:由于式⓪中存在负检验数 $\sigma_2=-2$,因此可以判定当前解 $\boldsymbol{X}_1$ 非优,仍须进行基变换。首先要确定主元,只需按式(2-3)先后运用最小检验数规则与最小比值规则即可确定,其运算过程及结果示意如下:

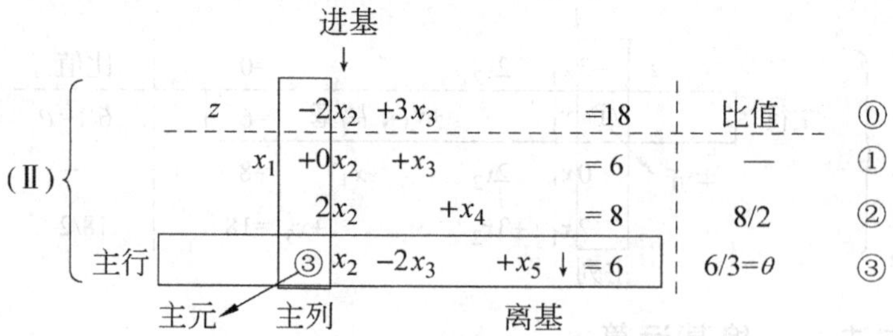

按主元③对方程组(Ⅱ)进行一次换基运算,得到新方程组(Ⅲ):

$$
(\text{Ⅲ})\begin{cases}
z \quad +(5/3)x_3 \quad +(2/3)x_5=22 & \text{⓪} \\
\hline
x_1 \qquad\quad +x_3 \qquad\qquad =6 & \text{①} \\
\qquad (4/3)x_3+x_4-(2/3)x_5=4 & \text{②} \\
\quad x_2-(2/3)x_3 \quad +(1/3)x_5=2\ \checkmark & \text{③}
\end{cases}
$$

由于其式⓪中,所有检验数均为非负,故得到最优基本解及最优值

$$\boldsymbol{X}^* = (6,2,0,4,0)^{\mathrm{T}}, \quad z^* = 22$$

同图解法结果一致。

2.2 基本方法

2.2.1 单纯形表

上述方程组的初等变换,完全可用形式更简明的增广矩阵的初等行变换取代。又为便于判断、检验、计算等,在增广矩阵的基础上,设计了形式不尽相同的计算表格,这就是单纯形表。

本书采用的单纯形表,其基本结构如表 2-1 所示。

表 2-1 一般单纯形表的基本结构

c_j			c_1	c_2	$\cdots$	c_m	c_{m+1}	$\cdots$	c_n	比值
	基	解	x_1	x_2	$\cdots$	x_m	x_{m+1}	$\cdots$	x_n	
c_1	x_1	b_1	1	0	$\cdots$	0	$a_{1,m+1}$	$\cdots$	a_{1n}	
c_2	x_2	b_2	0	1	$\cdots$	0	$a_{2,m+1}$	$\cdots$	a_{2n}	
$\vdots$	$\vdots$	$\vdots$	$\vdots$	$\vdots$		$\vdots$	$\vdots$		$\vdots$	
c_m	x_m	b_m	0	0	$\cdots$	1	$a_{m,m+1}$	$\cdots$	a_{mn}	
检验行		z_0	0	0	$\cdots$	0	σ_{m+1}	$\cdots$	σ_n	

表 2-1 中:

"**基**"列填写基变量;

"c_j"列填写基变量对应的价值系数;

"**解**"列填写方程的右端常数,它们就是同行基变量的值,据此容易识别当前的基本可行解

$$\boldsymbol{X}_0 = (b_1, b_2, \cdots, b_m, 0, \cdots, 0)^{\mathrm{T}}$$

故称为"**解**"列。

而"**检验行**"对应上一节所谓检验方程⓪。其中,z_0 为当前解对应的目标函数值,σ_j 为检验数,它们是按下列公式算出的:

$$z_0 = \boldsymbol{C}_B^{\mathrm{T}}\boldsymbol{b} \tag{2-4a}$$

$$\sigma_j = \boldsymbol{C}_B^{\mathrm{T}}\boldsymbol{a}_j - c_j, \quad (j = 1,2,\cdots,n) \tag{2-4b}$$

其中 $\boldsymbol{C}_B$ 即"c_j"列,$\boldsymbol{b}$ 即"解"列,$\boldsymbol{a}_j$ 即"第 j 列系数",故有

z_0 = "c_j" 列与"解" 列对应元素乘积之和

σ_j = "c_j" 列与"第 j 列系数" 对应元素乘积之和,再减去 c_j

2.2.2 单纯形法的运算步骤

单纯形法的运算步骤共有 6 步,其中前 2 步为预备步骤,后 4 步为迭代步骤。**预备步骤**仅为建立符合典式的初始单纯形表。而**迭代步骤**则是反复运用的主要步骤,包括 **解的**

判断(3°,4°两步)和 **基变换**(5°,6°两步)两部分工作。具体内容如下：

1° 标准化

依法将原 LP 问题化成标准形。

2° 建立典式单纯形表

在系数阵中找出或构造一个满秩排列阵作初始基,建立初始单纯形表。其中检验行的数据按下列公式算出：

$$z_0 = \boldsymbol{C}_B^{\mathrm{T}}\boldsymbol{b}$$
$$\sigma_j = \boldsymbol{C}_B^{\mathrm{T}}\boldsymbol{a}_j - c_j, \quad (j = 1,2,\cdots,n)$$

3° 最优性检验

若所有检验数全都非负：$\sigma_j \geqslant 0 (j=1,2,\cdots,n)$,则当前解最优,停止；否则转 4°。

4° 解无界判断

只要检验行中存在一个负检验数 $\sigma_s < 0$,而且它所对应的系数列向量 $\boldsymbol{a}_s$ 中不含正数,即可判定原 LP 问题为解无界,停止；否则转 5°。

5° 确定主元

先按最小检验数规则确定进基变量和主列,即按

$$\min\{\sigma_j \mid \sigma_j < 0\} = \sigma_k$$

确定 σ_k 对应的非基变量 x_k 进基,同时确定 x_k 的系数列向量 $\boldsymbol{a}_k$ 为主列。

再按最小比值规则确定主行和离基变量,从而确定主元,即按

$$\theta = \min\left\{\frac{b_i}{a_{ik}} \mid a_{ik} > 0\right\} = \frac{b_l}{a_{lk}}$$

确定最小比值 θ,以 θ 所对应的第 l 行为主行,主行中的原基变量 x_r 离基,同时确定主行、主列交叉处的元素 a_{lk} 为主元。

6° 换基运算

为此,先画一个新表,调整“基”列、“c_j”列,即以进基变量及其价值系数替代离基变量及其价值系数；其余基变量及其价值系数不变,同原表一样。

然后,按主元 a_{lk} 对原表进行一次换基运算,其目的是把主列化成单位向量,其中主元化为 1,其余元素全化为 0。先用主元的倒数 $1/a_{lk}$ 乘以主行第 l 行,所得新行称为源行,填写到新表的第 l 行,打√标记,以备识别、援用……从而完成新单纯形表,返 3°。

2.2.3 单纯形法的运算过程

【例 2-2】 试用表格形式的单纯形法,再次求解范例的 LP 问题。

解 (第 0 次迭代)

1° 标准化 由前已得范例的标准形：

$$\max z = 3x_1 + 2x_2$$
$$\text{s.t.}\begin{cases} x_1 \qquad + x_3 \qquad\qquad = 6 \\ \qquad 2x_2 \qquad + x_4 \qquad = 8 \\ 2x_1 + 3x_2 \qquad\qquad + x_5 = 18 \\ x_1, \ x_2, \ x_3, \ x_4, \ x_5 \geqslant 0 \end{cases}$$

2° 建立典式单纯形表

易见系数阵的后 3 列构成满秩单位阵，符合典式，可以建立初始单纯形表。先画出"**表头**"：

c_j			
	基	解	

并根据标准形，在"表头"第 2 行依次填写全部变量 x_1,x_2,x_3,x_4,x_5；再根据目标函数，将价值系数 c_j 依次填写到"表头"第 1 行"c_j"行中，从而完成"表头"制作。

然后，依次填写系数阵、"解"列、"基"列、"c_j"列、检验行，最终结果见表 2-2。

表 2-2 范例的初始单纯形表

c_j			3	2	0	0	0	比值
	基	解	x_1	x_2	x_3	x_4	x_5	
0	x_3	6	1	0	1	0	0	
0	x_4	8	0	2	0	1	0	
0	x_5	18	2	3	0	0	1	
检验行		0	−3	−2	0	0	0	

表 2-2 的中部即系数阵，这是根据约束方程组中各变量的系数，按列或按行依次填写而成。

"解"列元素的填写，依次对应约束方程的右端常数而定。

"基"列变量的填写，是按系数阵每个单位向量中的元素 1 所在位置，行列对应而定。譬如，第 3 列系数是单位向量，对应 x_3，而该列元素 1 在**第 1 行**，所以在"基"列**第 1 行**填写该变量 x_3，如此等等。

而"c_j"列中元素的填写，按其所对应"基"列的同行变量，在"表头""c_j"行中予以识别、确定其值。

最后，按公式(2-4)计算检验行的数据。其中，基变量的检验数 $\sigma_j=0$，不必计算；只需算出目标值 z_0 和非基变量的检验数 σ_j：

$$z_0 = \boldsymbol{C}_B^{\mathrm{T}}\boldsymbol{b} = (0,0,0)(6,8,18)^{\mathrm{T}} = 0$$

$$\sigma_1 = \boldsymbol{C}_B^{\mathrm{T}}\boldsymbol{a}_1 - c_1 = (0,0,0)(1,0,2)^{\mathrm{T}} - 3 = -3$$

$$\sigma_2 = \boldsymbol{C}_B^{\mathrm{T}}\boldsymbol{a}_2 - c_2 = (0,0,0)(0,2,3)^{\mathrm{T}} - 2 = -2$$

依次填入检验行中，完成初始单纯形表。

3° **最优性检验** 由于检验行中存在负检验数 $\sigma_1=-3,\sigma_2=-2$，所以当前解非优。

4° **解无界判断** 由于负检验数 σ_1,σ_2 所对应的系数列向量中都含有正数，故不属于解无界。

(第 1 次迭代)

5° **确定主元** 先按最小检验数规则

$$\min\{-3,-2\} = -3 = \sigma_1$$

确定 σ_1 对应的非基变量 x_1 进基，同时确定 x_1 的系数列向量 $\boldsymbol{a}_1$ 为主列。

再按最小比值规则：以主列中的正数为分母，以同行的"解"列元素为分子，求比值；从中选出最小比值

$$\theta = \min\left\{\frac{6}{1},\frac{18}{2}\right\} = \frac{6}{1}$$

从而确定最小比值$\theta=6$所对应的第1行为主行，主行中的原基变量x_3离基，同时确定主行、主列交叉处的元素$a_{11}=1$为主元，见表2-3。

表2-3　范例的初始单纯形表——主元的确定

c_j			3	2	0	0	0	比值
	基	解	x_1	x_2	x_3	x_4	x_5	
0	x_3	6	①	0	1	0	0	$6/1=6=\theta$
0	x_4	8	0	2	0	1	0	—
0	x_5	18	2	3	0	0	1	$18/2=9$
检验行		0	−3	−2	0	0	0	

6°　换基运算　先画一个新表，调整"基"列、"c_j"列，即以进基变量x_1及其价值系数3替代离基变量x_3及其价值系数0；其余基变量及其价值系数不变，同原表一样。

然后，按主元a_{11}对原表进行一次换基运算，其目的是把主列$\boldsymbol{a}_1$化成单位向量。其中主元恰好为1，已符合要求，故直接将主行(第1行)填写到新表第1行，作为**源行**，打√标记。

主列第2行元素恰好为0，也已符合要求，故直接将第2行填写到新表第2行。

为将主列第3行非0元素2化为0，用其相反数−2乘以源行并加给第3行，将所得新行填写到新表第3行；为将主列检验行的元素−3化为0，用其相反数3乘以源行并加给该检验行，将所得新行填写到新表检验行，从而完成新单纯形表(见表2-4)，返3°。

表2-4　范例的迭代单纯形表

c_j			3	2	0	0	0	比值
	基	解	x_1	x_2	x_3	x_4	x_5	
3	x_1	6	1	0	1	0	0 √	
0	x_4	8	0	2	0	1	0	
0	x_5	6	0	3	1	0	1	
检验行		18	0	−2	3	0	0	

3°　最优性检验　由于检验行中存在负检验数$\sigma_2=-2$，所以当前解非优。

4°　解无界判断　由于唯一负检验数σ_2所对应的系数列向量中含有正数，故不属于解无界。

(第2次迭代)

5°　确定主元　唯一负检验数$\sigma_2=-2$所对应的非基变量x_2进基，同时确定其系数列向量$\boldsymbol{a}_2$为主列。再按最小比值规则确定最小比值$\theta=2$所对应的第3行为主行，主行中的原基变量x_5离基，同时确定主行、主列交叉处的元素$a_{32}=3$为主元，见表2-5。

表2-5　范例的迭代单纯形表——主元的确定

c_j			3	2	0	0	0	比值
	基	解	x_1	x_2	x_3	x_4	x_5	
3	x_1	6	1	0	1	0	0 √	—
0	x_4	8	0	2	0	1	0	$8/2=4$
0	x_5	6	0	③	1	0	1	$6/3=2=\theta$
检验行		18	0	−2	3	0	0	

6° 换基运算 先画一个新表，调整“基”列、“c_j”列，然后，按主元 $a_{32}=3$ 对原表进行一次换基运算，以主元倒数 1/3 乘以主行，作为新表源行……从而完成新单纯形表(见表 2-6)，返 3°。

表 2-6 范例的最优单纯形表

c_j			3	2	0	0	0	比值
	基	解	x_1	x_2	x_3	x_4	x_5	
3	x_1	6	1	0	1	0	0	
0	x_4	4	0	0	4/3	1	−2/3	
2	x_2	2	0	1	−2/3	0	1/3 ✓	
检验行		22	0	0	5/3	0	2/3	

由于检验行中所有检验数全都非负，所以当前解最优，有

$$\boldsymbol{X}^* = (6,2,0,4,0)^{\mathrm{T}}, \quad z^* = 22$$

在单纯形法的运算过程中，除了初始单纯形表的检验行数据，须按公式(2-4)计算外，其余迭代单纯形表的检验行数据，都由换基运算而得出，但公式(2-4)仍然有效。读者可自行验证。

2.3 其他法则

2.3.1 人工方法

如前所述，单纯形法首先需要确定一个初始基本可行解，而这又是通过确定典式而自动实现的。所谓典式，即在约束方程组的系数阵中存在一个满秩排列阵的标准形 LP 模型。

这样就产生了诸多问题：①有些 LP 问题根本没有可行解，更无基本可行解；②有些约束方程组线性相关，其系数阵为降秩阵；③LP 问题的标准形多为非典式(典范形式)，如此等等。

本节就此专门介绍 LP 问题**典范化**的一般方法——**人工方法**，并且仅举例说明两种人工方法，即**大 *M* 法**与**两阶段法**。

【例 2-3】 试用单纯形法求解下列 LP 问题：

$$\max z = 2x_1 + 3x_2$$

$$\text{s.t.}\begin{cases} 2x_1 + x_2 \geqslant 2 \\ -x_1 + 2x_2 \leqslant 3 \\ x_1, \quad x_2 \geqslant 0 \end{cases}$$

解 标准化后，所得模型并非典式：

$$\max z = 2x_1 + 3x_2 \qquad ⓪$$

$$\text{s.t.}\begin{cases} 2x_1 + x_2 - x_3 = 2 & ① \\ -x_1 + 2x_2 + x_4 = 3 & ② \\ x_1, \; x_2, \; x_3, \; x_4 \geqslant 0 & ③ \end{cases}$$

为化成典式，可给式①左端硬性加上一个非负人工变量 x_5，将约束条件化为

$$\begin{cases} 2x_1 + x_2 - x_3 \quad + x_5 = 2 \\ -x_1 + 2x_2 \quad + x_4 = 3 \\ x_1, \ x_2, \ x_3, \ x_4, \ x_5 \geqslant 0 \end{cases}$$

称为**人工方程组**,则 x_4,x_5 的系数列向量,就构成一个满秩排列阵,已成典式。同时给出人工方程组的一个以原变量 x_4、人工变量 x_5 为基变量的初始基本可行解

$$\boldsymbol{X}_0 = (0,0,0,3,2)^{\mathrm{T}}$$

但其前 4 个分量显然不是原方程①的解。一般而言,给一个等式方程左端加上一个非负变量,多半会破坏原方程的解,除非该变量取值为 0。

这就启发人们,千方百计,想方设法,期冀通过单纯形法的换基运算,让人工变量全都离基,从而取值全变为 0,而变换后所得新基本可行解,就能给出原问题的一个初始基本可行解,或依此法判明原问题无解。

其中关键所在,就是如何构造目标函数。而不同的构思,也就产生了不同的人工方法。

1. 大 M 法

这里,$M>0$,是一个充分大的正数。

大 M 法的基本思想是:在标准形 LP 模型(1-2)的函数约束方程(1-2b)左端,适当引入非负人工变量,为系数阵构造一个满秩排列阵,并将 $-M$ 作为人工变量在目标函数中的系数,构成人工问题。所谓"适当引入",即"最少引入",如对例 2-3,只需引进 1 个人工变量,就可为其构造 2 阶(满秩)排列阵,从而构成如下人工问题:

$$\max z = 3x_1 + 2x_2 - Mx_5$$

$$\text{s.t.} \begin{cases} 2x_1 + x_2 - x_3 \quad + x_5 = 2 \\ -x_1 + 2x_2 \quad + x_4 \quad = 3 \\ x_1, \ x_2, \ x_3, \ x_4, \ x_5 \geqslant 0 \end{cases}$$

> **注意**:用单纯形法求解这类人工问题,只要最终全部人工变量都能从"基"列中被替换出去,则不论最终是在第 3 步结束(这意味着获得人工问题的最优解),还是在第 4 步结束(这意味着人工问题为解无界),所得人工问题的结果就是原问题的结果;否则,若存在人工变量始终无法从"基"列中被替换出去,则原问题无可行解。

用单纯形法求解例 2-3 的人工问题,具体过程见表 2-7。

由于在表 2-7 的(b)检验行中,存在一个负检验数 $\sigma_3 = -3/2$,它所对应的系数列向量中不含正数,遂可确定该人工问题为解无界;而在表 2-7 的(b)"基"列中不存在人工变量,故原 LP 问题也为解无界。本例的 LP 问题,即 1.3 节图解法中的例 1-9,两者结果一致。

表 2-7 按大 M 法求解例 2-3——迭代单纯形表

序	c_j			3	2	0	0	$-M$	比值
		基	解	x_1	x_2	x_3	x_4	x_5	
(a)	$-M$	x_5	2	②	1	-1	0	1	
	0	x_4	3	-1	2	0	1	0	
	检验行		$-2M$	$-2M-3$	$-M-2$	M	0	0	
(b)	3	x_1	1	1	1/2	$-1/2$	0	1/2	√
	0	x_4	4	0	5/2	$-1/2$	1	1/2	
	检验行		3	0	$-1/2$	$-3/2$	0	$M+3/2$	

注意：一旦一个人工变量离基，则在后续迭代表中，即可删除该列(如表 2-7 虚线内那列)。

大 M 法适于手工计算和理论研究，若要实现计算机算法，则因编制程序时不便有效处理 M 值，因而往往采用两阶段法。

2. 两阶段法

该法把问题的求解过程分为两个阶段，**第 1 阶段**通过构造并求解人工问题来判断原问题有无可行解，无则结束，有则能够获得原问题的一个初始基本可行解；然后转入**第 2 阶段**求解原问题。

下面，仍旧举例加以具体说明。

【例 2-4】 试用两阶段法求解例 2-3 中的 LP 问题。

解 第 1 阶段 构造并求解人工问题：

$$\max w = -x_5$$

$$\text{s.t.}\begin{cases} 2x_1 + x_2 - x_3 + x_5 = 2 \\ -x_1 + 2x_2 + x_4 = 3 \\ x_1,\ x_2,\ x_3,\ x_4,\ x_5 \geqslant 0 \end{cases}$$

其最大特点在于，目标函数是脱离原目标函数而虚拟的，其中必须纳入全部人工变量，并且其系数全都为 -1；但原变量却全不出现，或者说，原变量的系数全都为 0。

显然，人工问题的目标函数值 $w \leqslant 0$，因此，当用单纯形法求解这类人工问题而最终结果为：

(1) 若 $w^* < 0$，则意味着原问题无可行解，停止。

(2) 若 $w^* = 0$，则意味着原问题有可行解，这又可分为以下几种情况：

① 若基列中不存在人工变量，则直接转入第 2 阶段求解原问题。

② 若基列中存在人工变量，譬如第 l 行的基变量 x_{Bl} 是人工变量，而且该行的前 n 个变量(即原问题的变量)系数全都是 0，这说明原问题的该约束与其他约束线性相关，是多余无用的，则删除第 l 行和 x_{Bl} 列；类似情况全都这样删除相应行、列。

③ 若第 l 行的基变量 x_{Bl} 是人工变量，而且该行的前 n 个系数不全为 0，譬如 $a_{lk} \neq 0$，则以 a_{lk} 为主元进行一次换基运算，可使原变量 x_k 取代 x_{Bl} 作基变量；类似情况全都这样处理。

经②，③两步，必能使基列中不复存在人工变量，便可转入第 2 阶段求解原问题。

依此法求解例 2-4，第 1 阶段具体求解过程见表 2-8。

表 2-8 按两阶段法求解例 2-4——第 1 阶段求解人工问题——迭代单纯形表

序	c_j			0	0	0	0	-1	比值
		基	解	x_1	x_2	x_3	x_4	x_5	
(a)	-1	x_5	2	②	1	-1	0	1	
	0	x_4	3	-1	2	0	1	0	
	检验行		-2	-2	-1	1	0	0	
(b)	2	x_1	1	1	1/2	$-1/2$	0	1/2	√
	0	x_4	4	0	5/2	$-1/2$	1	1/2	
	检验行		0	0	0	0	0	1	

在表 2-8(b)中：所有检验数 $\sigma_j \geqslant 0$ 全都非负，意味着人工问题已获最优解；而最优值 $w^*=0$，则意味着原问题有可行解；又且基列中不存在人工变量，故可转入第 2 阶段。

第 2 阶段　求解原问题

首先，需要建立原问题的初始单纯形表，这可依据第 1 阶段的最终单纯形表来构造：

(1) 删除人工变量各列；清空"c_j 行"、"c_j 列"和检验行中一切原有数据。

(2) 将原问题目标函数中的价值系数添入"c_j 行"、"c_j 列"中。

(3) 按公式(2-4)重新计算目标函数值 z_0 和检验数 σ_j，添入检验行中。

然后，按单纯形法的迭代步骤，完成后续运算工作。

依此法续解例 2-4，建立原问题的初始单纯形表，见表 2-9。

表 2-9　按两阶段法求解例 2-4——第 2 阶段初始单纯形表

c_j			3	2	0	0	比值
	基	解	x_1	x_2	x_3	x_4	
3	x_1	1	1	1/2	−1/2	0	
0	x_4	4	0	5/2	−1/2	1	
检验行		3	0	−1/2	−3/2	0	

由于在表 2-9 的检验行中，存在一个负检验数 $\sigma_3=-3/2$，它所对应的系数列向量中不含正数，遂可确定原 LP 问题为解无界。

【例 2-5】　试用单纯形法求解下列 LP 问题：

$$\max z = x_1 + 2x_2$$

$$\text{s.t.}\begin{cases} x_1 - x_2 \geqslant 1 \\ -x_1 + x_2 \geqslant 2 \\ x_1,\ x_2 \geqslant 0 \end{cases}$$

解　引入剩余变量 x_3, x_4，化为标准形：

$$\max z = x_1 + 2x_2$$

$$\text{s.t.}\begin{cases} x_1 - x_2 - x_3 = 1 \\ -x_1 + x_2 - x_4 = 2 \\ x_1,\ x_2,\ x_3,\ x_4 \geqslant 0 \end{cases}$$

再引入人工变量 x_5, x_6，按两阶段法构造并求解人工问题：

$$\max w = -x_5 - x_6$$

$$\text{s.t.}\begin{cases} x_1 - x_2 - x_3 + x_5 = 1 \\ -x_1 + x_2 - x_4 + x_6 = 2 \\ x_1,\ x_2,\ x_3,\ x_4,\ x_5,\ x_6 \geqslant 0 \end{cases}$$

表 2-10　按两阶段法求解例 2-5——第 1 阶段求解人工问题——初始单纯形表

c_j			0	0	0	0	−1	−1	比值
	基	解	x_1	x_2	x_3	x_4	x_5	x_6	
−1	x_5	1	1	−1	−1	0	1	0	
−1	x_6	2	−1	1	0	−1	0	1	
检验行		−3	0	0	1	1	0	0	

由于表 2-10 的检验行中，所有检验数全都非负，人工问题已获最优解。但是"基"列中存在人工变量 x_5，x_6，而且其值均为正数，故可判定原问题无可行解。

2.3.2 相持规则

前述单纯形法各种规则时，尚未涉及备择进基、离基变量相持不下等情况，这里予以补充说明。

1. 进基相持的处理规则

按最小检验数规则

$$\min\{\sigma_j \mid \sigma_j < 0\} = \sigma_k \tag{2-5a}$$

确定进基变量时，若有不止一个 σ_k 同时最小，则相应的 x_k 哪个进基呢？此即**进基相持**。

尽管不同选择会使后续迭代繁简不一，但因目前没有简明方法据以恰当判断，因此，**进基相持的处理规则是：在相持的诸变量 x_k 中，任选一个作为进基变量。**

【例 2-6】 试用单纯形法求解下列 LP 问题：

$$\max z = x_1 + x_2$$

$$\text{s. t.}\begin{cases} x_1 + x_2 \leqslant 1 \\ 2x_1 + x_2 \leqslant 2 \\ x_1,\ x_2 \geqslant 0 \end{cases}$$

解 引入松弛变量 x_3，x_4，化为标准形，已经符合典式；用单纯形法求解，在初始单纯形表就出现变量 x_1，x_2 的进基相持。循规任选 x_1 进基，续又出现变量 x_3，x_4 的离基相持，见表 2-11。

表 2-11 例 2-6 的初始单纯形表——进基、离基变量相持

c_j			1	1	0	0	比值
	基	解	x_1	x_2	x_3	x_4	
0	x_3	1	1	1	1	0	$1/1=\theta$
0	x_4	2	②	1	0	1	$2/2=\theta$
检验行		0	−1	−1	0	0	

2. 离基相持的处理规则

按最小比值规则

$$\theta = \min\left\{\frac{b_i}{a_{ik}} \mid a_{ik} > 0\right\} = \frac{b_l}{a_{lk}} \tag{2-3b}$$

确定离基变量时，若有不止一个比值 θ 同时最小，则相应的 x_r 哪个离基呢？此即**离基相持**。

如表 2-11 中：两个最小比值 $\theta=1$ 对应变量 x_3，x_4 的离基相持，则应如何选择呢？

这是一个重要问题，因为无论如何选择，换基运算后，必然导致一个退化基本可行解，而这就有可能使后续的迭代出现**循环**。即，从当前基本可行解 $\boldsymbol{X}_k$ 出发，经若干次基变换后，重又回归该 $\boldsymbol{X}_k$。而一旦陷入这种循环怪圈，将始终不得其解。目前已有多种避免循环的规则，详见参考文献[2]。

这里，仅给出一种与最小检验数规则相适应的简明规则：在**离基相持**的诸变量 x_r 中，

选下标 r 最大的那个 x_r 作为离基变量。

按此规则续解例 2-6,在离基相持的变量 x_3,x_4 中,选下标大的 x_4 离基,迭代结果见表 2-12。

表 2-12　例 2-6 的迭代单纯形表——突破离基相持——退化

序	c_j			1	1	0	0	比值
		基	解	x_1	x_2	x_3	x_4	
(a)	0	x_3	0	0	(1/2)	1	−1/2	$0=\theta$
	1	x_1	1	1	1/2	0	1/2 √	2
	检验行		1	0	−1/2	0	1/2	
(b)	1	x_2	0	0	1	2	−1 √	
	1	x_1	1	1	0	−1	1	
	检验行		1	0	0	1	0	

在表 2-12(a)中得到一个以 $\boldsymbol{B}_1=[\boldsymbol{a}_1,\boldsymbol{a}_3]$ 为基的退化基本可行解及其目标值:

$$\boldsymbol{X}_1=(1,0,0,0)^{\mathrm{T}},\quad z=1$$

$\boldsymbol{X}_1$ 中有一个基变量 $x_3=0$,故谓之退化。

而在表 2-12(b)中得到一个以 $\boldsymbol{B}_2=[\boldsymbol{a}_1,\boldsymbol{a}_2]$ 为基的最优基本解与最优值:

$$\boldsymbol{X}^*=(1,0,0,0)^{\mathrm{T}},\quad z^*=1$$

$\boldsymbol{X}^*$ 也是一个退化基本可行解,其中有一个基变量 $x_2=0$。

3. 多重最优解

由 1.3 节图解法已知,求解线性规划有 4 种可能结果:①唯一解;②多重解;③解无界;④无可行解。其中,①,③,④三种结果都已就单纯形法举例做了说明,已能正确识别,只有多重解尚具悬念。

单纯形法的 3°,4°两步,分别给出两种停止运算的规则。而最优性检验步骤 3°,在迭代表格首次出现检验数全部非负时(该表格称为**最优单纯形表**,简称**最优表**),即告算法结束。这时,单纯形法如何识别多重解呢?若有多重解,又当如何恢复其相持呢?下面对此加以补充说明。

【定理 2-1】 多重最优解判别准则

(1) 在最优表中,若有一个或更多个非基变量 x_j 的检验数 $\sigma_j=0$,则该 LP 问题有多重最优解;

(2) 若该 x_j 的系数列向量 $\boldsymbol{a}_j$ 中含有正数,则按单纯形法另作几次迭代,每次都选一个这样的 x_j 进基,就能得到其他最优基本解或最优极点;

(3) 若 LP 问题有 $r\geqslant 2$ 个最优极点 $\boldsymbol{X}_i^*$,则该问题有无穷多个最优解,且其中任一最优解 $\boldsymbol{X}^*$ 都能表示成这 r 个最优极点的凸组合:

$$\boldsymbol{X}^*=\mu_1\boldsymbol{X}_1^*+\mu_2\boldsymbol{X}_2^*+\cdots+\mu_r\boldsymbol{X}_r^*$$

其中:$\mu_i\geqslant 0(i=1,2,\cdots,r)$,且 $\sum_{i=1}^{r}\mu_i=1$。

【例 2-7】 考虑范例,若将乙产品的利润增至 450 元/件,试用单纯形法重新求解。

解 具体求解过程见表 2-13。

表 2-13 例 2-7 的迭代单纯形表——多重最优解

序	c_j			3	9/2	0	0	0	比值
		基	解	x_1	x_2	x_3	x_4	x_5	
(a)	0	x_3	6	1	0	1	0	0	—
	0	x_4	8	0	②	0	1	0	$4=\theta$
	0	x_5	18	2	3	0	0	1	6
			0	−3	−9/2	0	0	0	
(b)	0	x_3	6	1	0	1	0	0	6
	9/2	x_2	4	0	1	0	1/2	0 √	—
	0	x_5	6	②	0	0	−3/2	1	$3=\theta$
			18	−3	0	0	9/4	0	
(c)	0	x_3	3	0	0	1	(3/4)	−1/2	$4=\theta$
	9/2	x_2	4	0	1	0	1/2	0	8
	3	x_1	3	1	0	0	−3/4	1/2 √	—
			27	0	0	0	0	3/2	
(d)	0	x_4	4	0	0	4/3	1	−2/3 √	
	9/2	x_2	2	0	1	−2/3	0	1/3	
	3	x_1	6	1	0	1	0	0	
			27	0	0	0	0	3/2	

由表 2-13 可见，从初始表(a)迭代至表(c)时，首次出现所有检验数全部非负，即得最优单纯形表，同时得到最优基本解$(3,4,3,0,0)^{\mathrm{T}}$及其对应的原型最优极点

$$\boldsymbol{X}_1^* = (3,4)^{\mathrm{T}}$$

(1) 由于在最优表(c)中，有一个非基变量 x_4 的检验数为 0，因此可以判定该 LP 问题有多重解。

(2) 由于该非基变量 x_4 的系数列向量中存在正数，所以让该变量 x_4 进基，额外迭代一次，得到一个新表(d)，又得到另一个最优基本解$(6,2,0,4,0)^{\mathrm{T}}$及其对应的原型最优极点

$$\boldsymbol{X}_2^* = (6,2)^{\mathrm{T}}$$

(3) 将这两个最优极点表示成凸组合：

$$\boldsymbol{X}^* = \mu\boldsymbol{X}_1^* + (1-\mu)\boldsymbol{X}_2^* = \mu(3,4)^{\mathrm{T}} + (1-\mu)(6,2)^{\mathrm{T}}, \quad \mu \in [0,1]$$

即可得到多重解的统一表达式

$$\boldsymbol{X}^* = (6-3\mu, 2+2\mu)^{\mathrm{T}}, \quad \mu \in [0,1]$$

本例的 LP 问题，即 1.3 节图解法中的例 1-8，两者结果一致。

另外，我们指出，前面求解例 2-6 所得最优单纯形表 2-12(b)中，也有一个非基变量 x_4 的检验数为 0，因此可以判定该 LP 问题也有多重解，即

$$\boldsymbol{X}^* = (\mu, 1-\mu)^{\mathrm{T}}, \quad \mu \in [0,1]$$

最后，提请读者**注意**，在最优表中：

(1) 若有一个或多个非基变量 x_j 的检验数为 0，但它们对应的系数列向量中都不含正数，那么，这类多重解属于射线、射面、射锥等，即只有唯一最优极点。对此，需要更多凸分析的知识，才能做出这类多重解的数学表示，本书不再深入介绍。

(2) 若有多个非基变量 x_j 的检验数为 0，而且其中不止一个 x_j 对应的系数列向量中含有正数，则该 LP 问题存在多个最优极点；可先后让这类 x_j 进基，额外迭代几次，便会得到其他最优极点。

(3) 若只有一个非基变量 x_j 的检验数为 0，而它对应的系数列向量中含有正数，则该 LP 问题恰有 2 个最优极点，上述例 2-7 即属该况。虽然在额外迭代一次所得新表 2-13(d) 中，还有一个非基变量 x_3 的检验数也为 0，但若让它进基并再迭代一次，只会返回前面的表 2-13(c)，而不能求得其他最优极点；这是因为额外的迭代不改变检验行，总会存在检验数为 0 的非基变量。

习 题

2.1　分别用图解法和单纯形法求解下述 LP 问题，并指出单纯形法迭代中每一基本可行解与图解法可行域中哪一极点相互对应。

(1) $\max z=10x_1+5x_2$

$$\text{s.t.}\begin{cases}3x_1+4x_2\leqslant 9\\5x_1+2x_2\leqslant 8\\x_1,\ \ x_2\geqslant 0\end{cases}$$

(2) $\max z=2x_1+x_2$

$$\text{s.t.}\begin{cases}x_1\ +x_2\leqslant 5\\6x_1+2x_2\leqslant 24\\5x_2\leqslant 15\\x_1,\ \ x_2\geqslant 0\end{cases}$$

2.2　用单纯形法求解 1.10 题。

2.3　用单纯形法求解下述 LP 问题：

(1) $\max z=x_1+2x_2+3x_3+4x_4$

$$\text{s.t.}\begin{cases}x_1+x_2+x_3+x_4=1\\x_1,\ x_2,\ x_3,\ x_4\geqslant 0\end{cases}$$

(2) $\min w=x_2-3x_3+2x_5+2x_6$

$$\text{s.t.}\begin{cases}3x_1+x_2\ +x_3\qquad\leqslant 7\\4x_1+x_2+6x_3\qquad\geqslant 6\\-x_1-x_2\ +x_3+x_4=-4\\x_1\geqslant 1,\qquad x_2\geqslant 0\end{cases}$$

(3) $\max z=x_1+x_2+x_3+x_4$

$$\text{s.t.}\begin{cases}x_1+x_2+x_3+x_4=6\\x_1-x_2+x_3-x_4=2\\x_1,\ x_2,\ x_3,\ x_4\geqslant 0\end{cases}$$

2.4　用单纯形法求解下述 LP 问题：

(1) $\max z=2x_1+2x_2$

$$\text{s.t.}\begin{cases}x_1\ -x_2\geqslant -1\\-x_1+2x_2\leqslant 4\\x_1,\qquad x_2\geqslant 0\end{cases}$$

(2) $\max z=10x_1+5x_2$

$$\text{s.t.}\begin{cases}-x_1+x_2\geqslant 1\\x_1-x_2\geqslant 2\\x_1,\ x_2\geqslant 0\end{cases}$$

(3) $\max z=5x_1+3x_2+2x_3+4x_4$

$$\text{s. t.}\begin{cases}5x_1+x_2+x_3+8x_4=10\\2x_1+4x_2+3x_3+2x_4=10\\x_1,\ x_2,\ x_3,\ x_4\geqslant 0\end{cases}$$

(4) $\min w=2x_1+3x_2+x_3$

$$\text{s. t.}\begin{cases}x_1+4x_2+2x_3\geqslant 8\\3x_1+2x_2\geqslant 6\\x_1,\ x_2,\ x_3\geqslant 0\end{cases}$$

(5) $\min w=2x_1+x_2-x_3-x_4$

$$\text{s. t.}\begin{cases}x_1-x_2+2x_3-x_4=2\\2x_1+x_2-3x_3+x_4=6\\x_1+x_2+x_3+x_4=7\\x_1,\ x_2,\ x_3,\ x_4\geqslant 0\end{cases}$$

(6) $\max z=10x_1+15x_2+12x_3$

$$\text{s. t.}\begin{cases}5x_1+3x_2+x_3\leqslant 9\\-5x_1+6x_2+15x_3\leqslant 15\\2x_1+x_2+x_3\geqslant 5\\x_1,\ x_2,\ x_3\geqslant 0\end{cases}$$

(7) $\min z=3x_1-4x_2+x_3-2x_4$

$$\text{s. t.}\begin{cases}2x_1+x_2+2x_3+x_4=10\\x_3+2x_4\leqslant 10\\x_1-x_2+x_4\geqslant -5\\5\leqslant 2x_1+3x_2+x_3+x_4\leqslant 20\\x_1,\ x_2,\ x_3,\ x_4\geqslant 0\end{cases}$$

2.5 以 2.1(1)题为例，具体说明当目标函数中变量的系数怎样改变时，能够：(1)分别使每个极点成为最优点；(2)使该 LP 问题有多重最优解。

2.6 分别举出符合下述情况的 LP 问题之例：(1)多重最优解；(2)最优解为退化的基本可行解；(3)解无界；(4)无可行解。

2.7 求解 1.2(4)题。

2.8 在一块地上种植某种农作物，据以往经验，在其生长过程中至少需要氮 32 千克，磷恰以 24 千克为宜，钾不得超过 42 千克。现有四种肥料，其单价及氮磷钾含量(%)如表 2-14 所示。问在该地块上施这四种肥料各多少千克，才能满足该农作物对氮磷钾的需要，又使施肥的总成本最低？

表 2-14

成分 \ 肥料	成分含量/%			
	甲	乙	丙	丁
氮	3	30	0	15
磷	5	0	20	10
钾	14	0	0	7
单价/(元/kg)	0.04	0.15	0.10	0.13

2.9 已知用单纯形法求解某 LP 问题所得初始单纯形表(见表 2-15)与最末单纯形表(见表 2-16)，试将表中空白处填上适当字符。

表 2-15 初始单纯形表

c_j			3	2	5	0	0	0
	基	解	x_1	x_2	x_3	x_4	x_5	x_6
		43	1	2	1	1	0	0
		46	3	0	2	0	1	0
		42	1	4	0	0	0	1
检验行								

表 2-16 最末单纯形表

c_j			3	2	5	0	0	0
	基	解	x_1	x_2	x_3	x_4	x_5	x_6
						1/2	−1/4	0
						0	1/2	0
						−2	1	1
检验行								

2.10 已知用单纯形法求解某 LP 问题,中间某两次迭代的单纯形表如表 2-17,表 2-18 所示,试将表中空白处填上适当字符。

表 2-17

c_j			3	5	4	0	0	0
	基	解	x_1	x_2	x_3	x_4	x_5	x_6
		2	1	1	0	1	0	0
		2	−1	0	1	−1	1	0
		10	1	0	4	0	0	1
检验行								

表 2-18

c_j			3	5	4	0	0	0
	基	解	x_1	x_2	x_3	x_4	x_5	x_6
	x_2						4/5	−1/5
							1/5	1/5
							−4/5	1/5
检验行								

第3章

对偶模型

3.1 线性规划的对偶关系

对偶关系是一种对称关系，在美学意义上体现了一种对称美。而线性规划的对偶关系及其模型还有数学意义与经济意义，学习对偶关系及其模型还有助于加深理解线性规划的基本性质。

3.1.1 对偶问题

【例 3-1】 考虑范例，这是一个分配三种有限资源(即 A,B,C 三个车间每周最大生产能力 6,8,18 个工时)于两项生产活动(即生产甲、乙两种产品)的资源分配或经营规划问题。

在 1.1.1 节，已就范例的实际经济背景，建立了一个 LP 模型：

$$\max z = 3x_1 + 2x_2$$

$$\text{s.t.}\begin{cases} x_1 \leqslant 6 \\ 2x_2 \leqslant 8 \\ 2x_1 + 3x_2 \leqslant 18 \\ x_1,\quad x_2 \geqslant 0 \end{cases} \tag{3-1}$$

并在 1.3.1 节已求得其最优解和最优值：

$$X^* = (6,2)^{\mathrm{T}},\quad z^* = 22$$

假如该厂因故不能投产甲、乙两种新产品，而已经调拨完毕的资源闲置不用，是一种浪费。因此，现在拟将原用于生产这两种产品的三种有限资源(即各车间的工时)全都用于承揽对外加工，则应如何考定这三种工时的价格?

解 由于价格等于成本加利润，而这三个车间的生产成本在不长的一段时间内相对稳定，可视为常数，故只需考定这三种工时的利润。为此，将 A,B,C 三个车间承揽对外加工每个工时可获得的利润设为 y_1, y_2, y_3(元/工时)，将这三个车间的生产能力 6,8,18 个工时全用于对外加工所获总利润设为 w(元/周)，见表 3-1。

表 3-1 例 3-1 的数据表

工时利润/(百元/工时)	产品 \ 车间	单耗/(工时/件) 甲	乙	最大生产能力/(工时/周)
y_1	A	1	0	6
y_2	B	0	2	8
y_3	C	2	3	18
单位产品利润/(1×100 元/件)		3	2	总利润 w/(1×100 元/周)

则总利润为

$$w = 6y_1 + 8y_2 + 18y_3 \qquad ⓪$$

由于原用于生产一件甲产品所消耗的A,B,C三个车间的产能为1,0,2个工时,创造的利润为300元,所以现在希望将同样多的这些工时用于对外加工所获得的利润,也不低于300元,即有

$$1y_1 + 0y_2 + 2y_3 \geqslant 300 \qquad ①$$

同理,希望将生产一件乙产品所需的A,B,C三个车间的0,2,3个工时,全都用于对外加工所获得的利润,也不低于一件乙产品的利润200元,即有

$$0y_1 + 2y_2 + 3y_3 \geqslant 200 \qquad ②$$

又显然希望利润非负:

$$y_1, y_2, y_3 \geqslant 0 \qquad ③$$

这样,将式⓪作为目标函数,将式①,②,③作为约束条件,这也构成一个LP模型,只不过目标要求尚待确定。

初想 w 为总利润,似乎应该最大化,但这是不现实的,因为这会导致

$$y_1, y_2, y_3, w \to \infty$$

而且承揽对外加工,需要参与激烈的市场竞争,为了占领市场一席之地,报价也须适宜。何况已有①,②两式作为约束条件,可确保三种工时的利润不会低于生产甲、乙两种产品时的相应利润。因此,w 的目标要求应为最小化,这样确定的 y_1, y_2, y_3 的数值,可作为本厂洽谈或竞标报价的利润底线。

综上,可以建立相应的LP模型:

$$\min w = 6y_1 + 8y_2 + 18y_3 \qquad ⓪$$
$$\text{s.t.}\begin{cases} y_1 \qquad + 2y_3 \geqslant 300 & ① \\ \qquad 2y_2 + 3y_3 \geqslant 200 & ② \\ y_1,\ y_2,\ y_3 \geqslant 0 & ③ \end{cases} \qquad (3\text{-}2)$$

其最优解和最优值为

$$\boldsymbol{Y}^* = (5/3, 0, 2/3)^{\mathrm{T}}, \quad w^* = 22$$

本例与范例反映了同一个实际经济问题的两个侧面,或者说是同一个问题的两种对偶提法。更一般地说,称范例为**原本问题**(primal problem)或**原问题**,称本例为范例这个原问题的**对偶问题**(dual problem),而称式(3-1)为**原本模型**(primal model),称式(3-2)为原本模型的**对偶模型**(dual model)。当然,如前文1.1.1节所述,模型是问题的最简形式。因此,也可称LP模型(3-1),(3-2)为**原本**、**对偶问题**。实际上,稍后将要介绍的对偶性质1将会表明:这二者互为对偶问题。

将LP模型(3-2)的变量 y_1, y_2, y_3 称为**对偶变量**,它们构成的向量记为

$$\boldsymbol{Y} = (y_1, y_2, y_3)^{\mathrm{T}}$$

称为**对偶变矢**,其维数等于原本模型的阶数 m,本例即为 $m=3$。

由前已知范例与本例的最优解和最优值,而这两者的最优值恰好相等:

$$w^* = 22 = z^*$$

这一点绝非偶然,稍后将要介绍的对偶性质4(1)将会表明:这是必然结果。

3.1.2 对偶关系

将互为对偶问题的两个 LP 模型(3-1),(3-2)之间的对应关系,称为**对偶关系**。更一般地,可将范例这类原本、对偶问题及其对偶关系表示如下。

1. 规范对偶关系(对称对偶)

下面两个 LP 问题(P_1)与(D_1)互相对偶:

$$(P_1):\max z = \boldsymbol{C}^T\boldsymbol{X} \qquad (D_1):\min w = \boldsymbol{b}^T\boldsymbol{Y}$$

$$\text{s.t.}\begin{cases}\boldsymbol{AX} \leqslant \boldsymbol{b}\\ \boldsymbol{X} \geqslant \boldsymbol{0}\end{cases} \qquad \text{s.t.}\begin{cases}\boldsymbol{A}^T\boldsymbol{Y} \geqslant \boldsymbol{C}\\ \boldsymbol{Y} \geqslant \boldsymbol{0}\end{cases}$$

称(P_1),(D_1)为**规范原本、对偶问题(模型)**;其相互关系,称为**规范对偶关系**。

易见,这两个互相对偶的 LP 问题(P_1)、(D_1)具有相同的三类参数 $\boldsymbol{A},\boldsymbol{b},\boldsymbol{C}$,因此,知道其中任一问题,则另一问题可由上述关系 1 中的模型结构而唯一确定。

对关系 1 中两个 LP 问题也可换一种表达方式给定,见表 3-2。

表 3-2 规范对偶关系表

模型要素	问题(P_1)	问题(D_1)	备 注
目标函数	$\max z=c_1x_1+c_2x_2+\cdots+c_nx_n$	$\min w=b_1y_1+b_2y_2+\cdots+b_my_m$	大小相反
函数约束与变量	$a_{i1}x_1+a_{i2}x_2+\cdots+a_{in}x_n\leqslant b_i$	$y_i\geqslant 0$	$i=1,2,\cdots,m$
	$x_j\geqslant 0$	$a_{j1}y_1+a_{j2}y_2+\cdots+a_{jm}y_m\geqslant c_j$	$j=1,2,\cdots,n$

另外,也可将关系 1 中两个 LP 问题,按参数公用形式统一示出,如范例,其对偶关系见表 3-3。

表 3-3 范例对偶关系的参数公用形式表

Ⅰ. max 型 / Ⅱ. min 型	$x_1 \geqq 0$	$x_2 \geqq 0$	式号Ⅰ	右端Ⅰ 目标Ⅱ
$y_1\geqslant 0$	1	0	$\leqslant$	6
$y_2\geqslant 0$	0	2	$\leqslant$	8
$y_3\geqslant 0$	2	3	$\leqslant$	18
式号Ⅱ	$\geqq$	$\geqq$	—	$\min w$
右端Ⅱ 目标Ⅰ	3	2	$\max z$	—

在表 3-3 中,将第Ⅰ行和式号Ⅰ列遮住,余下就是对偶模型(D_1);而将第Ⅱ列和式号Ⅱ行遮住,余下就是原本模型(P_1)。据此,不难由其中任一已知问题的模型,来确定另一问题的模型。

但是,关系 1 尚未涉及标准形 LP 模型,这将由下面的关系 2 来表述。

2. 标准形 LP 模型的对偶关系(非对称对偶)

下面两个 LP 问题(P_2)与(D_2)互相对偶:

$$(\mathrm{P}_2):\max z=\boldsymbol{C}^{\mathrm{T}}\boldsymbol{X} \qquad (\mathrm{D}_2):\min w=\boldsymbol{b}^{\mathrm{T}}\boldsymbol{Y}$$

$$\text{s.t.}\begin{cases}\boldsymbol{AX}=\boldsymbol{b}\\ \boldsymbol{X}\geqslant\boldsymbol{0}\end{cases} \qquad \text{s.t.}\begin{cases}\boldsymbol{A}^{\mathrm{T}}\boldsymbol{Y}\geqslant\boldsymbol{C}\\ \boldsymbol{Y}\text{ 自由}\end{cases}$$

易见问题(P_2)即标准形,由于其中的变矢 $\boldsymbol{X}\geqslant\boldsymbol{0}$,而问题($\mathrm{D}_2$)的变矢 $\boldsymbol{Y}$ 自由,故称二者为**非对称对偶**。相应的,关系 1 称为**对称对偶**。

关系 2 中的两个 LP 问题,也可用一个表格统一表示。为此,只需将表 3-2 和表 3-3 中的"$\leqslant$"号全部替换成"="号,并将"$y_i\geqslant 0$"全部替换成"y_i 自由"即可。

【例 3-2】 试写出下列 LP 模型的对偶模型。

$$\max z=5x_1+x_2+2x_3$$

$$\text{s.t.}\begin{cases}2x_1+\ \,x_2+3x_3=5\\ 3x_1+2x_2+\ \,x_3=6\\ x_1,\ x_2,\ x_3\geqslant 0\end{cases}$$

解 其对偶关系见表 3-4。

表 3-4 例 3-2 的标准形线性规划模型的对偶关系表

Ⅰ. max 型 / Ⅱ. min 型	$x_1 \geqq 0$	$x_2 \geqq 0$	$x_3 \geqq 0$	式号Ⅰ	右端Ⅰ 目标Ⅱ
y_1 自由	2	1	3	=	5
y_2 自由	3	2	1	=	6
式号Ⅱ	$\geqq$	$\geqq$	$\geqq$	—	min w
右端Ⅱ 目标Ⅰ	5	1	2	max z	—

在表 3-4 中,将第Ⅰ行和式号Ⅰ列遮住,余下就是对偶问题。据此,不难写出其模型(D_2):

$$\min w=5y_1+6y_2$$

$$\text{s.t.}\begin{cases}2y_1\ +3y_2\ \geqslant 5\\ \ \ y_1\ \ +2y_2\ \geqslant 1\\ 3y_1\ \ +y_2\ \ \geqslant 2\end{cases}$$

而 y_1,y_2 自由,不构成约束,不必纳入上述对偶模型之中。

对比关系 1 与关系 2 中的问题(P)与(D),不难看出:

(1) (P)与(D)的目标要求恰好**大小相反**:max↔min。

(2) (P)与(D)的系数阵互为**转置阵**:$(a_{ij})_{m\times n}\leftrightarrow(a_{ji})_{n\times m}$。

(3) (P)与(D)的**变量与约束**(即函数约束之简谓,下同)相互对应关系如下:

> 问题 $\begin{matrix}(\mathrm{P})\\(\mathrm{D})\end{matrix}$ 的第 k 个变量↔问题 $\begin{matrix}(\mathrm{D})\\(\mathrm{P})\end{matrix}$ 的第 k 个约束
>
> $k=i$ 或 j,$(i=1,2,\cdots,m;\ j=1,2,\cdots,n)$

上述任意第 k 对要素,都称为**相互对偶的变量与约束**,也都具有更为明确的对应规则:

非负变量 ↔ 规范不等式约束 ①

自由变量 ↔ 等式约束 ②

式①中所谓**规范不等式**约束，是指由规范对偶关系，即关系 1 所规定的不等式约束：

- 对 max 型问题(P)而言，≤形式的约束谓之**规范**，≥形式谓之非规范；
- 对 min 型问题(D)而言，≥形式的约束谓之**规范**，≤形式谓之非规范；

由此看来，≥形式与≤形式的约束，都可能规范或非规范。为便于正确识别不等式约束规范与否，可将上述**规范不等式约束**的判别规则记忆成

与模型自身目标要求相反者为规范，相同者为非规范

若模型自身目标要求为 max 即最“**大**”化，则与“**大**”相反，“**小**”于等于即≤形式的约束，乃为规范；而与“**大**”相同，“**大**”于等于即≥形式的约束，乃非规范。

若模型自身目标要求为 min 即最“**小**”化，读者可类似理解“**与模型自身目标要求相反者为规范，相同者为非规范**”这句话的含义。虽然不够严谨，但很实用。

这样，除了对应规则①，②已经明确外，还有最后一种对应规则也不言自明：

非正变量 ↔ 非规范不等式约束 ③

综上，可以归纳得出更为普遍有效的一般对偶关系。

3. 一般对偶关系(混合对偶)

表 3-5 中两个 LP 问题(P)与(D)互相对偶：

表 3-5 一般线性规划模型的对偶关系表

		(P)	互相对偶	(D)		
⓪	目标要求	max z	↔	min w	大小相反	⓪
①		约束个数 m	=	变量个数 m		ⓐ
②	**约束数据**	第 i 个右端常数 b_i	=	第 i 个价值系数 b_i	**变量数据**	ⓑ
	$i=1,2,\cdots,m$	第 i 个约束系数行 $\boldsymbol{a}_i^{\mathrm{T}}$	↔	第 i 个变量系数列 $\boldsymbol{a}_i$	$i=1,2,\cdots,m$	ⓒ
❸		等式约束＝	↔	自由变量		
❹	**约束形式**	规范不等式约束≤	↔	非负变量≥0	**变量形式**	ⓓ
❺		非规范不等式约束≥	↔	非正变量≤0		
ⓐ		变量个数 n	=	约束个数 n		①
ⓑ	**变量数据**	第 j 个价值系数 c_j	=	第 j 个右端常数 c_j	**约束数据**	②
ⓒ	$j=1,2,\cdots,n$	第 j 个变量系数列 $\boldsymbol{a}_j$	↔	第 j 个约束系数行 $\boldsymbol{a}_j^{\mathrm{T}}$	$j=1,2,\cdots,n$	
		自由变量	↔	等式约束＝		❸
ⓓ	**变量形式**	非负变量≥0	↔	规范不等式约束≥	**约束形式**	❹
		非正变量≤0	↔	非规范不等式约束≤		❺

依据表 3-5，可以直接写出任何 LP 模型的对偶模型。其一般步骤是：

(1) 按⓪，　　由已知模型的**目标要求**推定对偶模型的**目标要求**；

(2) 按①，　　由已知模型的**约束个数**推定对偶模型的**变量个数**；

(3) 按②，　　由已知模型的**右端常数**推定对偶模型的**目标函数**；

(4) 按ⓐⓑⓒ，由已知模型的**变量数据**推定对偶模型的**约束数据**；

(5) 按ⓓ，　　由已知模型的**变量形式**推定对偶模型的**约束形式**；

(6) 按❸❹❺，由已知模型的**约束形式**推定对偶模型的**变量形式**。

【例 3-3】 试写出下列 LP 模型的对偶模型。

$$\min w = 2x_1 + x_2 + 3x_3 + 4x_4 \quad ⓪$$

$$\text{s.t.}\begin{cases} x_1 + 3x_2 + 2x_3 + x_4 = 5 & ⓐ \\ 2x_1 - 2x_2 + 3x_3 \leqslant 1 & ⓑ \\ 3x_1 + x_2 - 2x_3 \geqslant 2 & ⓒ \\ x_1 \geqslant 0,\ x_2 \leqslant 0,\ x_4 \geqslant 0 & ⓓ \end{cases} \tag{3-3}$$

解 就对偶模型的三要素分析如下。

(1) **目标函数**：其目标要求，应与式⓪中 $\min w$ 相反，即为 $\max z$。对偶模型的变量个数，等于原本模型的约束个数 $m=3$，即有三个对偶变量

$$y_1, y_2, y_3$$

而其价值系数即式ⓐ，ⓑ，ⓒ的右端常数 5，1，2，于是有

$$\max z = 5y_1 + y_2 + 2y_3 \quad ⓪$$

(2) **约束**：依次按式(3-3)中各变量 x_1, x_2, x_3, x_4 在约束与目标中的系数，初步确定对偶模型的约束。譬如，按 x_1 的约束系数 1，2，3 与目标系数 2，可以初步确定对偶模型的第一个约束：

$$1y_1 + 2y_2 + 3y_3 \quad 2 \quad ①$$

类似可得

$$3y_1 - 2y_2 + 1y_3 \quad 1 \quad ②$$
$$2y_1 + 3y_2 - 2y_3 \quad 3 \quad ③$$
$$1y_1 + 0y_2 + 0y_3 \quad 4 \quad ④$$

然后，根据式ⓓ中变量的取值，依次对应确定上述约束的式号。

①的式号：由 $x_1 \geqslant 0$→规范不等式约束，而与自身目标要求 max 即最“大”“相反”的“小”于等于即“$\leqslant$”乃为规范，最终确定式①为

$$y_1 + 2y_2 + 3y_3 \leqslant 2 \quad ①$$

②的式号：由 $x_2 \leqslant 0$→非规范不等式约束，而与自身目标要求 max 即最“大”“相同”的“大”于等于即“$\geqslant$”乃非规范，最终确定式②为

$$3y_1 - 2y_2 + y_3 \geqslant 1 \quad ②$$

③的式号：由 x_3 自由→等式约束，最终确定式③为

$$2y_1 + 3y_2 - 2y_3 = 3 \quad ③$$

④的式号：由 $x_4 \geqslant 0$ 可知④与①的式号相同，即有

$$y_1 \leqslant 4 \quad ④$$

(3) **变量**：依次按式(3-3)中各约束的式号，对应确定对偶模型的变量 y_1, y_2, y_3 的取值形式。

ⓐ 的式号“=”→y_1 自由；

ⓑ 的式号“$\leqslant$”与自身目标要求 min“相同”→ⓑ为非规范不等式约束→非正变量 $y_2 \leqslant 0$；

ⓒ 的式号“$\geqslant$”与自身目标要求 min“相反”→ⓒ为规范不等式约束→非负变量 $y_3 \geqslant 0$。

综上，便可得到式(3-3)的对偶模型：

$$\max z = 5y_1 + y_2 + 2y_3 \quad ⓪$$

$$\text{s.t.} \begin{cases} y_1 + 2y_2 + 3y_3 \leqslant 2 & ① \\ 3y_1 - 2y_2 + y_3 \geqslant 1 & ② \\ 2y_1 + 3y_2 - 2y_3 = 3 & ③ \\ y_1 \leqslant 4 & ④ \\ y_2 \leqslant 0, \quad y_3 \geqslant 0 & ⑤ \end{cases}$$

3.2 线性规划的对偶性质

3.2.1 基本性质

线性规划的对偶关系具有良好的性质及其经济意义。学习对偶性质还有助于加深理解线性规划的基本性质。

1. 对称性

LP 问题(P)与(D)互相对偶。

$$(P_1):\max z = \boldsymbol{C}^T\boldsymbol{X} \qquad\qquad (D_1):\min w = \boldsymbol{b}^T\boldsymbol{Y}$$

$$\text{s.t.}\begin{cases}\boldsymbol{AX} \leqslant \boldsymbol{b} \\ \boldsymbol{X} \geqslant \boldsymbol{0}\end{cases} \qquad\qquad \text{s.t.}\begin{cases}\boldsymbol{A}^T\boldsymbol{Y} \geqslant \boldsymbol{C} \\ \boldsymbol{Y} \geqslant \boldsymbol{0}\end{cases}$$

因此,根据实际问题与需要所建立的模型才称为原本模型,而不论其形如(P)还是(D)。如 1.1.3 节的下料问题,其原本模型即形如(D)。

现仅就关系 1 来证明该性质,对关系 2,3,类似可证。

证明 只需证明(P_1)也是(D_1)的对偶。其思路是,先将(D_1)等价化成(P_1)的形式,然后推导出其对偶模型恰是(P_1)。首先,可将(D_1)等价化成(P_1)的形式如下:

$$(P_D):\max(-w) = -\boldsymbol{b}^T\boldsymbol{Y}$$

$$\text{s.t.}\begin{cases}(-\boldsymbol{A})^T\boldsymbol{Y} \leqslant -\boldsymbol{C} \\ \boldsymbol{Y} \geqslant \boldsymbol{0}\end{cases}$$

于是可按(P_1)→(D_1)的规则,由(P_D)推导出(D_P);再将(D_P)等价化成(P_1)。结果如下:

$$(D_P):\min(-z) = -\boldsymbol{C}^T\boldsymbol{X} \rightarrow \max z = \boldsymbol{C}^T\boldsymbol{X}$$

$$\text{s.t.}\begin{cases}-\boldsymbol{AX} \geqslant -\boldsymbol{b} \rightarrow \boldsymbol{AX} \leqslant \boldsymbol{b} \\ \boldsymbol{X} \geqslant \boldsymbol{0}\end{cases}$$

故(P_1)也是(D_1)的对偶。 (证毕)

2. 弱对偶性

问题(P_1)的任一可行解对应的目标函数值,恒不超过问题(D_1)的任一可行解对应的目标函数值。即,若$\dot{\boldsymbol{X}}$,$\dot{\boldsymbol{Y}}$分别是(P_1),(D_1)的任一可行解,则恒有

$$z = \boldsymbol{C}^T\dot{\boldsymbol{X}} \leqslant \boldsymbol{b}^T\dot{\boldsymbol{Y}} = w \tag{3-4}$$

证明 因为$\dot{\boldsymbol{X}}$,$\dot{\boldsymbol{Y}}$可行,所以$\dot{\boldsymbol{X}}\geqslant\boldsymbol{0}$,$\dot{\boldsymbol{Y}}\geqslant\boldsymbol{0}$,且有

$$\boldsymbol{A}\dot{\boldsymbol{X}} \leqslant \boldsymbol{b} \quad ①$$

$$\boldsymbol{A}^T\dot{\boldsymbol{Y}} \geqslant \boldsymbol{C} \leftrightarrow \dot{\boldsymbol{Y}}^T\boldsymbol{A} \geqslant \boldsymbol{C}^T \quad ②$$

用非负变矢$\dot{Y}^{T}$左乘式①两端,再用非负变矢$\dot{X}$右乘式②两端,得

$$\dot{Y}^{T}A\dot{X} \leqslant \dot{Y}^{T}b$$

$$\dot{Y}^{T}A\dot{X} \geqslant C^{T}\dot{X}$$

据此便有

$$C^{T}\dot{X} \leqslant \dot{Y}^{T}A\dot{X} \leqslant \dot{Y}^{T}b$$

(证毕)

3. 最优性

若(P_1)的可行解$\dot{X}$与(D_1)的可行解$\dot{Y}$,能使式(3-4)取等式,即

$$C^{T}\dot{X} = b^{T}\dot{Y}$$

则$\dot{X}$,$\dot{Y}$分别为(P_1),(D_1)的最优解。

证明 设X^*为(P_1)的最优解,因$\dot{X}$为(P_1)的可行解,故有

$$C^{T}X^{*} \geqslant C^{T}\dot{X} \qquad ⓐ$$

又因$\dot{Y}$为(D_1)的可行解,故由式(3-4),有$C^{T}X^{*} \leqslant b^{T}\dot{Y}$,而由本性质的条件$C^{T}\dot{X}=b^{T}\dot{Y}$,可得

$$C^{T}X^{*} \leqslant C^{T}\dot{X} \qquad ⓑ$$

由式ⓐ,ⓑ可得$C^{T}\dot{X}=C^{T}X^{*}$,所以$\dot{X}$是(P_1)的最优解。同理可证$\dot{Y}$是(D_1)的最优解。

(证毕)

4. 强对偶性与无界性

对于互为对偶的两个LP问题而言:

(1) 若其中一个问题有最优解,则另一个问题也有最优解,且二者最优值相等。(**强对偶性**)

(2) 若其中一个问题为解无界,则另一个问题无可行解。(**无界性**)

其证明从略,感兴趣的读者可参阅文献[2]。

注意:性质4(2)的逆命题不成立,这是因为一个问题无可行解,另一个问题也可能无可行解,而未必解无界,详见表3-6。

表3-6 原本、对偶问题无解的情况分类

无解情况	原本问题		对偶问题	目标值
1	解无界	→	无可行解	$z^{*} \to \infty$
2	无可行解		无可行解	—
3	无可行解	←	解无界	$w^{*} \to -\infty$

性质4意味着,互相对偶的两个LP问题,要么同时有解,并且最优值相等;要么同时无解。而不可能一个有解,另一个无解。这是对偶模型最重要的理论成果,可谓**对偶定理**。

以上对偶性质,也适用于关系2中互相对偶的两个LP问题(P_2),(D_2)。

5. 互补性

问题(P_S)与(D_S)的变量或基本解之间具有**互补性**。

先就范例加以解释。范例的规范原本、对偶问题及其标准形,如表3-7所示。

表3-7中,问题(P_1),(D_1)决策变量的个数分别为2,3,二者不相等。分别标准化后,

问题(P_S),(D_S)变量的个数就相等了,均为 5 个,即变矢 X 与 Y 的维数相同。其中蕴含着一种**互补性**。

表 3-7　范例的规范原本、对偶问题及其标准形与最优解

(P_1): $\max z=3x_1+2x_2$ $\text{s.t.}\begin{cases}x_1 \leqslant 6\\ 2x_2\leqslant 8\\ 2x_1+3x_2\leqslant 18\\ x_1,\ x_2\geqslant 0\end{cases}$ $X=(x_1,x_2)^T$ $X^*=(6,2)^T$	(D_1): $\min w=6y_1+8y_2+18y_3$ $\text{s.t.}\begin{cases}y_1+2y_3\geqslant 3\\ 2y_2+3y_3\geqslant 2\\ y_1,\ y_2,\ y_3\geqslant 0\end{cases}$ $Y=(y_1,y_2,y_3)^T$ $Y^*=(5/3,0,2/3)^T$
$z^*=22=w^*$	
(P_S): $\max z=3x_1+2x_2$ $\text{s.t.}\begin{cases}x_1+x_3=6\\ 2x_2+x_4=8\\ 2x_1+3x_2+x_5=18\\ x_1,\ x_2,\ x_3,\ x_4,\ x_5\geqslant 0\end{cases}$ $X=(x_1,x_2,x_3,x_4,x_5)^T$ $X^*=(6,\ 2,\ 0,\ 4,\ 0)^T$	(D_S): $\max(-w)=-6y_1-8y_2-18y_3$ $\text{s.t.}\begin{cases}y_1+2y_3-y_4=3\\ 2y_2+3y_3-y_5=2\\ y_1,y_2,\ y_3,\ y_4,\ y_5\geqslant 0\end{cases}$ $Y=(y_1,y_2,y_3,y_4,y_5)^T$ $Y^*=(5/3,\ 0,\ 2/3,\ 0,\ 0)^T$

下面考虑更一般的规范原本、对偶问题及其标准形:

$$\left.\begin{array}{ll}(P_1):\ \max z=\boldsymbol{C}^T\boldsymbol{X} & (D_1):\ \min w=\boldsymbol{b}^T\boldsymbol{Y}\\ \quad\text{s.t.}\begin{cases}\boldsymbol{AX}\leqslant\boldsymbol{b}\\ \boldsymbol{X}\geqslant\boldsymbol{0}\end{cases} & \quad\text{s.t.}\begin{cases}\boldsymbol{A}^T\boldsymbol{Y}\geqslant\boldsymbol{C}\\ \boldsymbol{Y}\geqslant\boldsymbol{0}\end{cases}\\ (P_S):\ \max z=\boldsymbol{C}^T\boldsymbol{X}+\boldsymbol{0}^T\boldsymbol{X}_S & (D_S):\ \min w=\boldsymbol{b}^T\boldsymbol{Y}+\boldsymbol{0}^T\boldsymbol{Y}_S\\ \quad\text{s.t.}\begin{cases}\boldsymbol{AX}+\boldsymbol{X}_S=\boldsymbol{b}\\ \boldsymbol{X}\geqslant\boldsymbol{0},\boldsymbol{X}_S\geqslant\boldsymbol{0}\end{cases} & \quad\text{s.t.}\begin{cases}\boldsymbol{A}^T\boldsymbol{Y}-\boldsymbol{Y}_S=\boldsymbol{C}\\ \boldsymbol{Y}\geqslant\boldsymbol{0},\boldsymbol{Y}_S\geqslant\boldsymbol{0}\end{cases}\end{array}\right\}\tag{3-5}$$

记
$$X=(\boldsymbol{X}^T,\boldsymbol{X}_S^T)^T \qquad Y=(\boldsymbol{Y}^T,\boldsymbol{Y}_S^T)^T$$

注意:问题(P_1)与(D_1)互相对偶,但其标准形(P_S)与(D_S)并非对偶,或可谓**广义对偶**。但为叙述方便,在不致歧义的前提下,本书有时仍简称其为**对偶**。特此申明,不再赘述。

由对偶关系 1 已知,问题(P_1),(D_1)的变矢 $\boldsymbol{X},\boldsymbol{Y}$ 的维数,分别为系数阵 $\boldsymbol{A}=(a_{ij})_{m\times n}$ 的列数 n、行数 m,一般二者不等,即 $n\neq m$。分别标准化后,问题(P_S),(D_S)的变矢 X,Y 的维数就相等了,均为 $n+m$。而 X 中的决策变量↔Y 中的松弛变量,反之,Y 中的决策变量↔X中的松弛变量,亦即

$$\begin{cases}\boldsymbol{X}\leftrightarrow\boldsymbol{Y}_S\ 或\ x_j\leftrightarrow y_{m+j},(j=1,2,\cdots,n)\\ \boldsymbol{Y}\leftrightarrow\boldsymbol{X}_S\ 或\ y_i\leftrightarrow x_{n+i},(i=1,2,\cdots,m)\end{cases}\tag{3-6}$$

其中,每一对变量 x_j 与 y_{m+j},或 y_i 与 x_{n+i},都称为一对**原变量**及其**补变量**,统称**互补变量**。

特别更需指出:问题(P_S)与(D_S)的基本解 X 与 Y 相互对应,适配成组(对),每一对基

本解 X 与 Y 的目标函数值都相等,称之为一对**互补基本解**。而在一对互补基本解中,其每对互补变量之间的对应关系,都是基变量↔非基变量。即,每一对变量 x_j 与 y_{m+j},或 y_i 与 x_{n+i},无论哪一个是基变量,则其补变量必为非基变量,反之亦然。

综上所述,可谓问题(P_S)与(D_S)的变量 x 与 y,或基本解 X 与 Y 具有**互补性**。

6. 兼容性

问题(P_S)每一单纯形表的检验行,都给出其广义对偶问题(D_S)的一个基本解。

该性质表明,每一个单纯形表,都兼容互为对偶的两个 LP 问题的一对互补基本解 X 与 Y。"解"列给出原问题的一个基本解 X,而检验行则给出对偶问题的一个基本解 Y。尤其最优表的"解"列给出原问题的最优基本解 X^*,而检验行则给出对偶问题的最优基本解 Y^*。

而问题(P_S)的检验数 σ_j 与对偶变量 y_i 的对应关系,仍为决策变量↔松弛变量,即

$$\begin{cases} y_i = \sigma_{n+i}, & (i = 1,2,\cdots,m) \\ y_{m+j} = \sigma_j, & (j = 1,2,\cdots,n) \end{cases} \tag{3-7}$$

其中,n 为问题(P_1)的变量数目,m 为问题(D_1)的变量数目。

对式(3-7)亦可通俗地解释如下:

决策变量 y_i = 松弛变量 x_{n+i} 的检验数 σ_{n+i}, $(i = 1,2,\cdots,m)$

松弛变量 y_{m+j} = 决策变量 x_j 的检验数 σ_j, $(j = 1,2,\cdots,n)$

譬如范例,在 2.3.3 节已经得到其最优单纯形表,如表 3-8 所示。

表 3-8 范例的最优单纯形表及其兼容性

(P_S):			决策变量		松弛变量		
c_j	基	解	x_1	x_2	x_3	x_4	x_5
3	x_1	**6**	1	0	1	0	0
0	x_4	**4**	0	0	4/3	1	−2/3
2	x_2	**2**	0	1	−2/3	0	1/3
检验行		**22**	**0**	**0**	**5/3**	**0**	**2/3**
		$z=w$	y_4	y_5	y_1	y_2	y_3
(D_S):			松弛变量		决策变量		

不难看出,表 3-8 兼容一对最优互补基本解

$$\left.\begin{aligned} X^* &= (6,\ 2,\ 0,\ 4,\ 0)^T \\ Y^* &= (5/3,\ 0,\ 2/3,\ 0,\ 0)^T \end{aligned}\right\} z^* = 22 = w^*$$

而范例对偶问题的最优单纯形表,同样兼容这组最优互补基本解,见表 3-9。

表 3-9 范例对偶问题的最优单纯形表及其兼容性

(D_S):			决策变量			松弛变量	
c_j	基	解	y_1	y_2	y_3	y_4	y_5
−6	y_1	**5/3**	1	−4/3	0	−1	2/3
−18	y_3	**2/3**	0	2/3	1	0	−1/3
检验行		**−22**	**0**	**4**	**0**	**6**	**2**
		$-w$	x_3	x_4	x_5	x_1	x_2
(P_S):			松弛变量			决策变量	

因此，若要求解原本、对偶问题，则可采用单纯形法，只需任解其一，便能得到二者的解。这恰是单纯形法的独特属性——原本、对偶兼容性——所具高超成效与实用价值的体现。

读者可以类似识别范例其他互补基本解。范例共有 8 对互补基本解，见表 3-10。

表 3-10　范例的全部 8 对互补基本解

序	原型(P_1)的极点	(P_S) x_1	x_2	x_3	x_4	x_5	X 可行？	目标值 $z=w$	Y 可行？	(D_S) y_1	y_2	y_3	y_4	y_5
1	$O(0,0)$	0	0	6	8	18	是	0	否	0	0	0	−3	−2
2	$D(0,4)$	0	4	6	0	6	是	8	否	0	1	0	−3	0
3	$C(3,4)$	3	4	3	0	0	是	17	否	0	−1/4	3/2	0	0
4	$A(6,0)$	6	0	0	8	6	是	18	否	3	0	0	0	−2
5	$B(6,2)$	6	2	0	4	0	是	**22**	是	5/3	0	2/3	0	0
6	$G(0,6)$	0	6	6	−4	0	否	12	否	0	0	2/3	−5/3	0
7	$F(6,4)$	6	4	0	0	−6	否	26	是	3	0	0	0	0
8	$E(9,0)$	9	0	−3	8	0	否	27	是	0	0	3/2	0	5/2

表 3-10 中，第 5 对互补基本解均为可行，则由性质 3，必然均为最优。

综上，可将原本、对偶问题互补基本解的不同情况加以分类，见表 3-11。

表 3-11　原本、对偶问题互补基本解的分类

解的检验		对偶基本解	
	结果	可行	不可行
原本基本解	可行	最优：$z^*=w^*$	原本次优，对偶超优 $z^*>z=w<w^*$
	不可行	原本超优，对偶次优 $z^*<z=w>w^*$	无　解

读者可依据该分类准则，对表 3-10 中范例的 8 对互补基本解进行分类。

7. 基本松紧性

互补基本解的每对互补变量，都满足下列两式之一：

$$x_j y_{m+j}=0,\quad (j=1,2,\cdots,n) \quad ①$$

$$x_{n+i}y_i=0,\quad (i=1,2,\cdots,m) \quad ②$$

特别对非退化的基本解 X 与 Y 而言：

(1) 若 X 可行，则有

$$x_j>0 \leftrightarrow y_{m+j}=0,\quad (j=1,2,\cdots,n) \quad ③$$

$$x_{n+i}>0 \leftrightarrow y_i=0,\quad (i=1,2,\cdots,m) \quad ④$$

(2) 若 Y 可行，则有

$$y_i>0 \leftrightarrow x_{n+i}=0,\quad (i=1,2,\cdots,m) \quad ⑤$$

$$y_{m+j}>0 \leftrightarrow x_j=0,\quad (j=1,2,\cdots,n) \quad ⑥$$

(3-8)（式③～⑥）

证明　仅证明该性质①，③成立，其余类似可证。

若 x_j 为非基变量，则其值为 0，式①显然成立；若 x_j 为基变量，则其对应的检验数 $\sigma_j=0$，

因而 $y_{m+j}=\sigma_j=0$，式①也成立。所以，每对互补变量 x_j 与 y_{m+j} 都满足式①。

由式①可知，式③对→成立，这时不需要非退化的假设。若 X 与 Y 非退化，则 $y_{m+j}=0$ 必为非基变量，也必然对应基变量 $x_j\neq 0$，而 X 可行，则 $x_j>0$，即式③对←也成立。**（证毕）**

①，②两式意味着：原变量与其补变量，一个（$\neq 0$）松弛，一个（$=0$）拘紧，二者具有**松紧性**，也可谓**互补松弛性**。

由于这是基本解互补变量的松紧性，故简称**基本松紧性**，以便区别后述最优解的类似性质。

式③之→，"$x_j>0\rightarrow y_{m+j}=0$"意味着：若 x_j 取正值，必导致 y_{m+j} 取 0 值，则 x_j 对应的对偶约束 j 只取等式，即

$$a_{j1}y_1+a_{j2}y_2+\cdots+a_{jm}y_m=c_j,\qquad (j=1,2,\cdots,n)$$

而式⑥之←，"$y_{m+j}>0\leftarrow x_j=0$"意味着：若 x_j 取 0 值，必导致 y_{m+j} 取正值，则 x_j 对应的对偶约束 j 只取严格不等式，即

$$a_{j1}y_1+a_{j2}y_2+\cdots+a_{jm}y_m>c_j,\qquad (j=1,2,\cdots,n)$$

同理，若 $y_i>0$，则其对应的对偶约束 i 只取等式

$$a_{i1}x_1+a_{i2}x_2+\cdots+a_{in}x_n=b_i,\qquad (i=1,2,\cdots,m)$$

反之，若 $y_i=0$，则其对应的对偶约束 i 只取严格不等式

$$a_{i1}x_1+a_{i2}x_2+\cdots+a_{in}x_n<b_i,\qquad (i=1,2,\cdots,m)$$

"y_i 或 x_j 取正值"意味着：非负性约束 $y_i\geqslant 0$ 或 $x_j\geqslant 0$ 有松弛部分，则"→该变量 y_i 或 x_j 对应的对偶约束 i 或约束 j 必然取等式"意味着：该约束 i 或约束 j 无松弛部分。反之，若约束 i 或约束 j 无松弛部分，则该约束 i 或约束 j 对应的对偶变量必然为正数，即 $y_i>0$ 或 $x_j>0$，则非负性约束 $y_i\geqslant 0$ 或 $x_j\geqslant 0$ 有松弛部分。相互对偶的变量与约束，一个松弛，一个拘紧，松紧对立，松弛互补。

8. 最优松紧性

设

$$X^*=(\boldsymbol{X}^{*\mathrm{T}},\boldsymbol{X}_{\mathrm{S}}^{*\mathrm{T}})^{\mathrm{T}}=(x_1^*,x_2^*,\cdots,x_n^*,\cdots,x_{n+m}^*)^{\mathrm{T}}$$
$$Y^*=(\boldsymbol{Y}^{*\mathrm{T}},\boldsymbol{Y}_{\mathrm{S}}^{*\mathrm{T}})^{\mathrm{T}}=(y_1^*,y_2^*,\cdots,y_m^*,\cdots,y_{m+n}^*)^{\mathrm{T}}$$

分别是问题($\mathrm{P_S}$)，($\mathrm{D_S}$)的可行解，则 $\boldsymbol{X}^*,\boldsymbol{Y}^*$ 为最优解的充要条件是：

$$\begin{aligned}&(1)\ x_j^*>0\rightarrow y_{m+j}^*=0,\\&(2)\ y_{m+j}^*>0\rightarrow x_j^*=0,\end{aligned}\qquad (j=1,2,\cdots,n)\tag{3-9}$$
$$\begin{aligned}&(3)\ y_i^*>0\rightarrow x_{n+i}^*=0,\\&(4)\ x_{n+i}^*>0\rightarrow y_i^*=0,\end{aligned}\qquad (i=1,2,\cdots,m)$$

其证明从略，感兴趣的读者可参阅文献[2]。

据式(3-8)，(3-9)可有

$$\begin{cases}(a_{i1}x_1^*+a_{i2}x_2^*+\cdots+a_{in}x_n^*-b_i)y_i^*=0, & (i=1,2,\cdots,m)\quad ①\\(a_{j1}y_1^*+a_{j2}y_2^*+\cdots+a_{jm}y_m^*-c_j)x_j^*=0, & (j=1,2,\cdots,n)\quad ②\\y_i^*>0\rightarrow a_{i1}x_1^*+a_{i2}x_2^*+\cdots+a_{in}x_n^*=b_i, & (i=1,2,\cdots,m)\quad ③\\y_i^*=0\rightarrow a_{i1}x_1^*+a_{i2}x_2^*+\cdots+a_{in}x_n^*<b_i, & (i=1,2,\cdots,m)\quad ④\\x_j^*>0\rightarrow a_{j1}y_1^*+a_{j2}y_2^*+\cdots+a_{jm}y_m^*=c_j, & (j=1,2,\cdots,n)\quad ⑤\\x_j^*=0\rightarrow a_{j1}y_1^*+a_{j2}y_2^*+\cdots+a_{jm}y_m^*>c_j, & (j=1,2,\cdots,n)\quad ⑥\end{cases}\tag{3-10}$$

由于这是最优基本解互补变量的松紧性,故简称**最优松紧性**。其内涵与性质7类同。

3.2.2 经济属性

1. 对偶变量的经济属性及其作用

由前已知,互补基本解对应的目标函数值相等,即有

$$z=\sum_{j=1}^{n}c_jx_j=\sum_{i=1}^{m}b_iy_i=w \tag{3-11}$$

式(3-11)的经济意义是,在 n 项经营活动中,x_j 表示项目 j 的经营数量,c_j 表示经营一个单位项目 j 所创造的价值(产值、收入、利润等),z 表示 n 项经营活动创造的总价值,b_i 表示投入这 n 项经营活动的第 i 种资源的数量,而对偶变量 y_i 有何经济意义?

对式(3-11),求 z 关于 b_i 的偏导数,得

$$\frac{\partial z}{\partial b_i}=y_i$$

根据经济学原理,上式表明,y_i 是第 i 种资源的**边际价值**。特别对最优解

$$\boldsymbol{Y}^*=(y_1^*,\cdots,y_i^*,\cdots,y_m^*)^{\mathrm{T}}$$

而言,y_i^* 称为第 i 种资源的**影子价值**(shadow value)。

更具体地说,当 z 表示总产值或总收入时,或者等价换言之,当 c_j 表示单位产值或单位收入时,y_i^* 称为**影子价格**(shadow price);而当 z 表示总利润,或 c_j 表示单位利润时,y_i^* 称为**影子利润**(shadow profit)①。

影子价值的概念,并非一般经济学范畴的概念,它既不同于马克思主义政治经济学的商品价值,也不同于正统西方经济学的商品价格,而有其特定内涵。一般用来专指:

在按线性规划的最优方案经营 n 项活动时,当前已投入的 b_i 个单位第 i 种资源中,每一个单位的资源 i 为 n 项经营活动所创造的总价值 z 所作贡献。

譬如范例,由前已知,在生产甲、乙两种产品的活动中,当前已投入其中三种资源,即A,B,C三个车间的6,8,18个工时,其原本、对偶问题的最优解为

$$\boldsymbol{X}^*=(6,2)^{\mathrm{T}},\qquad \boldsymbol{Y}^*=(5/3,0,2/3)^{\mathrm{T}}$$

$\boldsymbol{X}^*$ 代表每周生产甲、乙产品6,2件,而

$$y_1^*=5/3,\quad y_2^*=0,\quad y_3^*=2/3$$

其实际经济意义就是,在实施最优生产方案中,所耗用各车间每一工时为最优生产方案 $\boldsymbol{X}^*$ 所创造总利润 z^* 所作贡献(单位:1×100元/工时)。此即**影子利润**的一例解释。

其中 $y_2^*=0$ 表示B工时的影子利润为0,这意味着,当前B工时对总利润的单位贡献为0,即毫无贡献,显无再多投入的必要。但是它对当前总产值的单位贡献并不为0,即B工时仍有价值,只不过刚好抵消其成本罢了,故影子利润为0。

然而,若本例中目标函数值 z 表示总产值,则 $y_2^*=0$ 表示B工时的影子价格为0,这意味着,当前每一单位B工时对总产值的贡献均为0,即,已投入的8个B工时对总产值

$$z^*=w^*=6(5/3)+\mathbf{8(0)}+18(2/3)=22$$

① 影子价格是美国学者提出的经济学名词,而影子价值、影子利润则是笔者于1989年首次类比提出的相应新名词。可以指出,这两个新概念已获学术界和实业界不少有识之士的认同与运用,成效不菲。

毫无贡献。也就是说,B工时这种资源在用于生产甲、乙两种产品中,毫无价值实现,这就不尽合理了。因为在范例中,显然,B工时是不可或缺的资源,否则无从生产乙产品。

唯其如此,在实际应用中,**影子利润**的概念比**影子价格**更有意义,也更有效。

影子价值 y_i^* 作为企业在实现最大总价值时,对所投入各种资源贡献大小的一种本企业内部的特殊估价,为相应的经济分析与科学决策,提供了一种有效工具。一般而言,它主要有两项作用:

① 可据以评估本企业第 i 种资源的现用总量是否适宜,是否需要增加或减少;

② 可据以评估本企业第 i 种资源的现时分配方案是否合理,是否需要调整改变。

(1) 对资源 i 现用总量的经济分析

下面,分别就资源 i 的两种经济属性对其作用加以解释。为此,假设资源 i 的市场价格为 p_i。

① y_i^* **代表影子价格**

- 若 $y_i^* > p_i$,则应适当增加资源 i 的总用量,必要时可按市场价格 p_i 适当买进。因为这会增加资源 i 对总利润的贡献,而每一单位资源 i 对总利润的贡献即 $y_i^* - p_i > 0$;
- 若 $y_i^* = p_i$,也可适当增加资源 i 的总用量,虽然这对单位利润的贡献为 $y_i^* - p_i = 0$,但能增加总产出,而只要这 n 项经营活动适应市场需求,增加产出总会有社会效益;
- 仅当 $y_i^* < p_i$ 时,才应减少资源 i 的总用量,亦或可将资源 i 以 p_i 的市场价格出售。

显然,这样做在经济上是划算的。但增减多少,需要进行参数预变分析,这将于4.2节介绍。

② y_i^* **代表影子利润**

假设企业在内部核算这 n 项经营活动的单位利润时,将资源 i 的单位成本核算为 q_i,则资源 i 对总产值的单位贡献即 $y_i^* + q_i$,或者说,$y_i^* + q_i$ 即资源 i 的影子价格。据此评析,与①类同。

(2) 对资源 i 分配方案的经济分析

若经(1)分析后,拟增加资源 i 的总用量,但因其为市场紧俏资源而无从增加。这时,就可据以 y_i^* 对资源 i 的现时分配方案进行经济分析,需要时,还可调整改变资源 i 的现时分配方案。

考虑范例,目前分配用于生产甲、乙两种产品的A,B,C三个车间的产能分别为6,8,18个工时,而影子利润 $y_1^* = 5/3$, $y_2^* = 0$, $y_3^* = 2/3$(1×100元/工时)意味着,除B工时影子利润为 $y_2^* = 0$ 外,其余A,C两种资源,若各再多投入一个工时,就会使总利润分别增加500/3元,200/3元,因此都可酌情增加。

由前假设,这些资源为市场紧俏资源,外部无从增加,即无法租用外厂同类产能。故可考虑调整其内部现时分配方案,譬如,可通过削减老产品的产量,将腾出的A,C两种工时投用于甲、乙两种产品的生产。一般而言,老产品耗用同种资源A,C所创造的影子利润,远低于甲、乙两种适销对路新产品的同类利润。但如何调整,增减多少,同(1)一样,也需要进行参数预变分析。

读者也可就 y_i^* 的影子价格属性,对其该项作用进行类似评析。

2. 对偶关系的其他经济意义及作用

(1) 对偶问题的经济意义

考虑规范对偶问题

$$(\mathrm{D}_1):\min w=\sum_{i=1}^{m}b_i y_i \tag{3-12a}$$

$$\text{s.t.}\begin{cases}\sum_{i=1}^{m}a_{ji}y_i\geqslant c_j, & (j=1,2,\cdots,n) & \text{(3-12b)}\\ y_i\geqslant 0, & (i=1,2,\cdots,m) & \text{(3-12c)}\end{cases}$$

在本节(3.2.2节)之初提到,对偶变量 y_i 表示第 i 种资源的边际价值。亦即,在资源 i 现有数量 b_i 的水平上,再单独增加一个单位的资源 i 以投入这些经营活动时,相应的目标值 z 的增量 Δz。根据经济学原理,当企业目标为实现最大总产值(或总收入)时,则其经济意义是

y_i—— 一个单位的资源 i 对总价值(总产值或总收入)的贡献

而由前又知

b_i—— 在这 n 项经营活动中,资源 i 的投入量

c_j—— 经营一个单位的项目 j 所创造的价值

a_{ji}—— 一个单位的项目 j 所消耗资源 i 的数量

据此,能对问题(D_1)做出以下经济解释:

函数约束(3-12b)的经济意义是:这些资源 $a_{ji}(i=1,2,\cdots,m)$ 对总价值的贡献,应当不少于将其用于项目 j 时的贡献 c_j,否则,其利用就未达到物尽所值。

非负性约束(3-12c)的经济意义是:资源 i 对总价值的单位贡献必须非负,否则,毋宁不用,甚或出售该资源。

而对目标函数(3-12a)能够做出的一种合理经济解释则是:如欲转让这 n 项经营活动所消耗的数量分别为 b_i 的 m 种资源,可以通过测评其总的**隐性**价值 w,以便明确转让资源 i 所能承受的成交价格的最低限度 y_i。

当规范原本问题(P_1)的目标为实现最大总利润 z 时,对偶变量 y_i 则表示第 i 种资源的**边际利润**;即在资源 i 现有数量 b_i 的水平上,再单独增加一个单位的资源 i 以投入这些经营活动时,相应的利润目标值 z 的增量 Δz。这时,可据以 y_i 的边际利润属性,对问题(D_1)做出类似的经济解释。正如本章开篇对范例所作经济分析,即为此项分析的一个实证。

(2) 最优松紧性的经济意义

考虑性质8(1):

$$x_j^*>0\rightarrow y_{m+j}^*=0$$

因有

$$\sum_{i=1}^{m}a_{ji}y_i^*-y_{m+j}^*=c_j,\quad(j=1,2,\cdots,n)$$

所以 $y_{m+j}^*=0$ 必然导致

$$\sum_{i=1}^{m}a_{ji}y_i^*=c_j,\quad(j=1,2,\cdots,n)$$

因此,性质8(1)的经济意义是:在实施最优方案以经营 n 项活动中,当任一项目 j 在

严格正水平($x_j^*>0$)上经营时,每经营一个单位的项目 j 所消耗的各种资源的影子价值总和,必定等于该项活动 j 所创造的单位价值 c_j。

譬如范例,已知

$$X^* = (6,2,0,4,0)^{\mathrm{T}}, \quad Y^* = (5/3,0,2/3,0,0)^{\mathrm{T}}$$

由 $x_1^*=6>0 \to y_4^*=0$,必然导致

$$y_1^*+2y_3^*-y_4^*=3 \to y_1^*+2y_3^*=5/3+2(2/3)=3$$

即每生产一件甲产品,它所消耗的 1 个 A 工时和 2 个 C 工时的影子利润,恰好等于 1 件甲产品的利润 300 元,这就印证了性质 8(1)的结论。

类似考虑性质 8(4):

$$x_{n+i}^*>0 \to y_i^*=0, \quad (i=1,2,\cdots,m)$$

其中 x_{n+i}^*是约束 i 的松弛变量,而 $x_{n+i}^*>0$ 意味着约束 i 有松弛部分。

因此,性质 8(4)的经济意义是:当资源 i 的供量未被各项经营活动耗尽时,该种资源的边际价值必定为 0。

按供求规律,供应过剩的货物必然跌价,以致无利可赚,甚至蚀本。譬如范例:

$$x_{n+2}^*=x_4^*=4>0$$

这说明 B 工时这种资源的供量除满足甲、乙产品生产之需外,还多余 4 个工时,这就导致它的影子利润 $y_2^*=0$。这意味着即便再增加它的供量,对甲、乙产品的总利润也毫无贡献,即无利可图。

读者可类似理解性质 8(2),(3)的经济意义。

(3) 最优性检验的经济意义

这里,仅就对偶变量的影子利润属性加以经济分析,读者可类比进行影子价格属性的相应分析。已经熟知单纯形法最优性检验的准则:

仅当所有检验数全都非负时,当前解才达最优,否则就非优。

若某次迭代所得单纯形表中存在负检验数 $\sigma<0$,而当前解为 X,这有两种情况:

① 该检验数是 $\sigma_{n+i}=y_i<0$,即对偶变量 $y_i<0$ 是决策变量。这说明该资源的影子利润为负数,显然,当前方案 X 对该资源的利用不佳,需要改善,即 X 非优。而最优性检验准则正合此意。

② 该检验数是 $\sigma_j=y_{m+j}<0$,即对偶变量 $y_{m+j}<0$ 是松弛变量。这时,由

$$\sum_{i=1}^{m} a_{ji} y_i - y_{m+j} = c_j, \quad (j=1,2,\cdots,n)$$

可得

$$\sum_{i=1}^{m} a_{ji} y_i < c_j, \quad (j=1,2,\cdots,n)$$

这意味着按当前方案经营一个单位的项目 j 时,所消耗的各种资源对利润的贡献小于项目 j 的正规单位利润 c_j,这恰与构建约束 j 的本意

$$\sum_{i=1}^{m} a_{ji} y_i \geqslant c_j, \quad (j=1,2,\cdots,n)$$

大相径庭。显然,当前方案 X 对项目 j 的经营不善,需要调整改进。而最优性检验准则也正合此意。

仅当所有检验数全都非负时，才不会发生上述不利情况，也即当前经营方案（当前解 **X**）已臻最优。而最优性检验准则恰好正确地体现出这种经济合理性。

综上可见，对偶问题是对原本问题的必要补充，对偶关系及其经济属性是辅佐人们科学决策的有效工具。

3.3 对偶单纯形法

基于互补基本解均为可行必然均为最优这一重要结论，现在重新审视单纯形法，其基本思路乃是始终保持原本基本解可行，将对偶基本解从不可行化为可行（相应的检验数全为非负），则二者同时最优。换一角度，若始终保持对偶可行，将原本基本解从不可行化为可行，也能使二者同时最优。这就是对偶单纯形法的基本思路。两法比较，各有异同，见表 3-12。

表 3-12 原本、对偶单纯形法的基本思路

	前提条件（始终保持）	互补基本解的进化
原本 SM	原本可行：$\boldsymbol{b}\geqslant\mathbf{0}$	对偶基本解：不可行→可行 检验行：$\boldsymbol{\sigma}\ngeqslant\mathbf{0}\to\boldsymbol{\sigma}\geqslant\mathbf{0}$
对偶 SM	对偶可行：$\boldsymbol{\sigma}\geqslant\mathbf{0}$	原本基本解：不可行→可行 解列：$\boldsymbol{b}\ngeqslant\mathbf{0}\to\boldsymbol{b}\geqslant\mathbf{0}$

若初始单纯形表满足表 3-12 所列对偶单纯形法的前提条件：对偶可行（$\boldsymbol{\sigma}\geqslant\mathbf{0}$），则称为符合规范，相应的方法称为规范对偶单纯形法。下面，先来介绍这种方法。

3.3.1 规范对偶单纯形法

1. 基本步骤

1° 标准化

把 m 阶 LP 问题化成标准形（允许其右端常数 $b_i<0$）。

2° 建立典式单纯形表

在系数阵中找出或构造一个 m 阶排列阵作初始基，建立初始单纯形表。

若所有检验数 $\sigma_j\geqslant0$，则转 **3°**；否则，需采用人工对偶单纯形法或其他算法。

3° 最优性检验

检查表中解列各数值 b_i；若所有 $b_i\geqslant0$，则当前解最优，停止；否则转 **4°**。

4° 无可行解判断

只要解列存在一个 $b_s<0$，它所在行中所有系数 $a_{sj}\geqslant0$，则原问题无可行解，对偶问题无下界，停止；否则转 **5°**。

5° 确定主元

先确定离基变量，按解列最小元素

$$\min\{b_i \mid b_i<0\}=b_l$$

确定第 l 行的基变量 x_r 离基，第 l 行为主行；

后确定进基变量，按**最大比值规则**

$$\max\{\sigma_j/a_{lj} \mid a_{lj}<0\}=\sigma_k/a_{lk}$$

确定进基变量 x_k，主列 $\boldsymbol{a}_k$，及主元 a_{lk}。

6° 换基运算

按主元 a_{lk} 对当前表格进行一次换基运算，得到一个新单纯形表，返 **3°**。

对**最大比值规则**的通俗解释：以主行中的负系数 a_{lj} 为分母，以其同列的检验数 σ_j 为分子，求比值，并以其中**最大比值** σ_k/a_{lk} 对应的第 k 列为主列，它与主行交叉处的系数 a_{lk} 即为主元。

这表明对偶单纯形法确定的主元为负数，恰与原本单纯形法确定的主元取值符号相反。

2. 运算过程

【例 3-4】 试用对偶单纯形法，求解范例原 LP 问题的对偶问题。

解 由前表 3-7 已得范例的标准形对偶问题

$$\max(-w)=-6y_1-8y_2-18y_3$$

$$\text{s.t.}\begin{cases} y_1 \quad +2y_3-y_4 \quad =3 \\ 2y_2+3y_3 \quad -y_5=2 \\ y_1,y_2,\ y_3,\ \ y_4,\ \ y_5\geqslant 0 \end{cases}$$

由于对偶单纯形法允许右端常数 $b_i<0$，所以为了构造 $m=2$ 阶排列阵作初始基，可将约束方程两端同乘以 -1，这样 y_4，y_5 的系数列向量就构成所需的排列阵，即可建立初始单纯形表，见表 3-13(a)。

由于表 3-13(a)的检验行中，所有检验数 $\sigma_j\geqslant 0$，即满足规范，故转 **3°**……这样按步就规，循序渐进，得到一系列迭代表格，见表 3-13。

表 3-13 用对偶单纯形法求解范例对偶 LP 问题的迭代单纯形表

序	c_j	基	解	-6	-8	-18	0	0	
				y_1	y_2	y_3	y_4	y_5	
(a)	0	y_4	-3	(-1)	0	-2	1	0	
	0	y_5	-2	0	-2	-3	0	1	
			0	6	8	18	0	0	
	比 值			$6/(-1)$ max		$18/(-2)$			
(b)	-6	y_1	3	1	0	2	-1	0	√
	0	y_5	-2	0	-2	(-3)	0	1	
			-18	0	8	6	6	0	
	比 值				-4	-2 max			
(c)	-6	y_1	5/3	1	$-4/3$	0	-1	2/3	
	-18	y_3	2/3	0	2/3	1	0	$-1/3$	√
			-22	0	4	0	6	2	

表 3-13(c)给出一对最优互补基本解，同前面表 3-8，3-9 结果一致。

3.3.2 人工对偶单纯形法

1. 基本方法

若初始单纯形表不满足对偶单纯形法的前提条件，即存在负检验数，则需要引进一个人工变量 $x_0 \geqslant 0$，同时引进一个人工约束

$$x_0 + x_{j_1} + x_{j_2} + \cdots + x_{j_t} = M \tag{3-13}$$

其中 $x_{j_r}(r=1,2,\cdots,t)$ 是一切负检验数对应的变量，M 是一个充分大的正数。

在式(3-13)中，将最小负检验数对应的变量 x_p 解出：

$$x_p = M - x_0 - \sum_{\substack{j_r=1 \\ j_r \neq p}}^{j_t} x_{j_r} \tag{3-14}$$

并代入原模型中，然后将人工约束(3-13)也添入模型中，就得到一个人工问题。

建立人工问题的初始单纯形表，必然满足对偶单纯形法的前提条件。以下可按规范对偶单纯形法接续运行，但第 **3°** 步须补充、修正如下：

3° 最优性检验

若解列存在 $b_i < 0$，则转 **4°**；否则，停止迭代。若除人工变量 x_0 以外，其余基变量都取有限数值(即不含 M)，则当前解最优；否则原问题为解无界。

2. 运算举例

【例 3-5】 求解下列 LP 问题：

$$\max z = 3x_1 - 2x_2 + x_3$$

$$\text{s. t.}\begin{cases} x_1 + x_2 - x_3 \geqslant 4 \\ 2x_1 + 3x_2 + x_3 \leqslant 20 \\ 3x_1 + x_2 + x_3 \leqslant 28 \\ x_1,\ x_2,\ x_3 \geqslant 0 \end{cases}$$

解 化为典式标准形：

$$\max z = 3x_1 - 2x_2 + x_3$$

$$\text{s. t.}\begin{cases} -x_1 - x_2 + x_3 + x_4 = -4 \\ 2x_1 + 3x_2 + x_3 + x_5 = 20 \\ 3x_1 + x_2 + x_3 + x_6 = 28 \\ x_1,\ x_2,\ x_3,\ x_4,\ x_5,\ x_6 \geqslant 0 \end{cases} \tag{3-15}$$

以 x_4, x_5, x_6 为基变量，按式(2-4b)计算检验数，得到

$$\sigma_1 = -3,\quad \sigma_2 = 2,\quad \sigma_3 = -1$$

由于存在负检验数 σ_1, σ_3，且 σ_1 最小，所以按式(3-13)引进人工约束

$$x_0 + x_1 + x_3 = M$$

并从中解出最小负检验数 σ_1 对应的变量 x_1：

$$x_1 = M - x_0 - x_3$$

将其代入模型(3-15)中，再添入人工约束，得到人工问题

$$\max z = 3x_1 - 2x_2 + x_3 + 3M$$

$$\text{s.t.}\begin{cases} x_0 \quad - x_2 + 2x_3 + x_4 = M - 4 \\ -2x_0 + 3x_2 - x_3 + x_5 = 20 - 2M \\ -3x_0 + x_2 - 2x_3 + x_6 = 28 - 3M \\ x_0 + x_1 + x_3 = M \\ x_0,\ x_1,\ x_2,\ x_3,x_4,\ x_5,\ x_6 \geqslant 0 \end{cases}$$

据以建立初始单纯形表，但应注意：按式(2-4a)计算当前目标值 z_0 时，目标函数中的常数项 $3M$ 应加给 z_0，如表 3-14(a)所示。由此可见，所有检验数全已非负，符合规范，依法接续运行。

表 3-14 例 3-5 的迭代单纯形表

序	c_j			−3	0	−2	−2	0	0	0
		基	解	x_0	x_1	x_2	x_3	x_4	x_5	x_6
(a)	0	x_4	$M-4$	1	0	−1	2	1	0	0
	0	x_5	$20-2M$	−2	0	3	−1	0	1	0
	0	x_6	$28-3M$	−3	0	1	−2	0	0	1
	0	x_1	M	(1)	1	0	1	0	0	0
			$3M$	3	0	2	2	0	0	0
(b)	0	x_4	16/3	0	0	−2/3	4/3	1	0	1/3
	0	x_5	4/3	0	0	7/3	1/3	0	1	−2/3
	−3	x_0	$M-28/3$	1	0	−1/3	(2/3)	0	0	−1/3
	0	x_1	28/3	0	1	1/3	1/3	0	0	1/3
			28	0	0	3	0	0	0	1
(c)	0	x_4	0	0	0	−10	0	1	−4	3
	−2	x_3	4	0	0	7	1	0	3	−2
	−3	x_0	$M-12$	1	0	−5	0	0	−2	1
	0	x_1	8	0	1	−2	0	0	−1	1
			28	0	0	3	0	0	0	0

在首次确定主元时，出现 x_0 与 x_3 的进基相持。为使最优解尽早出现，应让人工变量 x_0 进基，这样迭代一次，即得最优解，见表 3-14(b)。

由于表 3-14(b)中，有一个非基变量 x_3 的检验数为 0，所以原问题有多重解。又因 x_3 的系数列中存在正数，故可让 x_3 进基，再额外迭代一次，又得一最优解，见表 3-14(c)。

这样，原问题有两个极点最优解：

$$\boldsymbol{X}_1^* = (28/3,0,0)^{\mathrm{T}},\quad \boldsymbol{X}_2^* = (8,0,4)^{\mathrm{T}}$$

将这两个极点最优解凸组合：

$$\boldsymbol{X}^* = \mu(28/3,0,0)^{\mathrm{T}} + (1-\mu)(8,0,4)^{\mathrm{T}}$$

就得到多重解的统一表达式

$$\boldsymbol{X}^* = (8 + 4\mu/3,0,4-4\mu)^{\mathrm{T}},\quad \mu \in [0,1]$$
$$z^* = 28$$

比较分析原本、对偶单纯形法，可见二者有诸多相同之处：①**基准**相同，都基于**互补基本解均为可行必然均为最优**这一准则；②**进化规程**相同，都须在关注对象的可行域内，找出并始于一个极点，寻沿"棱线"进化到另一极点；③**基本步骤**相同，都有6步，且每一步的主旨相同，核心内容大致类同；④**基本算法**相同——换基运算；⑤**工具**相同——单纯形表；⑥**结果**相同，都得到相同的一对最优互补基本解，或判明问题无解。

但二者又不尽相同，其前提条件、检验对象、具体规则等，各不相同，详见表3-15。

表3-15 原本、对偶单纯形法的异点对照

要　点	原本 SM	对偶 SM
前提条件（始终保持）	原本可行($\boldsymbol{b}\geqslant\boldsymbol{0}$)	对偶可行($\boldsymbol{\sigma}\geqslant\boldsymbol{0}$)
最优性检验对象与准则	所有 $\sigma_j\geqslant0$?	所有 $b_i\geqslant0$?
主元的来源	主列中的正数	主行中的负数
主元的确定	先确定进基变量和主列 后确定主行和离基变量	先确定主行和离基变量 后确定进基变量和主列
	从而确定主列、主行交叉处的系数为**主元**	
基本解的进化	对偶基本解 不可行→可行 ($\boldsymbol{\sigma}\ngeqslant\boldsymbol{0}\to\boldsymbol{\sigma}\geqslant\boldsymbol{0}$)	原本基本解 不可行→可行 ($\boldsymbol{b}\ngeqslant\boldsymbol{0}\to\boldsymbol{b}\geqslant\boldsymbol{0}$)
无解的判断	原本问题解无上界 （对偶问题无可行解）	原本问题无可行解 （对偶问题解无下界）

原本、对偶单纯形法，都有人工方法，其本意是构造满秩排列阵，以符合典式，这在不少情况下是必要的。但就例3-6而言，其式(3-15)已是典式，仅因不满足原本、对偶单纯形法的前提而引进人工变量，却属不必。本书明知不必，却故意而为之，主要是为举例说明人工对偶单纯形法，兼顾引起上述话题，以便读者与下述方法对照。

3.3.3 交替单纯形法

所谓**交替单纯形法**，是指在求解一个LP问题的过程中，交替使用原本、对偶单纯形法两种方法，而无须顾及二法的前提。但先用哪一方法，并无一定之规，可酌情而定。一般可先用对偶单纯形法，将单纯形表化为原本可行；然后换用原本单纯形法接续运行。

读者不妨自行尝试按交替单纯形法重新求解例3-5，并加以对照，不难领会后者更好。

注意：由于交替单纯形法一开始并未满足所用二法前提，所以对问题无解的判定必须慎重，必须满足所用方法的前提，才能依法判断、做出无解的结论。

【例3-6】 求解下列LP问题：

$$\max z = x_1 + 2x_2$$

$$\text{s.t.}\begin{cases} x_1 - x_2 \geqslant 1 \\ 2x_1 + x_2 \geqslant 2 \\ x_1,\ x_2 \geqslant 0 \end{cases}$$

解 化为典式标准形：

$$\max z = x_1 + 2x_2$$

$$\text{s.t.}\begin{cases} -x_1 + x_2 + x_3 = -1 \\ -2x_1 - x_2 + x_4 = -2 \\ x_1,\ x_2,\ x_3,\ x_4 \geqslant 0 \end{cases}$$

建立单纯形表并求解,见表3-16。

表 3-16 例 3-6 的迭代单纯形表——解无界的判断

序	c_j			1	2	0	0
		基	解	x_1	x_2	x_3	x_4
(a)	0	x_3	−1	−1	1	1	0
	0	x_4	−2	−2	(−1)	0	1
			0	−1	−2	0	0
(b)	0	x_3	−3	(−3)	0	1	1
	2	x_2	2	2	1	0	−1
			4	3	0	0	−2
(c)	1	x_1	1	1	0	−1/3	−1/3
	2	x_2	0	0	1	2/3	−1/3
			1	0	0	1	−1

在表3-16(a)中,虽然有一个负检验数$\sigma_1=-1$,它所对应的第1列系数中不含正数,但此时尚不能按单纯形法做出解无界的判定,因为在“解”列存在负数,不满足单纯形法的前提。

故此,先用对偶单纯形法,将“解”列化为非负,见表3-16(c),已满足单纯形法的前提。这时,因由$\sigma_4=-1$,它所对应的第4列系数中不含正数,方能按单纯形法做出解无界的判定。

【例 3-7】 求解下列LP问题:

$$\max z = x_1 + x_2$$

$$\text{s.t.}\begin{cases} 2x_1 + 3x_2 \leqslant -1 \\ x_1 + x_2 \geqslant 2 \\ x_1,\quad x_2 \geqslant 0 \end{cases}$$

解 化为典式标准形:

$$\max z = x_1 + x_2$$

$$\text{s.t.}\begin{cases} 2x_1 + 3x_2 + x_3 = -1 \\ -x_1 - x_2 + x_4 = -2 \\ x_1,\ x_2,\ x_3,\ x_4 \geqslant 0 \end{cases}$$

建立单纯形表并求解,见表3-17。

表 3-17 例 3-7 的迭代单纯形表——无可行解的判断

序	c_j			1	1	0	0
		基	解	x_1	x_2	x_3	x_4
(a)	0	x_3	−1	2	3	1	0
	0	x_4	−2	(−1)	−1	0	1
			0	−1	−1	0	0
(b)	0	x_3	−5	0	1	1	(2)
	1	x_1	2	1	1	0	−1
			2	0	0	0	−1
(c)	0	x_4	−5/2	0	1/2	1/2	1
	1	x_1	−1/2	1	3/2	1/2	0
			−1/2	0	1/2	1/2	0

在表 3-17(a)中，虽然“解”列有一个负数 $b_1=-1$，它所对应的第 1 行系数中不含负数，但此时尚不能按对偶单纯形法做出无可行解的判定，因还存在负检验数，不满足对偶单纯形法的前提。

故此，先用对偶单纯形法，将“解”列化为非负。迭代至表 3-17(b)，已无法实施对偶单纯形法，故换用原本单纯形法接续运行。迭代至表 3-17(c)，已满足对偶单纯形法的前提。这时，因由 $b_1=-5/2$，它所对应的第 1 行系数中不含负数，方能按对偶单纯形法做出无可行解的判定。

综上所述，今后求解 LP 问题，先应判断、选择：是直接求解，还是间接求解(即通过求解对偶问题来间接获得原问题的解)；进一步还应判断、选择：是采用原本、对偶，抑或交替单纯形法。

回顾范例，现在明确，理应采用对偶单纯形法，并且求解其对偶问题，来间接获得原问题的解。

习 题

3.1 试建立下述 LP 问题的对偶关系表，并写出其对偶问题：

(1) $\max z=4x_1+3x_2+6x_3$

$$\text{s. t.}\begin{cases}5x_1+3x_2+x_3\leqslant 60\\2x_1+2x_2+3x_3\leqslant 40\\2x_1+2x_2+x_3\leqslant 6\\x_1,\ x_2,\ x_3\geqslant 0\end{cases}$$

(2) $\min w=60x_1+10x_2+20x_3$

$$\text{s. t.}\begin{cases}3x_1+x_2+x_3\geqslant 2\\x_1-x_2+x_3\geqslant -1\\x_1+2x_2-x_3\geqslant 1\\x_1,\ x_2,\ x_3\geqslant 0\end{cases}$$

(3) $\min w=5x_1-3x_2$

$$\text{s. t.}\begin{cases}2x_1-x_2+4x_3\geqslant 2\\x_1+x_2-2x_3\geqslant 1\\3x_1-x_2-x_3\geqslant 3\\x_1,\ x_2,\ x_3\geqslant 0\end{cases}$$

(4) $\max z=4x_1+3x_2+6x_3$

$$\text{s. t.}\begin{cases}x_1+2x_2+4x_3=10\\2x_1+5x_2+3x_3=15\\x_1,\ x_2,\ x_3\geqslant 0\end{cases}$$

3.2 试写出下述 LP 问题的对偶问题：

(1) 1.1(1)题；　(2) 1.8 题；　(3) 2.4(5)题；　(4) 2.4(7)题。

(5) $\min w=2x_1+2x_2+4x_3$

$$\text{s. t.}\begin{cases}2x_1+3x_2+5x_3\geqslant 2\\4x_1+x_2+7x_3\leqslant 3\\x_1+4x_2+6x_3=5\\x_2\leqslant 0,\quad x_3\geqslant 0\end{cases}$$

(6) $\min w=2x_1+3x_2+6x_3+x_4$

$$\text{s. t.}\begin{cases}3x_1+4x_2+4x_3+7x_4=21\\2x_1+7x_2+3x_3+8x_4\geqslant 18\\x_1-2x_2+5x_3-3x_4\leqslant 4\\x_1\geqslant 0,\ x_2\leqslant 0,\ x_4\geqslant 0\end{cases}$$

3.3 试证明 LP 问题(P_2)是(D_2)的对偶，(P_3)是(D_3)的对偶。

3.4 试写出下述 LP 问题的对偶问题：

(1) $\min z = \sum_{i=1}^{m}\sum_{j=1}^{n} c_{ij}x_{ij}$

$$\text{s. t.}\begin{cases}\sum_{j=1}^{n} x_{ij} = a_i, (i = 1,2,\cdots,m)\\ \sum_{i=1}^{m} x_{ij} = b_j, (j = 1,2,\cdots,n)\\ x_{ij} \geqslant 0\end{cases}$$

(2) $\max z = \sum_{j=1}^{n} c_j x_j$

$$\text{s. t.}\begin{cases}\sum_{j=1}^{n} a_{ij}x_j \leqslant b_i, & (i = 1,2,\cdots,r)\\ \sum_{j=1}^{n} a_{ij}x_j = b_i, & (i = r+1,r+2,\cdots,m)\\ x_j \geqslant 0, & (j = 1,2,\cdots,s(< n))\end{cases}$$

(3) $\min w = \boldsymbol{C}^{\mathrm{T}}\boldsymbol{X}$

$$\text{s. t.}\begin{cases}\boldsymbol{AX}=\boldsymbol{b}\\ \boldsymbol{X}\geqslant \boldsymbol{a}(\geqslant \boldsymbol{0})\end{cases}$$

3.5 已知 LP 问题：

$$\min z = 5x_1 + 6x_2 + 3x_3$$

$$\text{s. t.}\begin{cases}5x_1 + 5x_2 + 3x_3 \geqslant 50\\ x_1 + x_2 - x_3 \geqslant 20\\ 7x_1 + 6x_2 - 9x_3 \geqslant 30\\ x_1 + x_2 + x_3 \geqslant 7\\ 2x_1 + 4x_2 - 15x_3 \geqslant 10\\ 6x_1 + 5x_2 \geqslant 45\\ x_2 - 10x_3 \geqslant 20\\ x_1, \quad x_2, \quad x_3 \geqslant 0\end{cases}$$

试通过求解其对偶问题来确定该 LP 问题的最优解。

3.6 已知 LP 问题：

$$\max z = x_1 + 2x_2$$

$$\text{s. t.}\begin{cases}x_1 - x_2 \geqslant 2\\ -x_1 + x_2 \geqslant 1\\ x_1, x_2 \geqslant 0\end{cases}$$

(1) 试证明它与其对偶问题均无可行解。

(2) 试构造一个 LP 问题，使其本身及其对偶问题均无可行解。

3.7 已知两个 LP 问题(Ⅰ)，(Ⅱ)：

(Ⅰ) $\max z_1 = \sum_{j=1}^{n} c_j x_j$

$$\text{s. t.}\begin{cases}\sum_{j=1}^{n} a_{ij}x_j \leqslant b_i, & (i = 1,2,\cdots,m)\\ x_j \geqslant 0, & (j = 1,2,\cdots,n)\end{cases}$$

（Ⅱ）$\max z_2 = \sum_{j=1}^{n} c_j x_j$

$$\text{s.t.}\begin{cases}\sum_{j=1}^{n} a_{ij}x_j \leqslant b_i + k_i, & (i=1,2,\cdots,m)\\ x_j \geqslant 0, & (j=1,2,\cdots,n)\end{cases}$$

其中 a_{ij}，b_i，c_j，k_i 均为已知常数。

设 z_1^*，z_2^* 分别为（Ⅰ），（Ⅱ）的最优值，y_i^*（$i=1,2,\cdots,m$）为问题（Ⅰ）的对偶问题的最优解，求证：

$$z_2^* \leqslant z_1^* + \sum_{i=1}^{m} k_i y_i^*$$

3.8　不用单纯形法，利用对偶性质和其他简便方法求解下述 LP 问题：

（1）$\max w = 4x_1 + 3x_2 + 6x_3$

$$\text{s.t.}\begin{cases}3x_1 + x_2 + 3x_3 \leqslant 30\\ 2x_1 + 2x_2 + 3x_3 \leqslant 40\\ x_1,\ x_2,\ x_3 \geqslant 0\end{cases}$$

（2）$\max z = x_1 - x_2 + x_3$

$$\text{s.t.}\begin{cases}x_1 - x_3 \geqslant 4\\ x_1 - x_2 + 2x_3 \geqslant 3\\ x_1,\ x_2,\ x_3 \geqslant 0\end{cases}$$

3.9　已知 LP 问题：

$$\max z = 6x_1 + 8x_2$$

$$\text{s.t.}\begin{cases}5x_1 + 2x_2 \leqslant 20\\ x_1 + 2x_2 \leqslant 10\\ x_1,\ x_2 \geqslant 0\end{cases}$$

（1）写出它的对偶问题。

（2）用图解法求解原始、对偶问题，识别两个问题的所有极点解。

（3）用单纯形法求解原始问题。在每个单纯形表中，识别此问题的基本可行解及对偶问题的互补基本解。指出它们相应于图解法中哪个极点。

（4）按表 3-8 的格式，列出该问题的全部互补基本解。

（5）用对偶单纯形法求解对偶问题，并将结果与（3）中结果进行对比。

（6）该问题是否满足松紧性？为什么？

3.10　用对偶单纯形法求解下述 LP 问题：

（1）$\min z = x_1 + x_2$

$$\text{s.t.}\begin{cases}x_1 + 2x_2 \geqslant 4\\ x_1 \geqslant 5\\ 3x_1 + x_2 \geqslant 6\\ x_1,\ x_2 \geqslant 0\end{cases}$$

（2）$\min z = 3x_1 + 2x_2 + x_3$

$$\text{s.t.}\begin{cases}x_1 + x_2 + x_3 \leqslant 6\\ x_1 - x_3 \geqslant 4\\ x_2 - x_3 \geqslant 3\\ x_1,\ x_2,\ x_3 \geqslant 0\end{cases}$$

（3）2.4（4）题

3.11 某厂拟生产甲、乙、丙三种产品,都需要在A,B两种设备上加工,有关数据如表3-18所示。

(1) 如何充分发挥设备能力,使产品总产值最大?

(2) 若为了提高产量,以每台时350元的租金租用外厂A设备,问是否合算?

表 3-18

设备 \ 产品	单耗/(台时/件)			设备有效台时数
	甲	乙	丙	
A	1	2	1	400
B	2	1	2	500
产值/(千元/件)	3	2	1	

3.12 用对偶单纯形法求解下述LP问题:

(1) $\max z=3x_1-2x_2-x_3$

$$\text{s.t.}\begin{cases} x_1-x_2-x_3=4 \\ x_2+2x_3\leqslant 8 \\ x_2-x_3\geqslant 2 \\ x_1,\ x_2,\ x_3\geqslant 0 \end{cases}$$

(2) $\max z=2x_1-x_2+2x_3$

$$\text{s.t.}\begin{cases} x_1-x_2-x_3\geqslant 6 \\ -2x_1+x_3\geqslant 6 \\ 2x_2-x_3\geqslant 0 \\ x_1,\ x_2,\ x_3\geqslant 0 \end{cases}$$

(3) $\max z=5x_1-8x_2-x_3+4x_4-11x_5$

$$\text{s.t.}\begin{cases} 2x_1-9x_2-7x_3+2x_4-11x_5\geqslant 5 \\ x_1-6x_2-6x_3+2x_4-9x_5\leqslant 3 \\ x_1-7x_2-8x_3+3x_4-12x_5\geqslant 4 \\ x_1,\ x_2,\ x_3,\ x_4,\ x_5\geqslant 0 \end{cases}$$

3.13 用交替单纯形法求解3.12题。

第4章

参数分析

当求得了实际 LP 问题的最优解后，还不能立即付诸实施，因为这是在所建模型的参数取一组确定数值的情况下而得到的解。其中消耗系数 a_{ij} 是统计量，并不精准；价值系数 c_j 则常随市场波动，并不稳定；而资源分配量 b_i 也需适时调整。故需分析最优解对各参数取值变化是否灵敏，是否参数取值稍有波动，就会改变最优解，这就是参数的**灵敏度分析**。另外，有时可能需要调整改变某些参数的取值，并且需要预先了解这种变化对所关注的问题有何影响，这就是参数的**预变分析**。

4.1 灵敏度分析

4.1.1 基本方法

1. 基本概念

灵敏度分析的目的与任务就是确定 LP 模型(P_1)的每一参数 b_i，c_j，a_{ij} 的**影响范围**，即，在保持(P_S)最优基不变的条件下，该参数单独变化的最大范围。因此，若单独某一参数在其影响范围内任意变化，则最优基必然保持不变；然而一旦超出其影响范围，则最优基必然改变。

之所以定义为保持最优基不变，而非保持最优解不变，原因在于有的参数，如 b_i，无论其变化数量多么微小，最优解的数值必然随之改变，正如 1.4.1 节得到的

$$\boldsymbol{X_B} = \boldsymbol{B}^{-1}\boldsymbol{b}$$

所示。而只要最优基 $\boldsymbol{B}$ 不变，$\boldsymbol{B}^{-1}$ 也就不变，则 $\boldsymbol{b}$ 变化后的新解 $\boldsymbol{X_B}$ 也容易由上式重新算出。

唯其如此，必须注意识别最优单纯形表以及其中最优基 $\boldsymbol{B}'$ 的形式与特点：

Ⅰ. "解"列中所有元素全都非负：$b_k^* \geqslant 0$，($k=1,2,\cdots,m$)。

Ⅱ. 所有检验数全都非负：$\sigma_j^* \geqslant 0$，($j=1,2,\cdots,n$)。

Ⅲ. $\boldsymbol{B}'$ 是满秩(m 阶)排列阵。

Ⅳ. $\boldsymbol{B}'$ 对应的 $\boldsymbol{\sigma}_{\boldsymbol{B}}^* = \boldsymbol{0}$，即 $\boldsymbol{B}'$ 所在各列中的检验数全都为 0。

上述 4 个条件称为单纯形表的**最优性条件**，基于此条件的矩阵 $\boldsymbol{B}'$ 称为**终极最优基**。反之，若某个单纯形表以及其中一个 m 阶矩阵 $\boldsymbol{B}'$ 满足上述 4 个条件，则该单纯形表就是最优表，而 $\boldsymbol{B}'$ 就是终极最优基。因此，这 4 个条件是判定最优表与终极最优基的**充要条件**。

2. 基本公式

最优表中的数据 $\boldsymbol{b}^*$，w^*，$\boldsymbol{a}_j^*$，σ_j^*，可由参数的原始数据 $\boldsymbol{b}$，c_j，$\boldsymbol{a}_j$，以及最优基的逆阵

$$\boldsymbol{B}^{-1} = [s_{ki}^*]$$

所唯一确定,具体对应关系如下:

$$\boldsymbol{b}^* = \boldsymbol{B}^{-1}\boldsymbol{b} \tag{4-1a}$$

$$w^* = \boldsymbol{Y}^{*\mathrm{T}}\boldsymbol{b} \tag{4-1b}$$

$$\sigma_j^* = \boldsymbol{Y}^{*\mathrm{T}}\boldsymbol{a}_j - c_j, \qquad (j = 1,2,\cdots,n) \tag{4-1c}$$

$$\boldsymbol{a}_j^* = \boldsymbol{B}^{-1}\boldsymbol{a}_j, \qquad (j = 1,2,\cdots,n) \tag{4-1d}$$

或将式(4-1c)替以

$$\sigma_j^* = \boldsymbol{C}_B^{\mathrm{T}}\boldsymbol{a}_j^* - c_j, \qquad (j = 1,2,\cdots,n) \tag{4-1e}$$

而式(4-1b),(4-1c)中的$\boldsymbol{Y}^{*\mathrm{T}}$为

$$\boldsymbol{Y}^{*\mathrm{T}} = \boldsymbol{C}_B^{\mathrm{T}}\boldsymbol{B}^{-1} \tag{4-1f}$$

由式(4-1)可见,若单独某一参数的取值发生变化,其余一切参数均不变,则其影响如下:

(1) 若仅某一参数 b_i 的原始数值发生 Δb_i 的变化,致有 $\boldsymbol{b}'=\boldsymbol{b}+\Delta\boldsymbol{b}$,则最优表中的相应数据 $\boldsymbol{b}^*$,w^* 会随之发生变化,其增量如下:

$$\Delta\boldsymbol{b}^* = \boldsymbol{B}^{-1}\Delta\boldsymbol{b} \tag{4-2a}$$

$$\Delta w^* = \boldsymbol{Y}^{*\mathrm{T}}\Delta\boldsymbol{b} \tag{4-2b}$$

(2) 若仅某一参数 a_{ij} 的原始数值发生 Δa_{ij} 的变化,致有 $\boldsymbol{a}_j'=\boldsymbol{a}_j+\Delta\boldsymbol{a}_j$,则最优表中的相应数据 σ_j^*,$\boldsymbol{a}_j^*$ 会随之发生变化,其增量如下:

$$\Delta\sigma_j^* = \boldsymbol{Y}^{*\mathrm{T}}\Delta\boldsymbol{a}_j, \qquad (j = 1,2,\cdots,n) \tag{4-2c}$$

$$\Delta\boldsymbol{a}_j^* = \boldsymbol{B}^{-1}\Delta\boldsymbol{a}_j, \qquad (j = 1,2,\cdots,n) \tag{4-2d}$$

(3) 若仅某一参数 c_j 的原始数值发生 Δc_j 的变化,致有 $\boldsymbol{C}'=\boldsymbol{C}+\Delta\boldsymbol{C}$,则最优表中的相应数据仅 σ_j^* 会随之发生变化,其增量如下:

$$\Delta\sigma_j^* = \Delta\boldsymbol{C}_B^{\mathrm{T}}\boldsymbol{a}_j^* - \Delta c_j, \qquad (j = 1,2,\cdots,n) \tag{4-2e}$$

或改写其中 3 式为

$$\Delta b_k^* = \sum_{i=1}^{m} s_{ki}^*\,\Delta b_i \qquad (k = 1,2,\cdots,m) \tag{4-2a$'$}$$

$$\Delta\sigma_j^* = \sum_{i=1}^{m} y_i^*\,\Delta a_{ij}, \qquad (j = 1,2,\cdots,n) \tag{4-2c$'$}$$

$$\Delta\sigma_j^* = \sum_{k=1}^{m} a_{kj}^*\,\Delta c_{Bk} - \Delta c_j, \qquad (j = 1,2,\cdots,n) \tag{4-2e$'$}$$

因此,若要保持最优基不变,就要使变化后的单纯形表仍然满足最优性的 4 个充要条件。这就是灵敏度分析的基本思想。

4.1.2 参数 b_i 的影响范围

假设某个参数 b_r 发生 Δb_r 的变化,其余 b_i 和一切 c_j,a_{ij} 均不变。则由式(4-2)可见,仅 $\boldsymbol{b}^*$ 和 w^* 会随之变化,而其中仅 $\boldsymbol{b}^*$ 的变化会影响最优表的条件Ⅰ,其余条件不变,仍都满足。

由于此时仅 b_r 发生 Δb_r 的变化,其余 b_i 均不变,亦即其余 $\Delta b_i=0$,所以式(4-2a′)可简化为

$$\Delta b_k^* = s_{kr}^*\,\Delta b_r, \qquad (k = 1,2,\cdots,m)$$

为保持最优基不变，只需满足条件Ⅰ，即保持变化后的"解"列元素仍旧非负，亦即

$$b_k^* + \Delta b_k^* = b_k^* + s_{kr}^* \Delta b_r \geqslant 0, \qquad (k=1,2,\cdots,m)$$

由此解得

$$\begin{cases} \Delta b_r \geqslant -\dfrac{b_k^*}{s_{kr}^*}, & \text{当 } s_{kr}^* > 0 \\ \Delta b_r \leqslant -\dfrac{b_k^*}{s_{kr}^*}, & \text{当 } s_{kr}^* < 0 \end{cases} \qquad (k=1,2,\cdots,m)$$

令

$$\Delta b_r^- = \max_k \left\{ -\frac{b_k^*}{s_{kr}^*} \middle| s_{kr}^* > 0 \right\}$$
$$\Delta b_r^+ = \min_k \left\{ -\frac{b_k^*}{s_{kr}^*} \middle| s_{kr}^* < 0 \right\} \tag{4-3}$$

则参数 b_r 的影响范围是

$$b_r \in [\hat{b}_r + \Delta b_r^-, \quad \hat{b}_r + \Delta b_r^+]$$

其中$\hat{b}_r$ 是参数 b_r 的原始数值。

式(4-3)的含义是：依次用最优基逆阵 $\boldsymbol{B}^{-1}=[s_{ki}^*]$的第 r 列 $\boldsymbol{s}_r^*$ 中的元素 s_{kr}^* 作分母，用同行的"解"列元素 b_k^* 作分子，求其负比值，以确定参数 b_r 增量的下限 Δb_r^- 和上限 Δb_r^+。而下限 Δb_r^- 由 $\boldsymbol{s}_r^*$ 列中正的元素 s_{kr}^* 所确定，上限 Δb_r^+ 由 $\boldsymbol{s}_r^*$ 列中负的元素 s_{kr}^* 所确定。

【例 4-1】 考虑范例。试确定 A,B,C 三个车间每周用于生产甲、乙两种产品的最大产能 b_1,b_2,b_3 的影响范围。

解 首先考察范例的最优单纯形表，见表 4-1。

表 4-1 范例的最优单纯形表

c_j			3	2	0	0	0	
	基	解	x_1	x_2	x_3	x_4	x_5	
3	x_1	6	1	0	1	0	0	①
0	x_4	4	0	0	4/3	1	−2/3	②
2	x_2	2	0	1	−2/3	0	1/3	③
		22	0	0	5/3	0	2/3	

由线性代数逆矩阵的求解方法可知，在最优单纯形表中，相应于初始单纯形表单位阵的位置上那 m 列的系数即构成最优基的逆阵。而表 4-1 中虚线框内那个 3 阶方阵，即为本例最优基逆阵 $\boldsymbol{B}^{-1}$①。

(1) 参数 b_1 的影响范围

用 $\boldsymbol{B}^{-1}$第 1 列中的正数 1,4/3 作分母，用同行的"解"列元素 6,4 作分子，求负比值，而最大负比值即为参数 b_1 增量的下限：

$$\Delta b_1^- = \max_k \left\{ -\frac{6}{1}, -\frac{4}{4/3} \right\} = -3$$

① 严格地说，该 3 阶方阵只是对应而非等于最优基逆阵 $\boldsymbol{B}^{-1}$，将②，③两行交换后，它才等于最优基逆阵 $\boldsymbol{B}^{-1}$。但这不影响本章的相关分析，故为叙述简便，权且继续称为 $\boldsymbol{B}^{-1}$。下同。

用 $\boldsymbol{B}^{-1}$ 第 1 列中的负数 $-2/3$ 作分母，用同行的“解”列元素 2 作分子，求负比值，即为参数 b_1 增量的上限：

$$\Delta b_1^+ = -\frac{2}{-2/3} = 3$$

而已知参数 b_1 的原始数值为 $\hat{b}_1 = 6$，所以参数 b_1 的影响范围是

$$b_1 \in [\hat{b}_1 + \Delta b_1^-, \hat{b}_1 + \Delta b_1^+] = [6-3, 6+3] = [3, 9]$$

(2) **参数 b_2 的影响范围**

由于 $\boldsymbol{B}^{-1}$ 第 2 列中只有正数 1，而没有负数，因此参数 b_2 的增量没有上限，亦即上限 $\Delta b_2^+ = \infty$，而增量的下限为

$$\Delta b_2^- = -\frac{4}{1} = -4$$

又知 $\hat{b}_2 = 8$，所以参数 b_2 的影响范围是

$$b_1 \in [8-4, 8+\infty) = [4, \infty)$$

(3) **参数 b_3 的影响范围**

类似可得

$$\Delta b_3^- = -\frac{2}{1/3} = -6$$

$$\Delta b_3^+ = -\frac{4}{-2/3} = 6$$

$$b_3 \in [18-6, 18+6] = [12, 24]$$

上述确定增量上下限所求比值的元素对应关系，同原本单纯形法的最小比值规则一致。

注意：当单独某一参数 b_r 在其影响范围内变化 Δb_r 时，最优基保持不变，而最优解中基变量的数值会从 b_k^* 变为 $b_k^* + s_{kr}^* \Delta b_r$，$(k=1,2,\cdots,m)$；但影子价值 $\boldsymbol{Y}^*$ 却保持不变，这是因为最优基 $\boldsymbol{B}$ 不变，则 $\boldsymbol{B}^{-1} = [s_{ki}^*]$ 也不变；而一切 c_j 不变，则 $\boldsymbol{C_B}$ 不变，故由式(4-1f)可见，$\boldsymbol{Y}^*$ 必然不变。

4.1.3 参数 c_j 的影响范围

这里，将就 c_j 是非基变量、基变量的系数这两种情况分别讨论。

1. c_j 是非基变量的系数

假设某个非基变量 x_r 的系数 c_r 发生 Δc_r 的变化，其余 c_j 和一切 b_i，a_{ij} 均不变，即其余 $\Delta c_j = 0$，一切 $\Delta b_i = 0$，$\Delta a_{ij} = 0$。则由式(4-2)可见，仅 σ_j^* 会随之变化，而式(4-2e)就简化为仅仅一个检验数 σ_r^* 有改变量

$$\Delta \sigma_r^* = -\Delta c_r$$

为保持最优基不变，只需使变化后的检验数仍旧非负，即

$$\sigma_r^* + \Delta \sigma_r^* = \sigma_r^* - \Delta c_r \geqslant 0$$

由此易得

$$\Delta c_r \leqslant \sigma_r^*$$

则参数 c_r 的影响范围是

$$c_r \in (-\infty, \quad \hat{c}_r + \sigma_r^*] \tag{4-4}$$

其中 $\hat{c}_r$ 是参数 c_r 的原始数值。

【例 4-2】 考虑范例，若将 $b_3=18$ 改为 $b_3=12$，试确定参数 c_2 的影响范围。

解 首先，由例 4-1 已知，$b_3 \in [12,24]$，现在 $b_3=12$ 恰好临界其影响范围，最优基是否改变？

用单纯形法重新求解，见表 4-2。在初始单纯形表 4-2(a)中出现 x_3，x_5 的离基相持，按规则选择下标较大的 x_5 离基，迭代一次，得到一个退化最优基本解

$$\boldsymbol{X}^* = (6,0,0,8,0)^{\mathrm{T}}, \qquad z^* = 18$$

表 4-2

序	c_j			3	2	0	0	0	比值
		基	解	x_1	x_2	x_3	x_4	x_5	
(a)	0	x_3	6	1	0	1	0	0	6/1=6
	0	x_4	8	0	2	0	1	0	—
	0	x_5	12	(2)	3	0	0	1	12/2=6=θ
			0	−3	−2	0	0	0	
(b)	0	x_3	0	0	(−3/2)	1	0	−1/2	
	0	x_4	8	0	2	0	1	0	
	3	x_1	6	1	3/2	0	0	1/2	
			18	0	5/2	0	0	3/2	
(c)	2	x_2	0	0	1	−2/3	0	1/3	
	0	x_4	8	0	0	4/3	1	−2/3	
	3	x_1	6	1	0	1	0	0	
			18	0	0	5/3	0	2/3	

由于最优表 4-2(b)的"基"列中没有 x_2，亦即参数 c_2 是非基变量 x_2 的系数，所以判定其影响范围适用式(4-4)，据此可得参数 c_2 的影响范围：

$$c_2 \in (-\infty, 2+5/2] = (-\infty, \quad 9/2]$$

由表 4-2(b)可见，最优基已经改变，由($\boldsymbol{a}_1,\boldsymbol{a}_4,\boldsymbol{a}_2$)变为($\boldsymbol{a}_3,\boldsymbol{a}_4,\boldsymbol{a}_1$)。但是，果真仅仅如此吗？

由于表 4-2(b)的"解"中，有一个元素 $b_1=0$，即基变量 x_3 的数值为 0。根据对偶性和原本单纯形法多重解的判断规则，可以类比得知，此时对偶问题有多重解；而 $b_1=0$ 对应的第 1 行中存在负数，故可采用对偶单纯形法，让第 1 行对应的基变量 x_3 离基，按最大比值规则确定非基变量 x_2 进基，再额外迭代一次，得到一个新表 4-2(c)。表 4-2(c)对应的最优基为($\boldsymbol{a}_2,\boldsymbol{a}_4,\boldsymbol{a}_1$)，同范例原最优基($\boldsymbol{a}_1,\boldsymbol{a}_4,\boldsymbol{a}_2$)实质一致：只需按矩阵初等变换 1，将表 4-2(c)的第 1 行与第 3 行互换即可。这是参数改变取值而临界其影响范围的一个特例：有两个不同的最优基，但是却对应同一个退化的最优极点。

2. c_j 是基变量的系数

假设某个基变量 x_r 的系数 $c_r=c_{Bl}$（即假设基变量 x_r 位于最优表"基"列的第 l 行）发生 Δc_r 的变化，其余 c_j 和一切 b_i，a_{ij} 均不变，则 a_{kj}^* 也不变。由式(4-2)可见，仅 σ_j^* 会随 Δc_r 变

化,而基变量的检验数 σ_j^* 及其增量 $\Delta\sigma_j^*$ 恒为0,仅仅非基变量的检验数 σ_j^* 相应于 Δc_r 的变化,有其增量

$$\Delta\sigma_j^* = \sum_{k=1}^{m} a_{kj}^* \Delta c_{Bk} = a_{lj}^* \Delta c_r, \quad j\text{ 为一切非基变量的下标}$$

为保持最优基不变,只需使变化后的检验数仍旧非负,即

$$\sigma_j^* + \Delta\sigma_j^* = \sigma_j^* + a_{lj}^* \Delta c_r \geqslant 0, \quad j\text{ 为一切非基变量的下标}$$

由此解得

$$\begin{cases} \Delta c_r \geqslant -\dfrac{\sigma_j^*}{a_{lj}^*}, & \text{当 } a_{lj}^* > 0 \\ \Delta c_r \leqslant -\dfrac{\sigma_j^*}{a_{lj}^*}, & \text{当 } a_{lj}^* < 0 \end{cases} \quad j\text{ 为一切非基变量的下标}$$

令

$$\begin{cases} \Delta c_r^- = \max\limits_j \left\{ -\dfrac{\sigma_j^*}{a_{lj}^*} \middle| a_{lj}^* > 0 \right\} \\ \Delta c_r^+ = \min\limits_j \left\{ -\dfrac{\sigma_j^*}{a_{lj}^*} \middle| a_{lj}^* < 0 \right\} \end{cases} \tag{4-5}$$

其中

a_{lj}^* —— 在最优表中,基变量 x_r 所在第 l 行中一切非基变量的系数

则参数 c_r 的影响范围是

$$c_r \in [\hat{c}_r + \Delta c_r^-, \quad \hat{c}_r + \Delta c_r^+]$$

其中 $\hat{c}_r$ 是参数 c_r 的原始数值。

【例 4-3】 考虑范例,试确定参数 c_1, c_2 的影响范围。

解 首先考察范例的最优表,见表 4-1,可见"基"列中有 x_1, x_2,亦即参数 c_1, c_2 是基变量 x_1, x_2 的系数,所以判定其影响范围适用式(4-5)。

(1) **参数 c_1 的影响范围**

由表 4-1 可见,基变量 x_1 所在第 1 行中,非基变量 x_3, x_4, x_5 的系数分别为 1,0,0,没有负数,由式(4-5)可知参数 c_1 的增量上限 $\Delta c_1^+ = \infty$,而增量下限为

$$\Delta c_1^- = -\frac{5/3}{1} = -5/3$$

而参数 c_1 的原始数值为 $\hat{c}_1 = 3$,则其影响范围是

$$c_1 \in [3 - 5/3, \quad \infty) = [4/3, \quad \infty)$$

(2) **参数 c_2 的影响范围**

由表 4-1 可见,基变量 x_2 所在第 3 行中,非基变量 x_3, x_4, x_5 的系数分别为 $-2/3$,0,1/3,有正有负,按式(4-5)可以算得参数 c_2 的增量下限、上限:

$$\Delta c_2^- = -\frac{2/3}{1/3} = -2$$

$$\Delta c_2^+ = -\frac{5/3}{-2/3} = 5/2$$

又知 $\hat{c}_2 = 2$,则参数 c_2 的影响范围是

$$c_2 \in [2-2,\quad 2+5/2]=[0,\quad 9/2]$$

上述确定增量上下限所求比值的元素对应关系，同对偶单纯形法的最大比值规则一致。

注意：当单独某一参数 c_r 在其影响范围内变化 Δc_r 时，最优基、最优解均保持不变，但最优值却会从 z^* 变为 $z^*+\Delta c_r b_l^*$，这里 l 表示基变量 x_r 所在行的序号。

4.1.4　参数 a_{ij} 的影响范围

这里，将就 a_{ij} 是非基变量、基变量的系数这两种情况分别讨论。

1. a_{ij} 是非基变量的系数

假设某个非基变量 x_r 的系数 a_{kr} 发生 Δa_{kr} 的变化，其余 a_{ij} 和一切 b_i，c_j 均不变。

这时，由于基变量的系数 a_{ij} 均不变，则最优基 $\boldsymbol{B}$ 不变，其逆阵 $\boldsymbol{B}^{-1}$ 也不变，由式(4-2)可见，仅非基变量的检验数 σ_j^* 与系数 $\boldsymbol{a}_j^*$ 会随之变化。而非基变量的系数 $\boldsymbol{a}_j^*$ 不影响最优基与最优表，可不考虑；故只需考虑检验数 σ_j^* 的变化，由式(4-2c′)给定 σ_j^* 的相应增量为

$$\Delta\sigma_j^* = \sum_{i=1}^{m} y_i^* \Delta a_{ij},\quad (j=1,2,\cdots,n)$$

由于这时仅有一个非基变量的系数 a_{kr} 发生 Δa_{kr} 的变化，其余 a_{ij} 均不变，亦即其余 $\Delta a_{ij}=0$，因此上式可简化为

$$\Delta\sigma_r^* = y_k^* \Delta a_{kr}$$

为保持最优基不变，只需使变化后的检验数仍旧非负，即

$$\sigma_r^* + \Delta\sigma_r^* = \sigma_r^* + y_k^* \Delta a_{kr} \geqslant 0$$

而 $y_k^* \geqslant 0$，则可由上式解得

$$\Delta a_{kr} \geqslant -\frac{\sigma_r^*}{y_k^*},\quad y_k^* > 0$$

由此可知，非基变量 x_r 的某个系数 a_{kr} 的影响范围是

$$a_{kr} \in \begin{cases} \left[\hat{a}_{kr} - \dfrac{\sigma_r^*}{y_k^*},\ \infty\right), & \text{当 } y_k^* > 0 \\ (-\infty,\infty), & \text{当 } y_k^* = 0 \end{cases} \tag{4-6}$$

其中 $\hat{a}_{kr}$ 是参数 a_{kr} 的原始数值。

【例 4-4】　考虑例 4-2，以表 4-2(b)为最优表，试确定参数 a_{12}，a_{32} 的影响范围。

解　首先，由表 4-2(b)可知，参数 a_{12}，a_{32} 是非基变量 x_2 的系数。

其次，由表 4-2(b)可知，$y_1^*=0$，则由式(4-6)可知 $a_{12}\in(-\infty,\infty)$。

最后，由表 4-2(b)可知，$y_3^*=3/2$，$\sigma_2^*=5/2$，而 a_{32} 的原始数值 $\hat{a}_{32}=3$，则按式(4-6)可得参数 a_{32} 的影响范围：

$$a_{32} \in \left[3-\frac{5/2}{3/2},\quad \infty\right)=[4/3,\quad \infty)$$

2. a_{ij} 是基变量的系数

若某个参数 a_{ij} 是基变量 x_j 的系数，则其数值变化 Δa_{ij} 必然影响最优基。由式(4-2)可知，最优表中的数据相应于参数 a_{ij} 的增量 Δa_{ij} 或 $\Delta \boldsymbol{a}_j$，也会产生如下增量：

$$\Delta \boldsymbol{a}_j^* = \boldsymbol{B}^{-1}\Delta \boldsymbol{a}_j, \quad (j=1,2,\cdots,n)$$

$$\Delta \sigma_j^* = \boldsymbol{Y}^{*\mathrm{T}}\Delta \boldsymbol{a}_j, \quad (j=1,2,\cdots,n)$$

为简化计算，也可将其合并为

$$\begin{pmatrix}\Delta \boldsymbol{a}_j^* \\ \Delta \sigma_i^*\end{pmatrix} = \begin{pmatrix}\boldsymbol{B}^{-1} \\ \boldsymbol{Y}^{*\mathrm{T}}\end{pmatrix}\Delta \boldsymbol{a}_j, \quad (j=1,2,\cdots,n) \tag{4-7}$$

这时，如何确定参数 a_{ij} 的影响范围呢？或者说，如何考量参数 a_{ij} 的灵敏度呢？

下面，举例说明解决这类问题的基本思路，以及基变量的系数 a_{ij} 灵敏度分析的基本方法。

【例 4-5】 考虑范例，试确定参数 a_{31} 的影响范围。

解 参数 a_{31} 是 x_1 的系数，由范例的最优表，即表 4-1 易知，x_1 是基变量，因此相应的灵敏度分析适用式(4-7)。

假设参数 a_{31} 发生 Δ 的变化，为按式(4-7)计算相应的增量，先要正确识别式(4-7)右端的矩阵，对范例而言，即为表 4-1 中虚线框内的矩阵。

1° 按式(4-7)计算相应的增量

$$\begin{pmatrix}\Delta \boldsymbol{a}_1^* \\ \hdashline \Delta \sigma_1^*\end{pmatrix} = \begin{pmatrix}\boldsymbol{B}^{-1} \\ \hdashline \boldsymbol{Y}^{*\mathrm{T}}\end{pmatrix}\Delta \boldsymbol{a}_1 = \begin{pmatrix}1 & 0 & 0 \\ 4/3 & 1 & -2/3 \\ -2/3 & 0 & 1/3 \\ \hdashline 5/3 & 0 & 2/3\end{pmatrix}\begin{pmatrix}0 \\ 0 \\ \Delta\end{pmatrix} = \begin{pmatrix}0 \\ -2\Delta/3 \\ \Delta/3 \\ \hdashline 2\Delta/3\end{pmatrix}$$

把所得结果**加给**表 4-1 的 x_1 列，得到表 4-3(a)。

2° 将所得表中发生改变那列(包括检验数)修复为原来的单位向量

修复表 4-3(a)的 x_1 列：以 x_1 所在行、列的元素“1”为主元，进行一次换基运算，得到表 4-3(b)。

表 4-3

序	c_j			3	2	0	0	0
		基	解	x_1	x_2	x_3	x_4	x_5
(a)	3	x_1	6	(1)	0	1	0	0
	0	x_4	4	$-2\Delta/3$	0	4/3	1	$-2/3$
	2	x_2	2	$\Delta/3$	1	$-2/3$	0	1/3
			22	$2\Delta/3$	0	5/3	0	2/3
(b)	3	x_1	6	1	0	1	0	0
	0	x_4	$4+4\Delta$	0	0	$4/3+2\Delta/3$	1	$-2/3$
	2	x_2	$2-2\Delta$	0	1	$-2/3-\Delta/3$	0	1/3
			$22-4\Delta$	0	0	$5/3-2\Delta/3$	0	2/3

这样，表 4-3(b)中的最优基已恢复为排列阵原形，满足最优性条件Ⅲ，Ⅳ，只需再使表 4-3(b)满足条件Ⅰ，Ⅱ，即保持“解”列和检验行中的元素全都非负，就满足最优表的全部充要条件。

3° 保持"解"列和检验行中的元素全都非负

为此，令

$$\begin{cases} 4+4\Delta \geqslant 0 \\ 2-2\Delta \geqslant 0 \\ 5/3-2\Delta/3 \geqslant 0 \end{cases}$$

解得

$$-1 \leqslant \Delta \leqslant 1$$

而参数 a_{31} 的原始数值为 $\hat{a}_{31}=2$，则其影响范围是

$$a_{31} \in [2-1,\quad 2+1]=[1,\quad 3]$$

4.2 预变分析

前面介绍了单一参数影响范围的判定方法。若该范围不很窄小，则最优基相对于该参数就比较稳定；反之就比较灵敏，这在实施最优方案时就需要特别关注。然而，若有几个参数同时波动变化，即便各不超出其影响范围，最优基也未必稳定不变；另外，有时可能需要调整改变一个参数的现值，以至超出其影响范围，则最优基必定改变，等等。在这些情况下，当然可以重新建模求解，但这既费时费力，又无必要。本节将就此介绍一种更为简明、有效的分析方法，即以原最优表为基础进行的相应分析。由于这类分析，都是预先进行的参数应变分析，故简称为参数**预变分析**。

4.2.1 基本方法

1. 基本公式

预变分析仍然适用基本公式(4-2)。除此之外，若预变参数的种类、个数较多，则设 LP 模型的3类参数变化如下：

$$\boldsymbol{A}=(a_{ij})_{m\times n}=(\boldsymbol{a}_1,\boldsymbol{a}_2,\cdots,\boldsymbol{a}_n)\rightarrow \boldsymbol{A}'=(\boldsymbol{a}_1',\boldsymbol{a}_2',\cdots,\boldsymbol{a}_n')$$

$$\boldsymbol{b}=(b_1,b_2,\cdots,b_m)^{\mathrm{T}}\rightarrow \boldsymbol{b}'=(b_1',b_2',\cdots,b_m')^{\mathrm{T}}$$

$$\boldsymbol{C}=(c_1,c_2,\cdots,c_n)^{\mathrm{T}}\rightarrow \boldsymbol{C}'=(c_1',c_2',\cdots,c_n')^{\mathrm{T}}$$

还可采用下列公式：

$$\boldsymbol{b}^*=\boldsymbol{B}^{-1}\boldsymbol{b}' \tag{4-8a}$$

$$w^*=\boldsymbol{Y}^{*\mathrm{T}}\boldsymbol{b}' \tag{4-8b}$$

$$\boldsymbol{\sigma}^{*\mathrm{T}}=\boldsymbol{Y}^{*\mathrm{T}}\boldsymbol{A}'-\boldsymbol{C}'^{\mathrm{T}} \quad 或 \quad \sigma_j^*=\boldsymbol{Y}^{*\mathrm{T}}\boldsymbol{a}_j'-c_j',\quad (j=1,2,\cdots,n) \tag{4-8c}$$

$$\boldsymbol{A}^*=\boldsymbol{B}^{-1}\boldsymbol{A}' \quad 或 \quad \boldsymbol{a}_j^*=\boldsymbol{B}^{-1}\boldsymbol{a}_j',\quad (j=1,2,\cdots,n) \tag{4-8d}$$

注意：将变化后的数据**纳入**原最优表时：

(1) 若其源于公式(4-2)，则将其**加给**表中原有相应数据；

(2) 若其源于公式(4-8)，则用其**取代**表中原有相应数据。

2. 基本步骤

1° 计算应变数据，并纳入原最优表中

针对参数的变化，恰当选择式(4-2)或式(4-8)的相应公式，算出变化后的数据，将其纳

入原最优表中的相应数据处；必要时添行添列，得到新表。

2° 修复最优性条件Ⅲ，Ⅳ

若新表没有破坏最优性条件Ⅲ，Ⅳ，则转**3°**；否则用换基运算，修复条件Ⅲ，Ⅳ。

3° 修复最优性条件Ⅰ，Ⅱ

检查表中解列数值 $\boldsymbol{b}$ 和检验行数值 $\boldsymbol{\sigma}$：

(1) 若 $\boldsymbol{b}\geqslant\mathbf{0}$，且$\boldsymbol{\sigma}\geqslant 0$，则当前解最优，停止；否则转(2)。

(2) 若 $\boldsymbol{b}\geqslant\mathbf{0}$，而$\boldsymbol{\sigma}\ngeqslant 0$，则用原本单纯形法继续迭代；否则转(3)。

(3) 若 $\boldsymbol{b}\ngeqslant\mathbf{0}$，而$\boldsymbol{\sigma}\geqslant 0$，则用对偶单纯形法继续迭代；否则转(4)。

(4) 即 $\boldsymbol{b}\ngeqslant\mathbf{0}$，且$\boldsymbol{\sigma}\ngeqslant 0$，则用交替单纯形法继续迭代。

直至修复满足条件Ⅰ，Ⅱ，则当前解最优，停止；或依法判明问题无解为止。

以上步骤适用于参数的变化为确定数值的情况；若参数的变化为待定数值，则步骤**3°**须调整为**保持最优性条件**Ⅰ，Ⅱ，并相机进行后续分析。前面4.1.4节最后的例4-5，恰属此况，而相应的问题及其模型，通常可谓**参数线性规划**。下面举例分析几种典型情况。

4.2.2 改变约束右端项 b_i

参数的预变分析，往往从现有资源分配方案入手，尝试调整资源分配数量 b_i，并进行相关分析，以期达到更佳效益。

【例4-6】 考虑范例。由于该厂决策者了解到，在甲、乙两种产品的最优生产方案中，3种资源的影子利润分别为

$$y_1^* = 5/3,\quad y_2^* = 0,\quad y_3^* = 2/3$$

这意味着，除B工时影子利润为 $y_2^*=0$ 外，其余A，C两种资源，若各再多投入1个工时，就会使总利润分别增加500/3，200/3元，因此都可酌情增加。而 y_1^* 比 y_3^* 更大，因此首先考虑增加A工时，进而需要了解究竟增加多少，才能使总利润达到最大。

解 设以Δ表示增加的A工时数。下面按基本步骤对此进行预变分析。

1° 计算应变数据，并将其加给最优表原有相应数据

由式(4-2)可见，$\Delta\boldsymbol{b}$ 仅影响 $\boldsymbol{b}^*$，w^*，故按式(4-2a)，(4-2b)合并计算如下：

$$\begin{bmatrix}\Delta\boldsymbol{b}^*\\ \hdashline \Delta w\end{bmatrix}=\begin{bmatrix}\boldsymbol{B}^{-1}\\ \hdashline \boldsymbol{Y}^{*\mathrm{T}}\end{bmatrix}\Delta\boldsymbol{b}=\begin{bmatrix}1 & 0 & 0\\ 4/3 & 1 & -2/3\\ -2/3 & 0 & 1/3\\ \hdashline 5/3 & 0 & 2/3\end{bmatrix}\begin{bmatrix}\Delta\\ 0\\ 0\end{bmatrix}=\begin{bmatrix}\Delta\\ 4\Delta/3\\ -2\Delta/3\\ \hdashline 5\Delta/3\end{bmatrix}$$

将计算结果加给最优表4-1的“解”列原有数据，得到表4-4(a)。

2° 修复最优性条件Ⅲ，Ⅳ。新表4-4(a)没有破坏最优性条件Ⅲ，Ⅳ，故转**3°**；

3° 保持最优性条件Ⅰ，Ⅱ。则应有

$$2-2\Delta/3\geqslant 0\rightarrow\Delta\leqslant 3$$

即在保持原最优基的条件下，最多增加3个A工时，可获利2700元，比原方案多500元。

表 4-4

序	c_j			3	2	0	0	0
		基	解	x_1	x_2	x_3	x_4	x_5
(a)	3	x_1	$6+\Delta$	1	0	1	0	0
	0	x_4	$4+4\Delta/3$	0	0	4/3	1	−2/3
	2	x_2	$2-2\Delta/3$	0	1	(−2/3)	0	1/3
			$22+5\Delta/3$	0	0	5/3	0	2/3
(b)	3	x_1	9	1	3/2	0	0	1/2
	0	x_4	8	0	2	0	1	0
	0	x_3	$\Delta-3$	0	−3/2	1	0	−1/2
			27	0	5/2	0	0	3/2

下面继续讨论 $\Delta>3$ 的情况。这时，由于表 4-4(a)的“解”列中存在负数 $2-2\Delta/3$，而检验数全都非负，故按对偶单纯形法继续迭代，得到表 4-4(b)，已为最优。由表 4-4(b)可见，若增加的 A 资源数超过 3 个工时，则无论超额数 $\Delta-3$ 为多少，都恒为松弛变量 x_3 的值，而总利润也恒定不变，恒为 2 700 元。

综上，在现有条件下，应恰好增加 3 个 A 工时，则既无 A 工时的松弛而闲置浪费，也能达到最大总利润 2 700 元。而新最优方案为：只生产 9 件甲产品，不生产乙产品。

读者可就单独增加 C 工时进行类似分析；还可尝试就同时增加 A，C 两种工时进行分析，但这比单独改变一个参数的情况更加复杂一些。另外可以指出，其实对例 4-2 也应这样处理，而无须重新求解，由于这时参数的变化为确定数值，会比本例相对容易一些。感兴趣的读者不妨自行尝试，并将结果与例 4-2 对照。尤其大规模（变量、约束很多）问题的这类分析，更应避免重新求解。

4.2.3 改变一个非基变量的系数

如果一个非基变量 x_j 的系数（包括 a_{ij} 和 c_j）发生变化，或者需要引进一个新变量（可视为原来就存在于模型中，只不过其系数全都为 0），都属于这里将要讨论的同类问题。

【例 4-7】 承例 4-6。由于新方案不生产乙产品，因此该厂决策者进一步考虑，若采用工艺革新：

(1) **方案 1** 能使生产每件乙产品减少 1 个 B 工时，从而增加其利润 100 元；

(2) **方案 2** 能使生产每件乙产品减少 1 个 C 工时，从而增加其利润 150 元。

则能否重新引入乙产品？

解 由题意知：(1)$\boldsymbol{a}'_2=(0,1,3)^{\mathrm{T}}$，$c'_2=3$；(2)$\boldsymbol{a}'_2=(0,2,2)^{\mathrm{T}}$，$c'_2=3.5$。

由式(4-8)可见，只有(4-8c)，(4-8d)两式与此有关。另由最优表 4-4(b)知，乙产品产量 x_2 是非基变量，其系数 $\boldsymbol{a}'_2$ 不影响最优基。因此，先按式(4-8c)计算检验数，视其正负，区别对待。

(1) **方案 1**

$$\sigma_2^* = \boldsymbol{Y}^{*\mathrm{T}}\boldsymbol{a}'_2 - c'_2 = (0,0,3/2)\begin{pmatrix}0\\1\\3\end{pmatrix} - 3 = 4.5 - 3 = 1.5$$

由于$\sigma_2^*=1.5>0$，所以最优解不变，方案1无效，也就无须用式(4-8d)计算$\boldsymbol{a}_2^*$了。

(2) **方案2**

$$\sigma_2^*=\boldsymbol{Y}^{*\mathrm{T}}\boldsymbol{a}'_2-c'_2=(0,0,3/2)\begin{pmatrix}0\\2\\2\end{pmatrix}-3.5=3-3.5=-0.5$$

由于$\sigma_2^*=-0.5<0$，所以援用式(4-8d)计算$\boldsymbol{a}_2^*$如下：

$$\boldsymbol{a}_2^*=\boldsymbol{B}^{-1}\boldsymbol{a}'_2=\begin{pmatrix}0&0&1/2\\0&1&0\\1&0&-1/2\end{pmatrix}\begin{pmatrix}0\\2\\2\end{pmatrix}=\begin{pmatrix}1\\2\\-1\end{pmatrix}$$

将所得结果$\boldsymbol{a}_2^*$和σ_2^*用以取代4-4(b)中x_2列的原有数据，得到表4-5(a)。

表 4-5

序	c_j			3	3.5	0	0	0
		基	解	x_1	x_2	x_3	x_4	x_5
(a)	3	x_1	9	1	1	0	0	1/2
	0	x_4	8	0	(2)	0	1	0
	0	x_3	0	0	−1	1	0	−1/2
			27	0	−1/2	0	0	3/2
(b)	3	x_1	5	1	0	0	−1/2	1/2
	3.5	x_2	4	0	1	0	1/2	0
	0	x_3	4	0	0	1	1/2	−1/2
			29	0	0	0	1/4	3/2

按原本单纯形法继续迭代，得到表(b)，已获最优：

$$\boldsymbol{X}^*=(5,4)^{\mathrm{T}},\quad z^*=29$$

综上，应按方案2改革乙产品工艺，这样，在现有资源条件下，每周生产5件甲产品，4件乙产品，可获利2 900元，比原方案多200元。

【例4-8】 承例4-7。若该厂还有一种新产品丙，每件利润350元，消耗A,B,C三个车间1,1,2个工时，则在现有资源条件下，是否生产丙产品？

解 设以x_6表示丙产品的每周产量，则由题意知其系数为$\boldsymbol{a}'_6=(1,1,2)^{\mathrm{T}}$，$c'_6=3.5$。这时，最优表为表4-5(b)，据以按式(4-8c)计算：

$$\sigma_6^*=\boldsymbol{Y}^{*\mathrm{T}}\boldsymbol{a}'_6-c'_6=(0,1/4,3/2)\begin{pmatrix}1\\1\\2\end{pmatrix}-3.5=3.25-3.5=-1/4$$

由于$\sigma_6^*=-1/4<0$，所以再用式(4-8d)按表4-5(b)计算$\boldsymbol{a}_6^*$如下：

$$\boldsymbol{a}_6^*=\boldsymbol{B}^{-1}\boldsymbol{a}'_6=\begin{pmatrix}0&-1/2&1/2\\0&1/2&0\\1&1/2&-1/2\end{pmatrix}\begin{pmatrix}1\\1\\2\end{pmatrix}=\begin{pmatrix}1/2\\1/2\\1/2\end{pmatrix}$$

将$\boldsymbol{a}_6^*$，σ_6^*添入表4-5(b)中，作为新增一列x_6列的元素，得到表4-6(a)。

表 4-6

序	c_j			3	3.5	0	0	0	3.5
		基	解	x_1	x_2	x_3	x_4	x_5	x_6
(a)	3	x_1	5	1	0	0	−1/2	1/2	1/2
	3.5	x_2	4	0	1	0	1/2	0	1/2
	0	x_3	4	0	0	1	1/2	−1/2	(1/2)
			29	0	0	0	1/4	3/2	−1/4
(b)	3	x_1	1	1	0	−1	−1	1	0
	3.5	x_2	0	0	1	−1	0	1/2	0
	3.5	x_6	8	0	0	2	1	−1	1
			31	0	0	1/2	1/2	5/4	0

按原本单纯形法继续迭代,得到表(b),已为最优。其中主元是按离基相持规则选定的。

这样,在现有资源条件下,每周生产 1 件甲产品,8 件丙产品,不生产乙产品,可获利 3 100 元,比原方案又多 200 元。

4.2.4 改变一个基变量的系数

改变一个基变量的系数,必然改变最优基而破坏最优性条件Ⅲ,也可能会破坏条件Ⅳ,所以要用步骤 **2°**予以修复;而且在步骤 **1°**,无论检验数 σ_j^* 为正还是为负,都须计算 $\boldsymbol{a}_j^*$;也就是说,这类分析需要采用预变分析的全部 3 个步骤。

【例 4-9】 若在范例原问题的基础上考虑例 4-7 所述乙产品的两个工艺革新方案,则是否采纳?

解 这意味着改变一个基变量 x_2 的系数,这时的最优表为表 4-1。下面分别考虑这两个方案。

(1) **方案 1**。按式(4-8c),(4-8d)计算:

$$\sigma_2^* = \boldsymbol{Y}^{*\mathrm{T}}\boldsymbol{a}_2' - c_2' = (5/3, 0, 2/3)\begin{pmatrix}0\\1\\3\end{pmatrix} - 3 = 2 - 3 = -1$$

$$\boldsymbol{a}_2^* = \boldsymbol{B}^{-1}\boldsymbol{a}_2' = \begin{pmatrix}1 & 0 & 0\\ 4/3 & 1 & -2/3\\ -2/3 & 0 & 1/3\end{pmatrix}\begin{pmatrix}0\\1\\3\end{pmatrix} = \begin{pmatrix}0\\-1\\1\end{pmatrix}$$

将计算结果用以取代最优表,即表 4-1 的 x_2 列原有数据,得到表 4-7(a)。

表 4-7

序	c_j			3	3	0	0	0
		基	解	x_1	x_2	x_3	x_4	x_5
(a)	3	x_1	6	1	0	1	0	0
	0	x_4	4	0	−1	4/3	1	−2/3
	3	x_2	2	0	(1)	−2/3	0	1/3
			22	0	−1	5/3	0	2/3

续表

序	c_j			3	3	0	0	0
		基	解	x_1	x_2	x_3	x_4	x_5
(b)	3	x_1	6	1	0	1	0	0
	0	x_4	6	0	0	2/3	1	−1/3
	3	x_2	2	0	1	−2/3	0	1/3
			24	0	0	3	0	1

将表 4-7(a)的 x_2 列修复为表 4-1 的原形,得到表(b),已获最优:

$$\boldsymbol{X}^*=(6,2)^{\mathrm{T}},\quad z^*=24$$

这与范例原最优方案一致,但总利润因乙产品单位利润的增大而递增了 200 元。

(2) **方案 2**。按式(4-8c),(4-8d)计算:

$$\sigma_2^*=\boldsymbol{Y}^{*\mathrm{T}}\boldsymbol{a}_2'-c_2'=(5/3,0,2/3)\begin{pmatrix}0\\2\\2\end{pmatrix}-3.5=4/3-7/2=-13/6$$

$$\boldsymbol{a}_2^*=\boldsymbol{B}^{-1}\boldsymbol{a}_2'=\begin{pmatrix}1&0&0\\4/3&1&-2/3\\-2/3&0&1/3\end{pmatrix}\begin{pmatrix}0\\2\\2\end{pmatrix}=\begin{pmatrix}0\\2/3\\2/3\end{pmatrix}$$

将计算结果用以取代最优表 4-1 的 x_2 列原有数据,得到表 4-8(a)。再将表 4-8(a)的 x_2 列修复为表 4-1 的原形,得到表(b)。继续迭代至表(c),即获最优:

$$\boldsymbol{X}^*=(5,4)^{\mathrm{T}},\quad z^*=29$$

表 4-8

序	c_j			3	3.5	0	0	0
		基	解	x_1	x_2	x_3	x_4	x_5
(a)	3	x_1	6	1	0	1	0	0
	0	x_4	4	0	2/3	4/3	1	−2/3
	3.5	x_2	2	0	(2/3)	−2/3	0	1/3
			22	0	−13/6	5/3	0	2/3
(b)	3	x_1	6	1	0	1	0	0
	0	x_4	2	0	0	(2)	1	−1
	3.5	x_2	3	0	1	−1	0	1/2
			28.5	0	0	−1/2	0	7/4
(c)	3	x_1	5	1	0	0	−1/2	1/2
	0	x_3	1	0	0	1	1/2	−1/2
	3.5	x_2	4	0	1	0	1/2	0
			29	0	0	0	1/4	3/2

由于在同样的资源条件下,方案 2 比方案 1 获利更大,故应采纳方案 2,这与例 4-7 的结果一致。但本例松弛变量 x_3 的值比例 4-7 中 x_3 的值少 3 个工时,这说明例 4-7 的前提,即例 4-6 中增加 3 个 A 工时,对本例和例 4-7 而言都是不必要的。

4.2.5 增加一个约束

预变分析的许多实际缘由，都可归结为需要增加一个新约束。譬如，在为实际问题建模之初，原本非常充裕而不构成约束的某种资源，现已不再充裕而构成约束；也可能建模之初疏漏了某个必要约束，致使最优解不符实际而需修正；亦或可能建模之初为了精简模型，而故意舍弃某个无关紧要的约束，但是在求得最优解而将付诸实施之前，毕竟需要检验当初的取舍是否恰当，如此等等，不一而足。

这类分析的基本思路是，先将最优解代入新增约束方程中，若能使该方程成立，则最优解不受其影响，因而该约束是多余无用的；反之，则最优解必然改变。这时，应先将该约束方程化为**典式**，即，其中具有一个**独立**基变量(即其系数列向量为独立的单位向量)的等式，将其纳入原最优表中，也即给原最优表增添一行一列，有时也可能需要引进人工变量而再增添一列；这时，该约束所在行、列可视为原本就存在于最优表中，只不过当初其系数全都为 0，而现在相应的系数发生了改变。然后，从步骤 **2°** 接续实施。

【例 4-10】 考虑范例。若在甲、乙产品的生产过程中，所需某种原本货源充裕而不受限制的钢材，现因成为紧俏商品而每周限量供应 8kg，且每件甲、乙产品分别需要耗用该钢材 1，2kg，则原最优方案是否需要调整改变？

解 这意味着增加一个新约束

$$x_1 + 2x_2 \leqslant 8$$

先将原最优解 $\boldsymbol{X}^* = (6,2)^{\mathrm{T}}$ 代入上式左端，得

$$6 + 2 \times 2 = 10 \nleqslant 8$$

则原最优解必然改变。给新约束添加一个松弛变量 x_6，化为标准形：

$$x_1 + 2x_2 + x_6 = 8$$

该约束以松弛变量 x_6 作为基变量，已是典式，从而可以将其纳入原最优表中，也即给原最优表增添一行一列，见表 4-9(a)。接续将 x_1 列、x_2 列修复为原形单位向量，至表(c)为止，完成修复。

表 4-9

序	c_j			3	2	0	0	0	0
		基	解	x_1	x_2	x_3	x_4	x_5	x_6
(a)	3	x_1	6	(1)	0	1	0	0	0
	0	x_4	4	0	0	4/3	1	−2/3	0
	2	x_2	2	0	1	−2/3	0	1/3	0
	0	x_6	8	1	2	0	0	0	1
			22	0	0	5/3	0	2/3	0
(b)	3	x_1	6	1	0	1	0	0	0
	0	x_4	4	0	0	4/3	1	−2/3	0
	2	x_2	2	0	(1)	−2/3	0	1/3	0
	0	x_6	2	0	2	−1	0	0	1
			22	0	0	5/3	0	2/3	0

续表

序	c_j			3	2	0	0	0	0
		基	解	x_1	x_2	x_3	x_4	x_5	x_6
(c)	3	x_1	6	1	0	1	0	0	0
	0	x_4	4	0	0	4/3	1	−2/3	0
	2	x_2	2	0	1	−2/3	0	1/3	0
	0	x_6	−2	0	0	1/3	0	(−2/3)	1
			22	0	0	5/3	0	2/3	0
(d)	3	x_1	6	1	0	1	0	0	0
	0	x_4	6	0	0	1	1	0	−1
	2	x_2	1	0	1	−1/2	0	0	1/2
	0	x_5	3	0	0	−1/2	0	1	−3/2
			20	0	0	2	0	0	1

再对表(c)采用对偶单纯形法迭代至表(d),即获最优：

$$\boldsymbol{X}^* = (6,1)^{\mathrm{T}}, \qquad z^* = 20$$

这比原最优方案少生产1件乙产品,因而总利润也递减200元。

以上仅就4类典型问题阐述了预变分析的基本思想、基本工具与基本方法,而所涉有些实例,譬如例4-2,却言犹未尽,更不遑论及其他相关问题,这都留待读者思考。然而,无论问题多么纷纭复杂,仍然只需适当采用4个基本公式和3个基本步骤,足以解决。

本章通过范例阐明了如何确定LP模型单一参数的灵敏度或影响范围,据此可以预见参数如何变化可能或必然改变最优基或最优解,以及当参数的变化影响最优基或最优解时,如何用最简明的方法最迅速地求出新的最优解,从而能够预知是否需要及如何调整改变参数现值,等等。

应当指出,本章介绍的灵敏度分析与预变分析,其基本思想、基本工具与基本方法,实际上并无本质差异,其区别主要在于关注、解决的问题及其对象系统不尽相同。尽管线性规划领域参数分析的实际问题和实际需要,林林总总、形形色色,不能穷尽,然而,万变不离基本方法其宗,只要灵活变通,恰当运用,总能得以解决。本章介绍的基本方法,还有助于加深理解线性规划的基本性质、单纯形法原理、对偶原理。

本章的参数分析及其基本方法,不仅是线性规划的重要内容与有效工具,也为运筹学其他分支的类似分析提供了基本思路与借鉴经验。

习 题

4.1 试就3.11题解答下列问题：

(1) 试分别确定甲产品单位产值、B设备供量各自的影响范围。

(2) 若每月能以39万元租金租用外厂B设备300台时,则应否租用？为什么？

(3) 若每月A设备供量减少200台时,B设备供量增加100台时,试问最优解与影子价格有何变化？

4.2 已知 LP 问题

$$\max z = 5x_1 + 2x_2 + 3x_3$$

$$\text{s. t.} \begin{cases} x_1 + 5x_2 + 2x_3 \leqslant b_1 \\ x_1 - 5x_2 - 6x_3 \leqslant b_2 \\ x_1, \ x_2, \ x_3 \geqslant 0 \end{cases}$$

对于给定的常数 b_1 和 b_2,其最优单纯形表如表 4-10 所示。

表 4-10

c_j			5	2	3	0	0
	基	解	x_1	x_2	x_3	x_4	x_5
5	x_1	30	1	λ_1	2	1	0
0	x_5	10	0	λ_2	−8	−1	1
检验行		150	0	λ_3	7	λ_4	λ_5

其中 $\lambda_1, \lambda_2, \lambda_3, \lambda_4, \lambda_5$ 是常数。试求:

(1) b_1 和 b_2 的值。

(2) 对偶问题的最优解。

(3) $\lambda_1, \lambda_2, \lambda_3$ 的值。

(4) 参数 c_1, c_2, c_3 的影响范围。

(5) 参数 b_1, b_2 的影响范围。

(6) 参数 a_{12}, a_{13}, a_{23} 的影响范围。

(7) 参数 a_{11}, a_{21} 的影响范围。

4.3 已知 LP 问题

$$\max z = -5x_1 + 5x_2 + 13x_3$$

$$\text{s. t.} \begin{cases} x_1 + x_2 + 3x_3 \leqslant 20 \\ 12x_1 + 4x_2 + 10x_3 \leqslant 90 \\ x_1, \ x_2, \ x_3 \geqslant 0 \end{cases}$$

试用单纯形法求出最优解,然后对下述情况分别进行参数分析:

(1) 确定参数 c_1, b_1, a_{22} 的影响范围。

(2) 参数 b_1 从 20 变为 30。

(3) 参数 b_2 从 90 变为 70。

(4) 参数 c_3 从 13 变为 8。

(5) x_1 的系数变为 $\begin{pmatrix} c_1 \\ a_{11} \\ a_{21} \end{pmatrix} = \begin{pmatrix} -2 \\ 0 \\ 5 \end{pmatrix}$

(6) x_2 的系数变为 $\begin{pmatrix} c_2 \\ a_{12} \\ a_{22} \end{pmatrix} = \begin{pmatrix} 6 \\ 2 \\ 5 \end{pmatrix}$

(7) 增加一个约束条件 $2x_1 + 3x_2 + 5x_3 \leqslant 50$。

(8) 把约束条件 2 变为 $10x_1+5x_2+10x_3\leqslant 100$。

4.4 已知 LP 问题

$$\max z = 2x_1 + 7x_2 - 3x_3$$

$$\text{s.t.}\begin{cases} x_1+3x_2+4x_3\leqslant 30 \\ x_1+4x_2-x_3\leqslant 10 \\ x_1,\quad x_2,\quad x_3\geqslant 0 \end{cases}$$

给它引进松弛变量 x_4,x_5 后,用单纯形法求得其最优方程组如下:

$$\begin{cases} z+x_2+x_3+2x_5=20 \\ -x_2+5x_3+x_4-x_5=20 \\ x_1+4x_2-x_3+x_5=4 \end{cases}$$

试对下述情况分别进行参数分析:

(1) b_1 减少 20,同时 b_2 增加 10。

(2) 改变 x_3 的系数为 $\begin{pmatrix} c_3 \\ a_{13} \\ a_{23} \end{pmatrix}=\begin{pmatrix} -2 \\ 3 \\ 2 \end{pmatrix}$

(3) 改变 x_1 的系数为 $\begin{pmatrix} c_1 \\ a_{11} \\ a_{21} \end{pmatrix}=\begin{pmatrix} 4 \\ 3 \\ 2 \end{pmatrix}$

(4) 引进一个具有系数 $\begin{pmatrix} c_6 \\ a_{16} \\ a_{26} \end{pmatrix}=\begin{pmatrix} 3 \\ 1 \\ 2 \end{pmatrix}$ 的新变量 x_6。

(5) 改变目标函数为 $z=x_1+5x_2-2x_3$。

(6) 增加一个约束条件 $3x_1+2x_2+3x_3\leqslant 25$。

(7) 改变约束条件 2 为 $x_1+2x_2+2x_3\leqslant 40$。

(8) 改变约束条件 1 为 $2x_1+2x_2+x_3\leqslant 20$,同时增加一个约束条件 $x_1+2x_2+x_3=20$。

4.5 已知 LP 问题

$$\max z = 2x_1 - x_2 + x_3$$

$$\text{s.t.}\begin{cases} 3x_1-2x_2+2x_3\leqslant 15 \\ -x_1+x_2+x_3\leqslant 3 \\ x_1-x_2+x_3\leqslant 4 \\ x_1,\quad x_2,\quad x_3\geqslant 0 \end{cases}$$

给它引进松弛变量 x_4,x_5,x_6 后,用单纯形法求得其最优方程组如下:

$$\begin{cases} z+2x_3+x_4+x_5=18 \\ x_2+5x_3+x_4+3x_5=24 \\ 2x_3+x_5+x_6=7 \\ x_1+4x_3+x_4+2x_5=21 \end{cases}$$

试对下述情况分别进行参数分析：

(1) 分别确定参数 b_1, b_3, c_2, a_{12} 的影响范围。

(2) 改变右端为 $\begin{pmatrix} b_1 \\ b_2 \\ b_3 \end{pmatrix} = \begin{pmatrix} 20 \\ 4 \\ 2 \end{pmatrix}$

(3) 改变目标函数中 x_3 的系数为 $c_3 = 2$。

(4) 改变目标函数中 x_1 的系数为 $c_1 = 3$。

(5) 改变 x_3 的系数为 $\begin{pmatrix} c_3 \\ a_{13} \\ a_{23} \\ a_{33} \end{pmatrix} = \begin{pmatrix} 4 \\ 3 \\ 2 \\ 1 \end{pmatrix}$

(6) 同时改变 x_1 和 x_2 的系数为：$\begin{pmatrix} c_1 \\ a_{11} \\ a_{21} \\ a_{31} \end{pmatrix} = \begin{pmatrix} 1 \\ 1 \\ -1 \\ 2 \end{pmatrix}$ 和 $\begin{pmatrix} c_2 \\ a_{12} \\ a_{22} \\ a_{32} \end{pmatrix} = \begin{pmatrix} -2 \\ -1 \\ 3 \\ 2 \end{pmatrix}$

(7) 改变目标函数为 $z = 5x_1 + x_2 + 3x_3$。

(8) 改变约束条件1为 $2x_1 - x_2 + 4x_3 \leqslant 12$。

(9) 增加一个约束条件 $2x_1 + x_2 + 2x_3 \leqslant 60$。

第5章

运输模型

运输模型，是最早引起人们关注的实际线性规划模型之一。由于其特殊结构，已有比单纯形法更加简明、有效的表上作业法，而且不仅适用于实际运输问题，也适用于其他某些特殊的线性规划问题。

5.1 一般模型

5.1.1 运输问题

从古至今，运输活动始终是人类最基本的社会实践之一。在漫漫历史长河中，人类社会的运输活动，长盛不衰，历久弥新。从人负到畜载，从陆运到航运；从单一到混合，从零散到集装；从直运到转运，从单程到巡回；从货运到物流，从实物到信息；从个人到集体，从实体到虚拟；如此等等，不一而足。而今运输活动不仅更加频繁发生，甚至须臾不可或缺，且其内容与形式也更加丰富多彩，其中不乏优化问题及其典故，有些至今仍未完满解决。

本章只介绍单一货物的运输问题，先从最简单的运输问题谈起，其一般描述如下：

某种货物有 m 个发货地点（简称**发点**）A_i，各有该货物可供应数量（简称**供量**）$a_i(i=1,2,\cdots,m)$；另有 n 个收货地点（简称**收点**）B_j，各有该货物所需求数量（简称**需量**）$b_j(j=1,2,\cdots,n)$；而将该货物从发点 A_i 运到收点 B_j 的单位运费（简称**运价**）为 c_{ij}。则如何调运，使总运费最少？

若总供量等于总需量，则称为**供求平衡的运输问题**，简称**平衡问题**；否则称为**不平衡问题**，又可分为**供过于求**与**供不应求**两类不同问题。

下面考察一个简单实例。

【例 5-1】 某公司每天要将所辖 A_1,A_2,A_3 三个面粉厂加工的 3 吨、4 吨、3 吨白面，分别运给 B_1,B_2,B_3,B_4 四个食品厂，其运价和食品厂每天需求白面的数量如表 5-1 所示。应如何调运，方能使总运费最少？

表 5-1

食品厂 / 面粉厂	运价 c_{ij}/(10 元/吨)				供量 a_i/吨
	B_1	B_2	B_3	B_4	
A_1	8	6	7	3	3
A_2	2	3	1	5	4
A_3	4	2	6	8	3
需量 b_j/吨	3	2	1	4	

由表 5-1 易见，总供量与总需量相等，均为 10 吨，因此例 5-1 是一个平衡问题。

由于实际问题千差万别，a_i，b_j 的量纲，除了重量外，也可以是体积，还可能是件数、人数，或其他任务、事项的单位，等等；而 c_{ij} 的量纲，除了价值量外，也可能是里程、吨公里、时间，或其他资源的消耗系数，等等。本例为简化数学表示，将运价 c_{ij} 的单位取作 10 元/吨。

运输问题的数学模型称为**运输模型**。下面考虑为上述这类最简单的运输问题建立数学模型。

5.1.2 基本模型

先为例 5-1 建立数学模型，然后建立一般运输模型。

1. 例 5-1 的数学模型

设以 x_{ij}（简称**运量**）表示从面粉厂 A_i 运到食品厂 B_j 的白面吨数，以 z 表示总运费，见表 5-2。

表 5-2 例 5-1 的表式运输模型

B_j / A_i	c_{ij} 与 x_{ij}				a_i
	B_1	B_2	B_3	B_4	
A_1	8 x_{11}	6 x_{12}	7 x_{13}	3 x_{14}	3
A_2	2 x_{21}	3 x_{22}	1 x_{23}	5 x_{24}	4
A_3	4 x_{31}	2 x_{32}	6 x_{33}	8 x_{34}	3
b_j	3	2	1	4	10

表 5-2 也可作为例 5-1 的一种数学模型，称为**表式运输模型**，据此便于建立相应的 **LP 式运输模型**：

（1）**目标函数**

z 等于表 5-2 中各个格内左上角元素 c_{ij} 与中央处元素 x_{ij} 乘积之和。

（2）**函数约束**

对平衡问题而言全取等式，包括以下两类：

每行运量 x_{ij} 之和等于同行供量 $a_i(i=1,2,\cdots,m)$；

每列运量 x_{ij} 之和等于同列需量 $b_j(j=1,2,\cdots,n)$。

（3）**非负性约束**

运量 x_{ij} 显然全须取值非负。

综上，可得例 5-1 的 LP 式运输模型：

$$\min z = 8x_{11} + 6x_{12} + 7x_{13} + 3x_{14} + 2x_{21} + 3x_{22} + x_{23} + 5x_{24} + 4x_{31} + 2x_{32} + 6x_{33} + 8x_{34}$$

$$\text{s. t.}\begin{cases} x_{11}+x_{12}+x_{13}+x_{14} = 3 & ① \\ x_{21}+x_{22}+x_{23}+x_{24} = 4 & ② \\ x_{31}+x_{32}+x_{33}+x_{34} = 3 & ③ \\ x_{11}+x_{21}+x_{31} = 3 & ④ \\ x_{12}+x_{22}+x_{32} = 2 & ⑤ \\ x_{13}+x_{23}+x_{33} = 1 & ⑥ \\ x_{14}+x_{24}+x_{34} = 4 & ⑦ \\ x_{ij} \geqslant 0 \quad (i=1,2,3;\ j=1,2,3,4) \end{cases} \tag{5-1}$$

由于供求平衡，所以式①，②，③两端相加所得结果，与式④，⑤，⑥，⑦两端相加所得结果相同，这意味着所有这 7 个函数约束线性相关；而任意去掉一个后，其余 6 个函数约束则线性无关。因此，若用单纯形法求解，必须从式(5-1)中去掉一个约束，譬如去掉式①，则其余 6 个约束就线性无关了；同时，这还使④，⑤，⑥，⑦成为典式，其中变量 $x_{11}, x_{12}, x_{13}, x_{14}$ 分别为所在约束方程的独立基变量。这样，只需分别给②，③两式各引进一个人工变量 x_{25}, x_{35}，就得到典式方程组，同时得到人工问题的一个初始基本可行解：

$$x_{11}=3,\quad x_{12}=2,\quad x_{13}=1,\quad x_{14}=4,\quad x_{25}=4,\quad x_{35}=3,\quad \text{其余}\quad x_{ij}=0$$

这样，方能采用单纯形法求解。而本例这个数学问题或模型的规模为 14 个变量、6 个方程。

2. 一般运输模型

设以 x_{ij} 表示从发点 A_i 到收点 B_j 的运量，以 z 表示总运费，则**一般表式运输模型**如表 5-3 所示。

表 5-3　一般表式运输模型

A_i \ B_j	c_{ij} 与 x_{ij}				a_i
	B_1	B_2	…	B_n	
A_1	c_{11} x_{11}	c_{12} x_{12}	…	c_{1n} x_{1n}	a_1
A_2	c_{21} x_{21}	c_{22} x_{22}	…	c_{2n} x_{2n}	a_2
⋮	⋮	⋮		⋮	⋮
A_m	c_{m1} x_{m1}	c_{m2} x_{m2}	…	c_{mn} x_{mn}	a_m
b_j	b_1	b_2	…	b_n	$\sum a_i$ \ $\sum b_j$

其中，$\sum a_i$ 为总供量，$\sum b_j$ 为总需量。

由前所述可知，对表 5-3 给定的表式模型而言：

若 $\sum a_i = \sum b_j$，则为**平衡模型**；

若 $\sum a_i > \sum b_j$，则为**供过于求模型**；

若 $\sum a_i < \sum b_j$，则为**供不应求模型**。

与此相应的一般 LP 式运输模型如下：

(1) **供求平衡模型**

$$\min z = \sum_{i=1}^{m}\sum_{j=1}^{n} c_{ij}x_{ij} \qquad ⓪$$

$$\text{s. t.}\begin{cases} \sum_{j=1}^{n} x_{ij} = a_i \quad (i = 1,2,\cdots,m) & ① \\ \sum_{i=1}^{m} x_{ij} = b_j \quad (j = 1,2,\cdots,n) & ② \\ x_{ij} \geqslant 0 & ③ \end{cases} \qquad (5\text{-}2)$$

(2) **供过于求模型**

只需将式(5-2)的①式之“=”改为“⩽”；

(3) **供不应求模型**

只需将式(5-2)的②式之“=”改为“⩽”。

5.1.3 基本特性

运输模型具有以下 3 个主要特点：

(1) 它有表式模型与 LP 式模型两类不同形式的数学模型；

(2) 它有 $m\times n$ 个变量，$m+n$ 个约束，而平衡模型线性无关的约束个数为 $m+n-1$；

(3) 其 LP 式模型的系数阵只有 0，1 两类数字，并且数字 1 非常稀疏。如，例 5-1 的系数阵如下：

$$\begin{array}{c} \quad x_{11}\ \ x_{12}\ \ x_{13}\ \ x_{14}\ \ x_{21}\ \ x_{22}\ \ x_{23}\ \ x_{24}\ \ x_{31}\ \ x_{32}\ \ x_{33}\ \ x_{34} \end{array}$$

$$\boldsymbol{A} = \begin{pmatrix} 1 & 1 & 1 & 1 & & & & & & & & \\ & & & & 1 & 1 & 1 & 1 & & & & \\ & & & & & & & & 1 & 1 & 1 & 1 \\ 1 & & & & 1 & & & & 1 & & & \\ & 1 & & & & 1 & & & & 1 & & \\ & & 1 & & & & 1 & & & & 1 & \\ & & & 1 & & & & 1 & & & & 1 \end{pmatrix} \begin{matrix} \left.\begin{matrix} \\ \\ \\ \end{matrix}\right\} m = 3 \text{ 行} \\ \left.\begin{matrix} \\ \\ \\ \\ \end{matrix}\right\} n = 4 \text{ 行} \end{matrix}$$

上述特点表明，运输模型的变量与约束方程的个数之间存在特定的关系，且都取决于发点个数 m 和收点个数 n。若 m 和 n 较大，则运输模型的规模就较大，尤其变量个数迅增。而其 LP 式模型系数阵的特定结构则意味着，与普通 LP 模型及其单纯形法相比，运输模型会有更加简明、有效的特殊方法,即表上作业法。而该法基于表式模型,并且只能直接适用于平衡问题,称之为**规范模型**。

譬如例5-1,由前已知,其LP式模型的规模为14个变量、6个方程,其单纯形表的规模为15列、7行,共有15×7=105个数据;而相应的表式模型,即表5-2,仅有5列、4行,共有5×4=20个数据。单从计算表格的规模已能粗略看出表式模型的简明与优越。

5.2 表上作业法

顾名思义,表上作业法首先需要一种作业表,这就是**供求平衡与运价表**。其结构与表5-2,表5-3一致,只不过在开始作业之前,x_{ij}处暂时空置,有待确定其值。譬如例5-1的初始作业表,见表5-4(0)。

表5-4(0) 例5-1的初始作业表(0)

A_i \ B_j	c_{ij}				a_i
	B_1	B_2	B_3	B_4	
A_1	8	6	7	3	3
A_2	2	3	1	5	4
A_3	4	2	6	8	3
b_j	3	2	1	4	10

表上作业法是针对运输模型的特点,在单纯形法的基础上不断改善而逐渐形成的。因此,其运算步骤与单纯形法类似,有以下3个基本步骤:

1° **确定初始方案**;这相当于单纯形法的1°,2°两步;

2° **进行最优性检验**;这相当于单纯形法的3°,4°两步;

3° **调整、改进非优方案**;这相当于单纯形法的5°,6°两步。

下面就以例5-1来说明这3个基本步骤。

5.2.1 初始方案的确定

初始方案,其实就是初始基本可行解。由于其非基变量取值均为0,故只需确定基变量的值。目前已有多种确定初始方案的方法,这里只介绍其中两种:**最小运价法,最大差额法**。

1. 最小运价法

该法的基本思想是就近运给,每次都选最小运价c_{ij}所在那格的运量x_{ij}作为基变量并确定其值。下面就以例5-1的表5-4(0)来具体说明该法。

(1) 由表5-4(0)容易看出,最小运价为$c_{23}=1$,因此首先确定c_{23}所在那格的运量x_{23}作为基变量。一般基变量x_{ij}的值按下式确定:

$$x_{ij}=\min\{a'_i,b'_j\}$$

据此可确定目前的基变量 x_{23} 的值为

$$x_{23} = \min\{a_2, b_3\} = \min\{4, 1\} = 1$$

把该数值 1 添入表 5-4(0) 中 x_{23} 所在那格中央位置，为了醒目和有示区别，给该数值 1 画圈。

现 $x_{23}=1$ 意味着：从发点 A_2 向收点 B_3 运送 1 吨白面，这样，A_2 的供量原值 $a_2=4$ 须相应减少 1 吨，变成 $a'_2=3$；相应的，收点 B_1 的需量 $b_3=1$ 已得满足，故在表中，将其需量原值 1 划去；同时，也就不需 A_1，A_3 再运白面给 B_3 了，即 B_3 那列其余运量 x_{13}，x_{33} 均为非基变量，其值均为 0，省略不写；但为有别于表中待定取值的空格，而划去 B_3 那列，并给划线标以序号①，见表 5-4(1)。

表 5-4(1) 例 5-1——最小运价法初始作业表(1)

A_i \ B_j	B_1	B_2	B_3	B_4	a_i
A_1	8	6	7	3	3
A_2	2	3	1 ①	5	3 ~~4~~
A_3	4	2	6	8	3
b_j	3	2	~~1~~	4	10

（表中 c_{ij} 与 x_{ij}；B_3 列划线标①）

(2) 在表 5-4(1) 剩余空格中，有两个运价 c_{21}，c_{32} 的数值都为 2，同为最小，这时可任选其一，如选 c_{21}，则确定其所在那格 x_{21} 为基变量，其值为

$$x_{21} = \min\{a'_2, b_1\} = \min\{3, 3\} = 3$$

把该数值 3 添入 x_{21} 所在那格并画圈。这时，因有 $x_{21}=a'_2=b_1=3$，它既使 A_2 那行其余变量 x_{22}，x_{24} 其值均为 0，均可作为非基变量；也使 B_1 那列其余变量 x_{11}，x_{31} 其值均为 0，也均可作为非基变量。从而既可划去 A_2 那行，也可划去 B_1 那列，但却不可同时划去该行、该列。如划去 A_2 那行，则结果见表 5-4(2)。

表 5-4(2) 例 5-1——最小运价法初始作业表(2)

A_i \ B_j	B_1	B_2	B_3	B_4	a_i
A_1	8	6	7	3	3
A_2	2 ③	3	1 ①	5	~~3~~ ~~4~~
A_3	4	2	6	8	3
b_j	0 ~~3~~	2	~~1~~	4	10

（表中 c_{ij} 与 x_{ij}；B_3 列划线标①，A_2 行划线标②）

(3) 在表 5-4(2)剩余空格中,$c_{32}=2$ 最小,类似可确定

$$x_{32}=\min\{a_3,b_2\}=\min\{3,2\}=2$$

相应的,划去 B_2 列,见表 5-4(3)。

表 5-4(3)　例 5-1——最小运价法初始作业表(3)

B_j / A_i	B_1	B_2	B_3	B_4	a_i	
A_1	8	6	7	3	3	
A_2	2　③	3	1　①	5	~~3~~ ~~4~~	②
A_3	4	2　②	6	8	1 ~~3~~	
b_j	0 ~~3~~	~~2~~	~~1~~	4	10	
		③	①			

(表头:c_{ij}与x_{ij})

(4) 在表 5-4(3)剩余空格中,类似确定

$$x_{14}=\min\{a_1,b_4\}=\min\{3,4\}=3$$

划去 A_1 行,见表 5-4(4)。

表 5-4(4)　例 5-1——最小运价法初始作业表(4)

B_j / A_i	B_1	B_2	B_3	B_4	a_i	
A_1	8	6	7	3　③	~~3~~	④
A_2	2　③	3	1　①	5	~~3~~ ~~4~~	②
A_3	4	2　②	6	8	1 ~~3~~	
b_j	0 ~~3~~	~~2~~	~~1~~	1 ~~4~~	10	
		③	①			

(表头:c_{ij}与x_{ij})

(5) 在表 5-4(4)剩余空格中,类似确定

$$x_{31}=\min\{a'_3,b'_1\}=\min\{1,0\}=0$$

虽然 x_{31} 为 0,但它是基变量,也须将其值 0 添入 x_{31} 所在那格并画圈。再划去 B_1 列,见表 5-4(5)。

表 5-4(5)　例 5-1——最小运价法初始作业表(5)

B_j / A_i	B_1	B_2	B_3	B_4	a_i	
A_1	8	6	7	3 ③	~~3~~	④
A_2	2 ③	3	1 ①	5	~~3~~ ~~4~~	②
A_3	4 ⓪	2 ②	6	8	1 ~~3~~	
b_j	~~0~~ ~~3~~	~~2~~	~~1~~	1 ~~4~~	10	
	⑤	③	①			

(6) 现在只剩最后一个空格,这时,该格的运量 x_{ij} 必为基变量,且必有 $a_i'=b_j'$,从而确定

$$x_{34}=a_3'=b_4'=1$$

划去 B_4 列(或者划去 A_3 行,只许划去其一),见表 5-4(6)。

表 5-4(6)中已无空格,这表明已经获得初始方案。而画圈数字即基变量的值,空格即非基变量。

表 5-4(6)　例 5-1——最小运价法初始作业表(6)——初始方案

B_j / A_i	B_1	B_2	B_3	B_4	a_i	
A_1	8	6	7	3 ③	~~3~~	④
A_2	2 ③	3	1 ①	5	~~3~~ ~~4~~	②
A_3	4 ⓪	2 ②	6	8 ①	~~1~~ ~~3~~	
b_j	~~0~~ ~~3~~	~~2~~	~~1~~	~~1~~ ~~4~~	10	
	⑤	③	①	⑥		

表 5-4(6)中最后划去的 B_4 那列所用划线的序号⑥标志着,表中画圈数字的个数为 6,即有 6 个基变量,恰好等于线性无关的约束个数 $m+n-1=3+4-1=6$,这绝非偶然,这可检验本步骤内的运算是否有误。这是因为,作业表的行、列总数为 $m+n$,而每画一个圈后,都划去一行或一列,即行、列总数减少 1。当画了 $m+n-2$ 个圈后,未划去的行、列总数为 $m+n-(m+n-2)=2$,即只剩下最后一个空格,只能再画 1 个圈,这样画圈数字的个数恰好为 $m+n-2+1=m+n-1$。因此,若最终画圈数字的个数小于 $m+n-1$,则运算必然有误。

这也说明，为什么在前面的表 5-4(2)中，当给 x_{21} 所在那格添入数值 3 并画圈后，尽管既可划去 A_2 那行，也可划去 B_1 那列，但不可同时划去该行、该列，也是为了保证画圈个数恰好为 $m+n-1$。否则，只画了 1 个圈，却使行、列总数减少 2，最终画圈个数必然小于 $m+n-1$。

总之，实施最小运价法，务必注意以下两条准则：

(1) **不要疏漏必画之圈**。譬如，在表 5-4(5)中，基变量 x_{31} 为 0 也须画圈。特别，任何初始作业表的最后一个空格都必须画圈，即便该格变量 x_{ij} 为 0 也须画圈，等等。

(2) **每画一个圈后，行、列总数必须恰好减少 1**。譬如，当只剩下最后一行时，即便出现类似表 5-4(2)那类特殊情况，既可划去这行，也可划去其中某列，但此时只能划去其中某列，而不许划去最后这行，否则，不仅减少 1 行，剩下的那几列也减没了。另当只剩下最后一列时，也须类似处理，等等。

另外，由例 5-1 可知，依最小运价法确定的初始方案，必然满足以下两个条件：

Ⅰ. 画圈数字的个数，也即基变量的个数，恰好等于线性无关的约束方程个数 $m+n-1$；

Ⅱ. 所有变量 x_{ij} 的值，能使所有函数约束和非负性约束全都成立，也即初始方案是可行解。

对普通 LP 模型而言，满足这两个条件的初始方案，一般都是基本可行解。但对运输模型却另当别论。这是因为，表上作业法只能直接适用于平衡模型，而平衡模型的作业表实际上隐含着线性相关的 $m+n$ 个约束方程。所以，初始方案若能成为基本可行解，还须再满足一个条件，即

Ⅲ. 表中不存在以画圈数字为顶点的闭回路。

所谓**以画圈数字为顶点的闭回路**是指，从表中某个画圈数字出发，沿着水平或垂直方向前进，当碰到另一个画圈数字时，可继续前进，则刚穿过的那个画圈数字便不是顶点；也可转 90°再前进，则刚碰到的那个画圈数字便成为顶点；如此进行下去，直到返回原出发点的这样一条封闭回路。

例如，见表 5-5，容易验证表中的各个运量 x_{ij} 满足上述Ⅰ,Ⅱ两个条件，故为例 5-1 的一个可行解；但是，由于表中存在一条以画圈数字为顶点的闭回路，所以它不是基本可行解。

表 5-5 例 5-1 的一个存在闭回路的可行解

B_j / A_i	c_{ij}与x_{ij}				a_i
	B_1	B_2	B_3	B_4	
A_1	8	6 ①	7	3 ②	3
A_2	2 ③	3	1 ①	5	4
A_3	4	2 ①	6	8 ②	3
b_j	3	2	1	4	10

最后，可以指出，最小运价法确定的初始方案，必然满足条件Ⅲ，完全可以作为表上作业法的初始方案。

2. 最大差额法

运算步骤如下：

1° 对每行、每列的运价 c_{ij} 分别计算两最小运价之差(取正值)，将“行差”记于表右侧，“列差”记于表下端。

2° 在所有行差、列差中选一最大差额，若有几个同时最大，则可任选其中之一。

3° 在最大差额所在行(列)中选一最小运价，若有几个同时最小，则可任选其一。

4° 在步骤 3°所确定的最小运价那个格内，确定基变量数值并画圈，然后划去其所在行或列，具体做法同最小运价法一致。

5° 对剩余未划去的行列重复上述步骤，但当只剩下最后一行(列)时，不再计算差额，而直接按最小运价法分配运量，并划去相应的行或列。

下面仍以例 5-1 的表 5-4(0)来具体说明该法。

(1) 先按步骤 1°，为表 5-4(0)计算行差、列差；再按步骤 2°，选出最大差额 5，它位于 B_3 列，见表 5-6(1)。

表 5-6(1) 例 5-1——最大差额法初始作业表(1)

A_i \ B_j	c_{ij} B_1	B_2	B_3	B_4	a_i	行差
A_1	8	6	7	3	3	3
A_2	2	3	1	5	4	1
A_3	4	2	6	8	3	2
b_j	3	2	1	4	10	
列差	2	1	$\boxed{5}$	2		

(2) 续按步骤 3°，在表 5-6(1)的 B_3 列选一最小运价 1，并按最小运价法确定基变量 $x_{23}=1$。划去 B_3 列，重新计算行差(列差不变)；目前行差、列差中，最大差额是 3，位于 A_1 行，见表 5-6(2)。

表 5-6(2) 例 5-1——最大差额法初始作业表(2)

A_i \ B_j	c_{ij}与x_{ij} B_1	B_2	B_3	B_4	a_i	行差	
A_1	8	6	7	3	3	3	$\boxed{3}$
A_2	2	3	1 ①	5	~~4~~ 3	1	1
A_3	4	2	6	8	3	2	2
b_j	3	2	~~1~~	4	10		
列差	2	1	$\boxed{5}$	2			
			①				

(3) 在表 5-6(2)的 A_1 行按最小运价法确定基变量 $x_{14}=3$。划去 A_1 行，重新计算列差(行差不变)；目前行差、列差中，最大差额是 3，位于 B_4 列，见表 5-6(3)。

表 5-6(3) 例 5-1——最大差额法初始作业表(3)

A_i \ B_j	B_1	B_2	B_3	B_4	a_i	行差		
A_1	8	6	7	3 ③	~~3~~	3	[3]	②
A_2	2	3	1 ①	5	3 ~~4~~	1	1	
A_3	4	2	6	8	3	2	2	
b_j	3	2	~~1~~	1 ~~4~~	10			
列差	2	1	[5]	2				
	2	1		[3]				
			①					

(4) 在表 5-6(3)的 B_4 列按最小运价法确定基变量 $x_{24}=1$。划去 B_4 列，重新计算行差(列差不变)；目前行差、列差中，有两个 2 都是最大差额，分别位于 B_1 列和 A_3 行，可任选其一，见表 5-6(4)。

表 5-6(4) 例 5-1——最大差额法初始作业表(4)

A_i \ B_j	B_1	B_2	B_3	B_4	a_i	行差			
A_1	8	6	7	3 ③	~~3~~	3	[3]		②
A_2	2	3	1 ①	5 ①	~~3~~ ~~4~~ 2	1	1	1	
A_3	4	2	6	8	3	2	2	[2]	
b_j	3	2	~~1~~	~~1~~ ~~4~~	10				
列差	2	1	[5]	2					
	[2]	1		[3]					
			①	③					

(5) 如选 B_1 列，对表 5-6(4)的 B_1 列按最小运价法确定基变量 $x_{21}=2$。划去 A_2 行，见表 5-6(5)。

(6) 表 5-6(5)中，只剩最后一行 A_3 行，此时不再计算行差、列差，改按最小运价法继续完成后续工作。最终得到初始方案，见表 5-6(6)。

表 5-6(5)　例 5-1——最大差额法初始作业表(5)

A_i \ B_j	B_1	B_2	B_3	B_4	a_i	行差			
A_1	8	6	7	3 ③	3	3	3		②
A_2	2 ②	3	1 ①	5 ①	~~3~~ ~~4~~ 2	1	1	1	④
A_3	4	2	6	8	3	2	2	2	
b_j	1 ~~3~~	2	~~1~~	~~1~~ ~~4~~	10				
列差	2	1	5	2					
	2	1		3					
			①	③					

表 5-6(6)　例 5-1——最大差额法初始作业表(6)

A_i \ B_j	B_1	B_2	B_3	B_4	a_i	行差			
A_1	8	6	7	3 ③	~~3~~	3	3		②
A_2	2 ②	3	1 ①	5 ①	~~3~~ ~~4~~ ~~2~~	1	1	1	④
A_3	4 ①	2 ②	6	8	~~3~~ ~~1~~	2	2	2	
b_j	~~1~~ ~~3~~	~~2~~	~~1~~	~~1~~ ~~4~~	10				
列差	2	1	5	2					
	2	1		3					
	⑥	⑤	①	③					

最大差额法确定的初始方案,也满足前述条件Ⅰ,Ⅱ,Ⅲ,也是基本可行解。

5.2.2　最优性检验

同单纯形法一样,表上作业法确定的初始方案以及迭代后得到的新方案,也须进行最优性检验,且最优性判断准则也同单纯形法一样:

若所有检验数非负,则当前方案最优,否则就非优。

但是,表上作业法的检验数何在?下面介绍两种计算检验数的方法:**位势法**,**闭回路法**。

1. 位势法

先由下述方程组算出**行位势** u_i,**列位势** v_j:

$$u_i + v_j = ⓒ_{ij} \tag{5-3}$$

其中 $ⓒ_{ij}$ 为基变量对应的运价,也即画圈数字所在那格的运价。

然后据以按下式计算检验数 σ_{ij}:

$$\sigma_{ij} = c_{ij} - u_i - v_j \tag{5-4}$$

其中 c_{ij} 为运价。

这种计算检验数的方法,就是**位势法**。

由于将基变量的运价Ⓒ$_{ij}$ 亦即 c_{ij} 按式(5-3)代入式(5-4)后可知,基变量的检验数恒为0,不必计算;因此,只需按式(5-4)计算非基变量的检验数。而计算位势所用作业表,如表5-7(0)所示。

表5-7(0) 例5-1——最小运价法的初始方案——位势法作业表(0)

u_i	v_j / A_iB_j	B_1	B_2	B_3	B_4	a_i
	A_1	8	6	7	3 ③	3
	A_2	2 ③	3	1 ①	5	4
	A_3	4 ⓪	2 ②	6	8 ①	3
b_j		3	2	1	4	10

由前已知,基变量的个数为 $m+n-1$,也即Ⓒ$_{ij}$ 的个数为 $m+n-1$,则由Ⓒ$_{ij}$ 限定的方程组(5-3)含有 $m+n-1$ 个方程,以及 $m+n$ 个变量 $u_i(i=1,2,\cdots,m)$,$v_j(j=1,2,\cdots,n)$,所以其中有1个自由变量。可任取1个 u_i 或 v_j 作为自由变量并任意赋值,则其余变量的值便由方程组(5-3)所唯一确定,从而就可从中解出。

为简化计算,一般可取画圈数字最多的那行(列)的位势 u_i(或 v_j)赋值为0。

下面就以最小运价法为例5-1所确定的初始方案(见表5-7(0))加以说明。

(1) 由表5-7(0)可见,画圈数字最多的那行(列)为 A_3 行,故令该行位势 $u_3=0$,纳入表中相应位置;则该行画圈数字⓪,②,①所在那格的运价Ⓒ$_{31}=4$,Ⓒ$_{32}=2$,Ⓒ$_{34}=8$,就是同列位势 v_1,v_2,v_4 的值,将其纳入表中相应位置,见表5-7(1)。

表5-7(1) 位势法作业表(1)

u_i	v_j / A_iB_j	B_1	B_2	B_3	B_4	a_i
	v_j	4	2		8	
	A_1	8	6	7	3 ③	3
	A_2	2 ③	3	1 ①	5	4
0	A_3	4 ⓪	2 ②	6	8 ①	3
b_j		3	2	1	4	10

(2) 由表5-7(1)可见，A_1行位势u_1，可由该行画圈数字③所在那格的运价ⓒ$_{14}$=3及其同列位势v_4=8所确定，即按式(5-3)有

$$u_1+v_4=ⓒ_{14}\to u_1+8=3\to u_1=3-8=-5$$

类似可得A_2行位势u_2：

$$u_2+v_1=ⓒ_{21}\to u_2+4=2\to u_2=2-4=-2$$

将u_1,u_2的值纳入表中相应位置，见表5-7(2)。

表5-7(2) 位势法作业表(2)

	v_j	4	2		8	
u_i	A_iB_j	B_1	B_2	B_3	B_4	a_i
-5	A_1	8	6	7	3 ③	3
-2	A_2	2 ③	3	1 ①	5	4
0	A_3	4 ⓪	2 ②	6	8 ①	3
	b_j	3	2	1	4	10

(3) 最后，由表5-7(2)可见，B_3列位势v_3，可由该列画圈数字①所在那格的运价ⓒ$_{23}$=1及其同行位势u_2=-2所确定，即有

$$u_2+v_3=ⓒ_{23}\to -2+v_3=1\to v_3=1+2=3$$

最终结果，见表5-7(3)。

表5-7(3) 位势法作业表(3)

	v_j	4	2	3	8	
u_i	A_iB_j	B_1	B_2	B_3	B_4	a_i
-5	A_1	8	6	7	3 ③	3
-2	A_2	2 ③	3	1 ①	5	4
0	A_3	4 ⓪	2 ②	6	8 ①	3
	b_j	3	2	1	4	10

下面，就可按式(5-4)

$$\sigma_{ij}=c_{ij}-u_i-v_j \tag{5-4}$$

计算非基变量的检验数了。据此，在表5-7(3)的每个空格，都用该格左上角的运价c_{ij}减去所在行的位势u_i，再减去所在列的位势v_j，即得检验数σ_{ij}，将其写在该格的右下角处，见表5-7(4)。

表 5-7(4) 位势法作业表(4)

	v_j	4	2	3	8	a_i
u_i	A_iB_j	B_1	B_2	B_3	B_4	
−5	A_1	8 9	6 9	7 9	3 ③	3
−2	A_2	2 ③	3 3	1 ①	5 −1	4
0	A_3	4 ⓪	2 ②	6 3	8 ①	3
	b_j	3	2	1	4	10

由于表中存在一个负检验数：$\sigma_{24}=-1$，所以按最小运价法确定的初始方案非优。

2. 闭回路法

这里的闭回路，是以某个空格为始点和终点，其余顶点均为画圈数字的闭回路。如表 5-8 所示闭回路，乃为计算 σ_{12} 所用，简称 **σ_{12} 的闭回路**。对表上作业法而言，这种闭回路存在而且唯一。

若用闭回路法计算检验数，同样只需计算每个空格处非基变量的检验数。首先，将待定数值的某个检验数 σ_{ij} 所在空格标以⊕号，然后找出以它为始点和终点，其余顶点均为画圈数字的闭回路。再从始点⊕出发，沿着闭回路的某个行进方向，给各顶点交错标记＋、－号，分别称为**偶点**、**奇点**。其中始点⊕必为偶点，则其闭回路上的相邻顶点即为奇点，标－号，交错标记，如此等等。而正向标记与反向标记，所得结果一致。表 5-8 中 σ_{12} 的闭回路就是这样确定的。

表 5-8 例 5-1——最大差额法的初始方案——σ_{12} 的闭回路

A_i \ B_j	B_1	B_2	B_3	B_4	a_i
A_1	8	6 ⊕	7	3 ③ −	3
A_2	2 ② −	3	1 ①	5 ① +	4
A_3	4 ① +	2 ② −	6	8	3
b_j	3	2	1	4	10

而检验数 σ_{ij} 的计算公式如下：

$$\sigma_{ij}=\sum c_{ij}^{+}-\sum c_{ij}^{-} \tag{5-5}$$

其中 c_{ij}^{+} 是偶点那格的运价，c_{ij}^{-} 是奇点那格的运价。

对式(5-5)的通俗解释是,某个非基变量检验数 σ_{ij} 的数值,等于其闭回路上所有偶点处的运价总和减去所有奇点处的运价总和。

具体计算时,也可交替加减各 c_{ij}。譬如,关于表 5-8 中 σ_{12} 的计算如下:

$$\sigma_{12} = c_{12} - c_{14} + c_{24} - c_{21} + c_{31} - c_{32} = 6 - 3 + 5 - 2 + 4 - 2 = 8$$

然而,对“矩形”闭回路,则还是应按式(5-5)计算,更形象地说,即按“十字交叉法”计算为宜。

表 5-9　按“十字交叉法”计算 σ_{22} 的示意

A_i \ B_j	B_1	B_2	B_3	B_4	a_i
A_1	8 8	6 8	7 8	3 ③	3
A_2	2 ②	3 (+) 3	1 ①	5 ①	4
A_3	4 ① +	2 ② −	6 3	8 1	3
b_j	3	2	1	4	10

在表 5-9 中,按“十字交叉法”计算 σ_{22} 的过程如下:

$$\sigma_{22} = (3 + 4) - (2 + 2) = 3$$

这完全可以口算。而且除了 σ_{12} 的闭回路比较复杂,如前那样计算以外,其余非基变量的检验数 σ_{ij} 全可这样口算出来。表 5-9 中所有检验数全都非负,故按最大差额法确定的初始方案已为最优。

最大差额法比最小运价法更为繁复,但其给出的初始方案较好。

5.2.3　非优方案的调整

非优方案的调整,如本节开始所述,这相当于单纯形法的 5°、6°两步,故也须先确定进基变量,再确定离基变量,也须进行基变换,只不过需要借助闭回路进行相应变换,故也称**闭回路法**。

1. 基本步骤

1°　确定进基变量

按最小检验数规则

$$\min\{\sigma_{ij} \mid \sigma_{ij} < 0\} = \sigma_{lk} \rightarrow x_{lk}$$

确定 x_{lk} 进基;

若出现 x_{lk} 相持,则按相持变量对应的运价择小 $\min\{c_{lk}\}$ 而定;若还相持,则从中任选其一。

2°　画出进基变量的闭回路,标识偶点 x_{ij}^{+}、奇点 x_{ij}^{-}

进基变量的闭回路即以进基变量所在那个空格为始点和终点,其余顶点均为画圈数字的闭回路。

3° 确定离基变量

在进基变量的闭回路上,按

$$\theta = \min\{x_{ij}^-\} = x_{pq}^-$$

确定 x_{pq} 离基,同时也就确定 x_{pq} 的值 θ 为**调整量**。

若出现 x_{pq} 相持,则按相持变量对应的运价择大 $\max\{c_{pq}\}$ 而定;若还相持,则从中任选其一。

4° 调整非优方案

在进基变量的闭回路上:

(1) 所有偶点 x_{ij}^+ 的值都加上调整量 θ,成为

$$x_{ij} = x_{ij}^+ + \theta$$

(2) 所有奇点 x_{ij}^- 的值都减去调整量 θ,成为

$$x_{ij} = x_{ij}^- - \theta$$

不在进基变量闭回路上的其他画圈数字保持不变。

这样调整以后,离基变量的格子改作空格,进基变量以及其他基变量的值仍然画圈表示。

2. 运算过程

下面就以最小运价法为例 5-1 所确定的初始方案,来说明按照上述步骤进行运算的具体过程。为此,以表 5-7(4)为作业表。

1° 确定进基变量。由于表 5-7(4)中只有唯一负检验数:$\sigma_{24}=-1$,所以确定 x_{24} 进基;

2° 画出进基变量的闭回路,标识偶点 x_{ij}^+、奇点 x_{ij}^-。

按 5.2.2 节所述闭回路法,先给 x_{24} 那格标以⊕号,表示进基变量和初始偶点;然后依法找出并画出进基变量 x_{24} 的闭回路,交错标示奇偶点,见表 5-10。

表 5-10 例 5-1——最小运价法的初始方案——进基变量的闭回路

	v_j	4	2	3	8	
u_i	A_iB_j	B_1	B_2	B_3	B_4	a_i
−5	A_1	8 9	6 9	7 9	3 ③	3
−2	A_2	2 ③−	3 3	1 ①	5 ⊕ −1	4
0	A_3	4 ⓪+	2 ②	6 3	8 ①−	3
	b_j	3	2	1	4	10

3° 确定离基变量。在进基变量 x_{24} 的闭回路上,按

$$\theta = \min\{x_{ij}^-\} = \{1,3\} = 1 = x_{34}$$

确定 x_{34} 离基，同时也就确定调整量 $\theta=1$。

4° 调整非优方案。重画一个新的空表，与表 5-4(0)完全雷同。

先将不在进基变量 x_{24} 闭回路上的那 3 个画圈数字③，①，②按原位纳入新表中。

在进基变量 x_{24} 的闭回路上，依法进行调整、计算：偶点 x_{24} 和 x_{31} 的原值都加上调整量 $\theta=1$，奇点 x_{21} 的原值减去调整量 $\theta=1$，得到新值；而另一奇点、离基变量 x_{34} 的新值必定为 0，无须计算。将所算出的新值按原位纳入新表中，而离基变量 x_{34} 在新表中那格留作空格，得到一个新方案。

再按位势法，为新方案重新计算检验数。

经过上述调整、计算后，所得结果见表 5-11。

表 5-11

u_i	v_j	2	0	1	5	a_i
	A_iB_j	B_1	B_2	B_3	B_4	
−2	A_1	8 8	6 8	7 8	3 ③	3
0	A_2	2 ②	3 3	1 ①	5 ①	4
2	A_3	4 ①	2 ②	6 3	8 1	3
b_j		3	2	1	4	10

可见所有检验数全都非负，已获最优：

$$z^{*}=3(3)+2(2)+1(1)+5(1)+4(1)+2(2)=27(\times 10\text{ 元})$$

这个结果，与 5.2.1 节按最大差额法所确定的初始方案、亦即最优方案[见表 5-6(6)]相同。而且，这里按位势法算出的检验数，也同 5.2.2 节按闭回路法算出的检验数(见表 5-9)完全一致。

如前所述，表上作业法只能直接适用于平衡问题。所以，不平衡问题必须先转化为平衡问题，然后方能适用表上作业法。具体化法，留待下节并处。

5.3 实用模型

前面两节涉及的运输问题及其数学模型，都是最简单的问题和规范模型。实际运输问题远比这复杂，而且其数学模型也多非规范。就此，本节将介绍两个另类实际问题及其运输模型，以便读者初步赏析实际应用中有关建模的艺术性。

另外，由于运输问题的表式模型及其表上作业法，较比同一问题的 LP 式模型及其单纯形法更加简明、有效，当然人们希冀将一些并非运输活动的实际问题也建成运输模型，从而得以简化处理。尽管这往往并不可行，但确有一些这类典例，本节也将选择一二予以介绍，以飨读者。

5.3.1 稀缺资源分配模型

【例 5-2】 自来水分配问题

某城市自来水公司管辖的水源地有 A,B,C 三个水库,经地下管道分别输水给该市所辖甲、乙、丙、丁四区,但C水库与丁区之间没有输水管道相连。由于地理位置的差异,以及输水管道经过的涵洞、桥梁、净水厂、加压站等各设施不同,因此,该公司将水库的源水引入净水厂加工成干净水,再输入四区并最终输送到用户,这一流程产生的费用各不相同,见表 5-12。除这项输送费用外,其余费用相同,均为 1.65 元/吨,而且对各区用户出售自来水的单价一致,均为 2.90 元/吨。

目前正值枯水期,该公司已经开始限量供水,现正考虑如何分配这些可供量。其中,必须保障居民生活基本用水,以及重要机关、企业、事业单位等的基本用水,这部分用水量即表 5-12 的"最低需求"那栏数据;但是,拥有一个独立水源的丙区这部分用水量可以自给自足,无须公司供应。另外,除乙区外,其他三个区都向公司提出更多用水要求,这部分需求量包含在"最高需求"那栏数据中。该公司应该如何分配自来水,才能保障各区基本用水需求,且使自身获利最大?

表 5-12 某城市自来水分配问题的数据表

区 / 水库	单位输送费/(元/吨)				可供水量/万吨
	甲	乙	丙	丁	
A	0.80	0.65	1.10	0.85	50
B	0.70	0.65	0.95	0.75	60
C	0.95	1.00	1.15	—	50
最低需求/万吨	30	70	0	10	万吨/天
最高需求/万吨	50	70	30	不限	

解 表 5-12 已很接近表式运输模型,但有以下四点尚不规范:

(1) 该公司追求总利润 max,不符合规范运输模型 min 的目标要求。

(2) 需量分为最低需求、最高需求两栏,不符规范。

(3) 若将最低需求视为需量,则本例供过于求;若将最高需求视为需量,则本例供不应求,均不符合平衡要求。

(4) 运价"—"与需量"不限"均非常数,也不规范。

下面,分别予以规范化。

(1) 目标规范化

尽知

$$总利润 = 总收入 - 总成本$$

其中

$$总收入 = 水价 \times 总销量$$

由表 5-12 可得

$$每天总供水量 = 50 + 60 + 50 = 160(万吨)$$

而丁区最高需求不限,则公司每天总供量 160 万吨水全能销出,这也就是每天总销量,因此每天总收入为常数：

$$总收入 = 2.90 \times 160 = 464(万元/天)$$

这样，只要使总成本达到最小，就能使总利润达到最大。

而总成本中，除了输送费外，其余费用也为常数：

$$其余费用 = 1.65 \times 160 = 264(万元/天)$$

因此，只要使总输送费达到最小，就能实现最大总利润。

这样，将目标函数确定为每天的总输送费，也就符合规范运输模型的 min 目标要求了。

(2) **供求平衡化**

由于每天供水总量为160万吨，而

$$每天最低需求总量 = 30 + 70 + 10 = 110(万吨)$$

二者之差为160－110＝50(万吨)。即便将这余额50万吨水全都分给丁区，其每天最大可用水量也不会超过10＋50＝60(万吨)，故不妨将60万吨就视为丁区每天最高需求。这样，全市四区

$$每天最高需求总量 = 50 + 70 + 30 + 60 = 210(万吨)$$

便已超过每天供水总量160万吨，缺额50万吨，因此，该例本质上属于供不应求类型。为将这类不平衡问题化为平衡问题，可虚设一个发点，对本例可虚设一个水库D，其虚拟供量就取作供不应求的缺额50万吨，从而每天供水总量就虚增为210万吨，而问题也就化成供求平衡类型了。

(3) **需量规范化**

为此，先按

$$额外需求 = 最高需求 - 最低需求$$

分别算出各区的额外需求，用以取代原表中"最高需求"这栏数据，同时改称"最低需求"为"基本需求"，这样，各区的需量便可等价改写如下：

万吨

	甲	乙	丙	丁
基本需求	30	70	0	10
额外需求	20	0	30	50

其中，甲、丁两区都有两项需求，而乙、丙两区只有一项需求。凡有两项需求的区都一分为二，如将甲区分成甲(一)、甲(二)两个收点，而甲(一)的需量为甲区的基本需求30万吨，甲(二)的需量为甲区的额外需求20万吨；丁区也类似处理。这样，原来的两栏需求就并为一栏，也就符合规范了。

(4) **运价规范化**

这里关键在于，虚设的水库D那行运价如何恰当设定。其基本原则是：各区的基本需求不容许缺供，即不能由虚设水库D供应，因此D行相应于甲(一)、乙、丁(一)那3列运价均为充分大的正数M；而额外需求允许缺供，可由虚设水库D供应，因此D行相应于甲(二)、丙、丁(二)那3列运价均为0，表示实际并未输送的虚拟运量x_{ij}的"运"价。另有一个细节，即C水库与丁区之间没有输水管道相连，因此C行中丁(一)、丁(二)那两列运价

也均为 M。

综上,便为本例建成了一个既符合实际,又符合规范的表式运输模型,见表 5-13。

表 5-13 自来水分配问题的规范表式运输模型

水库＼区	运价 c_{ij} 甲(一)	甲(二)	乙	丙	丁(一)	丁(二)	供 量
A	0.80	0.80	0.65	1.10	0.85	0.85	50
B	0.70	0.70	0.65	0.95	0.75	0.75	60
C	0.95	0.95	1.00	1.15	M	M	50
D(虚设)	M	0	M	0	M	0	50
需 量	30	20	70	30	10	50	210

用表上作业法解得最优分配方案,见表 5-14。

表 5-14 自来水分配问题的最优方案

水库＼区	分配量 x_{ij}^* 甲(一)	甲(二)	乙	丙	丁(一)	丁(二)	供 量
A			**50**				50
B			**20**		**10**	**30**	60
C	**30**	**20**	**0**				50
缺 供				**30**		**20**	50
需 量	30	20	70	30	10	50	210

而相应的目标函数值计算如下:

$$\begin{aligned}总输送费 &= 0.65(\mathbf{50}+\mathbf{20})+0.75(\mathbf{10}+\mathbf{30})+0.95(\mathbf{30}+\mathbf{20})+1.00(\mathbf{0})+0(\mathbf{30}+\mathbf{20})\\ &= 123(万元/天)\end{aligned}$$

$$总利润 = 总收入 - 总成本 = 464 - 123 - 264 = 77(万元/天)$$

5.3.2 转运模型

前述运输活动都是从各发点直接运抵各收点,可谓**直运**类型。而现实运输活动还有**转运**类型,即,发点之间,收点之间,发、收点之间,皆可互运,皆谓**运点**;不仅如此,有时还有**中继站**,即,既无供量、也无需量的运点。因此,各发点与各收点之间,除了直运路线外,还有许多较为复杂的转运路线,这就是**转运问题**,而其数学模型就是**转运模型**。

对这类转运问题,不仅要求解出最优方案、最优值,还要画出**最优路线图**。下面举例加以说明。

【例 5-3】 转运问题

某地区 A_1,A_2,A_3 三个货栈分别有 3,4,2 个集装箱的某种商品,拟运给分别需要 3,4 箱该商品的 B_1,B_2 两个超级市场。另有 T_1,T_2 两个货运站,可以承接该商品的续运。各地间的运价(1×100 元/箱)如表 5-15 所示,应如何调运使总运费最少?

表 5-15　例 5-3——转运问题的运价表

始点＼终点		货栈 A₁	货栈 A₂	货栈 A₃	运站 T₁	运站 T₂	超市 B₁	超市 B₂
货栈	A_1		3	2	3	—	6	8
	A_2	4		2	5	2	13	7
	A_3	—	2		3	2	11	4
运站	T_1	3	5	2		6	2	5
	T_2	—	3	2	7		—	2
超市	B_1	6	—	—	2	—		9
	B_2	—	—	4	—	3	9	

解　先不考虑转运而仅察直运，易知三货栈的总供量为 9 箱，二超市的总需量为 7 箱，这是一个供过于求的不平衡问题。将这类问题化为平衡，与前例类比，可虚设一个收点，对本例即虚设一个超市 B_3，其虚拟需量为供过于求的余额 2 箱。而虚设的收点 B_3 这列的运量 x_{ij}，其实际意义为留存在货栈仓库内的货物，根本没运，所以 B_3 列的运价 c_{ij} 全都为 0。

然而仅用直运，其总运费未必最小。譬如，由表 5-15 可见，下述直运与转运的运价不同：

$A_2 \to B_2$ 为 7；　而 $A_2 \to A_3 \to B_2$ 为 $2+4=6$，　$A_2 \to T_2 \to B_2$ 为 $2+2=4$；

$A_3 \to B_1$ 为 11，　而 $A_3 \to T_1 \to B_1$ 为 $3+2=5$

如此等等，转运都优于，甚或明显优于直运。

另外，表中两点相互之间的运价未必对称，如 $A_1 \to A_2$ 为 3，而 $A_2 \to A_1$ 为 4。这也能得到合理解释，譬如，$A_2 \to A_1$ 为爬坡上行，或逆流航运，等等。

为转运问题构建规范运输模型，一般应当遵循以下 4 个基本步骤：

1°　确定**转运站**，扩充假想发点 A_i'、收点 B_j'，将原转运问题转化成扩充规模的**新直运问题**。

2°　虚设**统一转运量** t，确定假想供量 a_i'、需量 b_j'。

3°　虚设运量 x_{ii}。

4°　确定新运价 c_{ij}。

下面就以本例这个转运问题加以具体解释，并为其构建规范模型。

1°　既是始点、又是终点的运点就是**转运站**，凡转运站都身兼二职：既是发点、也是收点；而非转运站的运点，则依据实情，或单纯是发点而非收点，或单纯是收点而非发点。

本例除虚设收点 B_3 外，其余 7 个运点都是转运站，都既是发点、也是收点。这样，可将本例原转运问题转化成一个扩充为具有 7 个假想发点 $A_i'(i=1,2,\cdots,7)$ 和 8 个假想收点 $B_j'(j=1,2,\cdots,8)$ 的新直运问题。

2°　虚设统一转运量 t，其值须大于等于总供需量，即为满足下式的任意实数：

$$t \geqslant \max\left\{\sum a_i, \sum b_j\right\} \tag{5-6}$$

而发点A_i'的假想供量a_i'、收点B_j'的假想需量b_j'，分别由下式确定：

$$a_i' = \begin{cases} a_i + t, & \text{若 } A_i' \text{ 是转运站} \\ a_i, & \text{否则} \end{cases} \tag{5-7a}$$

$$b_j' = \begin{cases} b_j + t, & \text{若 } B_j' \text{ 是转运站} \\ b_j, & \text{否则} \end{cases} \tag{5-7b}$$

对本例则有 $t \geqslant \max\{9,7\}=9$，不妨取作 $t=10$，以便于计算。

又知本例除虚设收点B_3外，其余7个运点都是转运站，则假想供量a_i'、需量b_j'就能简示如下：

$$a_i' = a_i + 10, \quad (i=1,2,\cdots,7)$$

$$\begin{cases} b_j' = b_j + 10, & (j=1,2,\cdots,7) \\ b_8' = 2 \end{cases}$$

3° 假定转运站都能自供自需，即虚设x_{ii}也是运量，从而每个转运站的实际运量为$t-x_{ii}$。对本例即为$10-x_{ii}$。

4° 确定新直运问题的运价：①凡不可能运输"—"之处的运价均为M；②虚设的运量x_{ii}其运价为0；③其余运量x_{ij}的运价不变。

这样，就能为转运问题构成规范模型。

本例的规范模型作业表以及初始方案及其最优性检验结果等，见表5-16。

表 5-16 例 5-3——转运问题的初始方案

u_i	v_j / 运点	−7 / A_1	−7 / A_2	−4 / A_3	−3 / T_1	−2 / T_2	−1 / B_1	0 / B_2	−7 / B_3	a_i'
7	A_1	0 ⑩	3; 3	2; −1	3; −1	M; M−5	6 ③	8; 1	0 ⓪	13
7	A_2	4; 4	0 ⑩	2; −1	5; 1	2 ⊕; −3	13; 7	7 ②−	0 ②	14
4	A_3	M; M+3	2; 5	0 ⑩	3; 2	2; 0	11; 8	4 ②	0; 3	12
3	T_1	3; 7	5; 9	2; 3	0 ⑩	6; 5	2 ⓪	5; 2	0; 4	10
2	T_2	M; M+5	3; 8	2; 4	7; 8	0 ⑩−	M; M−1	2 ⓪+	0; 5	10
1	B_1	6; 12	M; M+6	M; M+3	2; 4	M; M+1	0 ⑩	9; 8	0; 6	10
0	B_2	M; M+7	M; M+7	4; 8	M; M+3	3; 5	9; 10	0 ⑩	0; 7	10
	b_j'	10	10	10	10	10	13	14	2	79

最优方案见表5-17。表中x_{ii}处的虚运量可弃置不顾，其余画圈数字即给出实际最优方案，据以可画出最优路线图，见图5-1。其中货栈A_1有2箱该商品没运，留存在该货栈仓库内。

表 5-17 例 5-3——转运问题的最优方案

u_i	v_j	0	0	0	3	2	5	4	0	a_i'
	运点	A_1	A_2	A_3	T_1	T_2	B_1	B_2	B_3	
0	A_1	0 / ⑩	3 / 3	2 / 2	3 / ①	M / $M-2$	6 / 1	8 / 4	0 / ②	13
0	A_2	4 / 4	0 / ⑩	2 / 2	5 / 2	2 / ④	13 / 8	7 / 3	0 / ⓪	14
0	A_3	M / M	2 / 2	0 / ⑩	3 / ②	2 / 0	11 / 6	4 / 0	0 / 0	12
−3	T_1	3 / 6	5 / 8	2 / 5	0 / ⑦	6 / 7	2 / ③	5 / 4	0 / 3	10
−2	T_2	M / $M+2$	3 / 5	2 / 4	7 / 6	0 / ⑥	M / $M-3$	2 / ④	0 / 2	10
−5	B_1	6 / 11	M / $M+5$	M / $M+5$	2 / 4	M / $M+3$	0 / ⑩	9 / 10	0 / 5	10
−4	B_2	M / $M+4$	M / $M+4$	4 / 8	M / $M+1$	3 / 5	9 / 8	0 / ⑩	0 / 4	10
	b_j'	10	10	10	10	10	13	14	2	79

最少总运费为

$$z^* = 3(\mathbf{1}) + 2(\mathbf{4}) + 3(\mathbf{2}) + 2(\mathbf{3}) + 2(\mathbf{4}) = \mathbf{31}(\times 100\text{ 元})$$

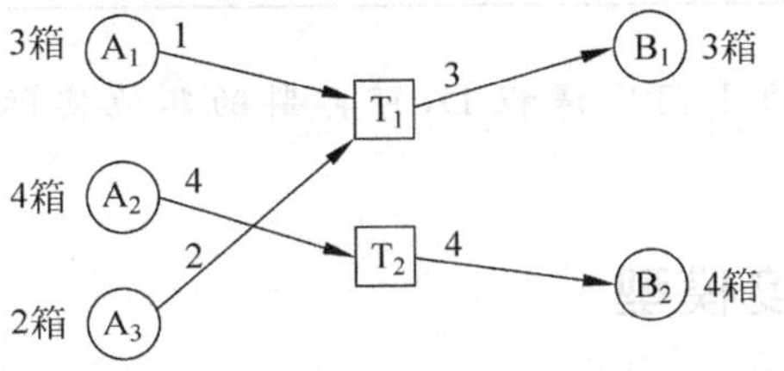

图 5-1 例 5-3——转运问题的最优路线图

5.3.3 任务分配模型

【例 5-4】 授课任务均衡分配问题

某学院拟安排甲、乙、丙三名教师为 A,B,C,D 四门计划学时相同的选修课程任教。由于教室的容量有限,而选修这些课程的学生很多,因此同一门课程需要同时开设若干门次,这四门课程需要开设的门次分别为 4,5,3,4。已知甲不胜任 B 课程,乙不胜任 C 课程,丙不胜任 A,D 课程。该学院希望甲、乙、丙三人承担这四门课程的负荷尽量均衡,则应如何安排?

解 由于这四门课程的计划学时相同,所以要使负荷尽量均衡,只需使每人承担的课次尽量均衡。容易算出这四门课程的总课次为 16,三名教师平均负荷约为 5.33,非整。可让每人承担 5 课次,缺额 1 课次由虚设一名教师丁承担。最后,将每门课程的相同学时计成 1 个单位,作为消耗系数,即作为运价,便可列出该问题的规范表式运输模型,见表 5-18;而最优方案见表 5-19。

表 5-18　例 5-4 的规范表式运输模型

教师 \ 课程	消耗系数 A	B	C	D	教师负荷/门次
甲	1	M	1	1	5
乙	1	1	M	1	5
丙	M	1	1	M	5
丁(虚设)	0	0	0	0	1
开课门次	4	5	3	4	16

表 5-19　例 5-4——授课任务均衡分配问题的最优方案

教师 \ 课程	A	B	C	D	教师负荷/门次
甲	1 ④	M $M-1$	1 0	1 ①	5
乙	1 0	1 ③	M $M-1$	1 ②	5
丙	M $M-1$	1 ②	1 ③	M $M-1$	5
有待分配	0 0	0 0	0 0	0 ①	1
开课门次	4	5	3	4	16

表 5-19 中有待分配的 1 门次课程 D，可再斟酌其他实际情况，最终分配给甲或乙承担。

5.3.4　运营调度模型

【例 5-5】　拖拉机生产调度问题

前进拖拉机厂与某农机销售公司签订了一份供给需方某种小型拖拉机的合同。按合同规定，该厂要在今后 4 个月各交付一定台数的拖拉机。为此，该厂生产管理部门根据本厂实际列出了一个生产调度数据表，见表 5-20。由该表第 2 栏(生产能力)数据可知，该厂能够提前完成合同规定交付的总台数。但生产出来的拖拉机若当月不交货，每台每存贮 1 个月，会发生 100 元的存贮保管费；另按合同规定，供方每延期 1 个月交货，每台将罚款 200 元回扣给需方。该厂应如何拟订履行该合同的最经济的调度计划？

表 5-20　例 5-5——生产调度数据表

月　份	合同规定交付台数	生产能力/台	生产成本/(元/台)
Ⅰ	15	30	8 000
Ⅱ	25	35	8 200
Ⅲ	35	45	8 100
Ⅳ	25	20	8 300
合　计	100	130	

解 拟订最经济的调度计划，主要考虑生产与交货两项进度，即今后每月各生产、交付多少台，能使总费用达到最小。为此，先正确设立决策变量，设

x_{ij}—— 第 i 月生产的、用于第 j 月交付的台数(见表 5-21)

表 5-21 例 5-5——决策变量

销期 j / 产期 i	Ⅰ	Ⅱ	Ⅲ	Ⅳ
Ⅰ	x_{11}	x_{12}	x_{13}	x_{14}
Ⅱ	x_{21}	x_{22}	x_{23}	x_{24}
Ⅲ	x_{31}	x_{32}	x_{33}	x_{34}
Ⅳ	x_{41}	x_{42}	x_{43}	x_{44}

将产期 i 视为发点，销期 j 视为收点，只需再确定供量、需量以及运价，便可构成表式运输模型。

表 5-20 第 1 栏数据(合同规定交付台数)本身经济意义就是需量，第 2 栏数据(生产能力)本身经济意义就是最大供量。再设

c_{ij}—— 第 i 月生产的、用于第 j 月交付的每台拖拉机的运营费用(1×100 元/台)

则有

$$c_{ij} = c_i + \begin{cases} (j-i)h, & \text{当 } i \leqslant j \\ (i-j)l, & \text{当 } i > j \end{cases} \qquad (i,j = 1,2,3,4) \tag{5-8}$$

其中

c_i—— 第 i 月的生产成本(即表 5-20 第 3 栏数据)

$h = 1(\times 100$ 元/台/月)，为单位存贮保管费

$l = 2(\times 100$ 元/台/月)，为单位缺货损失费

综上，便可得到本例的表式运输模型，见表 5-22。由于供过于求，表中虚设了一个销期Ⅴ，该列的变量 $x_{i5}(i=1,2,3,4)$ 表示每月产能的松弛部分，所以该列相应的消耗系数全都为 0。

表 5-22 例 5-5——规范表式运输模型

销期 j / 产期 i	Ⅰ	Ⅱ	Ⅲ	Ⅳ	Ⅴ	供量
Ⅰ	**80**	81	82	83	0	30
Ⅱ	84	**82**	83	84	0	35
Ⅲ	85	83	**81**	82	0	45
Ⅳ	89	87	85	**83**	0	20
需量	15	25	35	25	30	130

据此便可求解、得出最优方案，这将留为读者的作业。

习 题

5.1 某公司有三个工厂生产某种商品并运往四个调拨站。工厂1,2,3每月分别生产12,17,11批商品,而每一调拨站每月均需接受10批商品。各厂至调拨站的运输距离(km)如表5-23所示。已知每批商品的运费是100元加上0.50元/km。问应如何调运能使总运费最少?

表 5-23

工厂 \ 调拨站	1	2	3	4
1	800	1 300	400	700
2	1 100	1 400	600	1 000
3	600	1 200	800	900

(1) 试构成该问题的表式运输模型;
(2) 试建立该问题的LP式运输模型;
(3) 试用最小元素法和最大差额法分别确定初始方案;
(4) 试用位势法和闭回路法分别检验(3)中的一个方案;
(5) 分别从(4)中方案开始,求出最优方案。

5.2 甲、乙两煤矿日产煤量依次是200,250吨,供应A,B,C三个城市。三个城市日需求量依次是100吨,150吨,200吨。各矿与各市间的运价(元/吨)如表5-24所示。应如何调运才能既满足各市用煤需求又使运输的总费用最少?

表 5-24

煤矿 \ 城市	A	B	C
甲	90	70	100
乙	80	65	80

(1) 试用最小元素法与最大差额法分别确定初始方案;
(2) 试用位势法与闭回路法分别检验(1)中的一个方案;
(3) 分别从(2)中方案开始,求出最优方案。

5.3 考虑表5-25所示的运输问题。

表 5-25

产地 \ 销地	Ⅰ	Ⅱ	产 量
1	6	4	2
2	8	5	4
销量	3	3	

(1) 用表上作业法求解；

(2) 用单纯形法求解，并比较两种方法的计算时间。

5.4　考虑表 5-26 所示运输问题。

表　5-26

产地＼销地	B_1	B_2	B_3	B_4	产　量
A_1	4	8	7	5	7
A_2	3	5	4	3	3
A_3	5	4	9	6	6
销量	4	4	3	3	

试用下述两种方法分别求解，并比较迭代次数：

(1) 最小运价法—位势法—闭回路法；

(2) 最大差额法—闭回路法。

5.5　求解表 5-27 所示运输问题：

表　5-27

产地＼销地	B_1	B_2	B_3	B_4	B_5	产　量
A_1	7	5	2	6	4	15
A_2	4	9	7	3	6	20
A_3	5	2	8	5	7	15
销　量	20	20	15	10	15	

5.6　求解前进拖拉机厂的生产调度问题(见例 5-5)。

5.7　某公司经营的一种产品拥有四个客户，由于公司所辖三个工厂生产，每月产量分别为 3 000，5 000，4 000 件。该公司已承诺下月出售 4 000 件给客户 1，出售 3 000 件给客户 2 以及至少 1 000 件给客户 3。客户 3 与客户 4 都想尽可能多购剩下的件数。已知各厂运销一件产品给客户可得到的净利润如表 5-28 所示。问公司应如何拟订运销方案，才能在履行诺言的前提下获利最多？

表　5-28

工厂＼客户	1	2	3	4
1	65	63	62	64
2	68	67	65	62
3	63	60	59	60

5.8 某食品公司所辖 F_1,F_2,F_3 三个工厂每天分别生产 20 吨、22 吨、4 吨糖果,分别运往 W_1,W_2 两个仓库,W_1,W_2 的库存量分别为 21,25 吨。各地之间的运价(元/吨)如表 5-29 所示。试求总运费最少的调运方案。

表 5-29

始点＼终点	F_1	F_2	W_1	W_2
F_1		5	6	6
F_2	6		6	7
F_3	1	8	9	9
W_1	9	10		10

5.9 某肉食品加工厂按合同要在今后两个月内为某个肉蛋禽联营商店加工某种熟肉制品 14 500kg。其中第一个月需交货 8 000kg,若未交够,不足的部分可由第二个月补交,但补交的数量须回扣给商店 0.1 元/kg。全部加工任务必须在第二个月末前完成,否则将重金赔偿商店损失。另若加工好的肉制品当月不交货,则每贮存一个月需花冷藏费 0.05 元/kg。该厂的加工能力及加工费用如表 5-30 所示。试为该项目合同拟定一个总费用最少的生产调度方案。

表 5-30

生产方式＼月份	加工能力/kg		加工费/(元/kg)	
	1	2	1	2
正常生产	5 500	6 000	0.60	0.60
加班生产	2 000	2 500	0.75	0.70
外协生产	2 000	2 000	0.85	0.80

5.10 某造船厂根据合同要在今、明、后年各提供三艘规格型号相同的货轮。已知该厂这三年内生产这种货轮的能力及成本如表 5-31 所示。其中加班生产的成本比正常生产高出 70 万元/艘。若造好的货轮当年不交货,每积压一年将损失 40 万元/艘。该厂目前已积压两艘该型号货轮,并且希望后年完成合同后还能储备一艘。该厂应如何安排生产,使总的生产费用最少?

表 5-31

年度	正常生产能力/艘	加班生产能力/艘	正常生产的成本/(万元/艘)
今	2	3	500
明	4	2	600
后	1	3	550

第6章

整数规划

整数规划(integer programing,IP)是要求变量取整数值的数学规划,它是近 50 年发展起来的一个较新分支。按这一名词的固有内涵,应当包括**整数线性规划**(integer linear programing,ILP),**整数非线性规划**(integer nolinear programing,INLP)等。然而,由于目前较为成熟的理论,较为通用有效的方法,仅限于 ILP,因此目前通行的 IP 这一标题只是 ILP 的简称。

如果一个 IP 问题要求全部变量都取整数值,则称为**全整数规划**(all IP)或**纯整数规划**(pure IP),否则称为**混合整数规划**(mixed IP);如果要求变量只能取 0 或 1 值,则称之为 **0-1规划**。

本章先介绍一般 IP 模型与方法,然后介绍 0-1 规划模型及其解法。

6.1 一般模型

6.1.1 问题的提出

前面研讨的线性规划,其实际问题的解往往是分数解或小数解,若其为长度、重量等的数量,则完全符合实际要求。若分数解或小数解表示件数、台数、人数,等等,尽管有时也能符合实际,譬如第 j 种机械标准件的日产量 $x_j^*=92.3$ 件,意味着每天加工完成 92 件产成品,另有一件在制品完成了 30%的加工任务,其余 70%的加工任务完全可以留待次日继续加工完成;再如 $x_j^*=5.2$ 人/天,可能意味着分配于第 j 项经营活动的 6 人中,有一人每天只需投入该项活动 0.2 个工作日等;但是毕竟总有相当多的实际问题,只有整数解才有意义,譬如,1.1.3 节下料模型的“根数”,5.3.3 节任务分配模型的“课次数”,5.3.4 节运营调度模型的“台数”,如此等等,不一而足。

【例 6-1】 渤海重型机械厂拟于近期应急制造甲、乙两种新设备,所需各种资源在该计划期内都较充裕,只有两道特殊工序的加工能力有限,有关数据如表 6-1 所示,问应如何安排两种设备的产量?

表 6-1

工序 \ 产品	单耗/(工时/台) 甲	乙	最大加工能力/工时
A	4	7	32
B	5	2	22
利润(万元/台)	3	5	

解 设在该计划期内,甲、乙设备的产量分别为 x_1,x_2 台,总利润为 z 万元,则数学模型如下:

$$\max z = 3x_1 + 5x_2 \quad ⓪$$
$$\text{s.t}\begin{cases} 4x_1 + 7x_2 \leqslant 32 & ① \\ 5x_1 + 2x_2 \leqslant 22 & ② \\ x_1,\quad x_2 \geqslant 0 & ③ \\ x_1,\quad x_2 \text{ 为整数} & ④ \end{cases} \tag{6-1}$$

这是一个纯整数规划,其中式④称为**整数性约束**,这是整数规划的本质属性,而且本模型须有式④。因为本例是应急生产,属于一次性临时项目,如果期末留有在制品,则过期报废。

若从式(6-1)中删除式④,则剩余模型称为该IP(问题)的**伴随LP**或**LP松弛**(问题),其解:

$$x_1 = 3\frac{1}{3},\quad x_2 = 2\frac{2}{3};\quad z = 23\frac{1}{3}$$

称为该IP的**伴随LP解**。由于该解 x_1,x_2 的值都非整数,所以它不是该IP问题的解。

能否通过"圆整"伴随LP解,来获得IP的解呢?

若按"四舍五入"的准则圆整,得到

$$x_1 = 3,\quad x_2 = 3$$

不满足式①,不是可行解;

又若"取整",即按"只舍不入"的准则圆整,得到

$$x_1 = 3,\quad x_2 = 2;\quad z = 19$$

这个解虽然可行,但并非最优。而例1的最优解是

$$x_1^* = 1,\quad x_2^* = 4;\quad z^* = 23$$

二解的利润相差4万元,可见"圆整"伴随LP解,一般得不到IP的最优解,甚至得到非可行解。

6.1.2 图解法

同LP的图解法类似,对于二维的IP问题,也最适用图解法,其基本步骤如下:

1° 先用LP的图解法求解IP的伴随LP问题,若其解为整数解,则结束;否则转2°。

2° 将伴随LP可行域 R 内的一切整数点都适当标示出来。

3° 将目标函数等值线,从伴随LP解那点朝可行域内平移,首次碰到那个整数点即为最优点。

如对例6-1采用图解法,见图6-1。由于伴随LP解(即 A 点)非整,故将其可行域 R 内一切整数点都用粗黑点·标示出来;再将目标函数等值线从 A 点朝可行域内平移,首次碰到那个标以·的整数点 $B(1,4)$ 即为最优点。另外可见,按"四舍五入"准则而得方案点(3,3)位于可行域外。

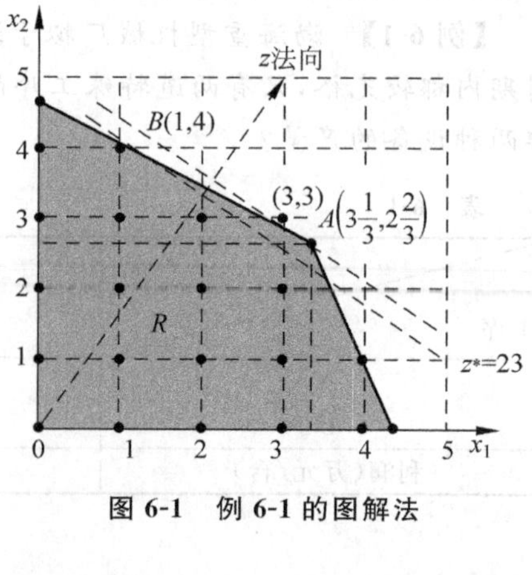

图6-1 例6-1的图解法

6.1.3 实用模型

本章之前，已经介绍过一些整数规划的实用模型，譬如，1.1.3 节的下料模型，5.3.3 节的任务分配模型，5.3.4 节的运营调度模型等。下面，再介绍两个实用模型。

【例 6-2】 设备购置问题

某厂拟用 M 元资金购买 m 种设备 A_i，其单价为 $p_i(i=1,2,\cdots,m)$；有 n 个地点 B_j 可装置这些设备，每个地点 B_j 最多可装置 b_j 台 $(j=1,2,\cdots,n)$。预计将一台设备 A_i 装置于 B_j 处可获纯利 c_{ij} 元，则应如何购置，能预期总利润最大？

解 设 y_i——购买设备 A_i 的台数

x_{ij}——将设备 A_i 装置于 B_j 处的台数

z——预计总利润(元)

则数学模型如下：

$$\min z=\sum_{i=1}^{m}\sum_{j=1}^{n}c_{ij}x_{ij}$$

$$\text{s.t.}\begin{cases}\displaystyle\sum_{j=1}^{n}x_{ij}-y_i\leqslant 0, & (i=1,2,\cdots,m)\\ \displaystyle\sum_{i=1}^{m}x_{ij}\leqslant b_j, & (j=1,2,\cdots,n)\\ \displaystyle\sum_{i=1}^{m}p_iy_i\leqslant M\\ x_{ij}\geqslant 0,y_i\geqslant 0\\ x_{ij},y_i\text{ 须为整数}\end{cases}\tag{6-2}$$

这是一个纯整数规划。

【例 6-3】 任务分配问题

承接前章例 5-4。若这 4 门课程的学分、学时不同；另按规定，教师职称越高，承担每学时课程所计工作量倍乘的系数越低，有关数据见表 6-2，其中符号√表示教师胜任相应的课程。学院希望完成这些授课任务所消耗的工作量达到最小，并适当兼顾教师负荷均衡，则应当如何分配授课任务？

表 6-2 例 6-3——授课任务数据表

课程 / 教师	A	B	C	D	课时系数
甲	√		√	√	5
乙	√	√		√	6
丙		√	√		8
学分	1.5	2	2	3	
学时	24	32	32	48	
开课门次	4	5	3	4	

解 首先，算出各不同课次的这4门课程的总负荷(学分)T：

$$T = 4\times(\mathbf{1.5}) + 5\times(\mathbf{2}) + 3\times(\mathbf{2}) + 4\times(\mathbf{3}) = 34(\text{学分})$$

则3名教师的人均负荷(学分)为

$$l = 34 \div 3 > 11.3(\text{学分})$$

令

$$a_i = [l] + 1 = 12,\quad (i = 1,2,3)$$

然后，仿照表式运输模型，设立决策变量 x_j，以表示教师承担相应课程的门次，见表6-3。

表6-3 例6-3——授课任务分配问题——决策变量 x_j

教师	课时系数	课程学分 c_{ij}				最大负荷/学分
		A	B	C	D	
甲	5	1.5 x_1		2 x_2	3 x_3	12
乙	6	1.5 x_4	2 x_5		3 x_6	12
丙	8		2 x_7	2 x_8		12
开课门次		4	5	3	4	

再设以 z 表示这3名教师承担4门课程的教学工作量总和，建立目标函数

$$z = 5(24x_1 + 32x_2 + 48x_3) + 6(24x_4 + 32x_5 + 48x_6) + 8(32x_7 + 32x_8)$$

最后，建立数学模型如下：

$$\min z = 120x_1 + 160x_2 + 240x_3 + 144x_4 + 192x_5 + 288x_6 + 256x_7 + 256x_8$$

$$\text{s.t.}\begin{cases} 1.5x_1 + 2x_2 + 3x_3 \leqslant 12 & ① \\ 1.5x_4 + 2x_5 + 3x_6 \leqslant 12 & ② \\ 2x_7 + 2x_8 \leqslant 12 & ③ \\ x_1 + x_4 = 4 \\ x_5 + x_7 = 5 \\ x_2 + x_8 = 3 \\ x_3 + x_6 = 4 \\ x_j \geqslant 0 \text{ 且为整数}(j = 1,2,\cdots,8) \end{cases} \tag{6-3}$$

另外还需指出，若要严格均衡负荷，可为式①，②，③分别引进松弛变量 s_1, s_2, s_3；然后以 w 表示其方差，另外再建立一个目标函数：

$$\min w = \sum_{i=1}^{m}\left(s_i - \sum_{i=1}^{m} s_i/3\right)^2$$

这样，就得到一个**双目标** INLP 模型，这属于多目标规划的内容范畴。

6.2 一般解法

本节介绍整数规划的两种一般解法：分支定界法，割平面法。二者都是通过求解伴随LP问题及其一系列后继LP问题，而获得IP问题的解，其计算过程自然也比单纯求解LP

更加繁复。

6.2.1 分支定界法

分支定界法(branch and bound method,BBM)的基本思想是：将原问题分解为一系列支问题,依序求解,求解过程中始终放弃整数性约束而求解伴随 LP 问题,然后用整数性约束检验其解。

先求解原伴随 LP 问题,简称问题(1)。若其解满足整数性约束,则该支就已**探明**,无须再分；否则,选择一个取值须整而目前非整的变量 x_r,据其目前取值 $x_r=v$,构造两个新约束：

$$x_r \leqslant [v], \quad x_r \geqslant [v]+1 \tag{6-4}$$

分别增添到问题(1)中,从而将问题(1)一分为二,得到两个支问题(2),(3)；此谓"**分支**"。

由于 IP 之可行域包含于其伴随 LP 问题可行域内,所以 IP 的目标函数值不会优于伴随 LP 的最优值,可将后者作为前者之界限,此谓"**定界**"；而 max 型目标函数谓之**上界**, min 型谓之**下界**。

对未探明的诸分支,每次都选上(下)界最大(小)者优先分支并求解、检验,其间随时也须对不可行或非优的分支予以"**剪支**",直到所有分支全部探明为止。最终,或在保留诸分支中得出最优解,或者依法判明问题无解。

【例 6-4】 试用分支定界法求解例 6-1。

解 由前已知其问题(1)的解非整,尚未探明。从取值须整而目前非整的变量中任选其一 x_1,据其当前取值 $x_1=3\dfrac{1}{3}$,按式(6-4)构造两个新约束：

$$x_1 \leqslant 3, \quad x_1 \geqslant 4$$

分别增添到问题(1)中,从而将问题(1)分为两个支问题(2),(3)；分别求解、检验,具体结果见图 6-2 和图 6-3。

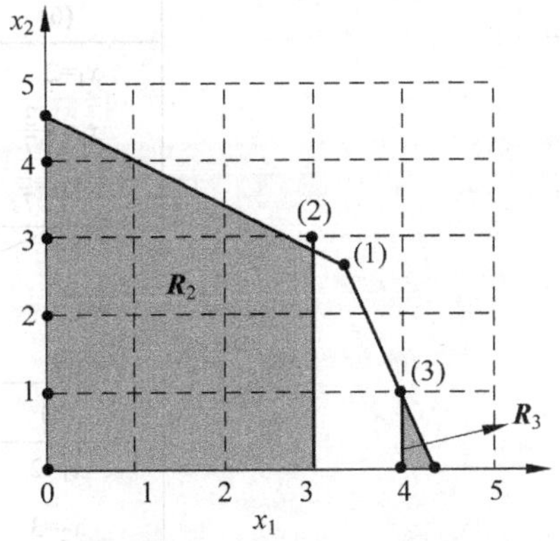

图 6-2 例 6-1——分支定界法——图解(1)

图 6-3 称为树状图,它给出了问题(1)及其各层支问题的解,都辅以图解法而求出。其中,问题(2),(3)的可行域,见图 6-2 中的 $\boldsymbol{R}_2$,$\boldsymbol{R}_3$,分别求出其解,见图 6-3 中的方框(2),(3)。

由此可知,问题(3)为整数解,打√表示探明(3)的解可行；问题(2)的解中 x_2 非整,故未探明。而其上界 $z=23\dfrac{2}{7}$,大于已探明那支问题(2)的最优值 $z=17$,这意味着其中可能包含优于问题(2)的解,故需将问题(2)分成问题(4),(5)两支,其可行域如图 6-4(a)中的 $\boldsymbol{R}_4$,$\boldsymbol{R}_5$ 所示,其解见图 6-3 中的方框(4),(5)。

问题(4)为整数解,打√；其目标值 $z=19$,大于问题(3)的目标值 $z=17$,故将(3)原√划去。类似可判定问题(5)需分解为问题(6),(7)两支。

问题(6)的可行域如图 6-4(b)中的 $\boldsymbol{R}_6$ 所示，其解见图 6-3 中的方框(6)；另由图 6-4(b)可知问题(7)新增的约束 $x_1 \geqslant 3$，与原可行域 $\boldsymbol{R}_5$ 不相交，即问题(7)无可行解，打×表示废弃该支。

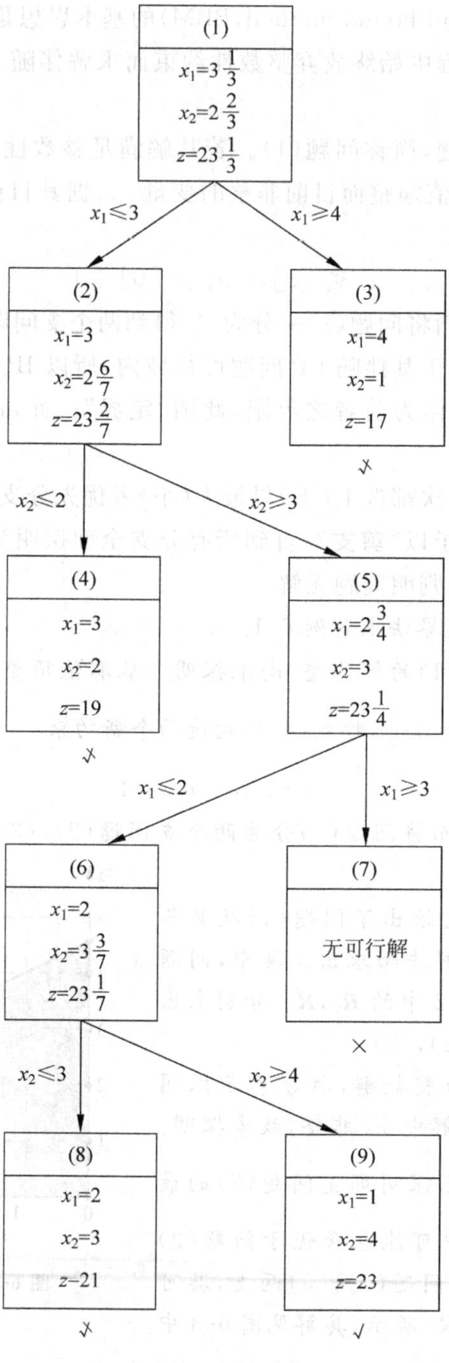

图 6-3 例 6-1——分支定界法——树状图

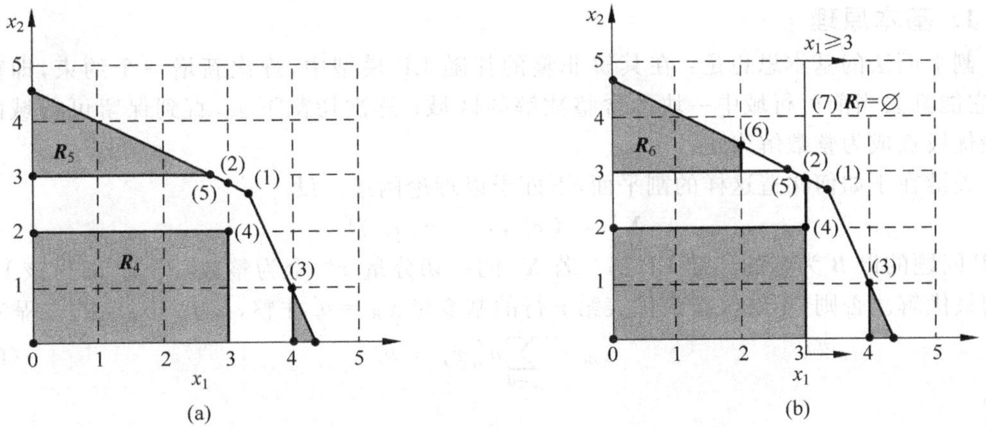

图 6-4　例 6-1——分支定界法——图解(2)

类似分解问题(6),得到问题(8),(9),其可行域如图 6-5 所示。其中问题(8)的可行域仅为一条线段。而问题(9)的最优解,即为原 IP 问题的最优解。

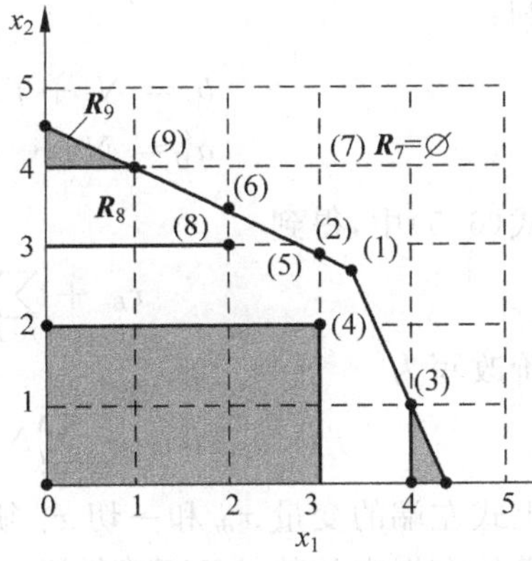

图 6-5　例 6-1——分支定界法——图解(3)

以上仅为说明新方法如何分支、如何定界、如何剪支等新知识,而每支问题的求解,并非新知识,故为避繁凸新,都辅以图解法,实际应用中,需采用单纯形法。

由于每个后续问题,都是在其前缘问题的基础上,仅新增一个约束而得,所以求解时,应按 4.2.5 节"增加一个约束"那样处理。

还需指出,同问题(1)类似,当有多个取值须整而目前非整的变量时,可任选其一,并据其目前取值,按式(6-4)构造两个后继新约束。这同单纯形法进基变量的相持处理规则后果一样:不同的选择,会使后续过程繁简不一,但惜无简明方法迅速做出正确取舍,而只得任选。

分支定界法不仅能求解例 6-1 这类全整数规划,也能求解混合整数规划,只不过在检验和选择时,其对象仅为须整变量而已。

最后指出,求解 IP 的结果,同求解 LP 类似,也分为四种。其中"唯一解"即如本例;"解无界"只取决于问题(1)为解无界;"多重解"则归结于有两个或更多支问题的解同时最优;而"无可行解"则与 LP 不尽相同,既取决于问题(1)无可行解,也可能归结于所有探明的分支均为无可行解。

6.2.2　割平面法

割平面法(cutting plane algorithm,CPA)是由**高莫瑞**(R. E. Gomory)于 1958 年首创,并由此确立了整数规划这一新分支。不仅如此,它还为非线性规划等运筹学其他分支提供借鉴,从而形成了一类割平面法,更殊有意义。为有示区别,称源法为**高莫瑞割平面法**(Gomory CPA)。

1. 基本原理

割平面法的基本思想是：在其解非整的伴随 LP 模型中，逐次新增一个约束，即割平面，它能割去当前可行域中一块不含整数解的区域；逐次切割下去，直到保留可行域的一个最优极点成为整数解为止。

关键在于如何构造这样的割平面，下面予以理论阐述。设

$$\boldsymbol{X}^{\#}=(x_1^{\#},x_2^{\#},\cdots,x_n^{\#})^{\mathrm{T}}$$

是 IP 问题的以 $\boldsymbol{B}$ 为基的伴随 LP 解。若 $\boldsymbol{X}^{\#}$ 的一切分量 $x_j^{\#}$ 全为整数，则 $\boldsymbol{X}^{\#}$ 即为该 IP 问题的最优解。否则，不妨假设最优表第 r 行的基变量 $x_{Br}=b'_r$ 非整，该 r 行对应的方程为

$$x_{Br}+\sum_{j\in J}a'_{rj}x_j=b'_r \tag{6-5}$$

其中

$$\boldsymbol{J}=\{j\mid x_j\text{ 是以 }\boldsymbol{B}\text{ 为基的非基变量}(j=1,2,\cdots,n)\}$$

即 $\boldsymbol{J}$ 是由以 $\boldsymbol{B}$ 为基的一切非基变量 x_j 的下标 j 构成的集合。

将式(6-5)的右端常数 b'_r 和所有系数 a'_{rj} 都分解为一个整数 N 和一个正值真分数 f 两数之和：

$$\begin{aligned}b'_r&=N_r+f_r, &&(0<f_r<1)\\ a'_{rj}&=N_{rj}+f_{rj},\quad j\in\boldsymbol{J}, &&(0\leqslant f_{rj}<1)\end{aligned} \tag{※}$$

代入式(6-5)中，得到

$$x_{Br}+\sum_{j\in J}(N_{rj}+f_{rj})x_j=N_r+f_r$$

再等价改写为

$$x_{Br}+\sum_{j\in J}N_{rj}\,x_j-N_r=f_r-\sum_{j\in J}f_{rj}\,x_j$$

上式左端的变量 x_{Br} 和一切 x_j 须整，而 N_r 和一切 N_{rj} 为整数，所以左端须整，从而与其相等的右端也须整。又不难知道，右端<1，所以，须整的右端$\leqslant 0$，即

$$f_r-\sum_{j\in J}f_{rj}\,x_j\leqslant 0 \tag{6-6}$$

这就是一个割平面。因其来源于最优表的第 r 行，故称为**源于第 r 行的割平面或源行为 r 的割平面**。

把它增添到前缘模型中：①它能切割掉取值非整的当前解 $\boldsymbol{X}^{\#}$；②它不会切割掉任何整数可行解。这是两个重要命题与结论，它反映了割平面(6-6)的两条优良性质。下面证明这两个命题。

证明 (1) 用反证法。假设式(6-6)没有切割掉当前解 $\boldsymbol{X}^{\#}$，则 $\boldsymbol{X}^{\#}$ 应满足式(6-6)，即有

$$f_r-\sum_{j\in J}f_{rj}\,x_j^{\#}\leqslant 0$$

而对一切 $j\in\boldsymbol{J}$，都有 $x_j^{\#}=0$，则上式即

$$f_r\leqslant 0$$

这与(※)中的前提条件 $f_r>0$ 相矛盾，故"式(6-6)没有切割掉当前解 $\boldsymbol{X}^{\#}$"的假设错误。

(2) 设

$$\boldsymbol{X}^{\circ}=(x_1{}^{\circ},x_2{}^{\circ},\cdots,x_n{}^{\circ})^{\mathrm{T}}$$

是该 IP 问题的任一可行解，则 $\boldsymbol{X}^{\circ}$满足该 IP 问题的全部约束，也必满足等价方程(6-5)，又

且满足整数性约束,即其一切分量 $x_1^\circ, x_2^\circ, \cdots, x_n^\circ$ 均为整数,所以 $\boldsymbol{X}^\circ$ 满足式(6-6)。这是因为式(6-6)恰是在式(6-5)的基础上,假设变量 x_{Br} 和一切 x_j 须整而导出的。由 $\boldsymbol{X}^\circ$ 的任意性便得证本命题。 **(证毕)**

2. 基本步骤

1° 确定首试点

用原本、对偶或交替单纯形法求解伴随 LP 问题,若无解则停止;否则,将所得伴随 LP 问题的最优基本解作为首个检验对象,即作为**首试点** $\boldsymbol{X}_0$,令 $k=0$。

2° 整数性检验

若 $\boldsymbol{X}_k$ 的分量全为整数,则 $\boldsymbol{X}_k$ 即最优解,停止;否则转 3°。

3° 新扩当前表

根据 $\boldsymbol{X}_k$ 的任一当前取值非整的基变量所在单纯形表的那一行,譬如第 r 行,按式(6-6)构造源于第 r 行的割平面,并给它引进一个松弛变量 x_{n+k+1},得一典式方程

$$-\sum_{j\in J} f_{ij}x_j + x_{n+k+1} = -f_r$$

将它添入当前最优表中,具体做法类同 4.2.5 节"增加一个约束"。

4° 求解新试点

按对偶单纯形法继续迭代,求得一个新解,作为**新试点** $\boldsymbol{X}_{k+1}$;令 $k:=k+1$,返 2°。

【例 6-5】 试用割平面法求解下述 IP 问题:

$$\max z = x_1 + x_2$$

$$\text{s.t.}\begin{cases}2x_1 + 2x_2 \leqslant 7\\ 4x_1 - x_2 \geqslant 2\\ x_1,\ x_2 \geqslant 0\end{cases}$$

解 先化为典式

$$\max z = x_1 + x_2$$

$$\text{s.t.}\begin{cases}2x_1 + 2x_2 + x_3 = 7\\ -4x_1 + x_2 + x_4 = -2\\ x_1,\ x_2, x_3, x_4 \geqslant 0\end{cases}$$

用交替单纯形法求解,见表 6-4。

表 6-4 例 6-5——割平面法——确定首试点

序	c_j			1	1	0	0
		基	解	x_1	x_2	x_3	x_4
(a)	0	x_3	7	2	2	1	0
	0	x_4	−2	(−4)	1	0	1
			0	−1	−1	0	0
(b)	0	x_3	6	0	(5/2)	1	1/2
	1	x_1	1/2	1	−1/4	0	−1/4
			1/2	0	−5/4	0	−1/4
(c)	1	x_2	12/5	0	1	2/5	1/5
	1	x_1	11/10	1	0	1/10	−1/5
			7/2	0	0	1/2	0

由表 6-4(c)得到首试点 $\boldsymbol{X}_0=(11/10,12/5)^{\mathrm{T}}$,非整。在表 6-4(c)前两行中,选择"分母"较小的第 1 行作为源行,构造割平面

$$\frac{2}{5}-\left(\frac{2}{5}x_3+\frac{1}{5}x_4\right)\leqslant 0$$

给它引进松弛变量 x_5,化为典式

$$-\frac{2}{5}x_3-\frac{1}{5}x_4+x_5=-\frac{2}{5}$$

将其纳入原最优表 6-4(c)中,构建新扩单纯形表,见表 6-5(a)。

表 6-5 例 6-5——割平面法——新扩单纯形表(1)

序	c_j			1	1	0	0	0
		基	解	x_1	x_2	x_3	x_4	x_5
(a)	1	x_2	12/5	0	1	2/5	1/5	0
	1	x_1	11/10	1	0	1/10	−1/5	0
	0	x_5	−2/5	0	0	−2/5	(−1/5)	1
			7/2	0	0	1/2	0	0
(b)	0	x_2	2	0	(1)	0	0	1
	1	x_1	3/2	1	0	1/2	0	−1
	0	x_4	2	0	0	2	1	−5
			7/2	0	0	1/2	0	0

用对偶单纯形法继续迭代,至表 6-5(b),求得一个新解 $\boldsymbol{X}_1=(3/2,2)^{\mathrm{T}}$ 作为新试点。因 x_1 非整,故选择 x_1 所在第 2 行,构造源于此行的割平面

$$\frac{1}{2}-\frac{1}{2}x_3\leqslant 0$$

给它引进松弛变量 x_6,化为典式

$$-\frac{1}{2}x_3+x_6=-\frac{1}{2}$$

将其纳入原最优表 6-5(b)中,构建新扩单纯形表,见表 6-6(a)。

表 6-6 例 6-5——割平面法——新扩单纯形表(2)

序	c_j			1	1	0	0	0	0
		基	解	x_1	x_2	x_3	x_4	x_5	x_6
(a)	0	x_2	2	0	1	0	0	1	0
	1	x_1	3/2	1	0	1/2	0	−1	0
	0	x_4	2	0	0	2	1	−5	0
	0	x_6	−1/2	0	0	(−1/2)	0	0	1
			7/2	0	0	1/2	0	0	0
(b)	1	x_2	2	0	1	0	0	(1)	1
	1	x_1	1	1	0	0	0	−1	1
	0	x_4	0	0	0	0	1	−5	4
	0	x_3	1	0	0	1	0	0	−2
			3	0	0	0	0	**0**	1

续表

序	c_j			1	1	0	0	0	0
		基	解	x_1	x_2	x_3	x_4	x_5	x_6
(c)	1	x_5	2	0	1	0	0	1	1
	1	x_1	3	1	1	0	0	0	2
	0	x_4	10	0	5	0	1	0	9
	0	x_3	1	0	0	1	0	0	−2
			3	0	0	0	0	0	1

用对偶单纯形法继续迭代，至表 6-6(b)，求得原 IP 问题一个最优解

$$\boldsymbol{X}_1^* = (1,2)^{\mathrm{T}}, \quad z^* = 3$$

由于在表 6-6(b)的检验行中，存在一个非基变量 x_5 的检验数为 0，故伴随 LP 有多重解，IP 也可能有多重解。额外迭代一次，果又得到 IP 问题另一个最优解

$$\boldsymbol{X}_2^* = (3,0)^{\mathrm{T}}$$

而且，将 $\boldsymbol{X}_1^*$ 与 $\boldsymbol{X}_2^*$ 凸组合为 $0.5\boldsymbol{X}_1^* + 0.5\boldsymbol{X}_2^*$，还能得到第 3 个最优解

$$\boldsymbol{X}_3^* = (2,1)^{\mathrm{T}}$$

$\boldsymbol{X}_3^*$ 不是可行域的极点，不能由单纯形法求得，只能如上那样，由极点的适当凸组合而得。

6.3 0-1 规划

只取 0 或 1 值的变量称为 **0-1 变量**，含有 0-1 变量的线性规划称为 **0-1 规划**。

0-1 规划也有分支定界法，但与前述一般 IP 的同名方法不尽相同。前述一般解法，其求解对象，始终都是伴随 LP 问题，即放弃整数性约束后剩余的模型及其优化问题，而将求解时放弃的约束，用作解的检验条件。一般而言，放弃或删除一个数学规划某些约束条件后，剩余模型（问题）称为原型（问题）的**松弛模型（问题）**。因此也可以说，前述一般解法，其求解对象，始终都是松弛问题。0-1 规划的分支定界法，也是始终求解松弛问题，只不过放弃和用作检验的约束，恰好与一般解法相反，是放弃所有函数约束并用以作为解的检验条件，而仅保留 **0-1 性约束（整数性约束）**罢了。

本节先介绍 0-1 规划分支定界法的标准形以及基本方法，然后介绍适用 0-1 变量的实际背景，以及 0-1 规划的实用模型。

6.3.1 0-1 规划的分支定界法

1. 标准形

0-1 规划的分支定界法要求模型为下述标准形式：

$$\max z = \sum_{j=1}^{n} c_j x_j \quad (\text{其中 } c_j \leqslant 0) \quad ⓐ$$

$$\text{s. t.} \begin{cases} \sum_{j=1}^{n} a_{ij} x_j \leqslant b_i, & (i = 1,2,\cdots,m) \quad ⓑ \\ x_j = 0 \text{ 或 } 1, & (j = 1,2,\cdots,n) \quad ⓒ \end{cases} \tag{6-7}$$

其中ⓒ式称为**0-1 性约束**，这是 0-1 规划的本质属性。

(1) 若某个 $c_j>0$，则作变量代换

$$x_j = 1 - x_j'$$

可将 c_jx_j 化成 $c_j - c_jx_j'$，便符合标准。而 x_j' 也是 0-1 变量，称为 x_j 的**补变量**，或称二者为**互补变量**。

(2) 若有等式约束，可等价转化为两个≤约束，譬如

$$3x_1 - x_2 + 2x_3 = 9$$

等价于

$$\begin{cases} 3x_1 - x_2 + 2x_3 \leqslant 9 \\ -3x_1 + x_2 - 2x_3 \leqslant -9 \end{cases}$$

【例 6-6】 试用分支定界法求解下述 0-1 规划：

$$\max z = 7x_1 + x_2 - 2x_3 - 6x_4 - 4x_5$$

$$\text{s.t.}\begin{cases} 3x_1 + 2x_2 - x_3 + 3x_4 + 2x_5 \leqslant 3 \\ 2x_1 + 4x_2 - 2x_3 - x_4 - 2x_5 \leqslant 2 \\ x_1, \quad x_2, \quad x_3, \quad x_4, \quad x_5 = 0,1 \end{cases}$$

解 令 $x_1 = 1 - x_1'$，$x_2 = 1 - x_2'$，代入原型，即得标准形

$$\max z = 8 - 7x_1' - x_2' - 2x_3 - 6x_4 - 4x_5 \quad ⓐ$$

$$\text{s.t.}\begin{cases} -3x_1' - 2x_2' - x_3 + 3x_4 + 2x_5 \leqslant -2 & ⓑ \\ -2x_1' - 4x_2' - 2x_3 - x_4 - 2x_5 \leqslant -4 & ⓒ \\ x_1', \quad x_2', \quad x_3, \quad x_4, \quad x_5 = 0,1 & ⓓ \end{cases} \tag{6-8}$$

2. 基本思想

将一切分量 x_j 均为 0-1 变量的 n 维向量 $\boldsymbol{X}=(x_1,x_2,\cdots,x_n)^{\mathrm{T}}$ 称为一个 **0-1 点**。

如前所述，0-1 规划的松弛问题，是由放弃所有函数约束，而仅保留 0-1 性约束所得。这相当于仅考虑 2^n 个 0-1 点构成的点集：

$$\boldsymbol{R}_0 = \{\boldsymbol{X} = (x_1, x_2, \cdots, x_n)^{\mathrm{T}} \mid x_j = 0,1(j = 1,2,\cdots,n)\}$$

若将 $\boldsymbol{R}_0$ 中这 2^n 个 0-1 点一一代入函数约束中进行检查，剔除不可行的点，再将剩余的可行解一一代入目标函数中，算出目标函数值并比较大小，终能得到最优解，此即**(完)全枚举法**。

而 0-1 规划的分支定界法，实为一种**隐(含)枚举法**。它只用函数约束检查较少个数的**试点**，即最有代表性的点，而对其他 0-1 点的检查，隐含在对试点的检查之中。

首选**零点**，即一切分量全为 0 的点

$$\boldsymbol{X}_0 = (0,0,\cdots,0)^{\mathrm{T}} \in \boldsymbol{R}_0$$

取作试点。由式(6-7)或式(6-8)的ⓐ式不难看出，零点 $\boldsymbol{X}_0$ 是标准形 0-1 规划问题一切 0-1 点中，唯一能使目标函数达到最大值或最优值的点，故若其可行，则必为最优，是谓首选之由。

若 $\boldsymbol{X}_0$ 不可行，则取一分量 x_1 固定其值，将 $\boldsymbol{R}_0$ 一分为二，得到各有 2^{n-1} 个 0-1 点的两个子集 $\boldsymbol{R}_1$，$\boldsymbol{R}_2$，是谓**分支**，如图 6-6 所示。

称 x_1 为**固定变量**，其余分量 $x_2,\cdots,x_n$ 为**自由变量**。对每一分支 $\boldsymbol{R}_k(k=1,2,\cdots)$而言，

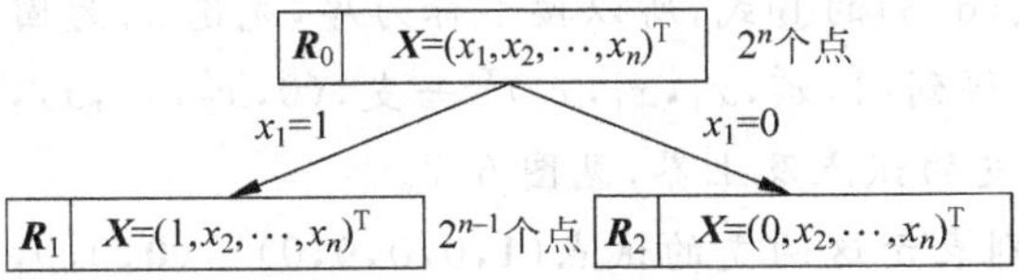

图 6-6　0-1 点集分支图

自由变量全取 0 值的点，称为每支的**试点**。$\boldsymbol{R}_1$，$\boldsymbol{R}_2$ 这两支的试点如下：

$$\boldsymbol{X}_1=(\boldsymbol{1},0,\cdots,0)^{\mathrm{T}},\quad \boldsymbol{X}_2=(\boldsymbol{0},0,\cdots,0)^{\mathrm{T}}$$

同理可知，这两个试点 $\boldsymbol{X}_1$，$\boldsymbol{X}_2$ 分别是所在各支 $\boldsymbol{R}_1$，$\boldsymbol{R}_2$ 中目标值最大的点。称试点的目标值为该支的**上界**，是谓**定界**。

用函数约束检查试点 $\boldsymbol{X}_1$，$\boldsymbol{X}_2$，若其可行，则必为该支最优解，而该支也就探明，无须再检查其他 0-1 点，或说其检查已隐含在对试点的检查之中；若某支试点不可行，则该支也有可能探明，只要符合表 6-7 的判定准则，则该分支就已探明；否则就未探明。只要存在未探明的分支，就需选一上界最大者再分为两支……如此进行下去，直到所有分支全都探明为止。

表 6-7　0-1 规划的分支定界法——分支探明的判定准则

序	该支的试点	分支探明的判定条件与结论，及相应工作
1	可行	该试点即为本支最优解，给该支打√
2	不可行	若该支的上界，或除试点外、其余 0-1 点的上界，小于已打√那支的目标值，则该支非优，打×
3	不可行	若能找到一个函数约束，当把该支固定变量的数值代入其中后，自由变量的负系数之和大于右端常数，或当自由变量系数全正时，最小正系数大于右端常数，则该支无可行解，打×

3. 基本步骤

1°　标准化

将 0-1 规划标准化，放弃所有函数约束，得到松弛问题。

2°　检验零点

将零点 $\boldsymbol{X}_0$ 代入函数约束中，若全都满足，则 $\boldsymbol{X}_0$ 即最优解，停止；否则转 3°。

3°　分支定界

在自由变量中选定一个 x_j 作为固定变量，据以进行分支，并确定每一新支的试点及上界。

4°　检查未探明的分支

按表 6-7 的判定准则，检查尚未探明的各分支，得出其探明与否的结论。

5°　检查现有各支

检查现有各分支，若有不止一个分支打√，则保留目标值最大的那(几)支√号，将其余各支√号划去。若现有各分支全已探明，则打√号的那(几)支试点即为最优解，结束；否则，在尚未探明的各分支中，选上界最大的那支有待继续分支，返 3°。

4. 运算过程

下面，从上述步骤 2°接续例 6-6，完成对其求解。

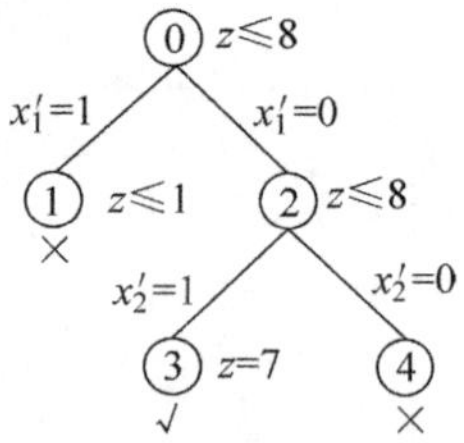

图 6-7　例 6-6 分支试点图

由于零点不满足式(6-8)的ⓑ式，所以按下标为序，先选 x_1' 为固定变量，据以进行分支，得到 $(1,x_2',x_3,x_4,x_5)^T$ 一支，$(0,x_2',x_3,x_4,x_5)^T$ 一支，确定每一新支的试点及上界，见图 6-7。

图中结点①，②分别表示这两支的试点 $(\mathbf{1},0,0,0,0)^T$，$(\mathbf{0},0,0,0,0)^T$，经检验均不可行，其所在分支均未探明。结点①右旁 $z\leqslant 1$，结点②右旁 $z\leqslant 8$，分别表示两支的上界。

选上界大的那支并选 x_2' 为固定变量，继续分支，又得到两个新分支 $(0,1,x_3,x_4,x_5)^T$，$(0,0,x_3,x_4,x_5)^T$，其试点 $(\mathbf{0},\mathbf{1},0,0,0)^T$，$(\mathbf{0},\mathbf{0},0,0,0)^T$，即如图中结点③，④所示。

经检验，试点③可行，该支业已探明，给结点③打√；算出目标值 $z=7$，标于结点③右旁。

试点④不可行，但能够找到一个函数约束(6-8)ⓑ，当把该支固定变量的数值代入其中后，得

$$-x_3+3x_4+2x_5\leqslant -2 \quad ⓑ'$$

由于该式自由变量的负系数之和 -1 大于右端常数 -2，这符合表 6-7 的判定准则 3，故该支不可行，给结点④打×，该支也已探明。

目前唯余结点①那支尚未定论，由于其上界 $z\leqslant 1$，小于已打√那支的目标值 $z=7$，这符合表 6-7 的判定准则 2，故该支非优，打×。

现在所有分支俱已探明，唯一打√那支的试点 $(0,1,0,0,0)^T$ 及其目标值 $z=7$，即为最优。按 $x_1=1-x_1'$，$x_2=1-x_2'$ 还原后，可得该 0-1 规划的最优解、最优值：

$$\boldsymbol{X}^*=(1,0,0,0,0)^T,\quad z^*=7$$

5. 其他细则

对以上基本步骤，目前已有若干修正细则，可能会使检查的试点个数有所减少，但也不尽然。下面仅介绍其中较简一种，以供读者借鉴。

上述基本步骤，在选择固定变量时，是按下标为序。若改按目标函数的价值系数由大到小为序，则能使目标值较大的 0-1 点尽早出现，这或许也能减少必须检查的试点个数，从而简化运算过程。

譬如，若对例 6-6 改按上述修正细则，将变量按其价值系数从大到小排序，将原型改写为

$$\max z=8-x_2'-2x_3-4x_5-6x_4-7x_1'$$

$$\text{s.t.}\begin{cases}-2x_2'-x_3+2x_5+3x_4-3x_1'\leqslant -2\\ -4x_2'-2x_3-2x_5-x_4-2x_1'\leqslant -4\\ x_2',x_3,x_5,x_4,x_1' \text{ 为 } 0 \text{ 或 } 1\end{cases}$$

则按分支定界法求解，见图 6-8。

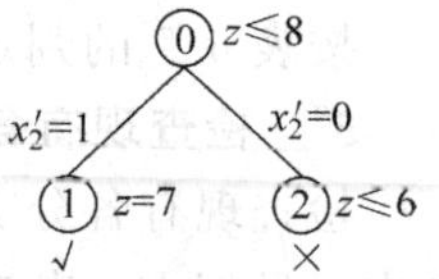

图　6-8

经检验，试点①可行，试点②不可行。除试点②的分量全为 0 外，该支其余 0-1 点的分量 x_3,x_5,x_4,x_1' 不全为 0，至少有一个为 1，由于此时目标函数为

$$z=8-2x_3-4x_5-6x_4-7x_1'$$

可见，该支其余 0-1 点的目标值 $z\leqslant 6$，小于已打√那支的目标值 $z=7$，这符合表 6-7 的判

定准则 2,故该支非优,从而唯一打√那支的试点即为最优。结果同前,有所简化。

6.3.2 0-1 规划的适用背景

解决实际问题所需的数学模型要能适用 0-1 规划,归根结底为需要引入 0-1 变量;而 0-1 变量的重要功效之一,就在于能将几种不同的选择纳入一个统一的数学表达式或统一的数学模型之中,通常可谓以**归一化**。下面,就数学规划的三要素,即变量、约束与目标函数分别予以说明。

1. 双态变量的归一化

在经济管理决策中,人们经常要对是否采取某种行为 j 做出选择,而不同的选择其结果也不同,一般称之为**对立行为的选择**,对此可采用**双态变量**予以数学描述:

$$x_j = \begin{cases} u_j, & \text{若采取行为 } j \\ v_j, & \text{否则} \end{cases}$$

譬如第 1 篇的范例,若要考虑是否增加乙产品的产量,则可用

$$x_2 = \begin{cases} 2+\theta, & \text{若增加乙产品产量} \\ 2, & \text{否则} \end{cases}$$

予以数学描述,其中 $\theta>0$。如此等等,不一而足。

而凡属双态变量 x_j,总能由 0-1 变量 y_j 归一化为

$$x_j = u_j y_j + v_j(1-y_j) = v_j + (u_j - v_j) y_j \tag{6-9}$$

从而便于数学处理。其中

$$y_j = \begin{cases} 1, & \text{若采取行为 } j \\ 0, & \text{否则} \end{cases}$$

譬如上例,有

$$x_2 = 2 + \theta\, y_2$$

2. 不全相容约束的归一化

现就多个约束的选择、一个约束右端多个取值的选择、多组约束的选择 3 种情况,分述如下:

(1) 多个不全相容约束的归一化

若一实际问题的数学模型有 m 个约束:

$$\sum_{j=1}^{n} a_{ij} x_j \leqslant b_i, \quad (i = 1, 2, \cdots, m) \tag{6-10}$$

但最多只能有 $k(1 \leqslant k < m)$ 个约束同时起作用,即这 m 个约束不能原封不动地纳入同一模型之中。而为便于数学处理,又需要将其纳入同一模型一并考虑,则可引进 0-1 变量:

$$y_i = \begin{cases} 1, & \text{当第 } i \text{ 个约束起作用} \\ 0, & \text{否则} \end{cases}$$

并用

$$\begin{cases}\sum_{j=1}^{n} a_{ij}x_j - My_i \leqslant b_i, \quad (i=1,2,\cdots,m) & (6\text{-}11)\\ \sum_{i=1}^{m} y_i \geqslant m-k & (6\text{-}12)\end{cases}$$

替换式(6-10),即可满足要求。其中 $M>0$ 且充分大,下同。

由式(6-11)可知,若 $y_i=1$,则约束 i 对一切 x_j 恒成立,即约束 i 不起作用;又由式(6-12)可知,至少有 $m-k$ 个 $y_i=1$,故式(6-11)中,至少有 $m-k$ 个约束不起作用,亦即最多有 k 个约束起作用。

(2) 某一约束右端项多个互斥取值的归一化

有时可能需要考虑第 i 个约束的右端项取 p 个不同数值而如何选择的问题,即有

$$\sum_{j=1}^{n} a_{ij}x_j \leqslant b_{i1},\text{或 } b_{i2},\cdots,\text{或 } b_{ip}$$

若要将这 p 种不同情况纳入同一模型一并考虑,但右端项却只能是其中一个 b_{ik},则只需替以

$$\begin{cases}\sum_{j=1}^{n} a_{ij}x_j - \sum_{k=1}^{p} b_{ik}y_k \leqslant 0\\ \sum_{k=1}^{p} y_k = 1\end{cases} \qquad (6\text{-}13)$$

即可满足要求,其中 $y_k(k=1,2,\cdots,p)$ 为 0-1 变量。

另外,这也可归结为情况(1),即 p 个互斥约束的归一化问题,请读者自行考虑如何转换。

(3) 多组约束的归一化

有些实际问题的可行域 $\boldsymbol{R}$,可能由①几个互斥子域 $\boldsymbol{R}_k$,②几个各不相同但交集非空的子域 $\boldsymbol{R}_k$,共同构成。由于每个子域 $\boldsymbol{R}_k$ 都由一组约束构成,所以①,②两种情况都属于多组约束如何并存的问题。若依惯例将多组约束同时纳入一个模型,则① $\boldsymbol{R}$ 为空集,② $\boldsymbol{R}$ 为 $\boldsymbol{R}_k$ 的**交集**,都不满足人们需要考虑 $\boldsymbol{R}_k$ 的**并集**这一实际需要。这当如何处理呢?下面以 3 组 2 维约束的选择为例加以说明。

设有 3 组 2 维约束:

$$\left.\begin{array}{l}\boldsymbol{R}_1\begin{cases}a_{11}x_1+a_{12}x_2\leqslant b_1 & ①\\ a_{21}x_1+a_{22}x_2\leqslant b_2 & ②\end{cases}\\ \boldsymbol{R}_2\begin{cases}a_{31}x_1+a_{32}x_2\leqslant b_3 & ③\\ a_{41}x_1+a_{42}x_2\leqslant b_4 & ④\end{cases}\\ \boldsymbol{R}_3\begin{cases}a_{51}x_1+a_{52}x_2\leqslant b_5 & ⑤\\ a_{61}x_1+a_{62}x_2\leqslant b_6 & ⑥\\ a_{71}x_1+a_{72}x_2\leqslant b_7 & ⑦\end{cases}\end{array}\right\} \qquad (6\text{-}14)$$

若要将其纳入同一模型一并考虑,但同时只能有一组约束起作用,则令

$$y_k=\begin{cases}1, & \text{当点}(x_1,x_2)\text{ 位于 }\boldsymbol{R}_k\text{ 中}\\ 0, & \text{否则}\end{cases} \qquad (k=1,2,3)$$

并以

$$
\begin{cases}
a_{11}x_1 + a_{12}x_2 - My_1 \leqslant b_1 & ① \\
a_{21}x_1 + a_{22}x_2 - My_1 \leqslant b_2 & ② \\
a_{31}x_1 + a_{32}x_2 - My_2 \leqslant b_3 & ③ \\
a_{41}x_1 + a_{42}x_2 - My_2 \leqslant b_4 & ④ \\
a_{51}x_1 + a_{52}x_2 - My_3 \leqslant b_5 & ⑤ \\
a_{61}x_1 + a_{62}x_2 - My_3 \leqslant b_6 & ⑥ \\
a_{71}x_1 + a_{72}x_2 - My_3 \leqslant b_7 & ⑦ \\
y_1 + y_2 + y_3 = 2 & ⑧
\end{cases}
\tag{6-15}
$$

替换式(6-14)，即可满足要求。

更一般而言，式(6-15)⑧的右端常数应取作 $p-k$。其中 p 为约束分组总数，$k(<p)$为允许同时起作用的约束组数。本例 $p=3,k=1$。

3. 分段线性函数的归一化

这里，仅就**固定费用问题**、**变动费用问题**两类典型问题，分别举例加以说明。

(1) 固定费用问题

【例 6-7】 设某项生产或商务活动的固定费用为 K，单位费用为 c，经营数量为 x，则该项活动的费用函数 z 可表示为

$$
z = \begin{cases}
K + cx, & \text{当 } x > 0\text{(即从事该项经营活动)} \quad ⓐ \\
0, & \text{当 } x = 0\text{(即不从事该项经营活动)} \quad ⓑ
\end{cases}
\tag{6-16}
$$

由于 $K>0$，使得函数 z 在 $x=0$ 点间断，所以 z 不是一个线性函数。试化成线性函数。

解 令

$$
y = \begin{cases}
1, & \text{当从事该项经营活动} \\
0, & \text{否则}
\end{cases}
$$

但这时不能像双态变量的归一化那样，将函数 z 按式(6-9)化为

$$
z = (K + cx)y
$$

因为其中含有一项 xy，仍非线性。而可行的做法是令

$$
z = Ky + cx \tag{6-17}
$$

并将式(6-16)替以如下模型：

$$
\min z = Ky + cx \quad ⓪
$$

$$
\text{s.t.}\begin{cases}
x - My \leqslant 0 & ① \\
x \geqslant 0 & ② \\
y = 0 \text{ 或 } 1 & ③
\end{cases}
\tag{6-18}
$$

式(6-18)中，除 0-1 性约束式③以外，余皆线性，因此它是一个混合 0-1 规划。其中式⓪,①,③可确保式(6-17)定义的函数 z 完全符合原型式(6-16)。这是因为当 $x>0$ 时，式①,③迫使 $y=1$，这时式(6-17)就是式(6-16)ⓐ；而当 $x=0$ 时，⓪式的 min 要求其中的 Ky 这项为 0，从而迫使 $y=0$，这时式(6-17)就是式(6-16)ⓑ。

(2) 变动费用问题

【例 6-8】 某项经营活动的单位费用 c 随着活动数量 x 的增加而单调递减：

$$c=\begin{cases}4, & 当\ 0\leqslant x<5\\3, & 当\ 5\leqslant x<12\\2, & 当\ 12\leqslant x\leqslant 20\end{cases}$$

相应的变动费用 z 是个 3 段函数：

$$z=\begin{cases}4x, & 当\ 0\leqslant x\leqslant 5 & ①\\20+3(x-5), & 当\ 5\leqslant x\leqslant 12 & ②\\41+2(x-12), & 当\ 12\leqslant x\leqslant 20 & ③\end{cases}\tag{6-19}$$

在每一段上，z 都是一个线性函数，但总体非线性。应如何使 z 总体线性化？

解 用 3 个变量 x_1, x_2, x_3 来表示 x 的值，即令

$$x=x_1+x_2+x_3$$

其中

$$\begin{cases}0\leqslant x_1\leqslant 5\\0\leqslant x_2\leqslant 7\\0\leqslant x_3\leqslant 8\end{cases}\tag{6-20}$$

则变动费用 z 可表示为下述线性函数：

$$z=4x_1+3x_2+2x_3\tag{6-21}$$

但式(6-21)尚未吻合式(6-19)。譬如当 $x=7$ 时，按式(6-19)有 $z=26$；而按式(6-21)为满足目标函数 min z，会导致价值系数最小者 $x_3=7$，且 $x_1=x_2=0$，有 $z=14$；这不符式(6-19)及其实际。

为此，令

$$y_1=\begin{cases}1, & 当\ x_1=5(上界)\\0, & 其他\ x_1\ 值\end{cases}$$

$$y_2=\begin{cases}1, & 当\ x_2=7(上界)\\0, & 其他\ x_2\ 值\end{cases}$$

并用下式替换式(6-20)：

$$\begin{cases}5y_1\leqslant x_1\leqslant 5 & ①\\7y_2\leqslant x_2\leqslant 7y_1 & ②\\0\leqslant x_3\leqslant 8y_2 & ③\\y_k=0\ 或\ 1,(k=1,2) & ④\end{cases}\tag{6-22}$$

在此限制下，式(6-21)就完全吻合式(6-19)了。这是因为由式(6-22)可知：

(Ⅰ) 假如 $y_1=0$，那么式②，④必使 $y_2=0$ 且 $x_2=0$，这又影响式③而必使 $x_3=0$，从而致使必有

$$0\leqslant x_1\leqslant 5,\quad x_2=0,\quad x_3=0\ \rightarrow\ 0\leqslant x=x_1+x_2+x_3\leqslant 5$$

这时，式(6-21)等同于式(6-19)①。

(Ⅱ) 假如 $y_1=1, y_2=0$，则必有

$$x_1=5,\quad 0\leqslant x_2\leqslant 7,\quad x_3=0\ \rightarrow\ 5\leqslant x\leqslant 12$$

这时，式(6-21)等同于式(6-19)②。

(Ⅲ) 假如 $y_1=1, y_2=1$，则必有

$$x_1 = 5,\quad x_2 = 7,\quad 0 \leqslant x_3 \leqslant 8 \quad \rightarrow \quad 12 \leqslant x \leqslant 20$$

这时,式(6-21)等同于式(6-19)③。

而 y_1, y_2 的取值只有上述3种组合,恰使式(6-21)完全吻合式(6-19)。

由本例而及一般,对多段线性函数,设第 j 段变量 x_j 所在区间的长度是 l_j,则式(6-22)主式为

$$l_j y_j \leqslant x_j \leqslant l_j y_{j-1}$$

6.3.3 0-1规划的实用模型

适用0-1规划的现实问题纷纭繁复,这里仅介绍几个典型问题及实用模型。

【例6-9】 投资决策问题

某公司拟用1亿元资金进行投资,现要从6个可行投资项目中做出选择,每个项目只能投资一次,所需投资金额,以及公司预计的长期盈利净现值,如表6-8所示。

表6-8 例6-9——投资项目数据表

投资项目序号	1	2	3	4	5	6
所需资金/百万元	45	31	46	36	34	24
预期利润/百万元	16	11	20	14	12	10

其中,项目1,2互斥,项目3,4互斥;项目1或项目2是项目3,4的前提条件,即若不投资前者,则后者无从投资。该公司应如何选择投资项目?试建立其数学模型。

解 本例特殊之处在于:①有项目1,2,项目3,4两组**互斥决策**;②有项目1或项目2是项目3,4的**前依决策**。为此建模,有些新技巧。

首先设立**0-1决策变量**:

$$x_j = \begin{cases} 1, & 若投资于项目\ j \\ 0, & 否则 \end{cases} \qquad (j = 1,2,\cdots,6)$$

(1) 互斥决策约束:

$$x_1 + x_2 = 1,\quad x_3 + x_4 = 1$$

(2) 前依决策约束:

$$①x_3 \leqslant x_1 \text{ 或 } x_2,\quad ②x_4 \leqslant x_1 \text{ 或 } x_2$$

为使①,②两式规范化,譬如,可将式①替换为以下两式:

$$x_3 \leqslant x_1 + My_1 \quad \rightarrow \quad -x_1 + x_3 - My_1 \leqslant 0$$

$$x_3 \leqslant x_2 + M(1 - y_1) \quad \rightarrow \quad -x_2 + x_3 + My_1 \leqslant M$$

类似处理式②,皆可规范化。上式中的 y_1 是一个**辅助0-1变量**。

(3) 资金约束:

$$45x_1 + 31x_2 + 46x_3 + 36x_4 + 34x_5 + 24x_6 \leqslant 100$$

而预期总利润 z(百万元)为

$$z = 16x_1 + 11x_2 + 20x_3 + 14x_4 + 12x_5 + 10x_6$$

综上,可得数学模型如下:

$$\max z = 16x_1 + 11x_2 + 20x_3 + 14x_4 + 12x_5 + 10x_6$$

$$\text{s. t.} \begin{cases} 45x_1 + 31x_2 + 46x_3 + 36x_4 + 34x_5 + 24x_6 \leqslant 100 \\ -x_1 + x_3 - My_1 \leqslant 0 \\ -x_2 + x_3 + My_1 \leqslant M \\ -x_1 + x_4 - My_2 \leqslant 0 \\ -x_2 + x_4 + My_2 \leqslant M \\ x_1 + x_2 = 1 \\ x_3 + x_4 = 1 \\ x_j = 0 \text{ 或 } 1, \quad (j = 1,2,\cdots,6) \\ y_k = 0 \text{ 或 } 1, \quad (k = 1,2) \end{cases} \quad (6\text{-}23)$$

【例 6-10】 选址问题

为解决某偏远地区 7 个村庄目前没有任何医疗机构的求医困境，现拟选择几村建立卫生站，其原则是使各村到卫生站的距离都不超过 5km。各村之间的距离如表 6-9 所示，则应建立几个卫生站，并且各建于何村？试建立数学模型。

表 6-9 例 6-10——各村距离

km

村序	2	3	4	5	6	7
1	4	5	6	8	9	11
2		4	3	5	6	8
3			6	6	7	9
4				3	4	6
5					2	4
6						3

解 作为预备步骤，可将具有 6 行、6 列数据的表 6-9，扩充为具有 7 行、7 列数据的各村相互距离表(这里从略)，以便观察、列出相距不超过 5km 的各村情况，见表 6-10。

表 6-10 例 6-10——相距不超过 5km 的各村情况

卫生站备择之村	与备择之村相距不超过 5km 的各村						
1	1	2	3				
2	1	2	3	4	5		
3	1	2	3				
4		2		4	5	6	
5		2		4	5	6	7
6				4	5	6	7
7					5	6	7

设

$$x_j = \begin{cases} 1, & \text{若卫生站建于 } j \text{ 村} \\ 0, & \text{否则} \end{cases} \quad (j = 1,2,\cdots,7)$$

则本例的数学模型为

$$
\min z = x_1 + x_2 + x_3 + x_4 + x_5 + x_6 + x_7
$$

$$
\text{s.t.}\begin{cases}
x_1 + x_2 + x_3 \geqslant 1 \\
x_1 + x_2 + x_3 + x_4 + x_5 \geqslant 1 \\
x_2 + x_4 + x_5 + x_6 \geqslant 1 \\
x_2 + x_4 + x_5 + x_6 + x_7 \geqslant 1 \\
x_4 + x_5 + x_6 + x_7 \geqslant 1 \\
x_5 + x_6 + x_7 \geqslant 1 \\
x_j = 0 \text{ 或 } 1, \quad j = 1,2,\cdots,7
\end{cases} \tag{6-24}
$$

模型(6-24)中的约束，是按表 6-10 逐行建立的，并且已经删除了重复的约束。

其实，对于本例这类简单问题，完全可用人工观察法加以解决，而无须建立模型(6-24)。只要从表 6-10 中删去其数据包含于第 2 行的 1,3 行，以及其数据包含于第 5 行的 4,6,7 行，得表 6-11，则问题便已解决。最优方案为：在 2,5 两村各建一个卫生站。当然，这类数表也是模型。

表 6-11　例 6-10——相距不超过 5km 的各村情况

拟设卫生站之村	与其相距不超过 5km 的各村						
2	1	2	3	4	5		
5		2		4	5	6	7

而对规模较大的问题，还得依法建立式(6-24)这类 0-1 规划模型，最终靠计算机辅助解决。

【例 6-11】　值班时间表问题

某项即将开始的大型活动要持续举办 6 天，其中有个接待站除有 3 名主办方派来的正式工作人员外，还征募了 4 名临时工作人员。该接待站每天对外开放时间为上午 9 时至下午 5 时，其间恰须两人同时值班，并且至少须有一名正式工作人员当值，而每人每次值班时间不少于 2 小时，每天值班的临时工作人员不超过 2 人。另对该活动期间每人值班次数做出规定：临时工作人员不超过 3 次，正式工作人员不超过 5 次。已知该活动期间这 7 名工作人员每天可安排来该站值班的最多时间，以及主办方征用每人的代价(薪金或报酬)，见表 6-12，其中序号在前的 4 人为临时工作人员。主办方希望总代价最小，则应如何安排值班时间？试建立数学模型。

表 6-12　例 6-11——值班时间表问题——有关数据

人员序号	用人代价/(元/小时)	每人每天最多可安排值班的时间/小时					
		第 1 天	第 2 天	第 3 天	第 4 天	第 5 天	第 6 天
1	8	4	4	0	0	2	6
2	8	0	3	4	6	3	0
3	9	4	0	3	4	0	4
4	10	4	5	6	0	4	0
5	12	8	8	4	4	2	2
6	18	2	4	4	8	6	8
7	20	4	8	4	8	4	4

解 设

$$x_{ij} = \text{安排第 } i \text{ 人于第 } j \text{ 天值班的时间(小时)}$$

$$y_{ij} = \begin{cases} 1, & \text{若安排第 } i \text{ 人于第 } j \text{ 天值班} \\ 0, & \text{否则} \end{cases}$$

则最小总代价为

$$\min z = \sum_{i=1}^{7} c_i \sum_{j=1}^{6} x_{ij}$$

c_i 即表 6-12 中"用人代价"那列中的数据。

(1) 每人每次值班不超过可安排时间的约束:

$$x_{ij} \leqslant t_{ij} y_{ij}, \quad (i = 1,2,\cdots,7;\ j = 1,2,\cdots,6)$$

t_{ij} 即表 6-12 中"每人每天最多可安排值班的时间"那个矩阵中的数据。

(2) 每人每次值班时间不少于 2 小时的约束:

$$x_{ij} \geqslant 2y_{ij}, \quad (i = 1,2,\cdots,7;\ j = 1,2,\cdots,6)$$

(3) 每天对外开放时间与恰须两人同时值班的约束:

$$\sum_{i=1}^{7} x_{ij} = 16, \quad (j = 1,2,\cdots,6)$$

(4) 每天至少须有一名正式工作人员在场值班的约束:

$$\sum_{i=1}^{4} x_{ij} \leqslant 8, \quad \sum_{i=5}^{7} x_{ij} \geqslant 8, \quad (j = 1,2,\cdots,6)$$

(5) 每天值班的临时工作人员不超过 2 人的约束:

$$\sum_{i=1}^{4} y_{ij} \leqslant 2, \quad (j = 1,2,\cdots,6)$$

(6) 临时工作人员值班次数的约束:

$$\sum_{j=1}^{6} y_{ij} \leqslant 3, \quad (i = 1,2,3,4)$$

(7) 正常工作人员值班次数的约束:

$$\sum_{j=1}^{6} y_{ij} \leqslant 5, \quad (i = 5,6,7)$$

(8) 0-1 性约束:

$$y_{ij} = 0 \text{ 或 } 1, \quad (i = 1,2,\cdots,7;\ j = 1,2,\cdots,6)$$

而关于 x_{ij} 的非负性约束已兼容于约束(2),(8)之中,无须再列。
综上,即本例数学模型。

6.4 指派模型

6.4.1 基本问题与模型

在工作与生活中,经常会碰到这样一类问题:有若干项任务需要完成,又有若干成员可以胜任,但因成员的特点、功力不同,完成这些任务的效益也有不同。又因实际需要,每项任务恰须一人完成，则当如何指派任务，以使总效益最佳？这就是**指派问题**(assighment problem)。

【例 6-12】 甲、乙、丙、丁四个钳工加工 A,B,C,D 四种模具所耗时间(小时)如表 6-13 所示。若一种模具只交一人加工，则如何指派？

表 6-13 模具加工指派问题的效益表

钳工 \ 模具	A	B	C	D
甲	46	48	40	47
乙	35	44	43	40
丙	34	41	39	43
丁	47	45	42	44

解 设以 c_{ij} 表示钳工 i 加工完成模具 j 的耗时，令

$$x_{ij}=\begin{cases}1, & 若指派钳工\ i\ 加工模具\ j\\ 0, & 否则\end{cases}\qquad (i,j=1,2,3,4)$$

则本例数学模型为

$$\min z=\sum_{i=1}^{4}\sum_{j=1}^{4}c_{ij}x_{ij} \qquad ⓪$$

$$\text{s.t.}\begin{cases}\sum_{j=1}^{4}x_{ij}=1, & (i=1,2,3,4) \qquad ①\\ \sum_{i=1}^{4}x_{ij}=1, & (j=1,2,3,4) \qquad ②\\ x_{ij}=0\ 或\ 1 & \qquad ③\end{cases} \qquad (6\text{-}25)$$

其中式①表示：钳工 i 须且只需加工一种模具；式②表示：模具 j 须且只需由一人加工完成。

只需将式(6-25)中的对象与任务数 4 换成 n，即为一般指派问题的基本模型。其中矩阵 $(c_{ij})_{n\times n}$ 称为**效益阵**，如例 6-12 的效益阵即表 6-13 所示那个 4 阶方阵。由于任一指派问题与其效益阵 $(c_{ij})_n$ 相互唯一确定，因此以下往往用"指派问题 (c_{ij})"来简称一个特定指派问题。

式(6-25)是运输模型，当然可用表上作业法求解。但由于其特殊性：各发点供量与各收点需量尽皆相同，都为 1，所以它有更好的匈牙利法。

6.4.2 匈牙利法

1. 基本思想

匈牙利法(the Hungarian methed of assingnment)的理论根据，是匈牙利著名数学家**康尼格**(D. König)提出并证明了的下述两个定理。

【定理 6-1】 将一个指派问题的效益阵 $(c_{ij})_{n\times n}$ 每行元素都减去同一个常数

$u_i(i=1,2,\cdots,n)$,每列元素都减去同一个常数 $v_j(j=1,2,\cdots,n)$,得到一个新矩阵$(b_{ij})_{n\times n}$,其中

$$b_{ij}=c_{ij}-u_i-v_j \tag{6-26}$$

则问题(b_{ij})与问题(c_{ij})的解相同。

因此,我们将式(6-26)称为**同解变换**。其中 u_i,v_j 类同位势法,分别称为**行位势**、**列位势**。

【定理 6-2】 覆盖一个方阵内所有 0 元的最少直线数等于该阵中位于不同行、列的 0 元的最多个数。

匈牙利法的基本思想是:不断采用定理 6-1 中的同解变换,将效益阵(c_{ij})化成一个每行每列都至少有一个 0 元的新矩阵(b_{ij}),假如能够从中找出 n 个位于不同行、列的 0 元,如下面阵中⓪元所示:

$$(b_{ij})=\begin{pmatrix}0&6&9&⓪\\8&⓪&7&4\\3&4&⓪&5\\⓪&2&0&9\end{pmatrix}$$

则(b_{ij})即为最优阵,只需令相应于画圈 0 元即⓪元位置上的 $x_{ij}=1$,其余 $x_{ij}=0$,即令

$$(x_{ij}^*)=\begin{pmatrix}0&0&0&1\\0&1&0&0\\0&0&1&0\\1&0&0&0\end{pmatrix}$$

则不难知道,(x_{ij}^*)就是问题(b_{ij})的最优解,从而根据定理 6-1,它也是原问题(c_{ij})的最优解。

记所得矩阵(b_{ij})中位于不同行、列的 0 元最多个数为 n_b,假如 $n_b<n$,则称当前矩阵(b_{ij})为**非优阵**,须予以调整。这时先要用最少的直线来覆盖非优阵(b_{ij})中所有 0 元,由定理 6-2 易知最少直线数即为 n_b,覆盖后能够正确识别应须继续采用同解变换(6-26)的对象行、列……直至 $n_b=n$ 止。

2. 基本步骤

匈牙利法与前面各种运筹学方法的基本步骤类同,也大致分为 3 步,但调整非优方案步骤稍繁而细分为 2 步,从而共有以下 4 步:①效益阵的初始变换——0 元的获得;②最优性检验;③找出覆盖非优阵中所有 0 元的最少直线集合;④非优阵变换——0 元的移动。现就例 6-12 分述如下:

1° 效益阵的初始变换——0 元的获得

(1) 效益阵的每行元素都减去该行最小元素 u_i;

(2) 所得矩阵每列元素都减去该列最小元素 v_j。

按此步骤,对例 6-12 的效益阵变换如下:

$$(c_{ij})=\begin{pmatrix}46&48&40&47\\35&44&43&40\\34&41&39&43\\47&45&42&41\end{pmatrix}\begin{matrix}u_i\\40\\35\\34\\42\end{matrix}\rightarrow\begin{pmatrix}6&8&0&7\\0&9&8&5\\0&7&5&9\\5&3&0&2\end{pmatrix}\rightarrow\begin{pmatrix}6&5&0&5\\0&6&8&3\\0&4&5&7\\5&0&0&0\end{pmatrix}=(b_{ii})$$
$$v_j\quad\quad 3\quad\quad 2$$

2° 最优性检验

(1) 行列检验：在未加标记的 0 元中，找出 0 元最少的一**排**(行列统称)，选一 0 元画圈成为⓪。

(2) 将该⓪元所在行、列其余 0 元全部划去，成为∅；凡⓪，∅，就属于已加标记的 0 元。

(3) 重复步骤(1)，(2)，直到所有 0 元都加上标记为止，则画圈⓪元的个数即 n_b。若 $n_b=n$，则结束；否则，当前阵非优，转 3°。

按此步骤，对本例的 (b_{ij}) 阵实施如下：

$$\begin{bmatrix} 6 & 5 & \textcircled{0} & 5 \\ 0 & 6 & 8 & 3 \\ 0 & 4 & 5 & 7 \\ 5 & 0 & \emptyset & 0 \end{bmatrix} \rightarrow \begin{bmatrix} 6 & 5 & \textcircled{0} & 5 \\ \textcircled{0} & 6 & 8 & 3 \\ \emptyset & 4 & 5 & 7 \\ 5 & 0 & \emptyset & 0 \end{bmatrix} \rightarrow \begin{bmatrix} 6 & 5 & \textcircled{0} & 5 \\ \textcircled{0} & 6 & 8 & 3 \\ \emptyset & 4 & 5 & 7 \\ 5 & \textcircled{0} & \emptyset & \emptyset \end{bmatrix} = \boldsymbol{B}_1$$

由于位于不同行、列的⓪元最多个数为 $n_b=3<4=n$，所以当前阵 $\boldsymbol{B}_1$ 非优。

3° 找出覆盖非优阵中所有 0 元的最少直线集合

(1) 对没有⓪元的行打√；

(2) 对打√的行中所有∅元所在的列打√；

(3) 对打√的列中所有⓪元所在的行打√；

(4) 重复(2)，(3)，直到不存在符合打√条件的行、列为止；

(5) 对没有打√的行画横线，对打√的列画竖线，这就是覆盖所有 0 元的最少直线集合。

对本例的 $\boldsymbol{B}_1$ 阵实施此步骤的过程如下：(1)对没有⓪元的第 3 行打√；(2)对第 3 行中∅元所在的第 1 列打√；(3)对第 1 列中⓪元所在的第 2 行打√；(4)第 2 行没有∅元，打√结束；(5)对没有打√的 1，4 行画横线，对打√的第 1 列画竖线，得到

$$\left[\begin{array}{cccc} \vdots & & & \\ \cdots 6 \cdots & 5 \cdots & \textcircled{0} \cdots & 5 \cdots \\ \vdots & & & \\ \textcircled{0} & 6 & 8 & 3 \\ \vdots & & & \\ \emptyset & 4 & 5 & 7 \\ \vdots & & & \\ \cdots 5 \cdots & \textcircled{0} \cdots & \emptyset \cdots & \emptyset \cdots \\ \vdots & & & \end{array}\right] \begin{array}{c} \\ \\ \\ \surd \\ \\ \surd \\ \\ \\ \\ \end{array} = \boldsymbol{B}_2$$

$$\surd$$

4° 非优阵变换——0 元的移动

(1) 在未被覆盖的元素中找出最小数；

(2) 未被覆盖的元素都减去该最小数；

(3) 覆盖线十字交叉处的元素都加上该最小数；其他元素不变。

(2)，(3)相当于：打√的行中所有元素都减去该最小数；打√的列中所有元素都加上该最小数。

按此步骤，对本例的 $\boldsymbol{B}_2$ 阵实施如下：(1)在未被覆盖的元素中找出最小数 3；后续步

骤为

$$\boldsymbol{B}_2=\left(\begin{array}{cccc|c} \cdots 6 \cdots & 5 \cdots & \textcircled{0} \cdots & 5 \cdots & v_i \\ \textcircled{0} & 6 & 8 & 3 & 3 \\ \emptyset & 4 & 5 & 7 & 3 \\ \cdots 5 \cdots & \textcircled{0} \cdots & \emptyset \cdots & \emptyset \cdots & \end{array}\right) \xrightarrow{4^\circ} \begin{pmatrix} 9 & 5 & 0 & 5 \\ 0 & 3 & 5 & 0 \\ 0 & 1 & 2 & 4 \\ 8 & 0 & 0 & 0 \end{pmatrix} \xrightarrow{2^\circ} \begin{pmatrix} 9 & 5 & \textcircled{0} & 5 \\ \emptyset & 3 & 5 & \textcircled{0} \\ \textcircled{0} & 1 & 2 & 4 \\ 8 & \textcircled{0} & \emptyset & \emptyset \end{pmatrix} = \boldsymbol{B}_3$$

$$v_j \quad -3$$

$\boldsymbol{B}_3$ 中已有 4 个⓪元，即 $n_b=4=n$，所以当前阵 $\boldsymbol{B}_3$ 已为最优。按⓪元对应的“对象—任务”关系，可得本例的最优指派方案，见表 6-14。

表 6-14 模具加工指派问题的最优方案

钳　工	甲	乙	丙	丁
模　具	C	D	A	B

最少总耗时为

$$z^*=40+40+34+45=159(\text{小时})$$

恰好等于整个计算过程中所减去的所有位势 u_i, v_j 的总和(读者自行验证)，这是必然的。

3. 标准化

匈牙利法基于**标准形**，即，满足以下 3 个条件的指派模型：

(1) 目标要求为 min；

(2) 效率阵(c_{ij})为方阵；

(3) 阵中元素 $c_{ij}\geqslant 0$，且为常数。

显然，例 6-12 为标准形指派问题。但实际问题多非标准，先须标准化方能适用匈牙利法。下面举例予以说明。

【例 6-13】 甲、乙、丙、丁四艘货轮有待驶往 A,B,C 三个终到港口送货，所获利润(万元)如表 6-15 所示，其中“—”表示不胜任。若一地所需货物只需一艘货轮运送，则当如何指派？

表 6-15

港口＼货轮	甲	乙	丙	丁
A	−3	2	−1	1
B	0	—	1	4
C	5	—	8	—

解 本例全不符合 3 条标准。为使其标准化，分述如下：

(1) 本例目标要求为运货利润 max；可用阵中最大元素 8 逐一减去每一元素，化成

$$\begin{pmatrix} 11 & 6 & 9 & 7 \\ 8 & — & 7 & 4 \\ 3 & — & 0 & — \end{pmatrix}$$

这样,新阵元素与原阵对应元素大小恰好相反,即可视为"运价",便符合目标要求 min。

(2) 效率阵(c_{ij})有 3 行 4 列;为化为方阵,可增添一行 0 元,这相当于虚设一个港口,故"运价"全都为 0。

(3) 将阵中元素"—"替以 M;最终化成

$$\begin{pmatrix} 11 & 6 & 9 & 7 \\ 8 & M & 7 & 4 \\ 3 & M & 0 & M \\ 0 & 0 & 0 & 0 \end{pmatrix}$$

便完全符合标准了。

习 题

6.1 下述 IP 问题能否通过 LP 解的圆整而得最优解?

(1) $\max z=3x_1+2x_2$

$$\text{s.t.}\begin{cases} 2x_1+3x_2\leqslant 14 \\ 2x_1+\ x_2\leqslant 9 \\ x_1,\ \ x_2\geqslant 0 \\ x_1,\ \ x_2\ \text{为整数} \end{cases}$$

(2) $\max z=3x_1+2x_2$

$$\text{s.t.}\begin{cases} -4x_1+3x_2\leqslant 6 \\ 3x_1+2x_2\leqslant 18 \\ x_1,\ \ x_2\geqslant 0 \\ x_1,\ \ x_2\ \text{为整数} \end{cases}$$

6.2 试用分支定界法求解下述 IP 问题。

(1) $\max z=5x_1+8x_2$

$$\text{s.t.}\begin{cases} x_1+\ x_2\leqslant 6 \\ 5x_1+9x_2\leqslant 45 \\ x_1,\ \ x_2\geqslant 0 \\ x_1,\ \ x_2\ \text{为整数} \end{cases}$$

(2) $\max z=x_1+x_2$

$$\text{s.t.}\begin{cases} 14x_1+9x_2\leqslant 51 \\ -6x_1+3x_2\leqslant 1 \\ x_1,\ \ x_2\geqslant 0 \\ x_1,\ \ x_2\ \text{为整数} \end{cases}$$

(3) $\max z=x_1+2x_2$

$$\text{s.t.}\begin{cases} -2x_1+4x_2\leqslant 1 \\ 2x_1+4x_2\geqslant 3 \\ 2x_1+\ x_2\leqslant 3 \\ x_1,\ \ x_2\ \text{为整数} \end{cases}$$

(4) $\max z=x_1-2x_2$

$$\text{s.t.}\begin{cases} -5x_1+5x_2\leqslant 4 \\ -3x_1+3x_2\geqslant 1 \\ x_1\geqslant 0 \\ x_1,\ \ x_2\ \text{为整数} \end{cases}$$

(5) $\max z=3x_1+2x_2$

$$\text{s.t.}\begin{cases} 2x_1-4x_2+2x_3 \qquad =5 \\ 4x_1+2x_2 \qquad +2x_4=3 \\ x_1,x_2,x_3,x_4\geqslant 0 \\ x_1,x_2,x_3,x_4\ \text{为整数} \end{cases}$$

6.3 试用割平面法求解下述 IP 问题。

(1) 6.2(1)题；

(2) $\max z=x_1+x_2$

$$\text{s.t.}\begin{cases}2x_1+x_2\leqslant 6\\4x_1+5x_2\leqslant 20\\x_1,\ x_2\geqslant 0\\x_1,\ x_2\ \text{为整数}\end{cases}$$

(3) $\max z=3x_1+x_2$

$$\text{s.t.}\begin{cases}2x_1+x_2\leqslant 5\\4x_1-x_2\leqslant 2\\x_1,\ x_2\geqslant 0\\x_1,\ x_2\ \text{为整数}\end{cases}$$

6.4 试建立下述问题的数学模型：

(1) 某省外贸局拟从表 6-16 所示应试者中招聘 4 名工作人员，希望所招 4 人平均业务能力评分最高，且满足下述要求：①专业不得相同；②女性最多不超过 2 人；③至少有 1 名精通日语者；④精通英语者最多入选 1 人。

表 6-16

姓　名	性别	专业	精通语种	业务能力评分
戴胜春	男	纺织	英	95
杨　光	女	机械	英	93
马　跃	男	化工	德	87
李玉芬	女	电子	法	87
康　平	男	机械	日	83
姜　洁	女	食品	日	73

(2) 要用 m 台同一规格的机床加工 n ($>m$)个不同零件，加工第 j 个零件需要 $a_j(j=1,2,\cdots,n)$机时。应如何分配加工任务，才能使各机床的负荷尽可能均衡？

(3) 某厂为生产某种新产品设计了三种生产方案，如表 6-17 所示。该产品销价为每件 10 元，据市场调研，在该产品生命周期内的需求量为 30 万件。应如何拟订生产计划能使经济效益最佳？

表 6-17

方案	一次性投资/万元	生产费用/(元/件)	生产能力/万件
Ⅰ	10	5	8
Ⅱ	16	4	14
Ⅲ	25	3	22

(4) 某石油化学工业公司的某项产品售价为每公升 1.20 元，产量随生产过程中温度的升高而增加，其数量关系如图 6-9 所示。假定产品成本与生产中的温度成正比，每提高一度的费用为 30 元，则应生产多少公升该项产品，才能使利润为最大？

(5) 考虑 1.2(2)题。假定预计明年 A,B,C 三市用煤量分别增加 8,10,12 万吨。计划部门为了使产销平衡，打算增加一套年产 30 万吨煤的成套设备，这套设备安放到甲、乙煤矿，年产 30 万吨煤所增加的生产费用分别为 20,25 万元。应将设备拨给哪个煤矿，能使增加的总费用(包括生产与运输两部分)为最低？

(6) 某人要去A市探亲,由于他已领取了个体经营(干鲜水果)的执照,因此打算顺便贩运本地产的橘子、香蕉两种鲜果。橘子、香蕉在本地的购价分别为每箱4,5元,每箱毛重分别为8kg,12kg。由于春节将临,因此他考虑两种贩运方式:若乘飞机,能在除夕前赶到,从而能卖高价,且能保证果品无损;若乘轮船,则在初四赶到,只能卖中高价格,且因途中果品会有损伤而使每箱收入减少10%,有关数据如表6-18所示。另外,他已决定要用相当于毛重各为半箱数量的橘子、香蕉馈赠亲友,而且途中要携带2kg的生活日用品。问他应乘坐哪种交通工具且携带两种果品各多少箱,才能使这次贩运预计盈利最高?

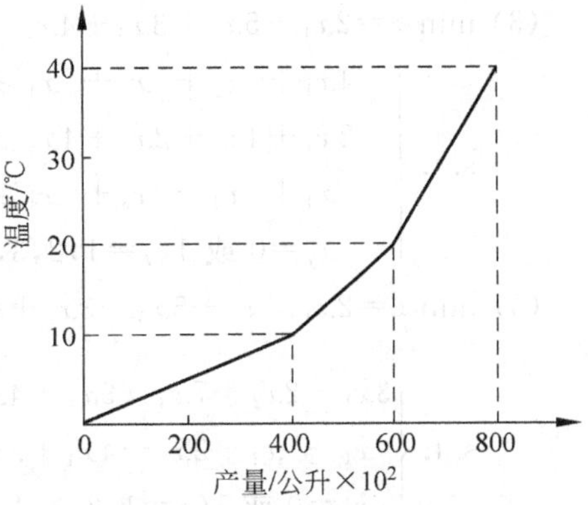

图 6-9

表 6-18

贩运方式	单程票价/元	免费携重/kg	超重收费/(元/kg)	限重/kg	限容/箱	A市时价/(元/箱)	
						橘子	香蕉
飞机	450	10	1.00	50	5	24	28
轮船	60	30	0.40	100	10	20	23

6.5 考虑下述数学模型:

$$\min z = f_1(x_1) + f_2(x_2)$$

满足下述约束条件:

(1) 非 $x_1 \geqslant 10$ 即 $x_2 \geqslant 10$;

(2) 下列不等式至少有一个成立:

$$2x_1 + x_2 \geqslant 15$$
$$x_1 + x_2 \geqslant 15$$
$$x_1 + 2x_2 \geqslant 15$$

(3) $|x_1 - x_2| = 0$ 或 5,或 10;

(4) $x_1 \geqslant 0, x_2 \geqslant 0$。

其中:

$$f_1(x_1) = \begin{cases} 20 + 5x_1, & x_1 \geqslant 0 \\ 0, & x_1 = 0 \end{cases}; \qquad f_2(x_2) = \begin{cases} 12 + 6x_2, & x_2 \geqslant 0 \\ 0, & x_2 = 0 \end{cases}$$

试把此模型化为一个混合整数规划模型。

6.6 试用分支定界法求解下述0-1规划:

(1) $\max z = 3x_1 - 2x_2 + 5x_3$

$$\text{s.t.} \begin{cases} x_1 + 2x_2 - x_3 \leqslant 2 \\ x_1 + 4x_2 + x_3 \leqslant 4 \\ x_1 + x_2 \leqslant 3 \\ 4x_2 + x_3 \leqslant 6 \\ x_j = 0 \text{ 或 } 1 (j = 1,2,3) \end{cases}$$

(2) $\min z = 4x_1 + 3x_2 + 3x_3$

$$\text{s.t.} \begin{cases} 2x_1 - 5x_2 + 3x_3 \leqslant 4 \\ 4x_1 + x_2 + 3x_3 \geqslant 3 \\ x_2 + x_3 \geqslant 1 \\ x_j = 0 \text{ 或 } 1 (j = 1,2,3) \end{cases}$$

(3) $\min z=2x_1+5x_2+3x_3+4x_4$

$$\text{s.t.}\begin{cases}-4x_1+x_2+x_3+x_4\geqslant 0\\ -2x_1+4x_2+2x_3+4x_4\geqslant 4\\ x_1+x_2-x_3+x_4\geqslant 1\\ x_j=0\text{ 或 }1(j=1,2,3,4)\end{cases}$$

(4) $\max z=8x_1+2x_2-4x_3-7x_4-5x_5$

$$\text{s.t.}\begin{cases}3x_1+3x_2+x_3+2x_4+3x_5\leqslant 4\\ 5x_1+3x_2-2x_3-x_4+x_5\leqslant 4\\ x_j=0\text{ 或 }1(j=1,2,3,4,5)\end{cases}$$

(5) $\min z=2x_1-x_2+5x_3-3x_4+4x_5$

$$\text{s.t.}\begin{cases}3x_1-2x_2+7x_3-5x_4+4x_5\leqslant 6\\ x_1-x_2+2x_3-4x_4+2x_5\leqslant 0\\ x_j=0\text{ 或 }1(j=1,2,3,4,5)\end{cases}$$

(6) $\min z=5x_1+6x_2+7x_3+8x_4+9x_5$

$$\text{s.t.}\begin{cases}3x_1-x_2+x_3+x_4-2x_5\geqslant 2\\ x_1+3x_2-x_3-2x_4+x_5\geqslant 0\\ -x_1-x_2+3x_3+x_4+x_5\geqslant 1\\ x_j=0\text{ 或 }1(j=1,2,3,4,5)\end{cases}$$

6.7 证明匈牙利法的定理1,画出匈牙利法计算步骤的框图。

6.8 某厂拟用5台机床加工5种零件,其加工费(元)如表6-19所示。若每台机床只加工1种零件,则应如何分配任务才能使总加工费最少?

表 6-19

机床 \ 零件	1	2	3	4	5
1	4	1	8	4	2
2	9	8	4	7	7
3	8	4	6	6	2
4	6	5	7	6	2
5	5	5	4	3	1

6.9 5人翻译5种外文的速度(印刷符号/小时)如表6-20所示。

表 6-20

人 \ 语种	英	俄	日	德	法
甲	900	400	600	800	500
乙	800	500	900	1 000	600
丙	900	700	300	500	800
丁	400	800	600	900	500
戊	1 000	500	300	600	800

若规定每人专门负责1个语种的翻译工作,试解答下列问题:

(1) 应如何指派,使总的翻译效率最高?

(2) 若甲不懂德文,乙不懂日文,其他数字不变,则应如何指派?

(3) 若将效益阵中各数字都除以100,然后求解,问最优解有无变化?为什么?

6.10 年初,某公司拟在广东地区最有影响力、阅读率最高的四份报纸:广州日报、羊城晚报、新快报、南方都市报(以下称 A,B,C,D 报)进行广告宣传活动。各报纸不同时间的广告费用(元)如表 6-21 所示。由于资金有限,希望在每个星期阅报率较高而广告量较少的周一、周二、周三、周四都刊登广告,实现均衡的高曝光率。若每周在各报只刊登 1 次广告,则如何选择各报纸刊登广告的时间为费用最省?

表 6-21

时间 报纸	周一	周二	周三	周四
A	22 600	20 700	16 530	18 600
B	1 600	1 600	1 600	1 600
C	26 400	26 400	29 000	29 000
D	21 900	20 070	16 720	17 520

6.11 南山市卫生局于护士节举行"三基"护理操作比赛,项目包括:吸氧操作、铺床操作、无菌技术操作,每个医院可派 3 人参加单项比赛。罗湖医院通过公开竞赛,评选出了 4 名优胜者,其各项成绩(分数)如表 6-22 所示。应从中再选哪 3 名护士参加市局比赛?

表 6-22

护士 项目	甲	乙	丙	丁
吸　氧	98	100	96	99
铺　床	97	99	97	96
无菌技术	99	95	96	93

6.12 5 名游泳运动员的百米最好成绩如表 6-23 所示,应从中选哪 4 个人组成一个 4×100m 混合泳接力队?

表 6-23

游泳运动员 泳姿	甲	乙	丙	丁	戊
蝶泳	1′06″8	57″2	1′18″	1′01″	1′07″4
仰泳	1′15″6	1′06″	1′07″8	1′14″2	1′11″
蛙泳	1′27″	1′06″4	1′24″6	1′09″6	1′23″8
爬泳	58″6	53″	59″4	57″2	1′02″4

6.13 有 5 辆汽车待驶往 3 个目的地送货,一地的货物只需 1 辆汽车运送,其运费(元)如表 6-24 所示。

表 6-24

汽车 目的地	1	2	3	4	5
A	10	12	14	11	13
B	13	20	23	15	21
C	8	6	10	7	5

(1) 试求最优调运方案;

(2) 若表中数字表示所得利润,则应如何调运?

(3) 若车 2 载不下 A 地所需货物,车 5 载货时爬不上通往 B 地必由之路上的山坡,则对(1),(2)之最优解各有何影响?

6.14 某厂人事部门拟选拔 4 人分别担任生产、技术、行政、后勤 4 个部门的领导工作。经过反复筛选,最后确定从 6 名人选中产生。根据群众和不同部门、不同层次的干部对这 6 人在有关 4 个方面的能力与绩效进行考评的结果,利用模糊数学的综合评判法得到表 6-25 所示评分(表中数值越大越好)。问据此结果应如何选择?

表 6-25

人员 业务	甲	乙	丙	丁	戊	戌
生产	0.70	0.15	0.70	0.40	0.48	0.15
技术	0.25	0.64	0.30	0.64	0.10	0.40
行政	0.53	0.20	0.80	0.10	0.40	0.48
后勤	0.80	0.10	0.50	0.40	0.30	0.70

第7章

目标规划

目标规划(goal programing,GP)是多目标线性规划的一种模型与方法,可以解决线性规划无法解决的一些实际问题。它以线性规划为基础,其模型结构与算法本质上同线性规划一致,但也有独自特点,故单列一章简介。

7.1 基本模型

7.1.1 问题的提出

线性规划在实际应用中主要有以下两点不足之处:

(1) 线性规划只有一个目标函数,只能使一个目标最优化。而实际应用中,人们可能需要使多个目标都尽可能优化,如效益高、质量佳、能耗低、排污少等,则线性规划就无能为力了。

(2) 线性规划能够付诸实施,有一个前提,就是可行域非空集。但是,人们在管理上总会提出一些要求,如前篇范例,若提出甲、乙产品每周总产量不低于 10 件,则可行域为空集,对此,线性规划也无能为力了。

目标规划正是针对线性规划的这两点不足予以改进,而逐渐形成的一种新的理论与方法。下面举例说明这种改进方法的要点。

【例 7-1】 某化工厂用某种成套设备生产甲、乙两种产品,单耗分别为每吨 2,3 工时,而该设备正常生产每天最大运行能力为 18 工时,需要增加能力可加班运行。甲、乙产品利润分别为 500 元/吨,400 元/吨,每周需求量分别为 30,20 吨。该厂希望这两种产品每天利润达到 4 000 元以上,产量符合需求量比例,还希望充分利用设备正常生产能力,但尽量避免加班,则应如何安排生产?

解 本例有利润、产量、产能 3 项目标,属于多目标规划问题。若只考虑利润一项目标,而将产量、产能目标转化为约束条件,就成为一个线性规划问题了。

设每天甲、乙产品产量为 x_1,x_2 吨,总利润为 $z(1\times100)$元,则其数学模型如下:

$$\max z = 5x_1 + 4x_2 \quad ⓪$$

$$\text{s.t.}\begin{cases} x_1 \leqslant 6 & ① \\ x_2 \leqslant 4 & ② \\ 2x_1 - 3x_2 = 0 & ③ \\ 2x_1 + 3x_2 \leqslant 18 & ④ \\ x_1,\quad x_2 \geqslant 0 & ⑤ \end{cases} \tag{7-1a}$$

用甲、乙产品需求量除以每周工作日 5,作为日产量上界,此即式①,②的由来。式③是产量符合需求量比例的约束。

用图解法求解,见图 7-1,可行域为线段 OF,而点 F 即给出最优解:

$$x_1^* = 9/2(\text{吨}/\text{天}),\quad x_2^* = 3(\text{吨}/\text{天});\quad z^* = 3\,450(\text{元})$$

该结果未能使利润达到目标值 4 000 元。

若给式(7-1a)增加利润约束

$$5x_1 + 4x_2 \geqslant 40 \qquad ⑥ \tag{7-1b}$$

记此 LP 问题为(7-1b),见图 7-2。式①,②,⑤的交集即矩形 $OABC$,在此区域内:式③即线段 OB,式④即五边形 $OADEC$,式⑥即三角形 BMN,④,⑥的交集为空集,故 LP 问题(7-1b)无可行解。对此,线性规划已无能为力。

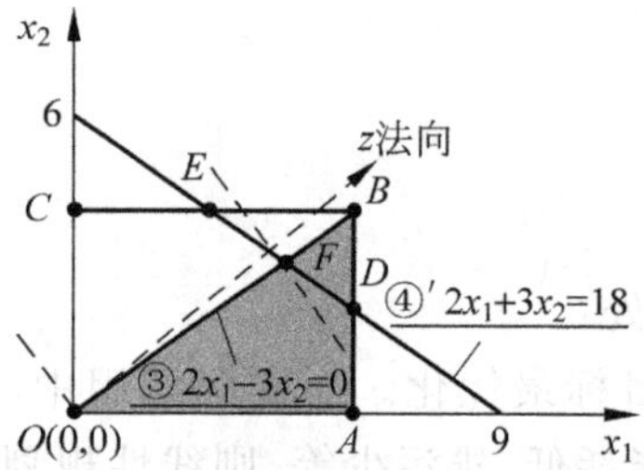

图 7-1

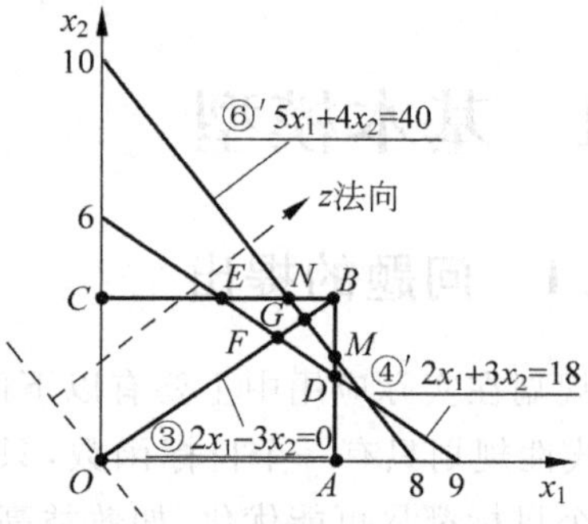

图 7-2

而目标规划则不把式③,④,⑥作为硬性约束,而是作为 3 个目标变通处理。

若各目标优先满足的顺序为④,⑥,③,则应在线段 DE 上选择离直线 MN 最近的一点 D 作为问题的解(吨/天):

$$x_1 = 6,\quad x_2 = 2$$

这样,虽然利润、产量目标都未获满足,却是不加班的前提下,利润目标最优的方案。

若各目标优先满足的顺序为⑥,③,④,则在线段 BG 上选择离五边形 $OADEC$ 最近的一点 G 作为问题的解(吨/天):

$$x_1 = 120/23,\quad x_2 = 80/23$$

这样,利润、产量目标都得到满足,但是每天消耗设备能力约为 21 工时,已超过正常生产能力 18 工时,需加班约 3 工时。如此等等,不一而足。

上面就例 7-1 简介了目标规划的图解法,同线性规划一样,这仅适于二维问题。为了学习更一般的方法,下面先来介绍目标规划的基本概念。

7.1.2 基本概念

1. 目标约束

对例 7-1 而言,甲、乙产品日需量为 6,4 吨,不容许有丝毫超出,故称式①,②为**刚性约束或系统约束**。另外,式⑤也是系统约束。而式④称为**弹性约束**,因为需要时可以加班运行,从而设备每天运行能力容许超过 18 工时。而弹性约束总伴随以人们在管理上提出的目标要求,如前所述“尽量避免加班”,等等,故弹性约束一般称为**目标约束**。而式③,⑥也是目标约束。

由于目标约束往往是相互矛盾、不相容的,如例 7-1 的式④,⑥在式①,②,⑤区域内即不相容,因此,目标规划往往没有最优解,只有**满意解**,如例 7-1 的 $D(6,2)$,$G(120/23,80/23)$ 等。而满意解不能达成所有目标,总会有所偏差。

2. 偏差变量

为了刻画满意解对应的每一目标的实际值与目标值的差距,需要引入偏差变量的概念与符号:

d^- —— **负偏差变量**,表示实际值未达目标值的差距

d^+ —— **正偏差变量**,表示实际值超过目标值的差距

正、负偏差变量二者,至少有一个取值为 0。

(1) 若实际值未达目标值,则 $d^- > 0, d^+ = 0$;

(2) 若实际值超过目标值,则 $d^- = 0, d^+ > 0$;

(3) 若实际值恰好等于目标值,则 $d^- = d^+ = 0$。

譬如例 7-1 的模型(7-1b),可为其式⑥同时引入正、负偏差变量,成为

$$5x_1 + 4x_2 + d_1^- - d_1^+ = 40$$

而偏差变量 d_1^-,d_1^+ 二者,至少有一个取值为 0,更具体地说:

(1) 当实际值 $5x_1 + 4x_2$ 未达目标值 40 时,即当 $5x_1 + 4x_2 < 40$ 时,则 $d_1^- > 0, d_1^+ = 0$;

(2) 当 $5x_1 + 4x_2 > 40$ 时,则 $d_1^- = 0, d_1^+ > 0$;

(3) 当 $5x_1 + 4x_2 = 40$ 时,则 $d_1^- = d_1^+ = 0$。

可见偏差变量 d^-,d^+ 与 LP 的松弛、剩余变量作用类似,但前二者可同时存在于一个约束之中,又与 LP 的松弛、剩余变量不同。

3. 优先级与权数

由于目标规划有不止一个目标,为了区分其重要性与重要程度,需要引入新的概念与符号。

若有 $r(\geqslant 2)$ 个目标的重要性相差悬殊,则可划分为 r 个**优先级**,并用**优先因子**

$$P_1 \gg P_2 \gg \cdots \gg P_r$$

表示重要性,其中“$\gg$”表示“远远重要于”。优先因子 $P_k(k=1,2,\cdots,r)$ 是定性因素,非数量指标。

若有几个目标重要性相差不很悬殊,则可归于同一优先级。又若其量纲相同,则为区别其重要程度的差异,还可赋予不同的权数;另外,对偏差变量 d^-,d^+ 也可赋予不同的权数,而权数是无实际量纲的数量指标。

下面,就以例 7-1 来具体说明如何为实际问题建立目标规划模型。

假设该厂提出 3 个目标并规定优先级如下:

P_1:甲、乙两种产品每天利润达到 4 000 元以上;

P_2:甲、乙产品的产量符合需求量比例;

P_3:充分利用设备正常生产能力,并且尽量避免加班。

这样,式⑥,③,④全都需要改成下述目标约束:

$$\text{利润:} \quad 5x_1 + 4x_2 + d_1^- - d_1^+ = 40$$

$$\text{产量：}\quad 2x_1 - 3x_2 + d_2^- - d_2^+ = 0$$

$$\text{产能：}\quad 2x_1 + 3x_2 + d_3^- - d_3^+ = 18$$

下面，分别建立每个优先级的目标函数，记为 z_k($k=1,2,3$)，称为**分目标函数**。

(1) 为使两种产品每天利润达到 4 000 元以上，即 $5x_1+4x_2 \geqslant 40$，应使 $d_1^-=0$；即便达不到这点，也应使 d_1^- 最小化，即有

$$\min z_1 = d_1^-$$

(2) 为使两种产品的产量符合需求量比例，即 $2x_1-3x_2=0$，应使 $d_2^-=d_2^+=0$ 或 $d_2^-+d_2^+=0$；即便达不到这点，也应使 $d_2^-+d_2^+$ 最小化，即有

$$\min z_2 = d_2^- + d_2^+$$

(3) 为充分利用设备正常生产能力，并且尽量避免加班，与(2)类似应使 $d_3^-=d_3^+=0$。但若达不到这点，则宁肯加班也不愿闲置设备能力；又若认定前者重要程度是后者的 2 倍，则可赋予 d_3^-，d_3^+ 以不同权数 1，2，即有

$$\min z_3 = d_3^- + 2d_3^+$$

为简化表示，可将上述 3 个目标合并为如下形式的一个目标：

$$\min z = P_1 d_1^- + P_2(d_2^- + d_2^+) + P_3(d_3^- + 2d_3^+)$$

尽管很不严谨，但已约定俗成。

综上，可得例 7-1 的 GP 模型：

$$\min z = P_1 d_1^- + P_2(d_2^- + d_2^+) + P_3(d_3^- + 2d_3^+)$$

$$\text{s. t.}\begin{cases} x_1 \leqslant 6 & ① \\ x_2 \leqslant 4 & ② \\ 5x_1 + 4x_2 + d_1^- - d_1^+ = 40 & ③ \\ 2x_1 - 3x_2 + d_2^- - d_2^+ = 0 & ④ \\ 2x_1 + 3x_2 + d_3^- - d_3^+ = 18 & ⑤ \\ x_1,\ x_2,\ d_k^-,\ d_k^+ \geqslant 0,(k=1,2,3) & ⑥ \end{cases} \tag{7-2}$$

7.1.3 一般模型

一般目标规划的基本模型如下：

$$\min z = \sum_{k=1}^{r} P_k z_k, \qquad (r \leqslant m) \tag{7-3a}$$

$$\text{s. t.}\begin{cases} \sum_{j=1}^{n} a_{sj} x_j \leqslant b_s, & (s=1,2,\cdots,l) \quad (7\text{-}3b) \\ \sum_{j=1}^{n} a_{ij} x_j + d_i^- - d_i^+ = e_i, & (i=1,2,\cdots,m) \quad (7\text{-}3c) \\ x_j, d_i^-, d_i^+ \geqslant 0, & (j=1,2,\cdots,n) \quad (7\text{-}3d) \end{cases}$$

式(7-3b)是系统约束，诸如需求量约束、规格约束、资源约束，等等，都是系统内部结构性的约束，且均未受到来自系统外部的、人为提出的目标要求的干扰。

式(7-3c)是目标约束，都是根据人们从经营管理上提出的各种目标要求而构成，一般都须形如“$+d_i^- - d_i^+$”那样同时引入正、负偏差变量。但有时也可根据需要，形如“$+d_i^-$”或

“$-d_i^+$”引入单个偏差变量,或按其他形式引入偏差变量。

式(7-3a)中每一 z_k 都是一个分目标函数,一般都等于该级别的各偏差变量与其权数乘积之和。而列入哪些、如何列入偏差变量,则应按不同目标要求而区别对待。

(1) 若容许不达目标而避免超过目标值 e_i,如费用、产能、人力等消耗指标,则只引入正偏差变量,即令

$$\min z_k = d_i^+$$

譬如例 7-1,若提出加班不超过 8 个工时的目标要求,则目标约束与目标函数如下:

$$d_3^+ + d_4^- - d_4^+ = 8$$
$$\min z_4 = d_4^+$$

(2) 若容许超过目标而避免不达目标值 e_i,如利润、收益、品质等产出指标,则只引入负偏差变量,即令

$$\min z_k = d_i^-$$

(3) 若既避免超过、又避免不达目标,而希望恰好达到目标值 e_i,则须同时引入正、负偏差变量,并且分别赋权,即令

$$\min z_k = w_{ki}^- d_i^- + w_{ki}^+ d_i^+$$

(4) 若有几个目标属于同一优先级,且其量纲相同,则须视实适当引入正、负偏差变量,并且分别赋权,即令

$$\min z_k = \sum_{i=1}^{m} (w_{ki}^- d_i^- + w_{ki}^+ d_i^+)$$

其中某些 w_{ki}^- 或 w_{ki}^+ 可为 0。

7.2 基本方法

GP 的基本方法与 LP 类同,也是单纯形法,称为**目标规划单纯形法**。由于 GP 有 $r(\geqslant 2)$ 个分目标,所以其单纯形表中的检验数也分为 r 行,各行检验数须按不同优先级的数据分别计算,且由高到低,逐级优化(化为非负)。下面就以例 7-1 来具体说明该法的基本步骤与运算过程。

1° 标准化

由于例 7-1 等一切 GP,其目标函数中一切结构变量 x_j 的系数恒为 0,且目标要求恒为 min,所以只需将一切偏差变量的权系数全部反号,就可将目标函数标准化。再给例 7-1 的 GP 模型(7-2)的①,②两式分别引入松弛变量 x_3, x_4,便得例 7-1 的标准形:

$$\max z = P_1(-d_1^-) + P_2(-d_2^- - d_2^+) + P_3(-d_3^- - 2d_3^+)$$

$$\text{s.t.}\begin{cases} x_1 + x_3 = 6 & ① \\ x_2 + x_4 = 4 & ② \\ 5x_1 + 4x_2 + d_1^- - d_1^+ = 40 & ③ \\ 2x_1 - 3x_2 + d_2^- - d_2^+ = 0 & ④ \\ 2x_1 + 3x_2 + d_3^- - d_3^+ = 18 & ⑤ \\ x_1, x_2, x_3, x_4, d_k^-, d_k^+ \geqslant 0, (k = 1,2,3) & ⑥ \end{cases} \tag{7-4}$$

以 $x_3, x_4, d_k^-(k=1,2,3)$ 为基变量,式(7-4)已是典式。

2° 建立初始单纯形表

为式(7-4)建立初始单纯形表,见表7-1。

表7-1 例7-1的初始单纯形表

P_k								P_1		P_2		P_3	
	c_j			0	0	0	0	−1	0	−1	−1	−1	−2
		基	解	x_1	x_2	x_3	x_4	d_1^-	d_1^+	d_2^-	d_2^+	d_3^-	d_3^+
	0	x_3	6	1	0	1	0	0	0	0	0	0	0
	0	x_4	4	0	1	0	1	0	0	0	0	0	0
P_1	−1	d_1^-	40	5	4	0	0	1	−1	0	0	0	0
P_2	−1	d_2^-	0	(2)	−3	0	0	0	0	1	−1	0	0
P_3	−1	d_3^-	18	2	3	0	0	0	0	0	0	1	−1
σ_j			P_1	−5	−4	0	0	1	0	0	0	0	0
			P_2	−2	3	0	0	0	0	0	2	0	0
			P_3	−2	−3	0	0	0	0	0	0	0	3

表7-1中,检验数按优先级分为3行,每行检验数σ_j的计算公式形同LP单纯形法的(2-4b):

$$\sigma_j = \boldsymbol{C}_B^{\mathrm{T}}\boldsymbol{a}_j - c_j, \quad (j = 1,2,\cdots,n) \tag{7-5}$$

其中$\boldsymbol{C}_B$即c_j列。

但是,各P_k列数据c_j和$\boldsymbol{a}_j$,以及各P_k行数据c_j和$\boldsymbol{a}_j$,只限于同名P_k行检验数计算时专用。如表7-1中P_2行检验数σ_j的计算结果,及其按公式(7-5)计算时所用数据$\boldsymbol{C}_B,\boldsymbol{a}_j,c_j$,即为表7-1中阴影处的数字;而$P_2$行其他检验数全为0,不必计算。$P_1,P_3$行的检验数也是这样计算出来的。

3° 最优性检验

按优先级由高到低,依次检查表中各行检验数;现因P_1行有负检验数,则P_1级分目标非优。

4° 确定主元

这一步骤同LP单纯形法一致,在当前存在负检验数的P_1行中找出最小者−5,确定x_1进基;再按最小比值规则确定离基变量d_2^-与主元2;转5°。

5° 换基运算

这一步骤也同LP单纯形法一致,但须将主列的σ_j栏3行检验数全都化为0。对表7-1实施该步骤后,得到表7-2(a)。其中空白处数据均为0,省略未写,下同。

反复运用3°～5°,得到表7-2(b),(c)。

表7-2(c)中σ_j栏的P_1,P_2行检验数已全非负,这两级分目标已获最优;P_3行尚有负检验数−24/23,−14/23,但所有负检验数所在列的上面行中都存在正检验数,这意味着P_3级分目标无法获得最优,算法结束。否则,若要将P_3行检验数化为非负,其结果必将破坏更高级别分目标的优化。

表7-2(c)给出的满意解为

$$x_1 = 120/23(\text{吨}/\text{天}), \quad x_2 = 80/23(\text{吨}/\text{天})$$

表 7-2 例 7-1 的迭代单纯形表

序	P_k	c_j	基	解	x_1	x_2	x_3	x_4	d_1^-	d_1^+	d_2^-	d_2^+	d_3^-	d_3^+
	P_k								P_1		P_2		P_3	
		c_j			0	0	0	0	−1	0	−1	−1	−1	−2
(a)		0	x_3	6		3/2	1				−1/2	1/2		
		0	x_4	4		1		1						
	P_1	−1	d_1^-	40		23/2			1	−1	−5/2	5/2		
		0	x_1	0	1	−3/2					−1/2	1/2		
	P_3	−1	d_3^-	18		(6)					−1	1	1	−1
	σ_j			P_1		−23/2				1	5/2	−5/2		
				P_2							1	1		
				P_3		−6					1	−1		3
(b)		0	x_3	3/2			1				−1/4	1/4	−1/4	1/4
		0	x_4	1				1			1/6	−1/6	−1/6	1/6
	P_1	−1	d_1^-	11/2					1	−1	−7/12	7/12	−23/12	(23/12)
		0	x_1	9/2	1						1/4	−1/4	1/4	−1/4
		−1	x_2	3		1					−1/6	1/6	1/6	−1/6
	σ_j			P_1						1	7/12	−7/12	23/12	−23/12
				P_2							1	1		
				P_3									1	2
(c)		0	x_3	18/23			1		−3/23	3/23	−4/23	4/23		
		0	x_4	12/23				1	−2/23	2/23	5/23	−5/23		
	P_1	−1	d_3^+	66/23					12/23	−12/23	−7/23	7/23	−1	1
		0	x_1	120/23	1				3/23	−3/23	4/23	−4/23		
		−1	x_2	80/23		1			2/23	−2/23	−5/23	5/23		
	σ_j			P_1					1					
				P_2							1	1		
				P_3					−24/23	24/23	14/23	−14/23	3	

与前图解法结果相同。

步骤 3°最优性检验的准则如下：

(1) 若 σ_j 栏各 P_k 行检验数全为非负，则当前解为最优解，运算结束。

(2) 若 P_k 行及其上面各行检验数全为非负，但 P_{k+1} 行存在负检验数，而且该行所有负检验数所在列的上面行中都存在正检验数，则当前解为满意解，运算结束。

(3) 若 P_k 行存在一个负检验数，而且它所在列的上面行中检验数均为 0，但该列系数全都非正，则问题无解，停止运算。

(4) 若非上述情形，则转 4°，继续运算。

在目标规划的应用中，如果各分目标的优先级发生变更，其前后求解结果也大相径庭。而优先级的划分、权数的确定，完全取决于决策者的主观判断，对此，没有明确的决策程序和客观标准，这给实用带来不便。因此，目标规划的应用，与线性规划不同，往往不能一次解决问题，而需要多次变更优先级和权数并多次求解，然后比较权衡，从中选择一个比较满意的解作为最终决策。

7.3 实用模型

目标规划克服了线性规划的缺点,可以解决一类多目标决策问题,自然很有使用价值。但是,为实际问题建立目标规划模型,尤其偏差变量的引进和设定,却并非易事。如前所述,这是运筹学建模的艺术性,需要在实际应用中千锤百炼,不断积累经验,才能提高造诣。其中,多学习前人已经建立的实用模型,是至关重要的环节。为此,下面介绍目标规划几个典型应用简例及其模型。

7.3.1 营运管理模型

【例 7-2】 某公司经营的某种商品由其所辖 2 个工厂供应 3 个客户,每天供需量(吨)以及工厂运销给客户 1 吨该商品所获利润如表 7-3 所示,最优方案如表 7-4 所示。

表 7-3 利 润 表

工厂＼客户	利润/(元/吨)			日供量/吨
	B_1	B_2	B_3	
A_1	700	900	700	120
A_2	600	800	500	80
日需量/吨	90	60	100	

表 7-4 最 优 方 案

工厂＼客户	供应量/吨			日供量/吨
	B_1	B_2	B_3	
A_1	10	60	50	120
A_2	80			80
A_3(虚)			50	50
日需量/吨	90	60	100	250

$$\text{最大总利润}: z^* = 1\,440 \times 100 \text{ 元}$$

由于所得方案仅考虑总利润最大,尚不符合许多实际情况,为此,公司决定重新研拟运销方案,以满足下述目标:

(1) 客户 B_3 所需量必须全部满足供应;

(2) 其他客户的满足率不低于 70%;

(3) 运销总利润不低于原方案的 90%。

试建立其数学模型。

解 数学模型如下:

$$\min z = P_1(d_1^- + d_1^+) + P_2(d_2^- + d_3^-) + P_3 d_4^-$$

$$\text{s.t.}\begin{cases} x_{11} + x_{12} + x_{13} = 120 & ①\\ x_{21} + x_{22} + x_{23} = 80 & ②\\ x_{11} + x_{21} \leqslant 90 & ③\\ x_{12} + x_{22} \leqslant 60 & ④\\ x_{13} + x_{23} \leqslant 100 & ⑤\\ x_{13} + x_{23} + d_1^- - d_1^+ = 100 & ⑥\\ x_{11} + x_{21} + d_2^- - d_2^+ = 63 & ⑦\\ x_{12} + x_{22} + d_3^- - d_3^+ = 42 & ⑧\\ 7x_{11} + 9x_{12} + 7x_{13} + 6x_{21} + 8x_{22} + 5x_{23} + d_4^- - d_4^+ = 1\,296 & ⑨\\ x_{ij} \geqslant 0 \quad (i = 1,2,3;\ j = 1,2,3,4) & \\ d_k^-, d_k^+ \geqslant 0 \quad (k = 1,2,3,4) & \end{cases}$$

其中式①～⑤是系统约束，是供不应求运输模型的典型约束；式⑥是"客户 B_3 所需量必须全部满足供应"的目标约束；式⑦，⑧是"其他客户的满足率不低于70%"的目标约束；式⑨是"运销总利润不低于原方案的90%"的目标约束。

7.3.2 晋酬管理模型

【例7-3】 某医院现有医生28名，定编人数32名，其职称级别等情况见表7-5。现拟进行职称调整，其目标要求如下：

表 7-5

级　别	职　称	津贴/(元/月/人)	现有人数	定编人数
Ⅰ	主任医师	2 800	2	3
Ⅱ	副主任医师	2 100	3	5
Ⅲ	主治医师	1 500	8	12
Ⅳ	医师	1 000	15	12

(1) 每月津贴总额不超过4.5万元；

(2) 各级人员数都不超过定编人数；

(3) 升入Ⅰ，Ⅱ，Ⅲ级的人数不低于各级定编人数的30%，40%，50%。

并且规定Ⅳ级人员的缺额由招聘增补，其他各级人员的增补从原有次低级别人员中晋升。另知Ⅰ级人员行将退休一人。则应如何确定各级人员调整人数？试建立其数学模型。

解 设以 $x_j(j=1,2,3,4)$ 表示第 j 级人员增补数。

(1) 每月津贴总额的目标约束与目标函数

$$0.10(15 - x_3 + x_4) + 0.15(8 - x_2 + x_3) + 0.21(3 - x_1 + x_2) + 0.28(2 - 1 + x_1) \leqslant 4.5$$

化简得

$$7x_1 + 6x_2 + 5x_3 + 10x_4 \leqslant 89$$

故有

$$7x_1+6x_2+5x_3+10x_4+d_1^- - d_1^+ = 89 \quad ①$$
$$\min z_1 = d_1^+$$

(2) **定编人数的目标约束与目标函数**

$$15-x_3+x_4\leqslant 12 \quad \rightarrow \quad x_3-x_4\geqslant 3$$
$$8-x_2+x_3\leqslant 12 \quad \rightarrow \quad -x_2+x_3\leqslant 4$$
$$3-x_1+x_2\leqslant 5 \quad \rightarrow \quad -x_1+x_2\leqslant 2$$
$$2-1+x_1\leqslant 3 \quad \rightarrow \quad x_1\leqslant 2$$

故有

$$x_3-x_4+d_2^- - d_2^+ = 3 \quad ②$$
$$-x_2+x_3+d_3^- - d_3^+ = 4 \quad ③$$
$$-x_1+x_2+d_4^- - d_4^+ = 2 \quad ④$$
$$x_1 + d_5^- - d_5^+ = 2 \quad ⑤$$
$$\min z_2 = d_2^- + d_3^+ + d_4^+ + d_5^+$$

(3) **各级晋级人数的目标约束与目标函数**

$$x_1\geqslant 3\times 0.3\approx 1$$
$$x_2\geqslant 5\times 0.4 = 2$$
$$x_3\geqslant 12\times 0.5 = 6$$

故有

$$x_1+d_6^- - d_6^+ = 1 \quad ⑥$$
$$x_2+d_7^- - d_7^+ = 2 \quad ⑦$$
$$x_3+d_8^- - d_8^+ = 6 \quad ⑧$$
$$\min z_3 = d_6^- + d_7^- + d_8^-$$

综上,可得本例数学模型如下:

$$\min z = P_1 d_1^+ + P_2(d_2^- + d_3^+ + d_4^+ + d_5^+) + P_3(d_6^- + d_7^- + d_8^-)$$

$$\text{s.t.}\begin{cases}7x_1+6x_2+5x_3+10x_4+d_1^- - d_1^+ = 89\\ x_3-x_4+d_2^- - d_2^+ = 3\\ -x_2+x_3+d_3^- - d_3^+ = 4\\ -x_1+x_2+d_4^- - d_4^+ = 2\\ x_1+d_5^- - d_5^+ = 2\\ x_1+d_6^- - d_6^+ = 1\\ x_2+d_7^- - d_7^+ = 2\\ x_3+d_8^- - d_8^+ = 6\\ x_j\geqslant 0,\text{整数},\quad (j=1,2,3,4)\\ d_k^-,d_k^+\geqslant 0,\quad (k=1,2,\cdots,8)\end{cases}$$

7.3.3 库存管理模型

【例 7-4】 某公司以批发方式经营某种商品,预计该商品今后 4 个月的购销价格如表 7-6 所示。该公司经营这种商品肯定能批发销售出去,但最大销量受仓库容量限制,

表 7-6 万元/吨

月份	1	2	3	4
购价	5.5	5.4	5.6	5.7
销价	5.8	5.6	6.0	6.2

正常库容量为8吨,非常需要时也可占用机动库容量2吨。该公司每月初批发销售,每月中旬采购进货,购货资金完全依赖销售收入。已知第1月初有库存该货物6吨,其采购价格为5.4万元/吨。该公司预定今后4个月的经营目标如下:

(1) 每月都使用正常库容,尽量不要超贮;

(2) 每月下旬都预留1万元机动资金,以备急用;

(3) 力求今后4个月的总盈利达到最大。

应如何拟订购销计划?试建立其数学模型。

解 设以$x_j(j=1,2,3,4)$表示第j月的采购量(吨);

$y_j(j=1,2,3,4)$表示第j月的销售量(吨)。

1. 销量约束

每月销量不能超过月初库存量:

$$y_1 \leqslant 6$$
$$y_2 \leqslant 6 - y_1 + x_1$$
$$y_3 \leqslant 6 - y_1 + x_1 - y_2 + x_2$$
$$y_4 \leqslant 6 - y_1 + x_1 - y_2 + x_2 - y_3 + x_3$$

标准化

$$y_1 + s_1 = 6 \quad ①$$
$$y_1 + y_2 - x_1 + s_2 = 6 \quad ②$$
$$y_1 + y_2 + y_3 - x_1 - x_2 + s_3 = 6 \quad ③$$
$$y_1 + y_2 + y_3 + y_4 - x_1 - x_2 - x_3 + s_4 = 6 \quad ④$$

2. 采购费用约束

每月中旬的采购费用不能超过月初的销售收入:

$$5.5x_1 \leqslant 5.8y_1$$
$$5.4x_2 \leqslant 5.8y_1 - 5.5x_1 + 5.6y_2$$
$$5.6x_3 \leqslant 5.8y_1 - 5.5x_1 + 5.6y_2 - 5.4x_2 + 6y_3$$
$$5.7x_4 \leqslant 5.8y_1 - 5.5x_1 + 5.6y_2 - 5.4x_2 + 6y_3 - 5.6x_3 + 6.2y_4$$

标准化

$$5.5x_1 - 5.8y_1 + s_5 = 0 \quad ⑤$$
$$5.5x_1 + 5.4x_2 - 5.8y_1 - 5.6y_2 + s_6 = 0 \quad ⑥$$
$$5.5x_1 + 5.4x_2 + 5.6x_3 - 5.8y_1 - 5.6y_2 - 6y_3 + s_7 = 0 \quad ⑦$$
$$5.5x_1 + 5.4x_2 + 5.6x_3 + 5.7x_4 - 5.8y_1 - 5.6y_2 - 6y_3 - 6.2y_4 + s_8 = 0 \quad ⑧$$

3. 正常库容的目标约束与目标函数

每月库存量都避免超过正常库容量8吨。第1月库存量$6 - y_1 + x_1 \leqslant 8$,或

$$-y_1+x_1\leqslant 2$$

第2月库存量$6-y_1+x_1-y_2+x_2\leqslant 8$,或

$$-y_1-y_2+x_1+x_2\leqslant 2$$

类似可得

$$-y_1-y_2-y_3+x_1+x_2+x_3\leqslant 2$$
$$-y_1-y_2-y_3-y_4+x_1+x_2+x_3+x_4\leqslant 2$$

添上偏差变量,得到目标约束与目标函数:

$$-y_1+x_1+d_1^- -d_1^+ =2 \quad ⓐ$$
$$-y_1-y_2+x_1+x_2+d_2^- -d_2^+ =2 \quad ⓑ$$
$$-y_1-y_2-y_3+x_1+x_2+x_3+d_3^- -d_3^+ =2 \quad ⓒ$$
$$-y_1-y_2-y_3-y_4+x_1+x_2+x_3+x_4+d_4^- -d_4^+ =2 \quad ⓓ$$
$$\min z_1=d_1^+ +d_2^+ +d_3^+ +d_4^+$$

4. 预留资金的目标约束与目标函数

每月下旬都需要预留1万元机动资金,以备急用。而第1月初没有任何资金,则由式⑤~⑧可得

$$-5.5x_1+5.8y_1+d_5^- -d_5^+ =1 \quad ⓔ$$
$$-5.5x_1-5.4x_2+5.8y_1+5.6y_2+d_6^- -d_6^+ =1 \quad ⓕ$$
$$-5.5x_1-5.4x_2-5.6x_3+5.8y_1+5.6y_2+6y_3+d_7^- -d_7^+ =1 \quad ⓖ$$
$$-5.5x_1-5.4x_2-5.6x_3-5.7x_4+5.8y_1+5.6y_2+6y_3+6.2y_4+d_8^- -d_8^+ =1 \quad ⓗ$$
$$\min z_2=d_5^- +d_6^- +d_7^- +d_8^-$$

5. 总盈利的目标约束与目标函数

总盈利即4个月的累计利润,由于它没有明确的指标,必须为其估计一个目标值上界,宁可偏大而达不到,这样,最终的实际值就是所能达到的最大利润。为此,首先在表7-6中取销价、购价的极差

$$6.2-5.4=0.8$$

作为每月盈利的上界;然后,将正常库容与机动库容之和8+2=10(吨)作为每月销量的上界,这样,4个月累计利润的上界为

$$0.8\times 10\times 4=32(\text{万元})$$

以它作为总盈利的目标值。而总盈利等于总销售收入减去总采购成本,其中:

(1) 总销售收入$=5.8y_1+5.6y_2+6y_3+6.2y_4$(万元)

(2) 总采购成本$=5.4\times 6+5.5x_1+5.4x_2+5.6x_3$(万元)

则总盈利约束为

$$5.8y_1+5.6y_2+6y_3+6.2y_4-5.4\times 6-5.5x_1-5.4x_2-5.6x_3\geqslant 32$$

而目标约束与目标函数为

$$5.8y_1+5.6y_2+6y_3+6.2y_4-5.5x_1-5.4x_2-5.6x_3+d_9^- -d_9^+ =64.4 \quad ⓞ$$
$$\min z_3=d_9^-$$

综上,可得本例数学模型如下:

$$\min z = P_1(d_1^+ + d_2^+ + d_3^+ + d_4^+) + P_2(d_5^- + d_6^- + d_7^- + d_8^-) + P_3 d_9^-$$

$$\text{s.t.}\begin{cases} y_1 + s_1 = 6 \\ -x_1 + y_1 + y_2 + s_2 = 6 \\ -x_1 - x_2 + y_1 + y_2 + y_3 + s_3 = 6 \\ -x_1 - x_2 - x_3 + y_1 + y_2 + y_3 + y_4 + s_4 = 6 \\ 5.5x_1 - 5.8y_1 + s_5 = 0 \\ 5.5x_1 + 5.4x_2 - 5.8y_1 - 5.6y_2 + s_6 = 0 \\ 5.5x_1 + 5.4x_2 + 5.6x_3 - 5.8y_1 - 5.6y_2 - 6y_3 + s_7 = 0 \\ 5.5x_1 + 5.4x_2 + 5.6x_3 + 5.7x_4 - 5.8y_1 - 5.6y_2 - 6y_3 - 6.2y_4 + s_8 = 0 \\ x_1 - y_1 + d_1^- - d_1^+ = 2 \\ x_1 + x_2 - y_1 - y_2 + d_2^- - d_2^+ = 2 \\ x_1 + x_2 + x_3 - y_1 - y_2 - y_3 + d_3^- - d_3^+ = 2 \\ x_1 + x_2 + x_3 + x_4 - y_1 - y_2 - y_3 - y_4 + d_4^- - d_4^+ = 2 \\ -5.5x_1 + 5.8y_1 + d_5^- - d_5^+ = 1 \\ -5.5x_1 - 5.4x_2 + 5.8y_1 + 5.6y_2 + d_6^- - d_6^+ = 1 \\ -5.5x_1 - 5.4x_2 - 5.6x_3 + 5.8y_1 + 5.6y_2 + 6y_3 + d_7^- - d_7^+ = 1 \\ -5.5x_1 - 5.4x_2 - 5.6x_3 - 5.7x_4 + 5.8y_1 + 5.6y_2 + 6y_3 + 6.2y_4 + d_8^- - d_8^+ = 1 \\ -5.5x_1 - 5.4x_2 - 5.6x_3 + 5.8y_1 + 5.6y_2 + 6y_3 + 6.2y_4 + d_9^- - d_9^+ = 64.4 \\ x_j, y_j \geqslant 0, \quad (j = 1,2,3,4) \\ d_k^-, d_k^+ \geqslant 0, \quad (k = 1,2,\cdots,9) \end{cases}$$

习 题

7.1 某厂有甲、乙两个车间生产同一种产品，每小时产量分别是 18，12 件。若每天正常工作时间为 8 小时，试拟订生产计划以满足下列目标：

P_1：日产量不低于 300 件；

P_2：充分利用工作指标（依甲、乙产量比例确定权数）；

P_3：必须加班时应使两车间加班时间均衡。

要求建立模型并用图解法求解。

7.2 某厂拟生产甲、乙两种产品，每件利润分别为 20，30 元。这两种产品都要在 A，B，C，D 四种设备上加工，每件甲产品需占用各设备依次为 2，1，4，0 机时，每件乙产品需占用各设备依次为 2，2，0，4 机时，而这四种设备正常生产能力依次为每天 12，8，16，12 机时。此外，A，B 两种设备每天还可加班运行。试拟订一个满足下列目标的生产计划。

P_1：两种产品每天总利润不低于 120 元；

P_2：两种产品的产量尽可能均衡；

P_3：A，B 设备都应不超负荷，其中 A 设备能力还应充分利用（A 比 B 重要 3 倍）。

要求建立模型并用图解法求解。

7.3 某纺织厂生产两种布料：衣料布与窗帘布，利润分别为每米 1.5，2.5 元。该厂两班生产，每周生产时间为 80 小时，每小时可生产任一种布料 1 000m。据市场调查分析知道每周销量为：衣料布 45 000m，窗帘布 70 000m。试拟订生产计划以满足以下目标：

P_1：不使产品滞销；

P_2：每周利润不低于 225 000 元；

P_3：充分利用生产能力，尽量少加班。

要求建立模型并用图解法求解。

7.4 试用单纯形法求解：(1)7.1 题；(2) 7.2 题。

7.5 某玩具厂由 3 个工段协同生产 2 种玩具手枪，有关数据如表 7-7 所示。该厂希望：

(1) 日盈利不低于 900 元；

(2) 唯一能够加班的装配工段应尽量少加班。

试建立模型并求解。

表 7-7

工段 / 产品	单耗/(工时/把)			利润/(元/把)
	冲压	塑型	装配	
铁制手枪	0.5	0	0.7	1.50
塑料手枪	0	0.4	0.5	1.00
每日工时	200	240	350	

7.6 某商店有 5 名工作人员：经理 1 人，主任 1 人，全日工售货员 2 人，半日工售货员 1 人。有关情况见表 7-8。

表 7-8

工作人员	贡献/(元/工时)	工作量/(工时/月)	工资/(元/月)(相当于销售额的 5.5%)	加班限额/(工时/月)
经理	240	200	—	24
主任	160	200	1 700	24
全日工甲	90	172	870	52
全日工乙	50	160	520	32
半日工	15	100	—	32

表 7-8 中“贡献”栏内的数字，是按每人实际工作的绩效所折合的销售额平均值。试建立数学模型以达到下述目标：

(1) 保证全体工作人员维持正常工作量；

(2) 销售额达到每月 120 000 元以上；
(3) 主任月工资不低于 1 700 元；
(4) 广告费不超过 4 500 元/月；
(5) 工组人员加班时间均不超过限额；
(6) 保证全日工甲每月收入 870 元，全日工乙每月收入 520 元。

7.7 已知 3 个工厂生产的同一种产品须供应 4 个客户，各厂产量、各户需量，以及厂户间单位运费(元/吨)如表 7-9 所示：

表 7-9

工厂＼客户	B_1	B_2	B_3	B_4	产量/吨
A_1	5	2	6	7	300
A_2	3	5	4	6	200
A_3	4	5	2	3	400
需量/吨	200	100	450	250	

用表上作业法试行求解后发现，所得方案仅考虑总运费最少，尚不符合许多实际情况。为此，管理部门决定重新寻求调运方案以满足下述目标：
(1) B_4 为重要部门，所需产品必须全部满足；
(2) A_3 至少得供给 B_1 该产品 100 吨；
(3) 为统顾全局，每个客户满足率不低于 80%；
(4) 总运费不超过原方案的 10%；
(5) 因道路拥挤，A_2 至 B_4 间应尽量避免分配运量；
(6) 客户 B_1 与 B_3 的所得量应力求符合需量比例；
(7) 力求使总运费达到最少。
试建立其数学模型。

第8章

网络规划

网络规划(network programing,NP)是20世纪50年代发展起来的数学规划的一个分支,也是图论(graph theory,GT)的一个分支。它是建立和处理离散数学模型的一种重要工具,适用于各类系统分析,已用于物理、化学、生物、经济、管理、计算机、信息科学等诸多领域,尤其在工程设计与管理中得到广泛应用。本章主要介绍其基本概念、模型与典型问题。

8.1 图的基本概念与模型

8.1.1 基本概念

1. 图及其图解

图论中的图,是对我们关注的对象以及对象之间某种性质的联系的一种抽象表示,它比地图、天文图、电路图、分子结构图、几何图、数学分析图等现实抽象图更加抽象,因而也更具一般性。它是帮助人们认识和处理对象关系的一种高度抽象和特别有效的工具。

(1) 图的定义

一个图G定义为一个有序二元组(V,E),记为$G=(V,E)$,其中:

① V是一个有限非空的集合,其元素称为G的**结点**或**顶点**,简称**点**。而V称为G的**结点集**或**顶点集**,简称**点集**,记为

$$V=\{v_1,v_2,\cdots,v_m\} \quad 或简记为 \quad V=\{1,2,\cdots,m\}$$

② E是由V中元素的**无序对**(v_i,v_j)所构成的一个集合,其元素称为G的**边**,一般表示为

$$e=(v_i,v_j) \quad 或简记为 \quad e=(i,j)$$

而E称为G的**边集**。

【例 8-1】 试用一个图来表示"朝鲜核问题"会谈6方之间的关系。

解 设以v_1,v_2,v_3,v_4,v_5,v_6分别表示中国、朝鲜、美国、韩国、俄罗斯、日本6方,则它们之间的"朝核"关系可表示为图$G=(V,E)$,其中:

$V=\{v_1,v_2,v_3,v_4,v_5,v_6\}$

$E=\{e_1,e_2,e_3,e_4,e_5,e_6,e_7,e_8,e_9,e_{10},e_{11},e_{12},e_{13},e_{14},e_{15}\}$

$e_1=(v_1,v_2)$, $e_2=(v_1,v_3)$, $e_3=(v_1,v_4)$, $e_4=(v_1,v_5)$, $e_5=(v_1,v_6)$

$e_6=(v_2,v_3)$, $e_7=(v_2,v_4)$, $e_8=(v_2,v_5)$, $e_9=(v_2,v_6)$

$e_{10}=(v_3,v_4)$, $e_{11}=(v_3,v_5)$, $e_{12}=(v_3,v_6)$

$$e_{13}=(v_4,v_5),\quad e_{14}=(v_4,v_6)$$
$$e_{15}=(v_5,v_6)$$

上述每条边表示相应两方之间的"朝核"关系。

(2) **图的图解**

若用平面上的点表示图 G 的结点,用连接相应的结点而不经过其他结点的线表示图 G 的边,所画出的图形称为图 G 的**平面图解**,简称**图解**。

由于对点的位置和边的形状的选取具有随意性,因此一个图可以有几种形状迥异的图解。

如例 8-1 的图 G 就有图 8-1 所示 3 种,乃至更多种图解,等等。

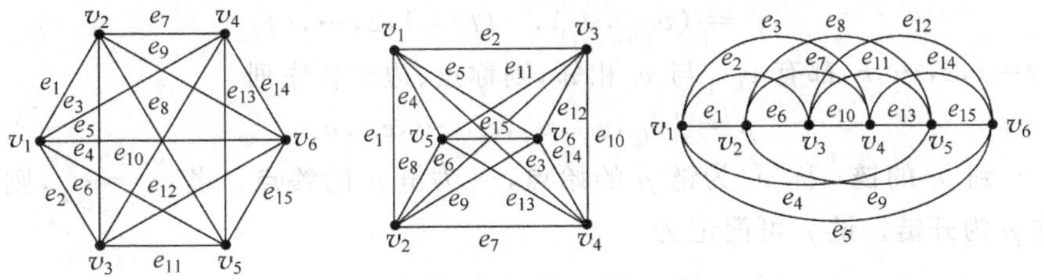

图 8-1　例 8-1 的图解

【例 8-2】 已知一个图 G 的图解如图 8-2 所示,试表述该图。

解　$V=\{v_1,v_2,v_3,v_4,v_5,v_6\}$

$E=\{e_1,e_2,e_3,e_4,e_5,e_6,e_7,e_8\}$

$e_1=(v_1,v_2)$,　$e_2=(v_2,v_2)$,　$e_3=(v_1,v_3)$,　$e_4=(v_1,v_3)$

$e_5=(v_2,v_3)$,　$e_6=(v_3,v_4)$,　$e_7=(v_2,v_4)$,　$e_8=(v_4,v_5)$

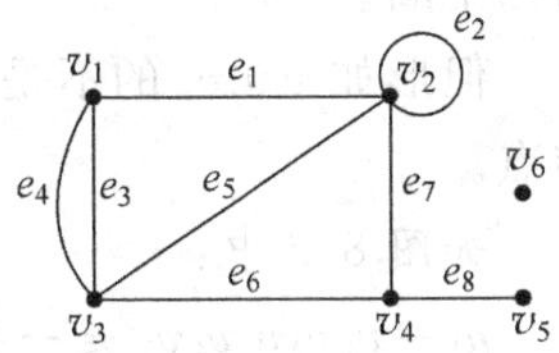

图　8-2

由此可见,给出一个图的图解,这个图也就唯一确定了。因此,以后常把一个图的图解,就看作是这个图本身。

2. 图的其他基本概念

(1) **端点、关联边**

若有 $e=(v_i,v_j)$,则称结点 v_i,v_j 是边 e 的**端点**,称边 e 为结点 v_i,v_j 的**关联边**。

如图 8-2 中,v_2,v_3 是边 e_5 的端点,e_1,e_2,e_5,e_7 是结点 v_2 的关联边,等等。

(2) **相邻**

- **点相邻**:若点 v_i,v_j 与同一条边相关联,则称**点 v_i 与 v_j 相邻**;如图 8-2 中,v_2 与 v_3 相邻。
- **边相邻**:若边 e_i,e_j 有一个共同端点,则称**边 e_i 与 e_j 相邻**;如图 8-2 中,边 e_3,e_4,e_5,e_6 两两相邻。

(3) **环、多重边、简单图**

如果一条边的两个端点是同一个结点,则称这条边为一个**环**;如图 8-2 中的 e_2 是一个环。

如果两个结点之间存在不止一条边,则称之为**多重边**;如图 8-2 中,e_3,e_4 是结点 v_1,v_3 之间的**二重边**。

无环也无多重边的图,称为**简单图**;如图 8-1 是简单图,而图 8-2 不是简单图。

(4) **次、奇点、偶点、孤立点、悬挂点、悬挂边**

一个结点 v_i 的关联边的数目,称为结点 v_i 的**次**,记为 $d(v_i)$。如图 8-2 中,$d(v_1)=3$,$d(v_3)=4$。但若一个结点有一条关联边是环,则其次数因而增加 2;如图 8-2 中,$d(v_2)=5$。

次为奇数的点称为**奇点**,次为偶数的点称为**偶点**;如图 8-2 中,v_1,v_2 是奇点,v_3 是偶点,等等。

次为 0 的点称为**孤立点**,次为 1 的点称为**悬挂点**,悬挂点唯一的关联边称为**悬挂边**。如图 8-2 中,v_6 是孤立点,v_5 是悬挂点,e_8 是悬挂边。

(5) **链、开链、闭链、简单链、初等链、圈**

在一个图 $\boldsymbol{G}=(\boldsymbol{V},\boldsymbol{E})$中,设 $v_{i_0},v_{i_1},\cdots,v_{i_k}\in\boldsymbol{V}$,$e_{j_1},e_{j_2},\cdots,e_{j_k}\in\boldsymbol{E}$,若有

$$e_{j_t}=(v_{i_{t-1}},v_{i_t}),\quad(t=1,2,\cdots,k)$$

即对任意 $t=1,2,\cdots,k$,都有 $v_{i_{t-1}}$ 与 v_{i_t} 相邻,则称点、边交替序列

$$\mu=\{v_{i_0},e_{j_1},v_{i_1},e_{j_2},\cdots,e_{j_k},v_{i_k}\}$$

是一条从 v_{i_0} 到 v_{i_k} 的**链**;称 v_{i_0} 为链 μ 的**始点**,v_{i_k} 为链 μ 的**终点**。若 $v_{i_0}=v_{i_k}$,则称 μ 为**闭链**,否则称 μ 为**开链**。链 μ 可简记为

$$\mu=\{v_{i_0},v_{i_1},\cdots,v_{i_k}\}=v_{i_0}v_{i_1}\cdots v_{i_k}$$

若链 μ 中的边全都不同,则称 μ 为**简单链**;若结点也全都不同,则称 μ 为**初等链**。

在一条闭链 μ 中,若除 $v_{i_0}=v_{i_k}$ 外,其余各点全都不同(从而各边也全都不同),则称 μ 为一个圈。

但形如 $v_iv_jv_i$ 的不是圈,而仅为二重边;亦即圈为初等闭链,且至少含有 3 个不同结点。

如图 8-2 中:

$\mu_1=v_1v_2v_3v_4v_5$ 是一条初等开链。

$\mu_2=v_3v_1v_2v_3v_4v_5$ 是一条简单开链;因为其中 v_3 重复出现,所以 μ_2 不是初等链。

$\mu_3=v_3v_1v_2v_3$ 是一个圈。

$\mu_4=\{v_3,e_3,v_1,e_4,v_3,e_5,v_2,e_7,v_4,e_6,v_3\}$是一条简单闭链;因为除了始点、终点是 v_3 外,其中还有一点 v_3 重复出现,因而 μ_4 不是一个圈。

(6) **连通图**

在一个图中,若任意两点之间都至少存在一条链,则称该图为**连通图**,否则为**不连通图**。

如图 8-1 是连通图;而图 8-2 中存在孤立点 v_6,所以图 8-2 是不连通图。

(7) **子图、真子图、支撑图**

设有两个图:$\boldsymbol{G}=(\boldsymbol{V},\boldsymbol{E})$,$\boldsymbol{G}'=(\boldsymbol{V}',\boldsymbol{E}')$。

① 若 $\boldsymbol{V}'\subseteq\boldsymbol{V}$,$\boldsymbol{E}'\subseteq\boldsymbol{E}$,则称 $\boldsymbol{G}'$是 $\boldsymbol{G}$ 的一个**子图**,而称 $\boldsymbol{G}$ 是 $\boldsymbol{G}'$的**母图**,简记为 $\boldsymbol{G}'\subseteq\boldsymbol{G}$;

② 若 $\boldsymbol{V}'\subseteq\boldsymbol{V}$,$\boldsymbol{E}'\subset\boldsymbol{E}$,则称 $\boldsymbol{G}'$是 $\boldsymbol{G}$ 的一个**真子图**,简记为 $\boldsymbol{G}'\subset\boldsymbol{G}$;

③ 若 $\boldsymbol{V}'=\boldsymbol{V}$,$\boldsymbol{E}'\subseteq\boldsymbol{E}$,则称 $\boldsymbol{G}'$是 $\boldsymbol{G}$ 的一个**支撑图**。

支撑图也是子图,它与母图的结点完全相同,而边可以比母图少;但子图未必是支撑图。

如在图 8-3 中,(a),(b),(c),(d)是(a)的子图;(b),(c),(d)是(a)的真子图;(a),(b),(c)是(a)的支撑图。但(d)比(a)少了一个结点 v_2,所以(d)不是(a)的支撑图。

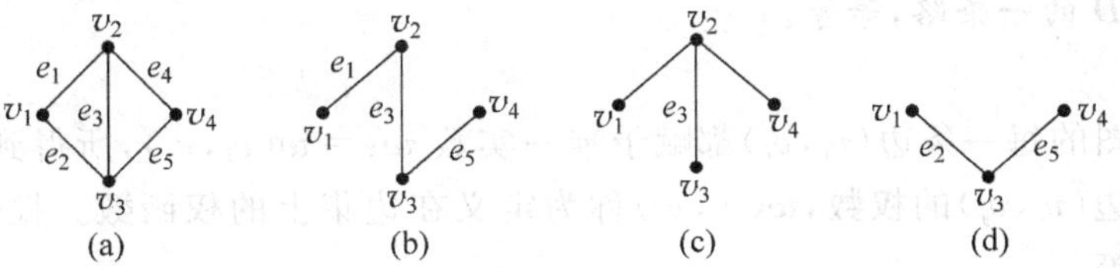

图 8-3

(8) **有向图**

一个**有向图** $\boldsymbol{D}$ 定义为一个有序二元组$(\boldsymbol{V},\boldsymbol{A})$，记为 $\boldsymbol{D}=(\boldsymbol{V},\boldsymbol{A})$，其中：

- $\boldsymbol{V}=\{v_1,v_2,\cdots,v_m\}$是结点集；
- $\boldsymbol{A}$ 是由 $\boldsymbol{V}$ 中元素的**有序对**(v_i,v_j)所构成的一个集合，其元素称为 $\boldsymbol{D}$ 的**弧**或**有向边**，记为

$$a=(v_i,v_j)$$

而 $\boldsymbol{A}$ 称为 $\boldsymbol{D}$ 的**弧集**。

所谓"有序对(v_i,v_j)"是指当 $v_i\neq v_j$ 时，(v_i,v_j)与(v_j,v_i)不同。

弧 $a=(v_i,v_j)$的图解用一条从 v_i 指向 v_j 的箭线表示。如图 8-4(a)就是一个有向图 $\boldsymbol{D}$ 的图解。

与有向图 $\boldsymbol{D}$ 相应的，我们将前面定义的图 $\boldsymbol{G}$ 称为**无向图**，将 e 称为**无向边**。

无向图 $\boldsymbol{G}$ 和有向图 $\boldsymbol{D}$ 都可简称为**图**，无向边 e 和弧 a 都可简称为**边**，$\boldsymbol{E}$ 和 $\boldsymbol{A}$ 都可简称为**边集**。

(9) **基础图、路、回路**

若将一个有向图 $\boldsymbol{D}$ 中各弧 $a=(v_i,v_j)$的方向都去掉，即都用相应的无向边 $e=(v_i,v_j)$取代，所得到的一个无向图称为该有向图 $\boldsymbol{D}$ 的**基础图**，记为$\boldsymbol{G}(\boldsymbol{D})$。如图 8-4(b)即为(a)的基础图。

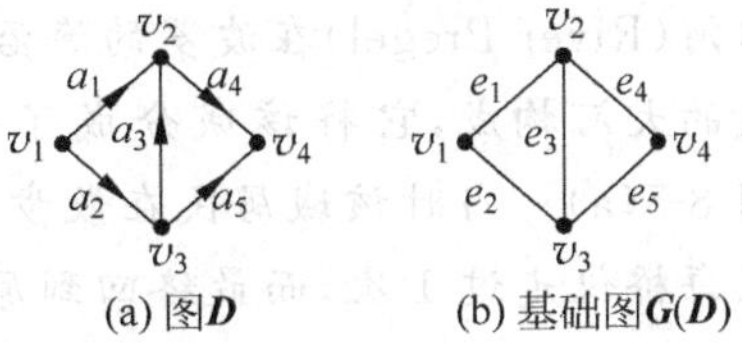

图 8-4

这样，前面(1)～(7)的所有概念及其定义，若对基础图 $\boldsymbol{G}(\boldsymbol{D})$成立，则都适用于有向图 $\boldsymbol{D}$。

如图 8-4(b)中，

$$\mu_1=\{v_1,e_1,v_2,e_3,v_3,e_5,v_4\}$$

是一条初等开链，则图(a)中与它相对应的

$$\mu_1=\{v_1,a_1,v_2,a_3,v_3,a_5,v_4\}$$

也是该有向图 $\boldsymbol{D}$ 的一条初等开链，等等。

设点、边交替序列

$$\mu=\{v_{i_0},a_{j_1},v_{i_1},a_{j_2},\cdots,a_{j_k},v_{i_k}\}$$

是图 $\boldsymbol{D}=(\boldsymbol{V},\boldsymbol{A})$的一条链，若有

$$a_{j_t}=(v_{i_{t-1}},v_{i_t}),\quad (t=1,2,\cdots,k)$$

即链 μ 上各弧 a_{j_t} 的方向全都与链 μ 的方向一致，则称 μ 是图 $\boldsymbol{D}$ 的一条从 v_{i_0} 到 v_{i_k} 的**路**；若 $v_{i_0}=v_{i_k}$，则称 μ 为**回路**，否则称为**开路**。

对无向图 $\boldsymbol{G}$ 而言，链就是路，闭链就是回路，开链就是开路，链与路二者是一回事。但对有向图 $\boldsymbol{D}$ 而言，路肯定是链，链却未必是路，二者并非一回事。

如上所述，在图 8-4 中，μ_1 是该有向图 $\boldsymbol{D}$ 的一条链，但却不是 $\boldsymbol{D}$ 的路。而

$$\mu_2=\{v_1,a_2,v_3,a_3,v_2,a_4,v_4\}$$

则是该有向图 **D** 的一条路,等等。

(10) **网络**

若给一个图的每一条边(v_i,v_j)都赋予唯一实数 $w_{ij}=w(v_i,v_j)$,所得到的图称为**赋权图**,而 w_{ij} 称为边(v_i,v_j)的**权数**,$w(v_i,v_j)$称为定义在边集上的**权函数**。权数可表示距离、时间、费用,等等。

一个赋权连通图,称为一个**网络**,记为 $\boldsymbol{N}$。若 $\boldsymbol{N}$ 的每一条边都是无向边,则称为**无向网络**,记为 $\boldsymbol{N}=(\boldsymbol{G},w)$或 $\boldsymbol{N}=(\boldsymbol{V},\boldsymbol{E})$;若 $\boldsymbol{N}$ 的每一条边都是弧,则称为**有向网络**,记为 $\boldsymbol{N}=(\boldsymbol{D},w)$或 $\boldsymbol{N}=(\boldsymbol{V},\boldsymbol{A})$;若 $\boldsymbol{N}$ 既有无向边,又有弧,则称为**混合网络**。

所谓**网络规划**,是指以网络为工具,对所关注的对象及其某种性质的联系所进行的定性与定量分析,其目的往往是为实现某种利益指标的最优化而寻求可行方案。典型问题有最小树问题,最短路问题,最短回路问题,中心、重心问题,最大流问题,最小费用流问题,网络计划问题,等等。

8.1.2 图的模型

对所关心的问题确定研究的对象以及对象之间某种性质的联系,并用图及其图解的形式表示出来,这就是为实际问题建立图的模型。据以用图与网络分析的方法往往能够解决一些用其他方法难以解决的问题。

【例 8-3】 哥尼斯堡七桥问题

18 世纪,**哥尼斯堡**(Königsberg)[①]为普鲁士王国的东普鲁士省首府,该城位于普雷格尔河(River Pregel)在波罗的海沿岸的出口处。而普雷格尔河系由旧河、新河及其交汇而成的大河构成,它将该城分成了一岛三岸共 4 块陆地,各块陆地之间有 7 座桥连通,见图 8-5(a)。当时该城居民在散步时热衷于这样一个话题:能否从某块陆地出发,走遍 7 桥且每桥仅走过 1 次,而最终回到原出发地?

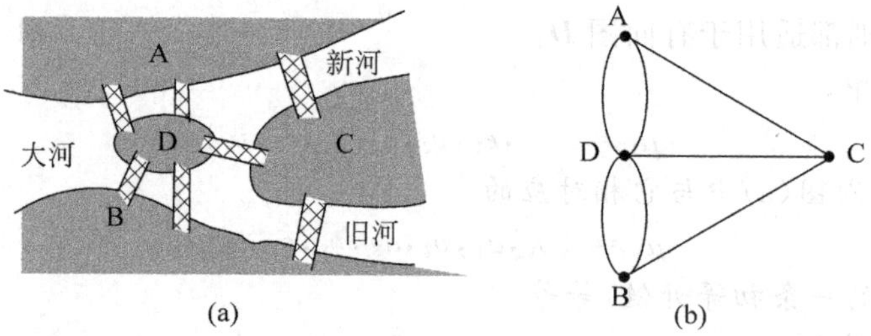

图 8-5

数学大师欧拉应邀于 1736 年为该城居民解决了这一问题。他用 4 个结点表示 4 块陆地,用 7 条边表示 7 座桥,首创性地画出了图论的第一幅图,见图 8-5(b)。从而将问题归结为:在这个连通多重图中,能否找出一条回路,过每边 1 次且仅仅 1 次?

① 现名加里宁格勒(Калининград),是俄罗斯加里宁格勒州的首府。1945 年,第二次世界大战结束时,根据同盟国签订的波茨坦协定,哥尼斯堡及其所在省份变成苏联的一部分领土。1946 年,苏联国家主席米哈伊尔·伊万诺维奇·加里宁(Михаил Ивáнович Калúнин)逝世后,苏联政府将哥尼斯堡改名为加里宁格勒,以纪念这位布尔什维克创始人之一、十月革命领导人之一的卓越功勋。

欧拉证明了,一个图存在这类回路的充要条件是**图中无奇点**。而图 8-5(b)中 4 个结点全为奇点,所以,哥尼斯堡七桥问题无解。

后来,人们将这类回路称为**欧拉回路**;而将寻求一个图的欧拉回路,称为**欧拉回路问题**。

【例 8-4】 节目排序问题

一场文艺晚会共有 8 个节目,全体演员中有 10 人须参加两个以上节目的演出,如表 8-1 中√号所示。导演希望首、尾两个节目为 A,H,或为 H,A;还希望每名演员都不连续出演两个节目,则应如何安排节目顺序?

表 8-1

节目	演员									
	1	2	3	4	5	6	7	8	9	10
A	√		√		√	√	√		√	
B	√		√	√						
C		√			√					√
D					√			√		
E		√					√			
F		√						√		
G				√		√			√	
H	√		√		√			√		√

解 将节目作为研究对象,用结点表示。如果两个节目没有同一名演员参加,则可以衔接排序,便给相应这两点之间连接一条边。对所有 8 个节目,按全枚举法两两如上判断、对照,可建立一个图的模型,见图 8-6。

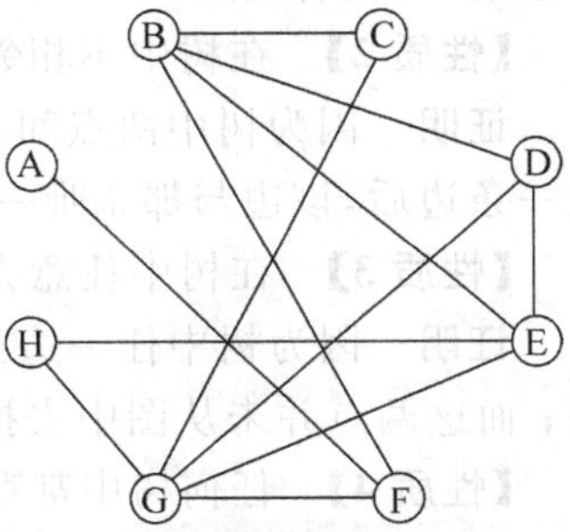

图 8-6

现在问题归结为寻找这样一条路:从 A(或 H)点出发,沿着图中的边走遍所有的点,且每个点仅经过 1 次,最终到达 H(或 A)点。

不难找出这样的路有以下 4 条:

(1) AFBCGDEH

(2) HEDGCBFA

(3) AFGCBDEH

(4) HEDBCGFA

导演可再考虑其他因素,从中选择一个方案,并最终排定这场文艺晚会的节目顺序表。

8.2 最小树问题

8.2.1 基本原理

1. 基本概念

(1) 树

一个连通无圈简单图,称为一棵**树**,记为 $\boldsymbol{T}$;一个无圈简单图,称为一片**林**。

如 0-1 规划分支定界法所用的"分支图"就是一棵树,一般整数规划分支定界法所用的

“树状图”也是一棵树,只需将每个方框视作一个点即可;再如,一个城市的自来水、煤气、电话等的管网,一个家族的家谱,一个单位的组织结构,等等,都可用树来表示。

(2) **图的支撑树**

如果一个图的支撑图是树,则称为**图的支撑树**。如前图 8-3 中,(b),(c)都是(a)的支撑树。

(3) **网络最小树**

我们把一棵树 T 各边的权数总和,称为该**树的权数**,记为 $w(T)$。

在一个网络中,权数最小的那棵支撑树,称为**网络最小支撑树**,简称**网络最小树**,记为 T^*。

如图 8-7 所示的网络 $\boldsymbol{N}=(\boldsymbol{G},w)$ 及其 4 棵支撑树,易见 $T^*=T_1$。

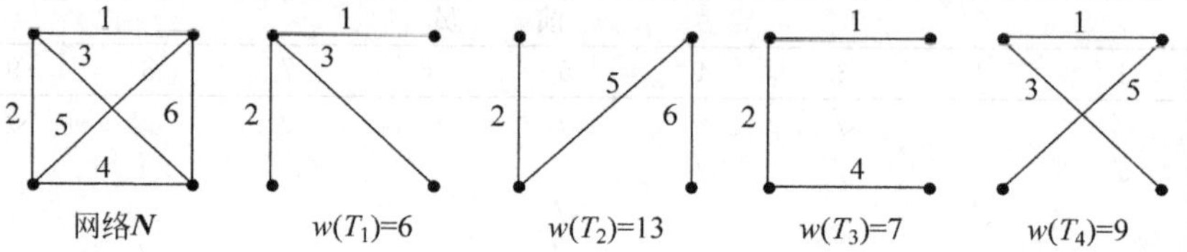

图 8-7

2. 基本性质

(1) **树的基本性质**

【性质 1】 树中任意两点之间有且仅有一条链。

证明 因为树是连通图,所以任意两点之间都有一条链;若不止一条,则必构成圈或多重边,不符合定义。

【性质 2】 在树中不相邻的两点间添上一条边,可以得到且仅仅得到一个圈。

证明 因为树中两点间有唯一的链,不相邻的两点间的链至少有两条边,故在其间添上一条边后,该边与那条唯一链就构成唯一的圈(不会形同 $v_iv_jv_i$)。

【性质 3】 在树中任意去掉一条边,将得到一个不连通图。

证明 因为树中任一边都是其两个端点间的唯一链,所以去掉该边则那两点就不再连通;而这两点并未从图中去掉,故所得图必不连通。

【性质 4】 任何树中都存在悬挂点。

证明 用反证法。假设树中不存在悬挂点,则对树中任一点 v_i,都有 $d(v_i)\neq 1$;而树连通,不含孤立点,即 $d(v_i)>0$;综上,有 $d(v_i)\geqslant 2$。

对点 v_1,$d(v_1)\geqslant 2$,则 v_1 至少有两个相邻点(否则导致有环或多重边),不妨设为 v_2,v_3;而 $d(v_2)\geqslant 2$,又相邻 v_4(否则导致有圈),……这样将会导致树有无穷多个结点,与 $\boldsymbol{V}$ 为有限集相悖。

【性质 5】 任何树的边数 q 都恰好比其结点数 p 少 1。

证明 用归纳法。当 $p=2$ 时,命题显然成立。

假设 $p=k$ 时,命题成立,即有

$$q=p-1=k-1$$

当 $p=k+1$ 时,因为树有悬挂点,所以若从树中去掉一个悬挂点及其唯一的关联边(悬挂边),则原树的点数 p 和边数 q 各减少 1,变成 $p=k$。按归纳假设,此时有 $q=k-1$;而原树比它多 1 个悬挂点和 1 条悬挂边,即当 $p=k+1$ 时有

$$q=(k-1)+1=k$$

则 $q=p-1$，即命题对 $p=k+1$ 也成立。

（2）**网络最小树的基本性质**

【定理 8-1】 对网络 $\mathbf{N}$ 中任一点 i，若 (i,k) 是与 i 相关联的诸边中的最小边，即对 i 的任意相邻点 j 都有 $w(i,k)\leqslant w(i,j)$，则边 (i,k) 必包含于网络 $\mathbf{N}$ 的最小树内。

证明 用反证法。设 T^* 是 $\mathbf{N}$ 的最小树，假设 (i,k) 不在 T^* 内。给 T^* 添上该边，得到网络 $\mathbf{N}'$，见图 8-8(a)。

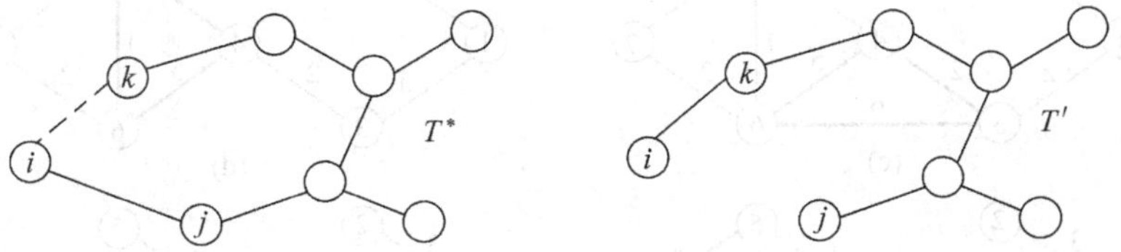

(a) (b)

图 8-8

由性质 2，网络 $\mathbf{N}'$ 中必含圈，不妨设为

$$\mu=\{i,j,\cdots,k,i\}$$

因有 $w(i,k)\leqslant w(i,j)$，故从 $\mathbf{N}'$ 中去掉边 (i,j)，得到 T' 也是树，见图 8-8(b)，且 $w(T')\leqslant w(T^*)$。

若 $w(T')=w(T^*)$，则 T' 也是 $\mathbf{N}$ 的最小树，而 (i,k) 包含于最小树 T' 内；

若 $w(T')<w(T^*)$，则与 T^* 为最小树相矛盾，这说明"假设 (i,k) 不在 T^* 内"是错误的。

【定理 8-2】 若把一个网络 $\mathbf{N}$ 的点集 $\mathbf{V}$ 剖分成不相交的两个非空子集 $\mathbf{S}$ 和 $\bar{\mathbf{S}}$，则连结 $\mathbf{S}$ 和 $\bar{\mathbf{S}}$ 的最小边必包含于 $\mathbf{N}$ 的最小树内。

证明 设 T^* 是 $\mathbf{N}$ 的最小树，(i,k) 是连接 $\mathbf{S}$ 和 $\bar{\mathbf{S}}$ 的最小边，假设 (i,k) 不在 T^* 内，如图 8-9 所示。因 T^* 是 $\mathbf{N}$ 的最小支撑树，故点 i,k 都在 T^* 内。由树的性质 1，点 i,k 之间存在唯一链 μ，因此 μ 上必有一边 (j,l)，满足

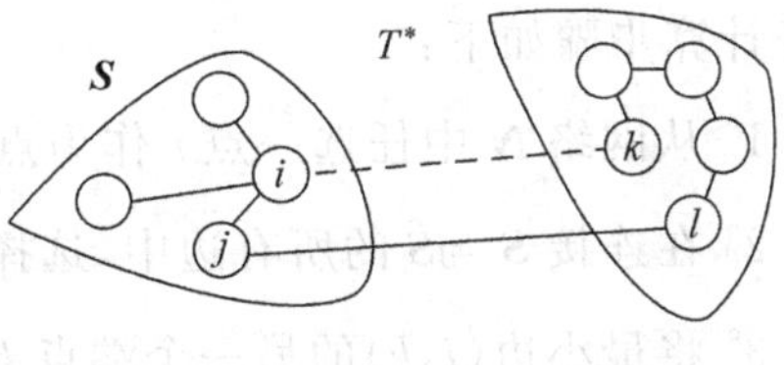

图 8-9

$$j\in\mathbf{S},\quad l\in\bar{\mathbf{S}}$$

因有 $w(i,k)\leqslant w(j,l)$，则把 (i,k) 添给 T^*，再去掉 (j,l)，类似定理 1 的证明即可得证。

8.2.2 基本方法

1. 破圈法

从网络中任选一个圈，去掉圈中权数最大的边，便破一圈；若最大权数的边不止一条，则任选其一去掉。如此反复去做，直到图中不含圈为止。

【例 8-5】 某地 7 个村镇之间现有交通道路如图 8-10 所示，边旁数字为各村镇之间道路的长度(km)。现要沿交通道路架设电话线，使各村之间均能通话。应如何架线使费用最省？

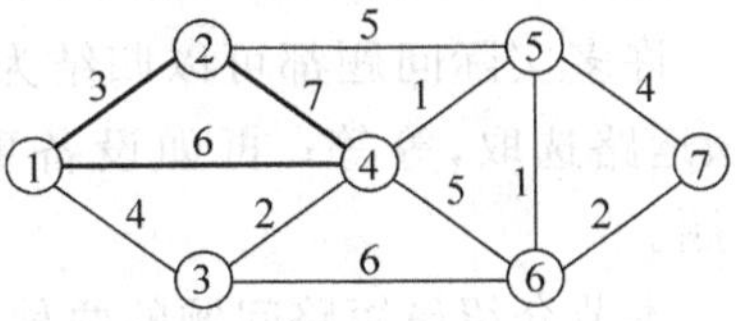

图 8-10

解 本例为最小树问题，破圈的过程见图 8-11。

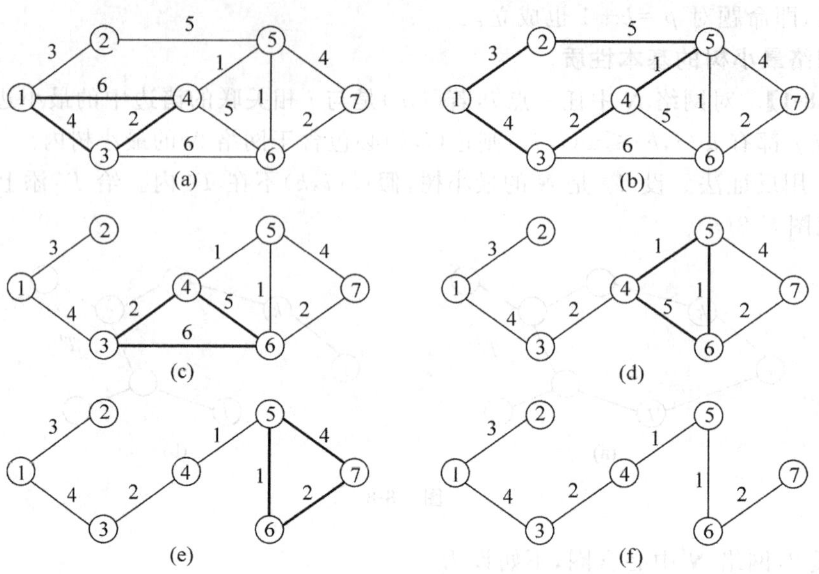

图 8-11

图 8-11(f)即为本例最小树 T^*，而 $w^*=w(T^*)=13$。

2. 避圈法

其基本思想是：将网络 $\boldsymbol{N}$ 的点集 $\boldsymbol{V}$ 剖分成两个非空子集 $\boldsymbol{S}$ 与 $\bar{\boldsymbol{S}}$，在连接两个子集的所有边中选择权数最小边，则按定理 8-1、定理 8-2，最小边必包含于网络 $\boldsymbol{N}$ 的最小树内。

计算步骤如下：

1° 从网络 $\boldsymbol{N}$ 中任选一点 i 作为点集 $\boldsymbol{S}$，其余各点就是 $\bar{\boldsymbol{S}}$。

2° 在连接 $\boldsymbol{S}$ 与 $\bar{\boldsymbol{S}}$ 的所有边中，选择权数最小边 (i,k)。

3° 将最小边 (i,k) 的另一个端点 k 从点集 $\bar{\boldsymbol{S}}$ 中移出，纳入 $\boldsymbol{S}$ 中。

4° 若 $\bar{\boldsymbol{S}}=\varnothing$，则停止，已选出的诸边就构成最小树；否则返 2°。

用避圈法求解例 8-5 的过程，见图 8-12。其中，粗虚线左侧诸点的集合为 $\boldsymbol{S}$，右侧诸点的集合为 $\bar{\boldsymbol{S}}$，粗虚线穿过的诸边即连接这两个点集的边，粗黑边即每次从中选出的最小边。

8.3 最短路问题

给定一个网络，求两点间距离最短的路(即路的各边权数之和最小)，此即最短路问题。

许多实际问题都可以归结为最短路问题，例如两地间的道路修筑、管道铺设、线路安装、运路选取，等等；再如设备更新、车间布局、农作物布局等问题也可转化为最短路问题。

本节介绍最短路问题的两种解法：狄氏标号法和矩阵摹乘法，以及网络的中心与重心问题。

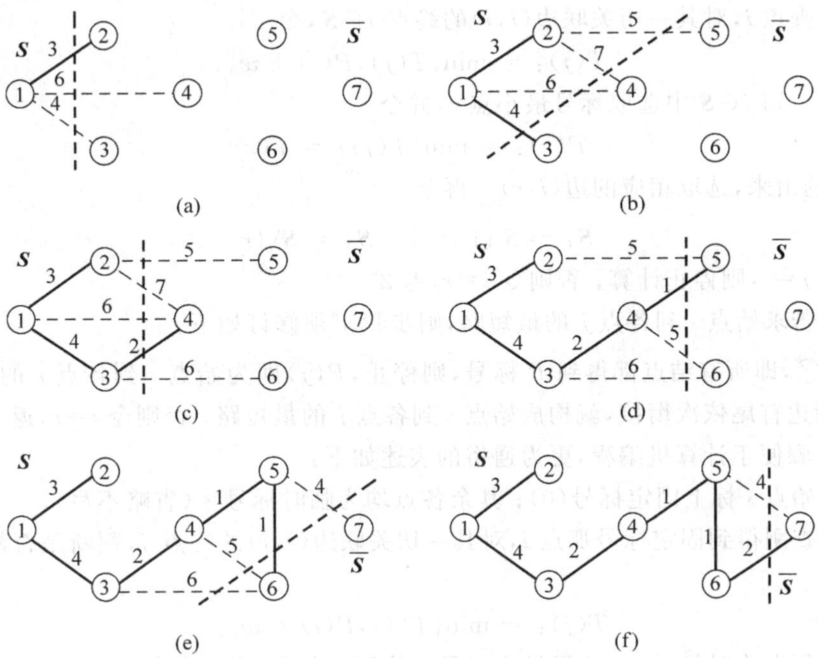

图 8-12

8.3.1 狄氏标号法

该法是**狄克斯垂**(E. D. Dijkstra)于 1959 年所提出,适用于不含负权(即一切 $w_{ij} \geqslant 0$)的网络,能够求出某点至各点的最短路,是求解这类网络最短路问题的最好方法。

1. 基本思想

在该法实施中,对每点 j 都要赋予一个标号,分为以下两种:

$P(j)$——从始点 s 到该点 j 的最短路长,称为**固定标号**;

$T(j)$——从始点 s 到该点 j 的最短路长上界,称为**临时标号**。

临时标号 T 须随时修改,而一旦成为固定标号 P 就不再改变了。

假设在一网络 $\boldsymbol{N}$ 中,给定一个始点 s,一个终点 t,试求点 s 到点 t 的最短路。

首先,给始点 s 标上 P 标号 0,给其余各点都标上 T 标号∞;

然后,检查始点 s,对其一切关联边(s,j)的终点 j,用该边的权数 w_{sj} 替换点 j 的 T 标号∞;

再在所有 T 标号中,选择最小标号改为 P 标号。

以后每次都检查刚得到 P 标号那点 i,按一定规则,判断其一切关联边(i,j)终点 j 的 T 标号是否需要改变,并在需要时依法调整;再在所有 T 标号中选择最小者改为 P 标号。如此进行下去,直到终点 t 得到 P 标号为止。

2. 基本步骤

1° 令 $\boldsymbol{S}=\{s\}$,为固定标号点集;$\boldsymbol{V}\backslash\{s\}=\bar{\boldsymbol{S}}$,为临时标号点集。再令

$$P(i)=0, \quad (i \in \boldsymbol{S})$$
$$T(j)=\infty, \quad (j \in \bar{\boldsymbol{S}})$$

2° 检查点 i,对其一切关联边 (i,j) 的终点 $j \in \bar{\boldsymbol{S}}$,令

$$T(j):=\min\{T(j),P(i)+w_{ij}\} \tag{8-1}$$

3° 从一切 $j \in \bar{\boldsymbol{S}}$ 中选取标号最小点 r,并令

$$P(r):=\min\{T(j)\}=T(r) \tag{8-2}$$

根据 $P(r)$ 的由来,选取相应的边 (i,r)。再令

$$\boldsymbol{S}:=\boldsymbol{S}\cup\{r\},\quad \bar{\boldsymbol{S}}:=\bar{\boldsymbol{S}}\backslash\{r\}$$

4° 若 $r=t$,则停止计算;否则令 $i=r$,返 2°。

注意:若求始点 s 到各点 j 的最短路,则步骤 4°须修订如下:

若 $\bar{\boldsymbol{S}}=\varnothing$,即所有结点都得到 P 标号,则停止,$P(j)$ 即为始点 s 到各点 j 的最短路长,已选出的诸边首尾依次衔接,就构成始点 s 到各点 j 的最短路;否则令 $i=r$,返 2°。

上述步骤便于计算机编程,更为通俗的表述如下:

1° 给始点 s 标上固定标号(0);其余各点均为临时标号∞(省略不写)。

2° 检查刚得到固定标号那点 i,对其一切关联边 (i,j) 的终点 j,判断是否修改临时标号并令

$$T(j):=\min\{T(j),P(i)+w_{ij}\}$$

3° 在所有临时标号中,选择最小标号改为固定标号,并且根据该标号的由来,选择相应的边。

4° 各点 j 得到固定标号了吗?是则结束,$P(j)$ 即为始点 s 到终点 j 的最短路长,而从终点 j 向始点 s 回溯,按已选出的诸边首尾依次衔接,就构成始点 s 到终点 j 的最短路;否则返 2°。

3. 运算过程

【例 8-6】 在图 8-10 中,试求点①至点⑦的最短路。

解 1° 在图 8-10 中,先给始点①标上固定标号(0),其余各点均为临时标号∞(省略不写)。

2° 检查始点①的 3 条关联边的终点②,③,④,按式(8-1)计算并令

$$T(②):=\min\{T(②),P(①)+w_{12}\}=\min\{\infty,0+3\}=3$$
$$T(③):=\min\{T(③),P(①)+w_{13}\}=\min\{\infty,0+4\}=4$$
$$T(④):=\min\{T(④),P(①)+w_{14}\}=\min\{\infty,0+6\}=6$$

在图 8-10 中,分别给结点②,③,④标上临时标号 3,4,6,标写于相应的点旁。

3° 在所有临时标号中,选择最小标号 $T(②)=3$ 改为固定标号(3),并且根据该标号的由来,选择相应的边(①,②),在图中将其改为粗箭线,见图 8-13(a)。

返 2°,对刚得到固定标号那点②一切关联边的终点,检查其中具有临时标号的点④,⑤,判断是否修改其临时标号,并令

$$T(④):=\min\{T(④),P(②)+w_{24}\}=\min\{6,3+7\}=6$$
$$T(⑤):=\min\{T(⑤),P(②)+w_{25}\}=\min\{\infty,3+5\}=8$$

4° 在所有临时标号中,选择最小标号 $T(③)=4$ 改为固定标号(4),并且根据该标号的由来,选择相应的边(①,③),在图中将其改为粗箭线,见图 8-13(b)。

图 8-13 每点旁:标记于圆括号内的数字为固定标号,无括号的数字为临时标号。图

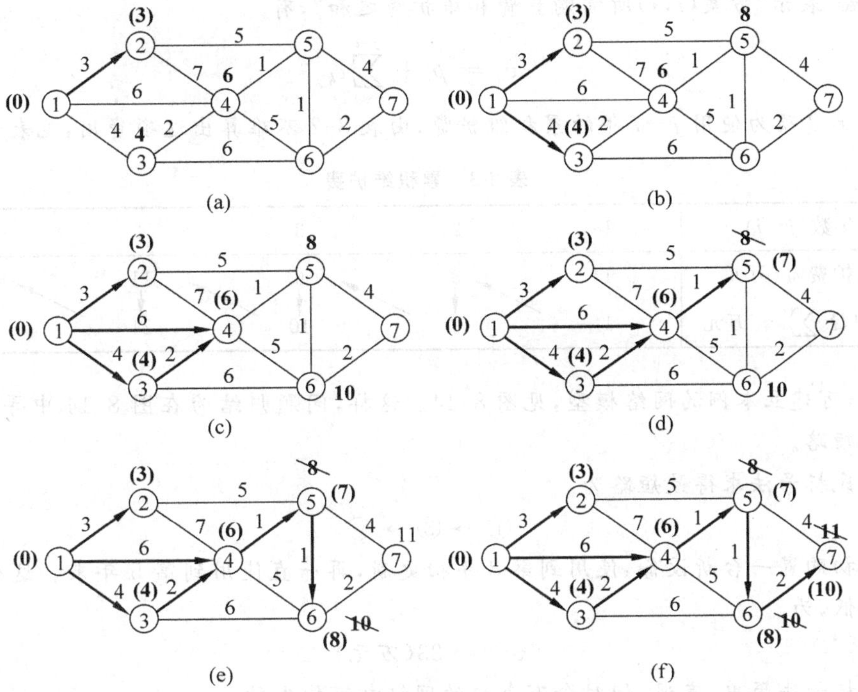

图 8-13

中粗箭线为每次选出的边所改成的弧，以便最终据以首尾衔接成相应的最短路。由图 8-13(f)可知最短路有 2 条：

$$①\to④\to⑤\to⑥\to⑦$$

$$①\to③\to④\to⑤\to⑥\to⑦$$

终点⑦旁的固定标号 10 即最短路长，亦即 $w^*=10$。

由于各点都得到固定标号，实际上，图 8-13(f)已经给出点①至各点的最短路。

【例 8-7】 设备更新问题

某厂拟于明年初购置某种设备 1 台，以后每年初都要决定是否更新该设备。预计今后 5 年内该设备每年初的购置费，以及使用不同年数的旧设备每年的维护费，如表 8-2 所示。该厂今后 5 年内应如何使用和更新该设备，方能使总费用最少？

表 8-2

年度 i 或使用年数 k	1	2	3	4	5
年初购价 p_i/万元	8	9	11	14	19
当年维护费 c_k/万元	1	3	6	11	20

解 设以

(1) $i=1,2,3,4,5$ 表示"第 i 年初购进一台新设备"这一状态，

$i=6$ 表示"第 5 年末"这一状态；

(2) 弧(i,j)表示"第 i 年初购进的一台新设备一直使用到第 j 年初(或第 $j-1$ 年末)"这一方案；

(3) w_{ij}表示“方案(i,j)所需购置费和维护费之和”，有

$$w_{ij} = p_i + \sum_{k=1}^{j-i} c_k \tag{8-3}$$

上式右端第2项为使用$j-i$年的累积维护费，由表8-2不难算出这项费用，见表8-3。

表 8-3 累积维护费

使用年数$(j-i)$	1	2	3	4	5
当年维护费 c_k/万元	1	3	6	11	20
累积维护费 $\sum c_k$/万元	1	4	10	21	41

综上，可建立本例的网络模型，见图8-14。这样，问题归结为在图8-14中寻求点①至点⑥的最短路。

用狄氏标号法求得最短路为

$$① \rightarrow ③ \rightarrow ⑥$$

即第1年初购置一台新设备，使用到第3年初更新，再一直使用到第5年末。这样，5年的总费用最低，为

$$w^* = 33(万元)$$

狄氏标号法简单、直观，但对含有负权的网络却可能失效。

例如，在图8-15中，求点①至点③的最短路。若用狄氏标号法，则所求得的最短路及其路长为

$$① \rightarrow ③, \quad w^* = 2$$

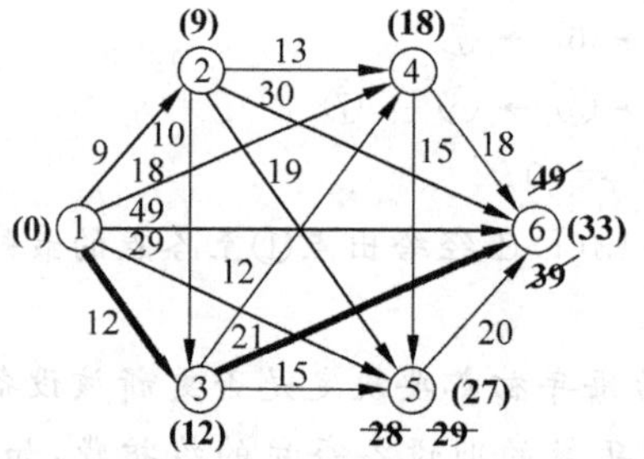

图 8-14

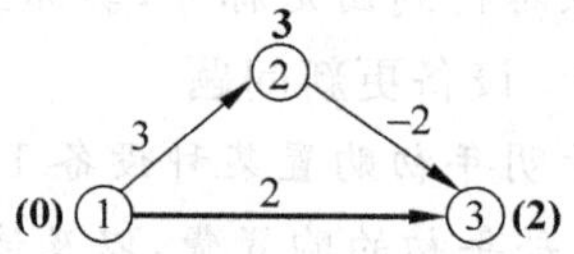

图 8-15

但这是错误的，正确的结果是

$$① \rightarrow ② \rightarrow ③, \quad w^* = 1$$

8.3.2 矩阵摹乘法

该法适用于任何网络，是求解网络最短路问题的通用有效方法。但该法比狄氏标号法复杂，因此一般只用于含有负权的网络。其基本工具是网络的直接距离矩阵。

1. 网络的距离矩阵

设一网络N中有n个结点，其中任意两点i与j之间都有一条边(i,j)，其权数$w_{ij} > -\infty$。若i与j不相邻，则虚设一条边(i,j)，并令其权数$w_{ij}=\infty$，则

$$W=(w_{ij})_{n\times n}$$

称为网络 N 的**直接距离矩阵**，简称**距离矩阵**。

据此直接距离矩阵 W，能够求出各点至某点的最短路，也能求出某点至各点的最短路。

【例 8-8】 在图 8-16 中，试求：

(1) 各点至点⑤的最短路；

(2) 点①至各点的最短路。

解 首先，构建网络直接距离矩阵 W：

$$\begin{array}{c} \text{从}\backslash\text{至} \\ 1 \\ 2 \\ 3 \\ 4 \\ 5 \end{array}\begin{array}{c} \begin{array}{ccccc} 1 & 2 & 3 & 4 & 5 \end{array} \\ \begin{pmatrix} 0 & -3 & 4 & \infty & \infty \\ \infty & 0 & 4 & \infty & 5 \\ \infty & \infty & 0 & -1 & -2 \\ 3 & -2 & \infty & 0 & \infty \\ 2 & \infty & \infty & 1 & 0 \end{pmatrix} \end{array}$$

2. 各点至某点的最短路

更一般的，考虑一个网络的各点 $i=1,2,\cdots,n$ 至某点 r 的最短路。

正如转运问题那样，由于从点 i 至点 r 的最短路未必是直达，也可能经过 1 个或若干个中间点才到达点 r，因此为便于讨论，我们约定：

(1) 从一点直达另一点视为“走 1 步”，而“原地踏步”(即从点 i 至点 i)也视为走步。

(2) 从点 i 走 k 步到达点 r 的路分为两段，如图 8-17 所示。先从点 i 走 1 步到达一个中间点 j，再从点 j 走 $k-1$ 步到达点 r。

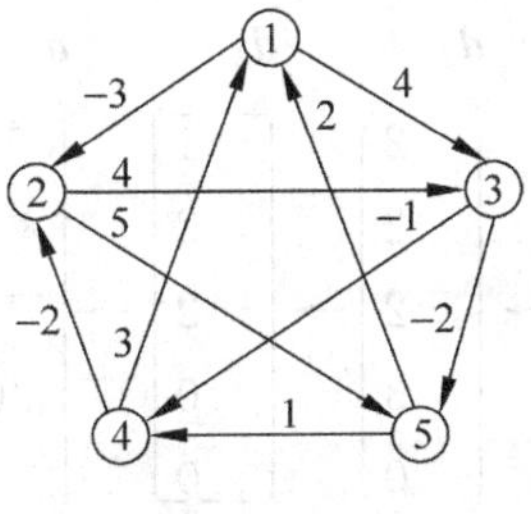

图 8-16

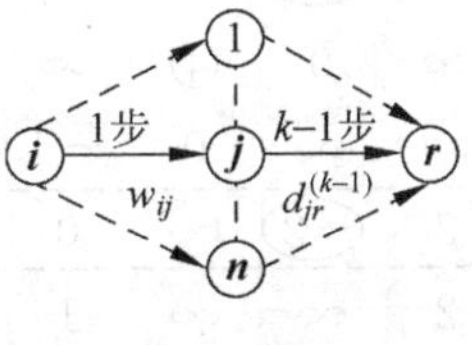

图 8-17

令

$$d_{ir}^{(k)}=\text{从点 } i \text{ 走 } k \text{ 步到达点 } r \text{ 的最短距离}(i=1,2,\cdots,n)$$

而走 1 步即直达，故有

$$d_{ir}^{(1)}=w_{ir},\quad(i=1,2,\cdots,n)$$

又因网络中的 n 个结点都可以是上述路中的中间点 j，如图 8-17 所示，故有

$$d_{ir}^{(k)}=\min_{1\leqslant j\leqslant n}\{w_{ij}+d_{jr}^{(k-1)}\},\quad(i=1,2,\cdots,n)\tag{8-4}$$

令

$$\boldsymbol{d}_k=(d_{1r}^{(k)},d_{2r}^{(k)},\cdots,d_{nr}^{(k)})^{\mathrm{T}},\quad(k=1,2,\cdots,n)$$

则按式(8-4)，列矩阵 $\boldsymbol{d}_k$ 的第 i 个元素 $d_{ir}^{(k)}$，是由距离矩阵 W 的第 i 行

$$(w_{i1},w_{i2},\cdots,w_{in})$$

与列矩阵 $\boldsymbol{d}_{k-1}$，即与

$$(d_{1r}^{(k-1)}, d_{2r}^{(k-1)}, \cdots, d_{nr}^{(k-1)})^{\mathrm{T}}$$

的对应元素**求和取小**而算出的。

因此可以摹仿矩阵乘法，将式(8-4)所定义的运算简记为

$$\boldsymbol{d}_k = \boldsymbol{W} * \boldsymbol{d}_{k-1}, \quad (k = 2,3,\cdots,n) \tag{8-5}$$

并将“＊运算”称为**矩阵摹乘**运算。

式(8-5)中，两个矩阵 $\boldsymbol{W}$ 与 $\boldsymbol{d}_{k-1}$ 的摹乘运算，其元素对应关系与普通矩阵乘法完全一致，只不过将对应元素的“乘积之和”运算，替换成“求和取小”运算罢了。

如果网络中不存在**负回路**(即路长为负数的回路)，则两点间的最短路必不含回路，即路上各点不会重复。因网络共有 n 个结点，所以从点 i 至点 r 的最短路最多只需走 $n-1$ 步，而走 $n-1$ 以上步数，必然会在某些点原地踏步，实际上，与走 $n-1$ 步的最短路完全相同。

而网络中若存在负回路，将导致一切最短路均走无穷多步、且路长均为 $-\infty$ 的荒谬结果，这是建模的错误。所以，正确的网络模型必有

$$\boldsymbol{d}_n = \boldsymbol{d}_{n-1} \tag{8-6a}$$

这意味着运用矩阵摹乘最多只需算至 $\boldsymbol{d}_{n-1}$ 即可结束。另外，只要运算过程中出现

$$\boldsymbol{d}_k = \boldsymbol{d}_{k-1}, \quad (k = 2,3,\cdots,n-1) \tag{8-6b}$$

也即刻结束；而列矩阵 $\boldsymbol{d}_k$ 中的元素即为各点至某点 r 的最短路长。

下面，就按上述方法来完成例 8-8 的问题(1)：求各点至点⑤的最短路。

续解 1° 按式(8-5)迭代运算，直至符合停止运算的规则式(8-6)

先要确定 $\boldsymbol{d}_1$，即从各点走 1 步到达点⑤的最短路长构成的列矩阵，而本例的网络直接距离矩阵 $\boldsymbol{W}$ 的第 5 列即为 $\boldsymbol{d}_1$。按式(8-5)迭代运算的过程，可简写如下：

$$\begin{array}{c} \text{从\至} \\ 1 \\ 2 \\ 3 \\ 4 \\ 5 \end{array}
\begin{array}{c} \begin{array}{ccccc} 1 & 2 & 3 & 4 & 5 \end{array} \\
\begin{pmatrix} 0 & \textcircled{-3} & 4 & \infty & \infty \\ \infty & 0 & \textcircled{4} & \infty & 5 \\ \infty & \infty & 0 & -1 & \textcircled{-2} \\ 3 & \textcircled{-2} & \infty & 0 & \infty \\ 2 & \infty & \infty & 1 & \textcircled{0} \end{pmatrix} \end{array}
* \begin{array}{c} \boldsymbol{d}_1 \\ \begin{pmatrix} \infty \\ 5 \\ -2 \\ \infty \\ 0 \end{pmatrix} \end{array}
\to \begin{array}{c} \boldsymbol{d}_2 \\ \begin{pmatrix} 2 \\ 2 \\ -2 \\ 3 \\ 0 \end{pmatrix} \end{array}
\to \begin{array}{c} \boldsymbol{d}_3 \\ \begin{pmatrix} -1 \\ 2 \\ -2 \\ 0 \\ 0 \end{pmatrix} \end{array}
\to \begin{array}{c} \boldsymbol{d}_4 \\ \begin{pmatrix} -1 \\ 2 \\ -2 \\ 0 \\ 0 \end{pmatrix} \end{array}$$

上述运算，譬如，最后一列矩阵 $\boldsymbol{d}_4$ 是由 $\boldsymbol{W} * \boldsymbol{d}_3$ 得到的；而 $\boldsymbol{d}_4$ 中的第 4 行元素 0，是由方阵 $\boldsymbol{W}$ 的第 4 行与列阵 $\boldsymbol{d}_3$ 的对应元素求和取小

$$\min\{3+(-1), -2+2, \infty+(-2), \underline{0+0}, \infty+0\} = 0 \tag{8-7}$$

而算出的，如此等等。

算至 $\boldsymbol{d}_4$，首次符合停止运算的规则式(8-6)，而且碰巧同时符合两种停止规则，故停止迭代。

2° 按矩阵 $\boldsymbol{d}_{n-1}$ 中元素的由来，在矩阵 $\boldsymbol{W}$ 中，逐行恰当选择相应的元素(画圈表示)

譬如，$\boldsymbol{d}_4$ 中的第 4 行元素 0，如上由式(8-7)所示，是来自第 2 个和式 $-2+2$；其中前项 -2 是矩阵 $\boldsymbol{W}$ 第 4 行的元素，故给它画圈。

注意：虽然式(8-7)中第 4 个和式 $0+0$ 与第 2 个和式 $-2+2$ 的结果一样，但是其前项 0 位于矩阵 $\boldsymbol{W}$ 第 4 行的主对角线上，表示在点④原地踏 1 步之距，由此得不出最短路，所以不予

选择,即不给它画圈。唯一例外是 $\boldsymbol{W}$ 第 5 行主对角线上的画圈数字⓪,它表示点⑤为"终点兼始点"的特殊情况,当然可以始终在原地踏步,且每步之距均为 0,该路程总长也为 0。

矩阵 $\boldsymbol{W}$ 其他行的画圈数字,都是按上述方法,区分两种情况,而适当选择、确定的。

3° 确定各点至终点的最短路

(1) 依次按照矩阵 $\boldsymbol{W}$ 中每行画圈数字对应的"从\至"关系,得

①→②

②→③

③→⑤

④→②

⑤→⑤

(2) 对上列右端非终点⑤的结点,譬如,对第 4 行④→②,则按第 2 行②→③可知下一达点为③,再按第 3 行③→⑤可知下一达点为⑤,便得点④至终点⑤的最短路:④→②→③→⑤。

类似这样去做,就可得出各点至终点⑤的最短路,而 $\boldsymbol{d}_4$ 即给出各点至终点⑤的最短路长:

最短路	最短路长
①→②→③→⑤	−1
②→③→⑤	2
③→⑤	−2
④→②→③→⑤	0
⑤→⑤	0

3. 某点至各点的最短路

考虑某点 r 至各点 $j=1,2,\cdots,n$ 的最短路。令

$$l_{rj}^{(k)} = \text{从点 } r \text{ 走 } k \text{ 步到达点 } j \text{ 的最短距离} (j=1,2,\cdots,n)$$

其中

$$l_{rj}^{(1)} = w_{rj}, \quad (j=1,2,\cdots,n)$$

可以把从点 r 走 k 步到达点 j 的路分为两段,先从点 r 走 $k-1$ 步到达一个中间点 i,其最短距离为 $l_{ri}^{(k-1)}$;再从点 i 走 1 步到达点 j,其最短距离为 w_{ij},故有

$$l_{rj}^{(k)} = \min_{1\leqslant i\leqslant n}\{l_{ri}^{(k-1)} + w_{ij}\}, \quad (j=1,2,\cdots,n) \tag{8-8}$$

令

$$\boldsymbol{l}_k = (l_{r1}^{(k)}, l_{r2}^{(k)}, \cdots, l_{rn}^{(k)})^{\mathrm{T}}, \quad (k=1,2,\cdots,n)$$

则有迭代计算公式

$$\boldsymbol{l}_k^{\mathrm{T}} = \boldsymbol{l}_{k-1}^{\mathrm{T}} * \boldsymbol{W}, \quad (k=2,3,\cdots,n-1) \tag{8-9}$$

另外,只要运算过程中出现

$$\boldsymbol{l}_k^{\mathrm{T}} = \boldsymbol{l}_{k-1}^{\mathrm{T}}, \quad (k=2,3,\cdots,n-1) \tag{8-10}$$

也即刻结束;而行矩阵 $\boldsymbol{l}_k^{\mathrm{T}}$ 中的元素即为某点 r 至各点的最短路长。

下面,就按上述方法来完成例 8-8 的问题(2):求点①至各点的最短路。

续解 按式(8-9)迭代运算,先要确定 $\boldsymbol{l}_1^{\mathrm{T}}$,即从点①走 1 步到达各点的最短路长构成的行矩阵,而距离矩阵 $\boldsymbol{W}$ 的第 1 行即为 $\boldsymbol{l}_1^{\mathrm{T}}$。

按式(8-9)迭代运算至 $\boldsymbol{l}_4^{\mathrm{T}}$,已经符合停止规则(8-10),故结束摹乘。按矩阵 $\boldsymbol{l}_4^{\mathrm{T}}$ 中元素的由

来，在矩阵 $\boldsymbol{W}$ 中，逐列恰当选择相应的元素(画圈表示)。上述运算过程及其结果简示如下：

$$
\begin{array}{l}
\boldsymbol{l}_1^{\mathrm{T}}=(0\quad -3\quad 4\quad \infty\quad \infty)\ *\\
\to \boldsymbol{l}_2^{\mathrm{T}}=(0\quad -3\quad 1\quad 3\quad 2)\\
\to \boldsymbol{l}_3^{\mathrm{T}}=(0\quad -3\quad 1\quad 0\quad -1)\\
\to \boldsymbol{l}_4^{\mathrm{T}}=(0\quad -3\quad 1\quad 0\quad -1)
\end{array}
\quad
\begin{array}{c}
\text{从/至}\\ 1\\ 2\\ 3\\ 4\\ 5
\end{array}
\begin{array}{c}
\begin{array}{ccccc} 1 & 2 & 3 & 4 & 5\end{array}\\
\begin{pmatrix}
\textcircled{0} & \textcircled{-3} & 4 & \infty & \infty\\
\infty & 0 & \textcircled{4} & \infty & 5\\
\infty & \infty & 0 & \textcircled{-1} & \textcircled{-2}\\
3 & -2 & \infty & 0 & \infty\\
2 & \infty & \infty & \textcircled{1} & 0
\end{pmatrix}
\end{array}
$$

依次按照矩阵 $\boldsymbol{W}$ 中每列画圈数字对应的“从/至”关系，得

①→①
①→②
②→③
③→④
⑤→④
③→⑤

对上面左端非始点①的后4行，从右向左回溯，最终得到点①至各点的最短路：

最短路	最短路长
①→①	0
①→②	−3
①→②→③	1
①→②→③→④ ①→②→③→⑤→④	0
①→②→③→⑤	−1

其中，点①到点④有2条不同的最短路。

4. 各点间的最短距离

有时需要求网络中各点间的最短距离，若按前述方法，都需逐点求解，较繁。为此，下面介绍一种较简便的方法。令

$$\boldsymbol{D}_k=(d_{ij}^{(k)})=\boldsymbol{D}_{k-1}*\boldsymbol{D}_{k-1},\quad (k=2,3,\cdots,p) \tag{8-11a}$$

其中 $\boldsymbol{D}_1=\boldsymbol{W}$，而

$$d_{ij}^{(k)}=\text{从点 } i \text{ 走 } 2^{k-1} \text{ 步到达点 } j \text{ 的最短距离}(i,j=1,2,\cdots,n)$$

且有

$$d_{ij}^{(k)}=\min_{1\leqslant s\leqslant n}\{d_{is}^{(k-1)}+d_{sj}^{(k-1)}\},\quad (i,j=1,2,\cdots,n) \tag{8-11b}$$

矩阵 $\boldsymbol{D}_p$ 即为各点间的最短距离矩阵。

若 $w_{ij}\geqslant 0$，则关于迭代次数 p 有以下估式：

$$2^{p-1}\leqslant n-1\leqslant 2^p$$

或

$$p-1\leqslant \frac{\lg(n-1)}{\lg 2}<p \tag{8-12}$$

又若迭代中出现

$$D_k = D_{k-1}, \quad (k=2,3,\cdots,p)$$

也即刻结束。

【例 8-9】 试求例 8-5 中各村间的最短距离。

解 先按式(8-12)估算迭代次数：

$$p > \frac{\lg(7-1)}{\lg 2} = 2.6$$

取 $p=3$，一般需迭代至 D_3。

按例 8-5 的图 8-10，构建直接距离矩阵

$$D_1 = W = \begin{pmatrix} 0 & 3 & 4 & 6 & \infty & \infty & \infty \\ 3 & 0 & \infty & 7 & 5 & \infty & \infty \\ 4 & \infty & 0 & 2 & \infty & 6 & \infty \\ 6 & 7 & 2 & 0 & 1 & 5 & \infty \\ \infty & 5 & \infty & 1 & 0 & 1 & 4 \\ \infty & \infty & 6 & 5 & 1 & 0 & 2 \\ \infty & \infty & \infty & \infty & 4 & 2 & 0 \end{pmatrix}$$

按式(8-11)，依次计算得到

$$D_2 = D_1 * D_1 = \begin{pmatrix} 0 & 3 & 4 & 6 & 7 & 10 & \infty \\ 3 & 0 & 7 & 6 & 5 & 6 & 9 \\ 4 & 7 & 0 & 2 & 3 & 6 & 8 \\ 6 & 6 & 2 & 0 & 1 & 2 & 5 \\ 7 & 5 & 3 & 1 & 0 & 1 & 3 \\ 10 & 6 & 6 & 2 & 1 & 0 & 2 \\ \infty & 9 & 8 & 5 & 3 & 2 & 0 \end{pmatrix}$$

$$D_3 = D_2 * D_2 = \begin{pmatrix} 0 & 3 & 4 & 6 & 7 & 8 & 10 \\ 3 & 0 & 7 & 6 & 5 & 6 & 8 \\ 4 & 7 & 0 & 2 & 3 & 4 & 6 \\ 6 & 6 & 2 & 0 & 1 & 2 & 4 \\ 7 & 5 & 3 & 1 & 0 & 1 & 3 \\ 8 & 6 & 4 & 2 & 1 & 0 & 2 \\ 10 & 8 & 6 & 4 & 3 & 2 & 0 \end{pmatrix}$$

8.3.3 网络的中心与重心

1. 基本概念

设以

$$D = (d_{ij})_{n\times n}$$

表示网络 N 中各点间的最短距离矩阵。

(1) 网络的中心

若

$$d(i) = \max_{1\leqslant j\leqslant n}(d_{ij}), \qquad (i=1,2,\cdots,n) \tag{8-13a}$$

$$d(r)=\min_{1\leqslant i\leqslant n}\{d(i)\} \tag{8-13b}$$

则点 r 是网络 $\boldsymbol{N}$ 的中心。

(2) **网络的重心**

设 g_i 是点 i 的权重($i=1,2,\cdots,n$),令

$$h(j)=\sum_{i=1}^{n}g_i d_{ij},\quad (j=1,2,\cdots,n) \tag{8-14a}$$

若

$$h(r)=\min_{1\leqslant j\leqslant n}\{h(j)\} \tag{8-14b}$$

则点 r 是网络 $\boldsymbol{N}$ 的重心。

2. 应用举例

【例 8-10】 考虑例 8-5。现要为这 7 个村庄建一商店和小学,试问:

(1) 商店应建在哪一村庄,使各村都离它较近?

(2) 已知各村小学生人数如表 8-4 所示,则小学应建在何村,使各村小学生走路总里程最少?

表 8-4

村庄	1	2	3	4	5	6	7
小学生人数	35	20	25	30	50	45	40

解 (1) 这是一个网络中心问题。根据例 8-9 算出的最短距离矩阵,按式(8-13)计算、求解,见表 8-5。从中可见,商店应建在网络中心④村。

表 8-5

j 村 \ i 村	$\boldsymbol{D}=(d_{ij})_{n\times n}$							$d(i)=\max_j(d_{ij})$
	1	2	3	4	5	6	7	
1	0	3	4	6	7	8	10	10
2	3	0	7	6	5	6	8	8
3	4	7	0	2	3	4	6	7
4	6	6	2	0	1	2	4	6(min)
5	7	5	3	1	0	1	3	7
6	8	6	4	2	1	0	2	8
7	10	8	6	4	3	2	0	10

(2) 这是一个网络重心问题,各村的小学生人数即权重 g_i。先用 g_i 乘以 $\boldsymbol{D}$ 阵的第 i 行($i=1,2,\cdots,n$);再将表中每列数字相加,得到小学建于 j 村时各村小学生走路总里程 $h(j)$,结果见表 8-6。

表 8-6

j 村 \ i 村	$g_i d_{ij}$						
	1	2	3	4	5	6	7
1	0	105	140	210	245	280	350
2	60	0	140	120	100	120	160

续表

i 村 \ j 村	$g_i d_{ij}$						
	1	2	3	4	5	6	7
3	100	175	0	50	75	100	150
4	180	180	60	0	30	60	120
5	350	250	150	50	0	50	150
6	340	270	180	90	45	0	90
7	400	320	240	160	120	80	0
$h(j)$	1 430	1 300	910	680	615	690	1 020

最后，按式(8-14b)，从诸 $h(j)$ 中选出最小者 $h(5)=615$，所以小学应建在网络重心⑤村。

8.4 最大流问题

现实网络系统中存在各种流，如水利网中存在水流，电力网中存在电流，公路网中存在车流，金融网中存在货币流，服务网中存在顾客流，信息网中存在信息流，产品网中存在物流，等等。那么，如何使一个网络输送的某种流的流量达到最大？这就是本节将要介绍的最大流问题。

8.4.1 基本概念

1. 容量网络

若要通过一个网络 $\boldsymbol{N}=(\boldsymbol{V},\boldsymbol{A})$ 输送某种流，为此规定：

(1) 点 s 为**发点**，点 t 为**收点**，从 $s\to t$ 就是该流经由网络 $\boldsymbol{N}$ 的方向。

(2) 每条弧 (i,j) 的方向就是流经该弧的方向。

(3) 对每条弧 $(i,j)\in\boldsymbol{A}$，都赋予唯一容量 $r_{ij}=r(i,j)$，表示该弧所能容纳输送的最大流量。则称该网络 $\boldsymbol{N}$ 为**容量网络**，记为 $\boldsymbol{N}=(\boldsymbol{V},\boldsymbol{A},r)$；也可简记之，而仍记为 $\boldsymbol{N}=(\boldsymbol{V},\boldsymbol{A})$。

本节和下节研究的都是这种容量网络，以下往往简称为网络。譬如，要从供水站通过输水管网向需要用水的工地供水，则供水站即发点 s，工地即收点 t，从 $s\to t$ 就是水流经由输水管网的方向。由于不同管道口径不一，每小时能够容纳输送的水量也不尽相同，这就是弧的容量，等等。

2. 流及其流量

(1) **网络流**。在一个网络 $\boldsymbol{N}=(\boldsymbol{V},\boldsymbol{A})$ 中，设以 $x_{ij}=x(i,j)$ 表示某种流通过弧 $(i,j)\in\boldsymbol{A}$ 的流量，则 x_{ij} 构成的集合

$$\boldsymbol{X}=\{x_{ij}\mid(i,j)\in\boldsymbol{A}\}$$

称为该网络 $\boldsymbol{N}$ 的一个**流**。

(2) **可行流**。满足下面两个条件的网络流 $\boldsymbol{X}=\{x_{ij}\}$ 称为一个**可行流**：

① 弧流量约束条件

$$0\leqslant x_{ij}\leqslant r_{ij},\quad (i,j)\in\boldsymbol{A} \tag{8-15a}$$

② 中间点平衡条件

$$\sum_j x_{ji} - \sum_j x_{ij} = 0, \quad (i \neq s,t) \tag{8-15b}$$

除了发点 s 和收点 t 以外，网络中其余各点都称为**中间点**。式(8-15b)意味着中间点不贮流，其贮流量为0；或者说，中间点 i 的总流入量 $\sum x_{ji}$ 等于总流出量 $\sum x_{ij}$，二者平衡。

可行流恒存在，如**零流**

$$\boldsymbol{X} = \boldsymbol{0} = \{x_{ij} = 0 \mid (i,j) \in \boldsymbol{A}\}$$

恒为任一容量网络的一个可行流。

又如图8-18所示网络流也是一个可行流，图中弧旁的数字为 r_{ij}, x_{ij}。

(3) **可行流的流量**

设以 $f = f(\boldsymbol{X})$ 表示可行流 $\boldsymbol{X}$ 从发点 s 到收点 t 的**流量**，则有

$$\sum_j x_{ij} - \sum_j x_{ji} = \begin{cases} f, & (i = s) \\ -f, & (i = t) \end{cases}$$

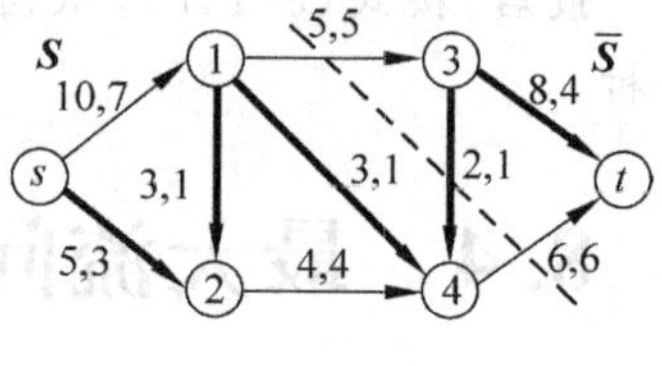

图 8-18

这意味着可行流 $\boldsymbol{X}$ 的流量 f 既等于发点 s 的总流出量，也等于收点 t 的总流入量。

如图8-18所示可行流 $\boldsymbol{X}$，可代表从水站 s 向工地 t 输水的一个可行方案，弧流量 x_{ij} 则表示通过控制该管道 (i,j) 的阀门，所实现的每小时流过该管道的水量，等等。而该输水方案 $\boldsymbol{X}$ 每小时输送到工地 t 的水量，等于发点 s 的总流出量 $f=7+3=10$，也等于收点 t 的总流入量 $f=4+6=10$。

(4) **最大流**。一个网络 $\boldsymbol{N}=(\boldsymbol{V},\boldsymbol{A})$ 的诸可行流中，流量最大的可行流称为**最大流**，记为 $\boldsymbol{X}^*$，其流量记为 $f^*=f(\boldsymbol{X}^*)$。

而寻求网络最大流，可以构成下述LP问题：

$$\max f$$

$$\text{s.t.} \begin{cases} \sum_j x_{ij} - \sum_j x_{ji} = \begin{cases} f, & (i = s) \\ 0, & (i \neq s,t), \quad (i \in \boldsymbol{V}) \\ -f, & (i = t) \end{cases} \\ 0 \leqslant x_{ij} \leqslant r_{ij}, \quad ((i,j) \in \boldsymbol{A}) \end{cases} \tag{8-16}$$

由于其特殊性，可以用比单纯形法更为简单、直观的网络分析方法予以解决。

3. 截集及其容量

(1) **截集**。在网络 $\boldsymbol{N}=(\boldsymbol{V},\boldsymbol{A})$ 中，若将点集 $\boldsymbol{V}$ 剖分成两个非空子集 $\boldsymbol{S}$ 和 $\bar{\boldsymbol{S}}$，即 $\boldsymbol{V}=\boldsymbol{S}\cup\bar{\boldsymbol{S}}$，且 $\boldsymbol{S}\cap\bar{\boldsymbol{S}}=\varnothing$。令发点 $s\in\boldsymbol{S}$，收点 $t\in\bar{\boldsymbol{S}}$；而且 $\boldsymbol{S}$ 中各点不须经由 $\bar{\boldsymbol{S}}$ 中的点而均连通，$\bar{\boldsymbol{S}}$ 中各点也不须经由 $\boldsymbol{S}$ 中的点而均连通，则把始点在 $\boldsymbol{S}$ 中、而终点在 $\bar{\boldsymbol{S}}$ 中的一切弧所构成的集合，称为一个分离发点 s 和收点 t 的**截集**，记为 $(\boldsymbol{S},\bar{\boldsymbol{S}})$。

截集是弧集 $\boldsymbol{A}$ 的一个特殊子集，如图8-18中，虚线左侧的点的集合为 $\boldsymbol{S}$，虚线右侧的点的集合为 $\bar{\boldsymbol{S}}$；虚线穿过的3条弧中，其始点在 $\boldsymbol{S}$ 中、终点在 $\bar{\boldsymbol{S}}$ 中的2条弧(1,3)，(4,t)就构成一个截集，但始点在 $\bar{\boldsymbol{S}}$ 中、终点在 $\boldsymbol{S}$ 中的弧(3,4)不属于该截集。

若将一个截集中的一切弧全都从网络中删除，就会截断发点 s 到收点 t 的流，亦使该网

络不复存在 $s \to t$ 的路，但仍可能存在 $s \to t$ 的链，这是截集的一个重要特性。如图8-18中，若将管道(1,3)，(4,t)的阀门关闭，就不能从水站 s 输水到工地 t 了。

(2) **截量**。截集中一切弧的容量之和称为**截集的容量**，简称**截量**，记为 $r(\boldsymbol{S},\bar{\boldsymbol{S}})$，有

$$r(\boldsymbol{S},\bar{\boldsymbol{S}}) = \sum_{(i,j)\in(\boldsymbol{S},\bar{\boldsymbol{S}})} r_{ij} \tag{8-17}$$

(3) **最小截集**。一个网络 $\boldsymbol{N}=(\boldsymbol{V},\boldsymbol{A})$ 的诸截集中，容量最小的截集称为**最小截集**，记为 $(\boldsymbol{S}^*,\bar{\boldsymbol{S}}^*)$，其容量记为 $r^*=r(\boldsymbol{S}^*,\bar{\boldsymbol{S}}^*)$。

如图8-18所示网络的全部截集及其截量见表8-7，而 $(\boldsymbol{S}^*,\bar{\boldsymbol{S}}^*)=\{(1,3),(4,t)\}$，$r^*=11$。

表 8-7

$\boldsymbol{S}=\{i\}$	$\bar{\boldsymbol{S}}=\{j\}$	截集 $(\boldsymbol{S},\bar{\boldsymbol{S}})=\{(i,j)\}$	截量 r_{ij}
s	$1,2,3,4,t$	$(s,1),(s,2)$	15
$s,1$	$2,3,4,t$	$(s,2),(1,2),(1,3),(1,4)$	16
$s,2$	$1,3,4,t$	$(s,1),(2,4)$	14
$s,1,2$	$3,4,t$	$(1,3),(1,4),(2,4)$	12
$s,1,3$	$2,4,t$	$(s,2),(1,2),(1,4),(3,4),(3,t)$	21
$s,2,4$	$1,3,t$	$(s,1),(4,t)$	16
$s,1,2,3$	$4,t$	$(1,4),(2,4),(3,4),(3,t)$	17
$s,1,2,4$	$3,t$	$(1,3),(4,t)$	11
$s,1,2,3,4$	t	$(3,t),(4,t)$	14

4. 增容链

在网络 $\boldsymbol{N}=(\boldsymbol{V},\boldsymbol{A})$ 中，设 $\boldsymbol{X}=\{x_{ij}\}$ 是一可行流，μ 是从发点 s 到收点 t 的一条链，则链 μ 上与链 μ 方向一致的弧称为**前向弧**，其集合记为 μ^+；链 μ 上与链 μ 方向相反的弧称为**后向弧**，其集合记为 μ^-。如果

$$\begin{cases} x_{ij} < r_{ij}, & \text{当}(i,j)\in\mu^+ \\ x_{ij} > 0, & \text{当}(i,j)\in\mu^- \end{cases}$$

则称 μ 是一条关于可行流 $\boldsymbol{X}$ 的**增容链**，记为 $\mu(\boldsymbol{X})$。增容链即**前向弧均非饱和**、**后向弧均非零流**的链。

如图8-18中粗箭线所示的链 $\mu=\{s,2,1,4,3,t\}$ 就是一条增容链，其弧分为以下两类：

$$\mu^+=\{(s,2),(1,4),(3,t)\},\quad \mu^-=\{(1,2),(3,4)\}$$

8.4.2 基本原理

首先指出，沿着增容链 $\mu(\boldsymbol{X})$ 去调整链上各弧的流量，可以使网络当前流量 $f(\boldsymbol{X})$ 增大容量，而这正是寻求网络最大流的算法基点。

设 $\boldsymbol{P}\subseteq\boldsymbol{V}$，$\boldsymbol{Q}\subseteq\boldsymbol{V}$，且 $u\in\boldsymbol{P}$，$v\in\boldsymbol{Q}$，按截集的记号，则有弧 $(u,v)\in(\boldsymbol{P},\boldsymbol{Q})$ 弧集。令

$$x(\boldsymbol{P},\boldsymbol{Q}) \triangleq \sum_{(u,v)\in(\boldsymbol{P},\boldsymbol{Q})} x(u,v)$$

表示始点在 $\boldsymbol{P}$ 中、终点在 $\boldsymbol{Q}$ 中各弧流量总和，则流量为 f 的可行流 $\boldsymbol{X}$ 在各点 $i\in\boldsymbol{V}$ 的净流

出量可记为

$$x(i,\boldsymbol{V})-x(\boldsymbol{V},i)=\begin{cases}f, & (i=s)\\ 0, & (i\neq s,t)\quad (i\in \boldsymbol{V})\\ -f, & (i=t)\end{cases}\tag{8-18}$$

【定理 8-3】 流量-截量定理

在网络 $\boldsymbol{N}=(\boldsymbol{V},\boldsymbol{A})$ 中,设 $\boldsymbol{X}=\{x_{ij}\}$ 是任一可行流,$(\boldsymbol{S},\bar{\boldsymbol{S}})$ 是任一截集,则恒有

$$f(\boldsymbol{X})\leqslant r(\boldsymbol{S},\bar{\boldsymbol{S}})$$

即网络任一可行流的流量恒不超过任一截集的截量。

证明 因为 $(\boldsymbol{S},\bar{\boldsymbol{S}})$ 是网络 $\boldsymbol{N}$ 的截集,所以终点 $t\in\bar{\boldsymbol{S}}$,则 $\boldsymbol{S}\backslash\{s\}$ 为一切中间点的集合。又因 $\boldsymbol{X}$ 为可行流,故它在任一中间点的净贮流量为 0,所以 $\boldsymbol{S}\backslash\{s\}$ 中各点净贮流量之和也为 0,即有

$$x(\boldsymbol{S}\backslash\{s\},\boldsymbol{V})-x(\boldsymbol{V},\boldsymbol{S}\backslash\{s\})=0$$

则始点 s 的净流出量为

$$\begin{aligned}f(\boldsymbol{X})&=x(s,\boldsymbol{V})-x(\boldsymbol{V},s)=x(s,\boldsymbol{V})-x(\boldsymbol{V},s)+\overbrace{x(\boldsymbol{S}\backslash\{s\},\boldsymbol{V})-x(\boldsymbol{V},\boldsymbol{S}\backslash\{s\})}^{=0}\\&=x(\boldsymbol{S},\boldsymbol{V})-x(\boldsymbol{V},\boldsymbol{S})=[x(\boldsymbol{S},\boldsymbol{S})+x(\boldsymbol{S},\bar{\boldsymbol{S}})]-[x(\boldsymbol{S},\boldsymbol{S})+x(\bar{\boldsymbol{S}},\boldsymbol{S})]\end{aligned}$$

故有

$$f(\boldsymbol{X})=x(\boldsymbol{S},\bar{\boldsymbol{S}})-x(\bar{\boldsymbol{S}},\boldsymbol{S})\leqslant x(\boldsymbol{S},\bar{\boldsymbol{S}})\leqslant r(\boldsymbol{S},\bar{\boldsymbol{S}})\tag{8-19}$$

(证毕)

【定理 8-4】 增容链调整法

设 $\boldsymbol{X}=\{x_{ij}\}$ 是网络 $\boldsymbol{N}=(\boldsymbol{V},\boldsymbol{A})$ 的一个可行流,μ 是从 $s\to t$ 的一条关于可行流 $\boldsymbol{X}$ 的增容链。

令

$$\theta=\min\begin{cases}r_{ij}-x_{ij}, & 当(i,j)\in\mu^{+}\\ x_{ij}, & 当(i,j)\in\mu^{-}\end{cases}\tag{8-20a}$$

再令

$$x'_{ij}=\begin{cases}x_{ij}+\theta, & 当(i,j)\in\mu^{+}\\ x_{ij}-\theta, & 当(i,j)\in\mu^{-}\\ x_{ij}, & 当(i,j)\notin\mu\end{cases}\tag{8-20b}$$

则 $\boldsymbol{X}'=\{x'_{ij}\}$ 也是网络 $\boldsymbol{N}$ 的一个可行流,且有

$$f(\boldsymbol{X}')=f(\boldsymbol{X})+\theta$$

按可行流定义不难验证 $\boldsymbol{X}'$ 是可行流(从略)。

定理 8-4 表明,若网络中存在关于当前可行流 $\boldsymbol{X}$ 的增容链 $\mu(\boldsymbol{X})$,则 $\boldsymbol{X}$ 就非最大流。只要按式(8-20)对 $\mu(\boldsymbol{X})$ 上各弧流量进行调整,就能得到一个流量增大 $\theta(>0)$ 的新可行流 $\boldsymbol{X}'$,故名增容链调整法。

【定理 8-5】 最大流的充要条件

设 $\boldsymbol{X}^{*}=\{x^{*}_{ij}\}$ 是网络 $\boldsymbol{N}=(\boldsymbol{V},\boldsymbol{A})$ 的一个可行流,则 $\boldsymbol{X}^{*}$ 为最大流的充要条件是:网络 $\boldsymbol{N}$

中不存在关于 X^* 的增容链 $\mu(X^*)$。

证明 (1) **必要性**。用反证法。假设 N 中存在增容链 $\mu(X^*)$，则按定理 8-4，必能找出另一可行流 X'，使

$$f(X') = f(X^*) + \theta > f(X^*)$$

这与 X^* 为最大流相矛盾。

(2) **充分性**。先定义一个点集 S^*，为此令

① $s \in S^*$，这意味着 $S^* \neq \varnothing$；

② 若 $i \in S^*$，且 $x_{ij} < r_{ij}$，则 $j \in S^*$；若 $i \in S^*$，且 $x_{ji} > 0$，则 $j \in S^*$。

再令 $\bar{S}^* = V \backslash S^*$。

因为网络 N 中不存在增容链 $\mu(X^*)$，所以至少有一点 $t \notin S^*$，或 $t \in \bar{S}^*$，这意味着 $\bar{S}^* \neq \varnothing$；因此 $(S^*, \bar{S}^*)$ 是 N 的一个截集，必有

$$x_{ij}^* = \begin{cases} r_{ij}, & 当(i,j) \in (S^*, \bar{S}^*) \\ 0, & 当(i,j) \in (\bar{S}^*, S^*) \end{cases} \tag{\#}$$

否则，将导致与 S^* 的定义②相矛盾。遂有

$$x^*(S^*, \bar{S}^*) \triangleq \sum_{(i,j) \in (S^*, \bar{S}^*)} x_{ij}^* \overset{(\#)}{=} \sum_{(i,j) \in (S^*, \bar{S}^*)} r_{ij} = r(S^*, \bar{S}^*)$$

$$x^*(\bar{S}^*, S^*) \triangleq \sum_{(i,j) \in (\bar{S}^*, S^*)} x_{ij}^* \overset{(\#)}{=} 0$$

据以按式(8-19)，有

$$f(X^*) = x^*(S^*, \bar{S}^*) - x^*(\bar{S}^*, S^*) = r(S^*, \bar{S}^*) \tag{*}$$

另按定理 8-3，对任意可行流 X 和任意截集 $(S, \bar{S})$，恒有

$$f(X) \leqslant r(S, \bar{S})$$

而由(*)：可行流 X^* 和截集 $(S^*, \bar{S}^*)$ 能使上式仅对等号成立，故 X^* 为最大流，$(S^*, \bar{S}^*)$ 为最小截集。 **(证毕)**

由定理 8-5 证明中所得(*)式，即有下述结论：

【定理 8-6】 最大流量-最小截量定理

网络中从 $s \to t$ 的最大流量等于分离发点 s 和收点 t 的最小截量。即若 X^* 为最大流，$(S^*, \bar{S}^*)$ 为最小截集，则有

$$f(X^*) = r(S^*, \bar{S}^*)$$

8.4.3 基本方法

本节介绍一种寻求网络最大流的**福特-富尔克逊算法**(Ford-Fulkerson algorithm)，该法是由福特和富尔克逊于 1956 年所提出，故此得名。

1. 基本思想

该法先确定一个初始可行流 X(如零流)，再按一定规则找出一条增容链 $\mu(X)$，并按定理 8-4 的方法调整当前流 X，得到一个流量增大 $\theta(>0)$ 的新可行流 X'。续对新流 X' 重复

上述做法……直到找不出关于当前可行流 $\boldsymbol{X}^*$ 的增容链 $\mu(\boldsymbol{X}^*)$ 为止，这时就得到最大流 $\boldsymbol{X}^*$，同时还得到一个最小截集。

该法按照定理 8-5"充分性"证明中定义并构造点集 $\boldsymbol{S}^*$ 的方法来寻找增容链，通过依次给各结点标号来生成点集 $\boldsymbol{S}^*$，而每个标号点 j 都有双标号 $(i,b(j))$，其中第 1 个标号 i 为结点 j 的**前导点**，第 2 个标号 $b(j)$ 为结点 i 与 j 关联弧流量的**当前最大可调容量**。先给发点 s 标号 $(0,\infty)$，其标号 0 表示点 s 为源点，没有前导点；标号 ∞ 表示当前可调容量不限。通过依次检查点 $i(\in\boldsymbol{S}^*)$ 的相邻点 $j\in\bar{\boldsymbol{S}}^*$，不断增加 $\boldsymbol{S}^*$ 中的点：若关联弧为 (i,j)，且 $x_{ij}<r_{ij}$，则 $j\in\boldsymbol{S}^*$；若关联弧为 (j,i)，且 $x_{ji}>0$，则 $j\in\boldsymbol{S}^*$。如此进行下去，若最终收点 $t\in\boldsymbol{S}^*$，t 得到标号 $(i,b(t))$，则意味着找出了一条当前流的增容链，而 $b(t)$ 即调整量 θ，亦即流量 f 的增容；否则就不存在增容链。

2. 运算步骤

1° 确定初始可行流 $\boldsymbol{X}$，给发点 s 标号 $(0,\infty)$；令标号点集 $\boldsymbol{S}=\boldsymbol{B}\cup\boldsymbol{C}$；再令 $\boldsymbol{B}=\varnothing,\boldsymbol{C}=\{s\}$，则有 $\boldsymbol{B}\cap\boldsymbol{C}=\varnothing$。于是，标号点 $s\in\boldsymbol{C}\subseteq\boldsymbol{S}$，而未标号点集 $\bar{\boldsymbol{S}}=\boldsymbol{V}\backslash\{s\}$；当前标号点 s 有待检查。

2° 任取一个已标号待查之点 $i\in\boldsymbol{C}$，依次检查所有与 i 相邻而未标号的点 $j\in\bar{\boldsymbol{S}}$ 可否标号：

(1) 若 j 与 i 的关联弧为 (i,j)，而且该弧的流量 $x_{ij}<r_{ij}$，则给点 j 标号 $(i,b(j))$，其中

$$b(j)=\min\{b(i),r_{ij}-x_{ij}\}$$

表示弧 (i,j) 的流量 x_{ij} 的**当前最大可增容量**；令 $\boldsymbol{C}:=\boldsymbol{C}\cup\{j\},\bar{\boldsymbol{S}}:=\bar{\boldsymbol{S}}\backslash\{j\}$。

若 $x_{ij}=r_{ij}$，则不给点 j 标号。

(2) 若 j 与 i 的关联弧为 (j,i)，而且该弧的流量 $x_{ji}>0$，则给点 j 标号 $(-i,b(j))$，其中

$$b(j)=\min\{b(i),x_{ji}\}$$

表示弧 (j,i) 的流量 x_{ji} 的**当前最大可减容量**，令 $\boldsymbol{C}:=\boldsymbol{C}\cup\{j\},\bar{\boldsymbol{S}}:=\bar{\boldsymbol{S}}\backslash\{j\}$。

若 $x_{ji}=0$，则不给点 j 标号。

3° 若所有与点 i 相邻而未标号的点 j 全都如 2°那样经过检查而标号或不标号后，就给点 i 打√，表示点 i 已被查毕而归于点集 $\boldsymbol{B}\subseteq\boldsymbol{S}$，即令 $\boldsymbol{B}:=\boldsymbol{B}\cup\{i\},\boldsymbol{C}:=\boldsymbol{C}\backslash\{i\}$。

4° 若收点 $t\in\boldsymbol{S}$，即 t 点得到标号，则转 5°，否则转 6°。

5° 从 t 点出发，按其第 1 个标号衔接前导点，依次回溯，就能找出一条由标号点和相应的弧连接而成的从 $s\to t$ 的增容链 $\mu(\boldsymbol{X})$，转 7°。

6° 若尚有标号点还未打√，则返 2°；否则当前流即最大流，算出其流量。按截集定义，以所有标号点构成的集合 $\boldsymbol{S}$ 与所有未标号点构成的集合 $\bar{\boldsymbol{S}}$，找出最小截集，停止运算。

7° 取调整量 $\theta=b(t)$（即收点 t 的第 2 个标号），令

$$x_{ij}:=x_{ij}+\theta,\quad 对一切(i,j)\in\mu^+$$

$$x_{ij}:=x_{ij}-\theta,\quad 对一切(i,j)\in\mu^-$$

非增容链上的各弧流量 x_{ij} 不变，转 8°。

8° 删除网络中原有一切标号，返 1°。

3. 运算过程

【例 8-11】 试求图 8-18 中网络的最大流与最小截集。

解 （第 0 次迭代）

1° 已确定初始可行流 **X**，如图 8-18 所示。给发点 s 标号 $(0,\infty)$，待查。

（第 1 次迭代、检标）

2° 现已标号待查之点仅为 s 一点，依次检查 s 的相邻点 1,2 可否标号：

① 对点 1，因它与 s 的关联弧为 $(s,1)$，且 $x_{s1}=7<10=r_{s1}$，故给点 1 标号 $(s,b(1))$，其中

$$b(1)=\min\{b(s),r_{s1}-x_{s1}\}=\min\{\infty,10\text{-}7\}=3$$

② 对点 2，因它与 s 的关联弧为 $(s,2)$，且 $x_{s2}=3<5=r_{s2}$，故给点 2 标号 $(s,b(2))$，其中

$$b(2)=\min\{b(s),r_{s2}-x_{s2}\}=\min\{\infty,5-3\}=2$$

3° 至此，对点 s 检查完毕，给点 s 打√，如图 8-19(a)所示。

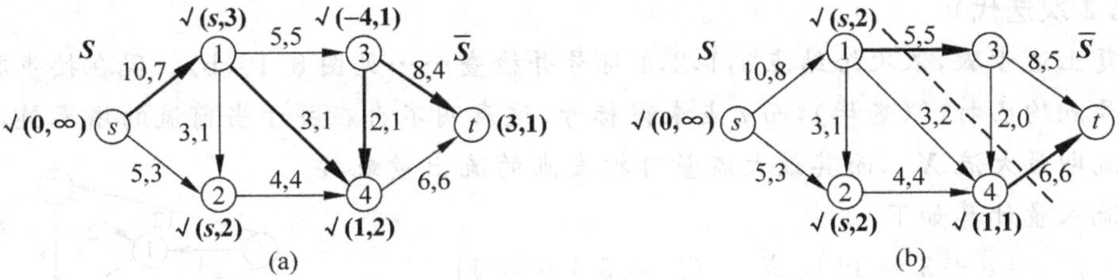

图 8-19

（第 2 次检标）

2° 现已标号待查之点为 1,2 两点。先依次检查与点 1 相邻而未标号的点 3、点 4 可否标号：

① 对点 3，因有 $(1,3)$，而 $x_{13}=5=r_{13}$，故不给点 3 标号；

② 对点 4，因有 $(1,4)$，且 $x_{14}=1<3=r_{14}$，故给点 4 标号 $(1,b(4))$，其中

$$b(4)=\min\{b(1),r_{14}-x_{14}\}=\min\{3,3-1\}=2$$

3° 至此，对点 1 检查完毕，给点 1 打√。

（第 3 次检标）

2° 现已标号待查之点为 2,4 两点。

3° 因与点 2 相邻的点均已标号，故给点 2 打√。

（第 4 次检标）

2° 现已标号待查之点仅有点 4。依次检查与其相邻而未标号的点 3、点 t 可否标号：

① 对点 3，因其与点 4 的关联弧为 $(3,4)$，且 $x_{34}=1>0$，故给点 3 标号 $(-4,b(3))$，其中

$$b(3)=\min\{b(4),x_{34}\}=\min\{2,1\}=1$$

② 对点 t，因有 $(4,t)$，而 $x_{4t}=6=r_{4t}$，故不给点 t 标号；

3° 至此，对点 4 检查完毕，给点 4 打√。

（第 5 次检标）

2° 现已标号待查之点仅有点 3。检查与其相邻而未标号的点 t 可否标号：

因关联弧为 $(3,t)$，且 $x_{3t}=4<8=r_{3t}$，故给点 t 标号 $(3,b(t))$，其中

$$b(t)=\min\{b(3),r_{3t}-x_{3t}\}=\min\{1,8-4\}=1$$

3° 至此，对点 3 检查完毕，给点 3 打√。

4° 现因收点 t 已得标号,故标号结束。

5° 从 t 点出发,按其第 1 个标号衔接前导点,依次回溯,就找到一条由标号点和相应的弧连接而成的从 $s \to t$ 的增容链 $\mu(\boldsymbol{X})$,如图 8-19(a)粗箭线所示,转 7°;

7° 取调整量 $\theta = b(t) = 1$,依法调整增容链上各弧的流量:

$$x_{s1}:=x_{s1}+\theta=7+1=8$$
$$x_{14}:=x_{14}+\theta=1+1=2$$
$$x_{43}:=x_{43}-\theta=1-1=0$$
$$x_{3t}:=x_{3t}+\theta=4+1=5$$

非增容链上的各弧流量不变。这样,就得到一个新流 $\boldsymbol{X}$,转 8°;

8° 重画一个关于新流 $\boldsymbol{X}$ 的网络图,见图 8-19(b),返 1°。

(**第 2 次迭代**)

重复上述步骤,依次给结点 $s,1,2,4$ 标号并检查……见图 8-19(b)。现在按步骤 6°,因所有标号点均已打√(查毕),而 t 点未得标号,这表明不存在关于当前流的增容链,则图中的当前流即最大流 $\boldsymbol{X}^*$,而其最大流量可按发点的流出量或按收点的流入量计算如下:

$$f^*=8+3=11 \quad 或 \quad f^*=5+6=11$$

另如前述,已得最小截集

$$(\boldsymbol{S}^*,\bar{\boldsymbol{S}}^*)=\{(1,3),(4,t)\}$$

上述运算步骤与实现方式较为便于计算机编程,下面举例说明便于手工计算的简明方式。

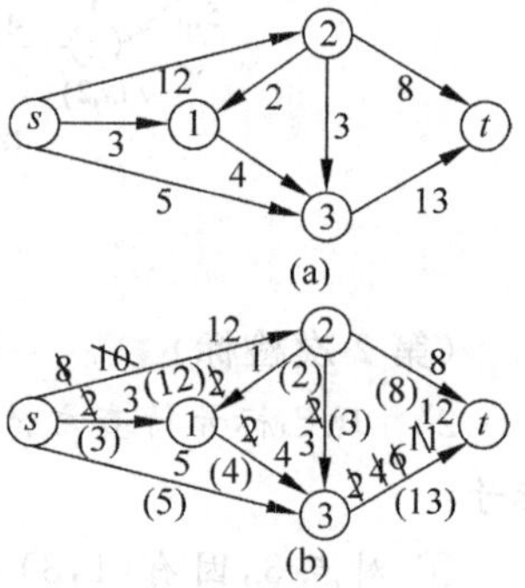

图 8-20

【**例 8-12**】 试求图 8-20(a)所示网络的最大流与最小截集,图中弧旁数字为 r_{ij}。

解 取零流作初始流。找出一条增容链,在其前向弧旁标号 $r_{ij}-x_{ij}$,在其后向弧旁标号 x_{ij},调整量 θ 取值为各弧旁标号中的最小标号。

本例依次找出的增容链及其调整量 θ 如下:

$$ⓢ \xrightarrow{12} ② \xrightarrow{8} ⓣ \qquad \theta=8$$
$$ⓢ \xrightarrow{4} ② \xrightarrow{2} ① \xrightarrow{4} ③ \xrightarrow{3} ⓣ \qquad \theta=2$$
$$ⓢ \xrightarrow{2} ② \xrightarrow{3} ③ \xrightarrow{11} ⓣ \qquad \theta=2$$
$$ⓢ \xrightarrow{3} ① \xrightarrow{2} ③ \xrightarrow{9} ⓣ \qquad \theta=2$$
$$ⓢ \xrightarrow{5} ③ \xrightarrow{7} ⓣ \qquad \theta=5$$
$$ⓢ \xrightarrow{1} ① \xleftarrow[2]{} ② \xrightarrow{1} ③ \xrightarrow{2} ⓣ \qquad \theta=1$$

整个求解过程如图 8-20(b)所示,弧一旁圆括号内的数字为 r_{ij},另一旁数字为 x_{ij},其中划去的数字为各次调整前的流量,保留的数字即为最大流在该弧的流量 x_{ij}^*。还有

$$f^*=12+3+5=8+12=20$$
$$(\boldsymbol{S}^*,\bar{\boldsymbol{S}}^*)=\{(s,1),(s,2),(s,3)\}$$

【**例 8-13**】 试用网络分析的方法求解 5.3.3 节的例 5-4。

解 根据 5.3.3 节的表 5-18 构建网络模型,并从 $t \to s$ 回溯,试探给出一个流量尽量大

的初始可行流，见图 8-21，弧旁的数字为课次数 r_{ij}, x_{ij}。

图中的发点 s 和收点 t 皆为虚设的，对有多个发点和收点的网络流问题，这是通行有效的做法。

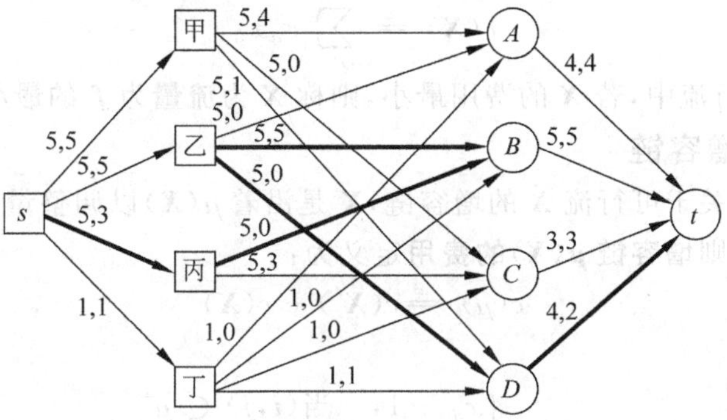

图 8-21

对图 8-21 中的网络，依法找出当前初始流的增容链，如图中的粗箭线所示。调整后得到一个流量增大 $\theta=2$ 的新流，见图 8-22。易知，新流已是最大流。课程分配方案与 5.3.3 节例 5-4 结果相同。

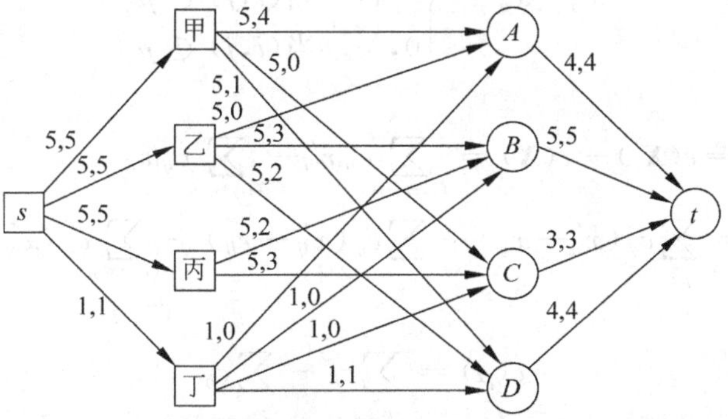

图 8-22

8.5 最小费用流问题

网络最大流往往并不唯一，因此有时还要从中找出输送费用(或代价)最小的最大流，这就是最小费用最大流问题，简称**最小费用流问题**。第 5 章中的运输问题与第 6 章中的指派问题都属于这类问题。

8.5.1 基本概念

1. 最小费用流

在容量网络 $\mathbf{N}=(\mathbf{V},\mathbf{A})$ 中，设 $\mathbf{X}=\{x_{ij}\}$ 是一可行流，若对每条弧 $(i,j)\in\mathbf{A}$ 都赋予唯一实数

$$c(i,j)=c_{ij}\geqslant 0$$

表示该弧输送流量 x_{ij} 的**单位费用**,则称该网络为**费用-容量网络**,记为 $\boldsymbol{N}=(\boldsymbol{V},\boldsymbol{A},c,r)$ 或简记如初。

可行流 $\boldsymbol{X}$ 的费用定义为:

$$c(\boldsymbol{X}) \triangleq \sum_{(i,j)\in A} c_{ij}x_{ij} \tag{8-21}$$

在流量为 f 的诸可行流中,若 $\boldsymbol{X}$ 的费用最小,则称 $\boldsymbol{X}$ 为**流量为 f 的最小费用流**。

2. 最小费用增容链

设 $\mu(\boldsymbol{X})$ 是一条关于可行流 $\boldsymbol{X}$ 的增容链,$\boldsymbol{X}'$ 是沿着 $\mu(\boldsymbol{X})$ 以调整量 $\theta=1$ 去调整 $\boldsymbol{X}$ 而得到的一个新可行流,则**增容链 $\boldsymbol{\mu}(\boldsymbol{X})$ 的费用**定义为:

$$c(\mu) \triangleq c(\boldsymbol{X}') - c(\boldsymbol{X})$$

由于

$$x'_{ij} = \begin{cases} x_{ij}+1, & 当(i,j)\in\mu^+ \\ x_{ij}-1, & 当(i,j)\in\mu^- \\ x_{ij}, & 当(i,j)\notin\mu \end{cases}$$

或

$$x'_{ij}-x_{ij} = \begin{cases} 1, & 当(i,j)\in\mu^+ \\ -1, & 当(i,j)\in\mu^- \\ 0, & 当(i,j)\notin\mu \end{cases}$$

则有

$$\begin{aligned} c(\mu) &\triangleq c(\boldsymbol{X}') - c(\boldsymbol{X}) = \sum_{(i,j)\in A} c_{ij}x'_{ij} - \sum_{(i,j)\in A} c_{ij}x_{ij} \\ &= \sum_{\mu^+} c_{ij}(x'_{ij}-x_{ij}) + \sum_{\mu^-} c_{ij}(x'_{ij}-x_{ij}) + \sum_{(i,j)\notin\mu} c_{ij}(x'_{ij}-x_{ij}) \end{aligned}$$

故有

$$c(\mu) = \sum_{\mu^+} c_{ij} - \sum_{\mu^-} c_{ij} \tag{8-22}$$

在关于可行流 $\boldsymbol{X}$ 的所有增容链中,若 $\mu(\boldsymbol{X})$ 的费用最小,则称 $\mu(\boldsymbol{X})$ 为关于 $\boldsymbol{X}$ 的**最小费用增容链**。

3. 对偶网络

设 $\boldsymbol{X}=\{x_{ij}\}$ 是网络 $\boldsymbol{N}=(\boldsymbol{V},\boldsymbol{A})$ 的一个可行流,则称按下述方法所构造出的一个新网络

$$\boldsymbol{N}'(\boldsymbol{X}) = (\boldsymbol{V},\boldsymbol{A}',w)$$

是关于原网络 $\boldsymbol{N}$ 和可行流 $\boldsymbol{X}$ 的一个**对偶网络**。

$\boldsymbol{N}'$ 与 $\boldsymbol{N}$ 的结点集完全相同;对应 $\boldsymbol{N}$ 的每一弧 $(i,j)\in\boldsymbol{A}$ 及其流量 x_{ij} 确定 $\boldsymbol{N}'$ 的弧及其权数如下:

(1) 若 $x_{ij}=0$

则保留原弧,令其权数 $w_{ij}=c_{ij}$,即有

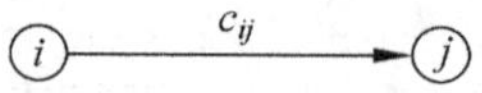

(2) 若 $0<x_{ij}<r_{ij}$

则保留原弧并增加一条反向弧,令 $w_{ij}=c_{ij}$,令 $w_{ji}=-c_{ij}$,即有

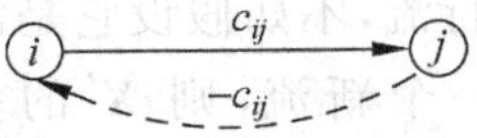

(3) 若 $x_{ij}=r_{ij}$

则将原弧反向，令 $w_{ji}=-c_{ij}$，即有

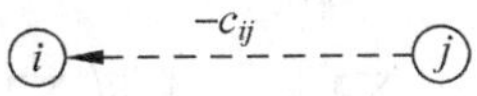

例如，图 8-23(a)所示网络 $\boldsymbol{N}$ 的弧旁数字为 $c_{ij}, r_{ij}, \hat{x}_{ij}$，则其对偶网络 $\boldsymbol{N}'$ 即如图 8-23(b)所示。

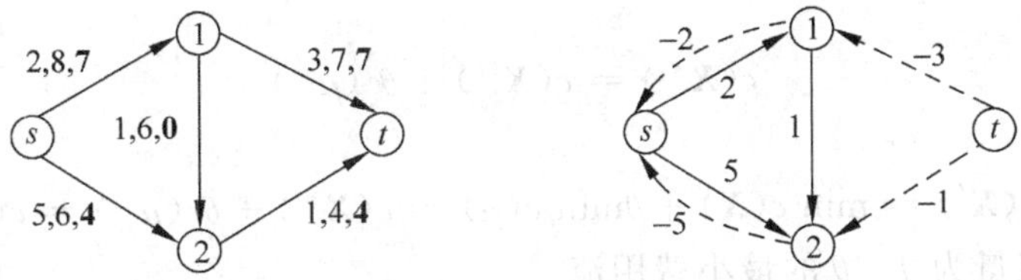

(a) $\boldsymbol{N}$及$\hat{\boldsymbol{X}}$　　(b) $\boldsymbol{N}'(\hat{\boldsymbol{X}})$

图 8-23

8.5.2 基本原理

【定理 8-7】 设 $\boldsymbol{X}$ 是网络 $\boldsymbol{N}=(\boldsymbol{V},\boldsymbol{A})$ 的一个可行流，$\boldsymbol{N}'(\boldsymbol{X})$ 是其对偶网络，μ^* 是 $\boldsymbol{N}'$ 中一条从 $s\to t$ 的最短路，则 μ^* 必是原网络 $\boldsymbol{N}$ 中一条关于可行流 $\boldsymbol{X}$ 的最小费用增容链。

证明 设 $\mu=\{s,\cdots,i,k,\cdots,t\}\in \boldsymbol{M}$ 是 $\boldsymbol{N}'$ 中一条从 $s\to t$ 的路，$\boldsymbol{M}$ 是其集合；按路的定义，μ 与 $\boldsymbol{M}$ 也是原网络 $\boldsymbol{N}$ 中从 $s\to t$ 的一条链及其集合。记 μ 的路长为 $d(\mu)$，则按对偶网络的定义与增容链 $\mu(\boldsymbol{X})$ 的费用定义式(8-22)，有

$$d(\mu)=\sum_{(i,j)\in\mu} w_{ij}=\sum_{\mu^+} c_{ij}+\sum_{\mu^-}(-c_{ij})=c(\mu) \tag{8-23}$$

由此以及对偶网络的定义，可以确定 μ 也是原网络 $\boldsymbol{N}$ 的一条增容链。

将 μ^* 代入式(8-23)中，有

$$d(\mu^*)=c(\mu^*)$$

对式(8-23)关于一切 $\mu\in \boldsymbol{M}$ 取最小：

$$\min d(\mu)=\min c(\mu)$$

因为 μ^* 是 $\boldsymbol{N}'$ 中一条从 $s\to t$ 的最短路，即对 $\boldsymbol{N}'$ 中一切路 $\mu\in \boldsymbol{M}$ 都有 $d(\mu^*)=\min d(\mu)$，故有

$$c(\mu^*)=d(\mu^*)=\min d(\mu)=\min c(\mu)$$ **（证毕）**

这就证明 μ^* 也是原网络 $\boldsymbol{N}$ 中关于可行流 $\boldsymbol{X}$ 的最小费用增容链。

【定理 8-8】 设网络 $\boldsymbol{N}=(\boldsymbol{V},\boldsymbol{A})$ 的一个可行流 $\boldsymbol{X}^\#$ 是流量为 f 的最小费用流，$\mu^*(\boldsymbol{X})$ 是关于可行流 $\boldsymbol{X}$ 的最小费用增容链，$\boldsymbol{X}^*$ 是沿着 $\mu^*(\boldsymbol{X})$ 以最大可调整量 $\theta>0$ 去调整 $\boldsymbol{X}$ 而得到的一个新可行流，则 $\boldsymbol{X}^*$ 必是流量为 $f+\theta$ 的最小费用流。

证明 因为 $\boldsymbol{X}^\#$ 是流量为 f 的最小费用流，$\mu^*(\boldsymbol{X})$ 是关于可行流 $\boldsymbol{X}$ 的最小费用增容链，故 $\boldsymbol{X}^\#$ 相对于一切流量为 f 的可行流 $\boldsymbol{X}$，$\mu^*(\boldsymbol{X})$ 相对于一切增容链 $\mu(\boldsymbol{X})$，都有

$$c(\boldsymbol{X}^\#)=\min c(\boldsymbol{X}),\quad c(\mu^*)=\min c(\mu)$$

设 $\boldsymbol{X}'$ 是流量为 $f+\theta$ 的任意可行流，不妨假设它是沿着增容链 $\mu(\boldsymbol{X})$ 以调整量 θ 去调整流量为 f 的可行流 $\boldsymbol{X}$ 而得到的一个新流，则 $\boldsymbol{X}'$ 的费用 $c(\boldsymbol{X}')$ 按定义式(8-21)以及式(8-20)，式(8-22)，为

$$\begin{aligned} c(\boldsymbol{X}') &\triangleq \sum_{(i,j)\in A} c_{ij}x'_{ij} = \sum_{\mu^+} c_{ij}(x_{ij}+\theta) + \sum_{\mu^-} c_{ij}(x_{ij}-\theta) \\ &= \sum_{\mu^+} c_{ij}x_{ij} + \sum_{\mu^-} c_{ij}x_{ij} + \theta\Big(\sum_{\mu^+} c_{ij} - \sum_{\mu^-} c_{ij}\Big) \\ &= c(\boldsymbol{X}) + \theta c(\mu) \end{aligned}$$

同样也有

$$c(\boldsymbol{X}^*) = c(\boldsymbol{X}^{\#}) + \theta c(\mu^*)$$

则

$$\min c(\boldsymbol{X}') = \min c(\boldsymbol{X}) + \theta \min c(\mu) = c(\boldsymbol{X}^{\#}) + \theta c(\mu^*) = c(\boldsymbol{X}^*)$$

这就证明 $\boldsymbol{X}^*$ 是流量为 $f+\theta$ 的最小费用流。 （证毕）

8.5.3 基本方法

本节介绍一种寻求最小费用流的对偶法。

1. 基本思想

根据上述原理，我们总可以从流量为 $f_0=0$ 的最小费用流 $\boldsymbol{X}_0$（零流）开始，根据定理 8-7，通过构造对偶网络 $\boldsymbol{N}'(\boldsymbol{X}_0)$ 并找出其 $s\to t$ 的最短路，从而得到原网络 $\boldsymbol{N}$ 的一条最小费用增容链 $\mu(\boldsymbol{X}_0)$；再按定理 8-4 所述方法，沿着 $\mu(\boldsymbol{X}_0)$ 调整得到的一个流量增大的新可行流 $\boldsymbol{X}_1$，根据定理 8-8，$\boldsymbol{X}_1$ 必是流量为 $f_1=f(\boldsymbol{X}_1)$ 的最小费用流。如此反复去做，当调整得到最大流 $\boldsymbol{X}^*$ 时，则 $\boldsymbol{X}^*$ 就是达到最大流量 $f^*=f(\boldsymbol{X}^*)$ 的最小费用流。

2. 运算步骤

1° 取零流 $\boldsymbol{X}_0=\{x_{ij}^{(0)}=0\mid(i,j)\in\boldsymbol{A}\}$ 为初始流，令 $k=0$。

2° 构造关于最小费用流 $\boldsymbol{X}_k=\{x_{ij}^{(k)}\}$ 的对偶网络 $\boldsymbol{N}'(\boldsymbol{X}_k)$，从中寻找 $s\to t$ 的最短路 $\mu(\boldsymbol{X}_k)$。

3° 若 $\boldsymbol{N}'(\boldsymbol{X}_k)$ 中不存在 $s\to t$ 的最短路 $\mu(\boldsymbol{X}_k)$，则 $\boldsymbol{X}_k$ 就是最小费用最大流，算出 $f^*=f(\boldsymbol{X}_k)$，$c^*=c(\boldsymbol{X}_k)$，停止。否则，$\boldsymbol{N}'(\boldsymbol{X}_k)$ 中的最短路 $\mu(\boldsymbol{X}_k)$ 也是原网络 $\boldsymbol{N}$ 中的最小费用增容链。

4° 在原网络 $\boldsymbol{N}$ 中，沿着最小费用增容链 $\mu(\boldsymbol{X}_k)$ 调整当前流 $\boldsymbol{X}_k$，取调整量为

$$\theta = \min\begin{cases} r_{ij}-x_{ij}, & 当(i,j)\in\mu^+ \\ x_{ij}, & 当(i,j)\in\mu^- \end{cases}$$

令

$$x_{ij}^{(k+1)} = \begin{cases} x_{ij}^{(k)}+\theta, & 当(i,j)\in\mu^+ \\ x_{ij}^{(k)}-\theta, & 当(i,j)\in\mu^- \\ x_{ij}^{(k)}, & 当(i,j)\notin\mu \end{cases}$$

得到新的最小费用流 $\boldsymbol{X}_{k+1}=\{x_{ij}^{(k+1)}\}$。

5° 令 $k:=k+1$，返 2°。

3. 运算过程

【例 8-14】 试求图 8-24 所示网络的最小费用流，图中弧旁的数字为 c_{ij}, r_{ij}。

解 取零流为初始流 $\boldsymbol{X}_0$，如图 8-25(a)所示。

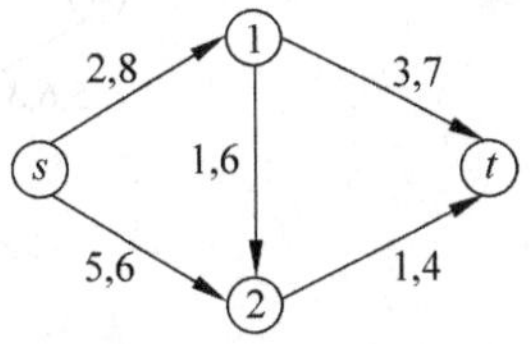

图 8-24

(1) 根据图 8-25(a)构造一个对偶网络 $\boldsymbol{N}'(\boldsymbol{X}_0)$，如图 8-25(b)所示。用狄氏标号法从中找出 $s\to t$ 的最短路 $\mu(\boldsymbol{X}_0)=\{s,1,2,t\}$，如图 8-25(b)中粗箭线所示。在原网络 $\boldsymbol{N}$ 中沿着链 $\mu(\boldsymbol{X}_0)=\{s,1,2,t\}$ 以 $\theta=4$ 调整，得到新的最小费用流 $\boldsymbol{X}_1$，如图 8-26(a)所示。

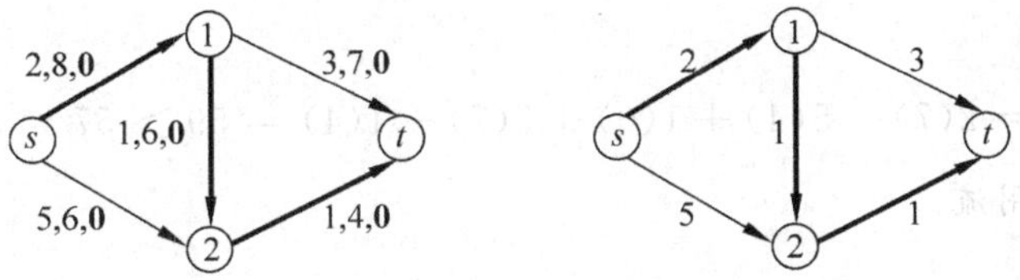

(a) $\boldsymbol{N}$及$\boldsymbol{X}_0$　　(b) $\boldsymbol{N}'(\boldsymbol{X}_0)$

图 8-25

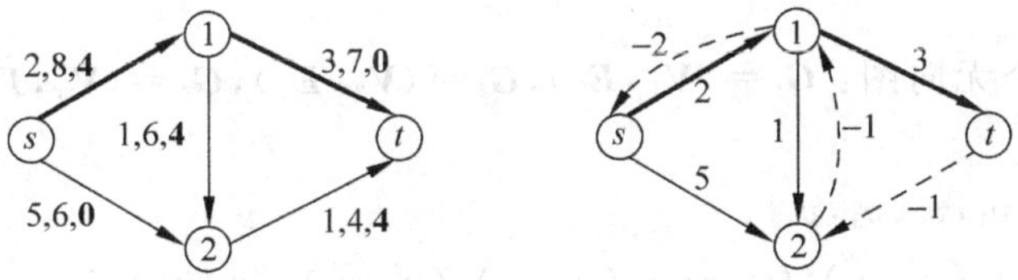

(a) $\boldsymbol{X}_1$　　(b) $\boldsymbol{N}'(\boldsymbol{X}_1)$

图 8-26

(2) 根据图 8-26(a)构造一个对偶网络 $\boldsymbol{N}'(\boldsymbol{X}_1)$，如图 8-26(b)所示。用矩阵摹乘法从中找出 $s\to t$ 的最短路 $\mu(\boldsymbol{X}_1)=\{s,1,t\}$，如图 8-26(b)中粗箭线所示。在原网络 $\boldsymbol{N}$ 中沿着链 $\mu(\boldsymbol{X}_1)=\{s,1,t\}$ 以 $\theta=4$ 调整，得到新的最小费用流 $\boldsymbol{X}_2$，如图 8-27(a)所示。

(3) 根据图 8-27(a)构造一个对偶网络 $\boldsymbol{N}'(\boldsymbol{X}_2)$，如图 8-27(b)所示。从中找出 $s\to t$ 的最短路 $\mu(\boldsymbol{X}_2)=\{s,2,1,t\}$，如图 8-27(b)中粗箭线所示。在 $\boldsymbol{N}$ 中沿着链 $\mu(\boldsymbol{X}_2)=\{s,2,1,t\}$ 以 $\theta=3$ 调整，得到新的最小费用流 $\boldsymbol{X}_3$，如图 8-28(a)所示。

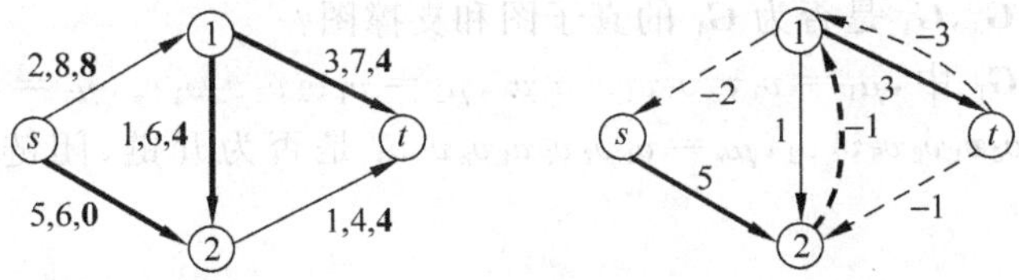

(a) $\boldsymbol{X}_2$　　(b) $\boldsymbol{N}'(\boldsymbol{X}_2)$

图 8-27

(4) 根据图 8-28(a)构造一个对偶网络 $\boldsymbol{N}'(\boldsymbol{X}_3)$，如图 8-28(b)所示。由于 $\boldsymbol{N}'(\boldsymbol{X}_3)$ 中不存在 $s\to t$ 的路，所以 $\boldsymbol{N}$ 中的当前流 $\boldsymbol{X}_3$ 就是最小费用最大流，即 $\boldsymbol{X}^*=\boldsymbol{X}_3$，算出

$$f^*=8+3=11$$

$$c^*=c(\boldsymbol{X}^*)=2(8)+5(3)+1(1)+3(7)+1(4)=57$$

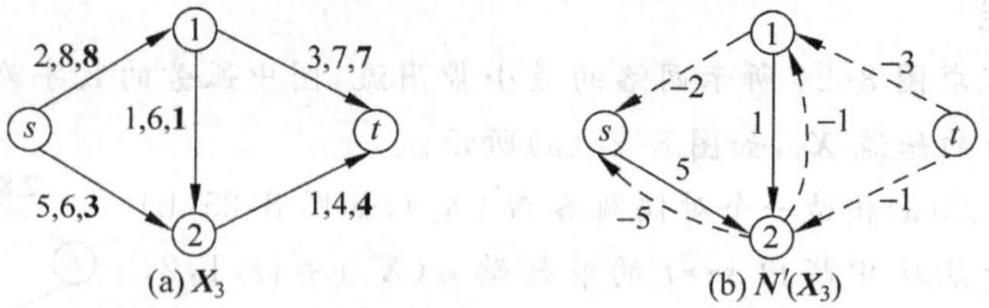

图 8-28

应当指出，本例最大流并不唯一，如前图 8-23(a)中的可行流$\hat{X}$即为本例的另一个最大流，但其费用为

$$c(\hat{\boldsymbol{X}}) = 2(7) + 5(4) + 1(0) + 3(7) + 1(4) = 59 > 57 = c(\boldsymbol{X}^*)$$

所以$\hat{X}$不是最小费用流。

习题

8.1 设有四个无向图：$\boldsymbol{G}_1=(\boldsymbol{V}_1,\boldsymbol{E}_1)$，$\boldsymbol{G}_2=(\boldsymbol{V}_2,\boldsymbol{E}_2)$，$\boldsymbol{G}_3=(\boldsymbol{V}_3,\boldsymbol{E}_3)$，$\boldsymbol{G}_4=(\boldsymbol{V}_4,\boldsymbol{E}_4)$，其中：

$\boldsymbol{V}_1=\{v_1,v_2,v_3,v_4,v_5,v_6\}$，

$\boldsymbol{E}_1=\{(v_1,v_2),(v_1,v_3),(v_2,v_3),(v_2,v_4),(v_2,v_5),(v_3,v_4),(v_3,v_5),(v_4,v_5),(v_4,v_6),(v_5,v_6)\}$；

$\boldsymbol{V}_2=\{v_1,v_2,v_3,v_4,v_5,v_6\}$，

$\boldsymbol{E}_2=\{(v_1,v_2),(v_1,v_3),(v_2,v_4),(v_2,v_5),(v_3,v_4),(v_3,v_5),(v_4,v_6),(v_5,v_6)\}$；

$\boldsymbol{V}_3=\{v_2,v_4,v_5,v_6\}$，

$\boldsymbol{E}_3=\{(v_2,v_4),(v_2,v_5),(v_4,v_5),(v_4,v_6),(v_5,v_6)\}$；

$\boldsymbol{V}_4=\{v_1,v_2,v_3,v_4,v_5,v_6\}$，

$\boldsymbol{E}_4=\{(v_1,v_2),(v_2,v_5),(v_3,v_4),(v_4,v_6)\}$；

(1) 试求这四个图的图解，判断其是否连通。

(2) 试问：$\boldsymbol{G}_2,\boldsymbol{G}_3,\boldsymbol{G}_4$ 是否为 $\boldsymbol{G}_1$ 的真子图和支撑图？

(3) 试问：在 $\boldsymbol{G}_1$ 中，$\mu_1=v_1v_2v_5v_4v_3v_5v_6$，$\mu_2=v_1v_3v_2v_5v_4v_6$，$\mu_3=v_3v_4v_6v_5v_2v_3$，$\mu_4=v_2v_5v_6v_4v_2$，$\mu_5=v_2v_3v_1v_2v_5v_4v_2$，$\mu_6=v_1v_2v_5v_4v_2v_5v_6$ 是否为开链、闭链、简单链、初等链、圈、路、回路？

8.2 已知有向图 $\boldsymbol{D}=(\boldsymbol{V},\boldsymbol{A})$，其中

$\boldsymbol{V}=\{v_1,v_2,v_3,v_4,v_5\}$，

$\boldsymbol{A}=\{(v_1,v_2),(v_1,v_3),(v_2,v_4),(v_2,v_5),(v_3,v_2),(v_4,v_3),(v_4,v_5)\}$

试问：$\mu_1=v_1v_3v_4v_2v_5$，$\mu_2=v_2v_5v_4v_3v_2$，$\mu_3=v_1v_3v_2v_4v_3v_2v_5$，$\mu_4=v_3v_2v_4v_3$，$\mu_5=v_1v_3v_2v_4v_3$，$\mu_6=v_1v_3v_2v_4v_5$ 是否为开链、闭链、简单链、初等链、圈、路、回路？

8.3　试问：从 8.1 题的图 G_1，G_2 的任一点出发，能否走遍该图的各边且仅过每边一次而回到出发点？若能则找出这样的路。

8.4　某工厂办公室拟在 3 天内举行 6 项活动，每项活动各需半天时间。厂办拟请 10 名厂级干部参加这些活动，如表 8-8 中√号所示。已知活动 A 须安排在第一天上午，活动 F 须安排在第三天下午，活动 B 只能安排在下午，而每名厂级干部都希望每天最多参加一项活动。厂办应如何安排这六项活动的日程？

表 8-8　10 名厂级干部参加活动安排表

干部 / 活动	1	2	3	4	5	6	7	8	9	10
A	√	√	√		√				√	√
B	√			√				√	√	
C		√			√	√	√			√
D	√									
E				√		√	√			
F			√	√			√		√	√

8.5　在图 8-29 中，分别用避圈法和破圈法求网络最小树。

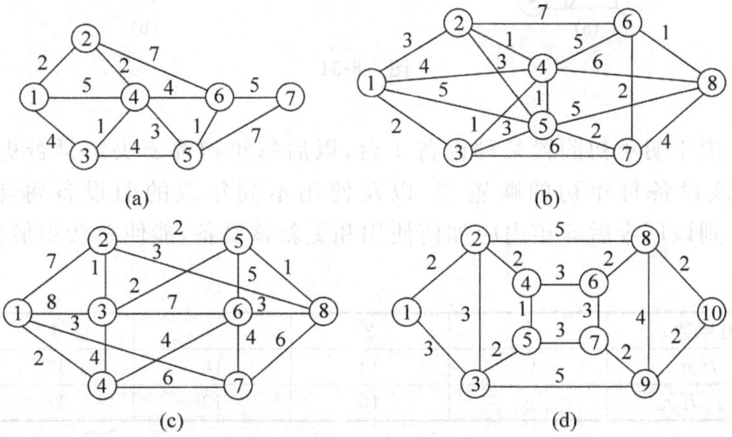

图　8-29

8.6　某市 6 个新建单位之间的交通线路的长度(km)如表 8-9 所示。其中单位 A 距市煤气供应网最近，为 1.5km。

表　8-9

	A	B	C	D	E	F
A	0	1.3	3.2	4.3	3.8	3.7
B	1.3	0	3.5	4.0	3.1	3.9
C	3.2	3.5	0	2.8	2.6	1.0
D	4.3	4.0	2.8	0	2.1	2.7
E	3.8	3.1	2.6	2.1	0	2.4
F	3.7	3.9	1.0	2.7	2.4	0

为使这6个单位都能使用煤气，现拟沿交通线铺设地下管道，并且经单位A与煤气供应网连通。应如何铺设煤气管道使其总长最短？

8.7　在图8-30的网络中，试求点 s 到各点的最短路。

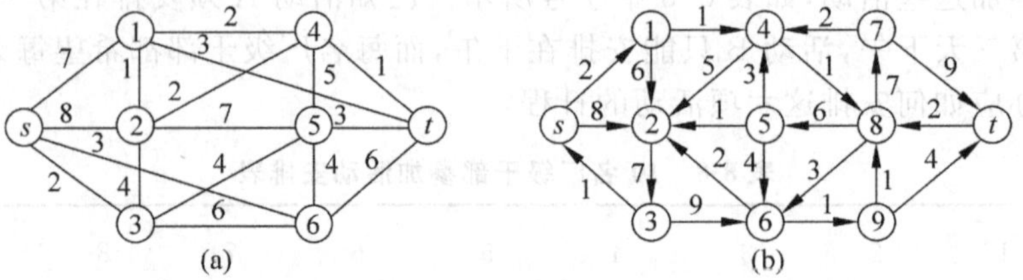

图　8-30

8.8　在图8-31中，试求各点间的最短路。

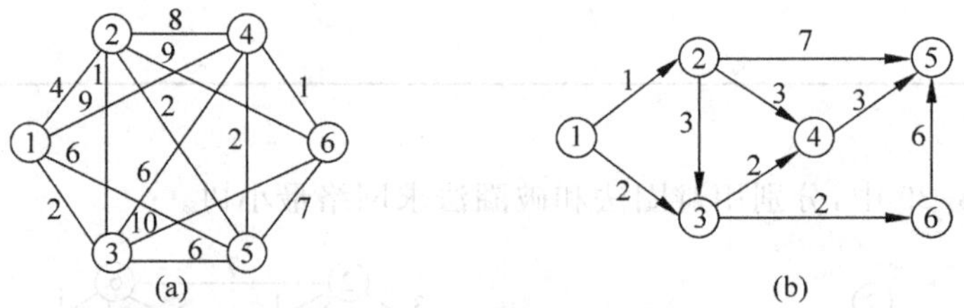

图　8-31

8.9　某厂拟于明年初购置某种设备1台，以后每年初都要决定是否更新该设备。预计今后5年内该设备每年初的购置费，以及使用不同年数的旧设备每年的维护费，如表8-10所示。则该厂今后5年内应如何使用和更新该设备，能使总费用最少？

表　8-10

年度 i 或使用年数 k	1	2	3	4	5
年初购价 p_i/万元	13	14	16	19	24
当年维护费 c_k/万元	8	10	13	18	27

8.10　在图8-32中，试求：(1)各点到点 t 的最短路；(2)点 s 到各点的最短路。

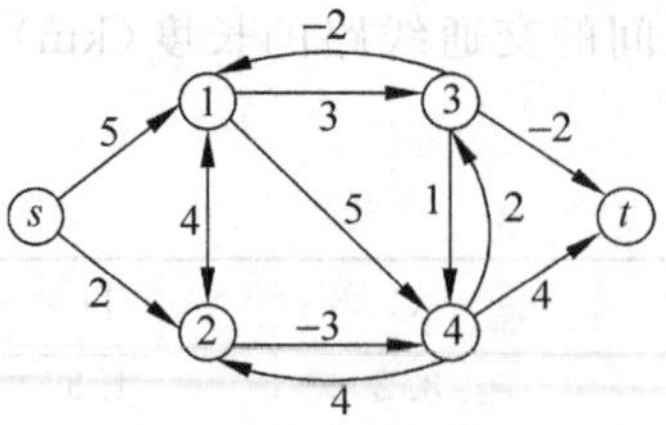

图　8-32

8.11　某公司正在研制一种有极好销售潜力的新产品。当研究工作接近完成时，公司获悉一家竞争者正计划生产这种产品。要突击赶制出这种产品以参与竞争，还有四个互不重叠的阶段。为了加快进度，每个阶段都可采取“优先”或“应急”的措施。不同的措施下每段工作所需要的时间(月)和费用(百万元)如表 8-11 所示。现有一千万元资金供这四个阶段使用，则每段应采取什么措施能使这种产品尽早上市？试将此问题化成最短路问题并求解。

表 8-11

阶段 / 措施	剩余研究		试制		工艺设计		生产与调拨	
	时间	费用	时间	费用	时间	费用	时间	费用
正常	5	1						
优先	4	2	3	2	5	3	2	1
应急	2	3	2	3	3	4	1	2

8.12 已知 7 个村庄之间的交通线路如图 8-33 所示，点旁的数字为每个村的粮食产量，边旁的数字为两村间的路长。现要为这 7 个村庄建一个文化馆和一个粮库，试问：

(1) 文化馆应建在何村，使各村距其都较近？

(2) 粮库应建在何村，使总运输量为最小？

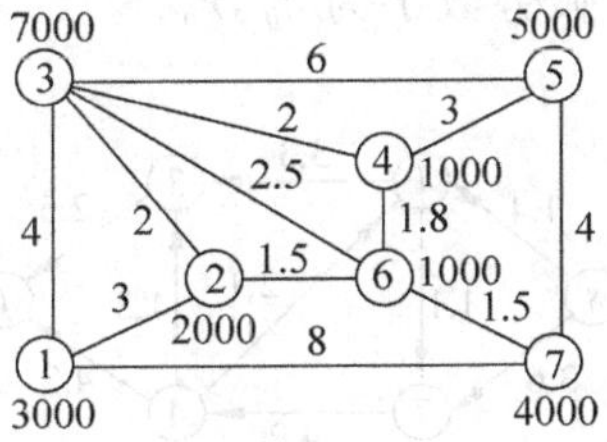

图 8-33

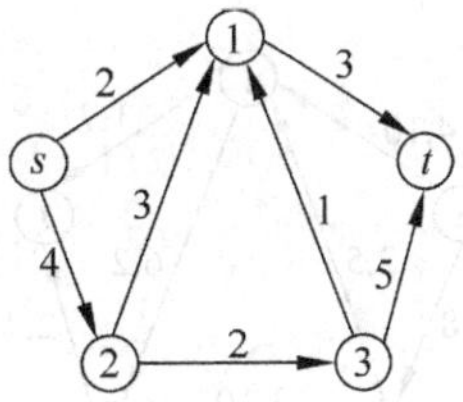

图 8-34

8.13 在图 8-34 的网络中，弧旁的数字为其容量。试求：(1)所有截集及其截量；(2)最大流；(3)最小截集。

8.14 在图 8-35 的网络中，弧旁的数字为其容量。试求最大流与最小截集。

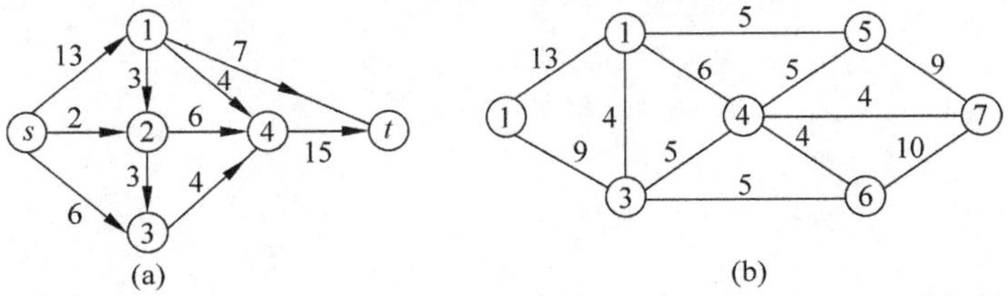

图 8-35

8.15 有四根同一规格的轴 A,B,C,D,四个同一规格的齿轮 Ⅰ,Ⅱ,Ⅲ,Ⅳ,现要将轴与齿轮配对使用。由于精度不高，不能任意匹配。已知 A 只能与Ⅱ配合，B 能与Ⅰ,Ⅱ配合，C 能与Ⅲ,Ⅳ配合，D 能与Ⅱ,Ⅲ配合。应如何匹配才能充分利用这些零件？试用网络分析的方法求解。

8.16 某河流中有几个岛屿,两岸与各岛以及各岛之间的桥梁如图 8-36 所示。在一次敌对的军事行动中,至少应炸断几座桥梁,才能完全切断两岸的交通?试用网络分析的方法求解。

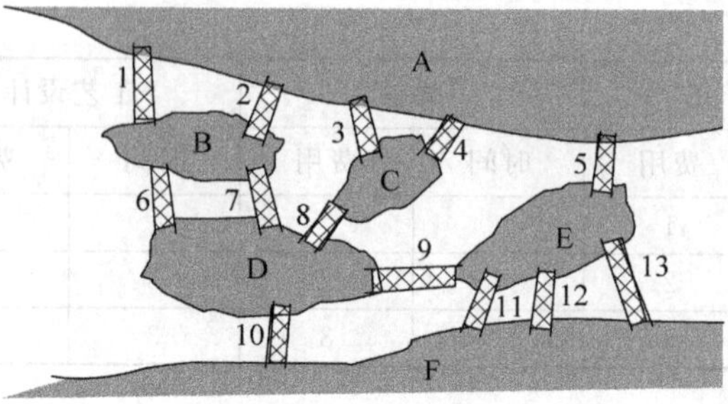

图 8-36

8.17 试建立下列问题的线性规划模型:(1)例 8-6;(2)例 8-12;(3)例 8-14。

8.18 求图 8-37 所示网络的最小费用流。弧旁数字为 c_{ij}, r_{ij}。

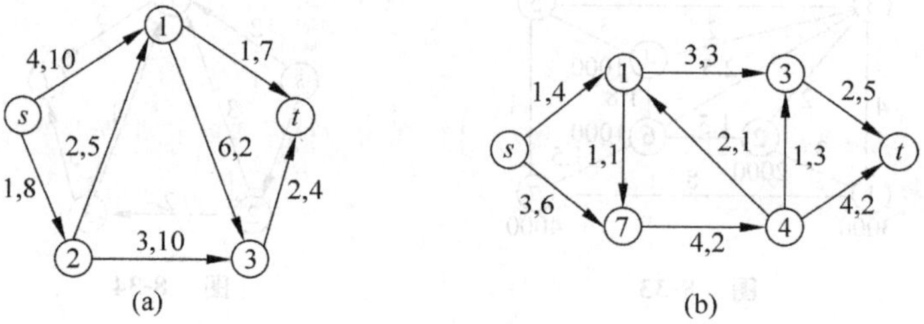

图 8-37

8.19 试用网络分析的方法求解:

(1) 第 5 章例 5-3(面粉转运问题);

(2) 6.9(1)题。

第9章 动态规划

动态规划(dynamic programing,DP)是由美国学者**白尔曼**(R. E. Bellman)于20世纪50年代创立的一种关于多阶段决策问题的优化理论。1951年,白尔曼首次提出DP最优化原理,解决了一些实际问题;1957年,白尔曼发表了《动态规划》这一名著,正式确立了DP这一独立分支。

DP把求解复杂问题的过程划分成相互联系的若干个阶段,每个阶段都是一个大大简化了的子问题,因而可以逐段从简求解而最终达到总体最优。因此,无论问题本身是否与时间相关,由于分段依次解决,便具有了明显的时序性,这恰是动态的含义,这门理论也由此得名。

DP自问世以来,得到了广泛的应用,特别对离散型变量这类问题,由于解析数学的方法均已失效,而DP却卓有成效,更大有用武之地。惟其如此,本章将侧重离散型以介绍DP的基本概念、模型、方法与几个实用典型。

9.1 基本特性

9.1.1 多阶段决策问题及其基本特性

1. 多阶段决策问题

许多运营活动都可划分为若干个阶段,在每个阶段都需要做出**决策**,而不同的决策其后果也不同,这不仅影响本段的运营效果,也会影响下一阶段的运营活动及其决策,从而影响整个决策过程。各阶段的决策构成一个决策序列,称为一个**策略**。每个阶段的决策不同,策略也不同。那么,对一项待行的运营活动而言,在其诸多待选策略中,选择哪一策略能使该项运营活动效果最佳?这就是**多阶段决策问题**,下面举例加以具体说明。

【例9-1】 最短路问题

拟从内陆城市Q向沿海港口城市T运送一批货物,途中经由的A,B,C这3个地区各有几个不同的转运站,如图9-1所示。图中每条边的权数代表在相应两地间运送这批货物的费用(万元)。则如何选择运输路线能使总运费最少?

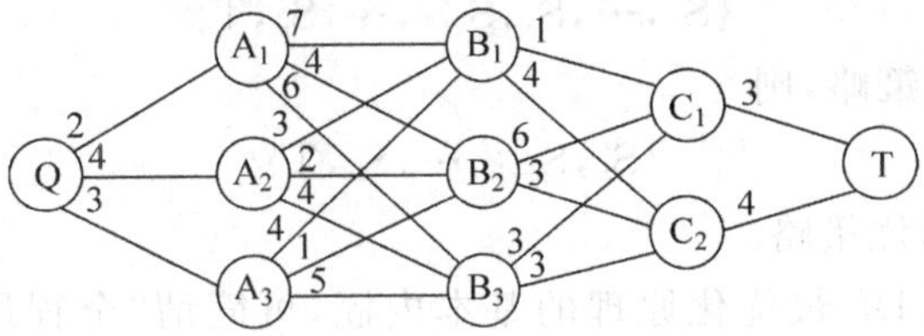

图 9-1

这是前面在第8章已学过的网络最短路问题,由于不含负权,当然可用最好的方法狄氏标号法加以解决。本节仅以此例说明多阶段决策问题的基本特性,以及DP方法的基本思想。

首先,可根据该项运输活动的空间特征,将从 Q→T 的运输过程划分为如下4个阶段:

① Q→A　② A→B　③ B→C　④ C→T

在第1阶段,从Q点出发,有 QA_1,QA_2,QA_3 共3条不同路径有待选择,相应地也有3个不同决策。由于图9-1所示网络不含多重边,因此对这3条不同路径的选择,可等价简化为对 A_1,A_2,A_3 共3个不同"达点"的选择。若选择 A_1,则它不仅是本段的达点,也是下段的"起点"。

在第2阶段,不论起点为 A_1,或 A_2,或 A_3,都各有 B_1,B_2,B_3 共3个不同达点有待选择。

在第3阶段,不论起点为 B_1,或 B_2,或 B_3,都各有 C_1,C_2 共2个不同达点有待选择。

在第4阶段,不论起点为 C_1 或 C_2,都只有唯一达点T。

综上,这4个阶段所有不同的决策,总共构成 $3\times3\times2\times1=18$ 个不同的策略,亦即从 Q→T 共有18条不同的运输路线,其总运费也各不同。

这类最优路线问题,就是一类典型的多阶段决策问题。另外,资源分配、运营调度、项目投资、机器负荷分配、系统可靠性、设备更新、作业排序、商品定价、物资采购、试制品批量、水库调度、最优控制,等等,也是多阶段决策的典型问题。

2. 多阶段决策问题的基本特性

【定理9-1】 最短路的基本特性

若从始点 Q→终点 T 的最短路为

$$Q=S_1\to S_2\to\cdots\to S_k\to S_{k+1}\to\cdots\to S_n\to T$$

则从该路上任一中间点 S_k→T 的最短路必然包含在从 Q→T 的最短路上,即为

$$S_k\to S_{k+1}\to\cdots\to S_n\to T$$

证明 用反证法。假设从 S_k→T 的最短路不是上述那条,不妨设为 $S_k\to S'_{k+1}\to\cdots\to S'_n\to T$,如图9-2所示。则从 Q→T 的最短路便为 $Q=S_1\to S_2\to\cdots\to S_k\to S'_{k+1}\to\cdots\to S'_n\to T$,这与定理的前提条件相矛盾。　**(证毕)**

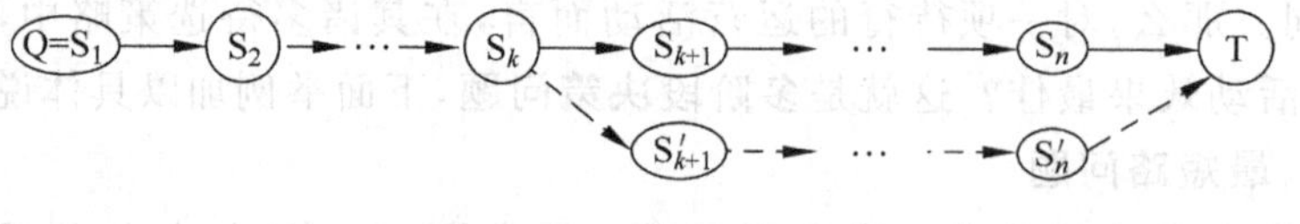

图 9-2

推而广之,多阶段决策问题的最优策略具有下述特性:若

$$\{S_2,\cdots,S_k,S_{k+1},\cdots,S_n,T\}$$

为 Q→T 的全过程最优策略,则

$$\{S_k,S_{k+1},\cdots,S_n,T\}$$

必为 S_k→T 的子过程最优策略。

这恰是白尔曼首提DP最优化原理的基本内涵,可简谓"全程最优策略包含子程最优策略"。

9.1.2 DP方法的基本特性

针对多阶段决策问题的基本特性，白尔曼提出了**逆序递推法**(backward introduction method，BIM)。其基本思路是：从最终阶段、即第 n 阶段开始，逆着实际过程的进展方向逐段求解，在每段求解中都要利用刚求解完那段的结果，如此连续递推，直到初始阶段、即第1阶段求出结果，返回始点为止。与此相应的，也有**顺序递推法**(forward introduction method，FIM)，即从第1阶段向第 n 阶段递推。两法并无本质区别，通常采用逆推法，仅当 $n=\infty$ 即有无穷多个阶段时才用顺推法。

下面就以例9-1来具体说明逆推法(BIM)，并在该法的实施中采用熟知的标号形式，每点的标号都表示该点到终点T的最短路长。

(1) 第4阶段　先给本段达点、即全程终点T标号0，这是DP方法所用递推方程的边界条件。将标号0置于T点上旁，并外套方框以示醒目，下同。然后分别考察本段起点 C_1，C_2，由于这两点每点与达点T间都只有唯一边，故将该两边长3，4分别作为 C_1，C_2 点的标号；然后将两条边 C_1T，C_2T 都标上箭头，表示选择出来、有待构成最短路的相应边，如图9-3所示。

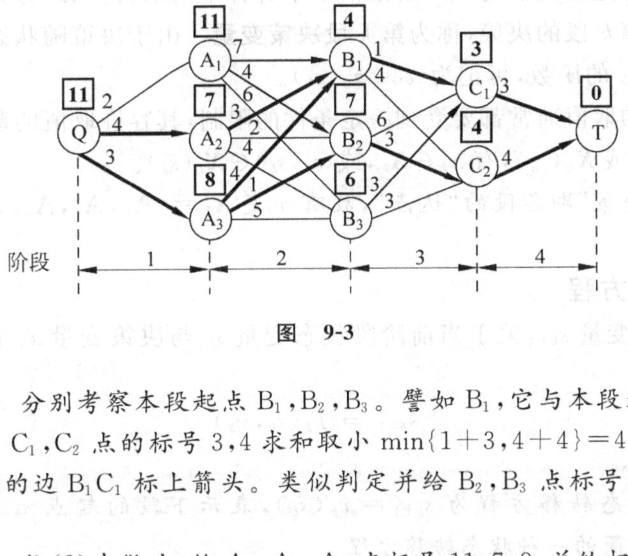

图 9-3

(2) 第3阶段　分别考察本段起点 B_1，B_2，B_3。譬如 B_1，它与本段达点 C_1，C_2 的距离是1，4，将其分别与 C_1，C_2 点的标号3，4求和取小 $\min\{1+3,4+4\}=4$，由此判定 B_1 点的标号为4，并给相应的边 B_1C_1 标上箭头。类似判定并给 B_2，B_3 点标号7，6，再给边 B_2C_2，B_3C_1 标上箭头。

(3) 第2阶段　仿(2)中做法，给 A_1，A_2，A_3 点标号11，7，8，并给相应的边标上箭头。

(4) 第1阶段　类似判定并给始点Q标号11，表示这批货物的最少总运费为11万元。

(5) 从始点Q出发，沿着箭线向终点T前巡，最终找出3条最短路，如图9-3中的粗箭线所示，分别为

$$Q \to A_2 \to B_1 \to C_1 \to T$$

$$Q \to A_3 \to B_1 \to C_1 \to T$$

$$Q \to A_3 \to B_2 \to C_2 \to T$$

另外，A_1 和 B_3 两点没有位于从 $Q\to T$ 的最短路上，但BIM仍能给出二者到终点T的最短路，如图9-3中的箭线所示，分别为：$A_1\to B_1\to C_1\to T$，　$B_3\to C_1\to T$。

这意味着DP方法不仅能求出全过程最优策略，也能求出源于任一阶段状态的最优子策略。这是一个良好特性，尤其对过程控制很有裨益。

9.2 基本原理

9.2.1 基本概念

1. 阶段

为能应用DP方法,首先必须根据所关注的问题所处的时间、空间或其他特征,把该问题恰当地划分成若干个相互联系的阶段。用 $k=1,2,\cdots,n$ 表示阶段序号,称为**阶段变量**。

对例 9-1,如前所述,已根据其空间特征,将问题划分为 4 个阶段,即有 $n=4$,$k=1,2,3,4$。

2. 状态

状态表示某段的初始条件。用 s_k 表示第k 段的状态,称为**第 k 段状态变量**。s_k 的所有可能取值构成的集合,称为**第 k 段状态集**,记为 $\boldsymbol{S}_k$,有 $s_k\in\boldsymbol{S}_k$。

如例 9-1 的"状态"即各段的"起点",故有 $s_1\in\boldsymbol{S}_1=\{\mathrm{Q}\}$,$s_2\in\boldsymbol{S}_2=\{\mathrm{A}_1,\mathrm{A}_2,\mathrm{A}_3\}$,等等。

3. 决策

这里所谓**决策**,是指人们对某一阶段活动中各种不同的行为、或方案、或途径等的一种选择。用 x_k 表示第k 段的决策,称为**第 k 段决策变量**。由于决策随状态而变,所以决策变量 x_k 是状态变量 s_k 的函数,可记为 $x_k=x_k(s_k)$。

决策变量 x_k 的取值通常都要受到一定条件的限制,其容许取值的范畴,称为**第 k 段可行决策集**,记为 $\boldsymbol{X}_k$ 或 $\boldsymbol{X}_k(s_k)$,有 $x_k\in\boldsymbol{X}_k$,或 $x_k(s_k)\in\boldsymbol{X}_k(s_k)$。

如例 9-1 的"决策"即各段的"达点",故有 $x_1\in\boldsymbol{X}_1=\{\mathrm{A}_1,\mathrm{A}_2,\mathrm{A}_3\}$,$x_2\in\boldsymbol{X}_2=\{\mathrm{B}_1,\mathrm{B}_2,\mathrm{B}_3\}$,等等。

4. 状态转移方程

下一阶段状态变量 s_{k+1}关于当前阶段状态变量 s_k 与决策变量 x_k 的一种明确数量关系,记为

$$s_{k+1}=T_k(s_k,x_k)$$

称为**状态转移方程**。

如例 9-1 的状态转移方程为 $s_{k+1}=x_k(s_k)$,表示下段的起点 s_{k+1} 就是本段的达点 $x_k(s_k)$,这是形式最简的一种状态转移方程。

5. 策略

从第 1 阶段到第 n 阶段称为**全过程**,由全过程中各阶段决策 x_k 构成的序列,称为**全过程策略**,简称**策略**,记为 $p_1(s_1)$,或简记为 p_1;其集合称为**可行策略集**,记为 $\boldsymbol{P}_1(s_1)$,简记为 $\boldsymbol{P}_1$,有

$$p_1(s_1)=\{x_1(s_1),x_2(s_2),\cdots,x_n(s_n)\}\in\boldsymbol{P}_1(s_1)$$

或

$$p_1=\{x_1,x_2,\cdots,x_n\}\in\boldsymbol{P}_1$$

从第 k 阶段到第 n 阶段称为**第 k 子过程**,简称**子过程**,由该子过程中各阶段决策 x_k 构成的序列,称为**第 k 子过程策略**,简称**子策略**,记为 $p_k(s_k)$,简记为 p_k;其可行策略集记为 $\boldsymbol{P}_k(s_k)$或 $\boldsymbol{P}_k$,有

$$p_k(s_k) = \{x_k(s_k), x_{k+1}(s_{k+1}), \cdots, x_n(s_n)\} \in \boldsymbol{P}_k(s_k)$$

或

$$p_k = \{x_k, x_{k+1}, \cdots, x_n\} \in \boldsymbol{P}_k$$

前述例 9-1 两点 A_1,B_3 到终点 T 的最短路 $A_1 \to B_1 \to C_1 \to T$,$B_3 \to C_2 \to T$,可表示为下述子策略:$p_2(A_1) = \{B_1, C_1, T\} \in \boldsymbol{P}_2(A_1)$,$p_3(B_3) = \{C_2, T\} \in \boldsymbol{P}_3(B_3)$,等等。

6. 指标函数

为了权衡策略、子策略、决策的后果,需要明确数量指标,而这些数量指标是关于所权衡对象的函数,分述如下。

(1) 阶段指标函数

用 $v_k(s_k, x_k)$ 表示第 k 段处于 s_k 状态且所作决策为 x_k 时的指标,称为**第 k 段指标函数**,简记为 v_k。对任何实际问题而言,阶段指标函数都是已知或可知的。

对例 9-1 来说,阶段指标函数 $v_k(s_k, x_k)$ 表示第 k 段的起点 s_k 与达点 x_k 之间的运费(图中的边长),即图 9-3 中各边的权数。如 $v_2(A_3, B_1) = 4$,$v_3(B_2, C_1) = 6$,等等。

(2) 过程指标函数

用 $f_k(s_k, p_k(s_k))$ 或 $f_k(s_k, x_k)$ 表示第 k 子过程的指标函数,它是第 k 子过程中各阶段指标函数 v_k 的累积效应。对形形色色的实际问题,可惜无法建立过程指标函数 $f_k(s_k, p_k(s_k))$ 的通式,但最常用的 2 种函数形式可表示如下:

和函数:

$$f_k(s_k, p_k(s_k)) = \sum_{i=k}^{n} v_i(s_i, x_i)$$

积函数:

$$f_k(s_k, p_k(s_k)) = \prod_{i=k}^{n} v_i(s_i, x_i)$$

例 9-1 的过程指标函数即为和函数。譬如 $A_1 \to B_3 \to C_2 \to T$ 的路长等于相应的 3 条边长之和,可用

$$f_2(A_1, p_2(A_1)) = v_2(A_1, B_3) + v_3(B_3, C_2) + v_4(C_2, T) = 6 + 3 + 4 = 13$$

表示,其中 $p_2(A_1) = \{B_3, C_2, T\}$,等等。

上述各阶段的状态变量 s_k、决策变量 x_k,与状态转移方程 $s_{k+1} = T_k(s_k, x_k)$ 以及阶段指标函数 $v_k = v_k(s_k, x_k)$ 之间的关系,如图 9-4 所示。

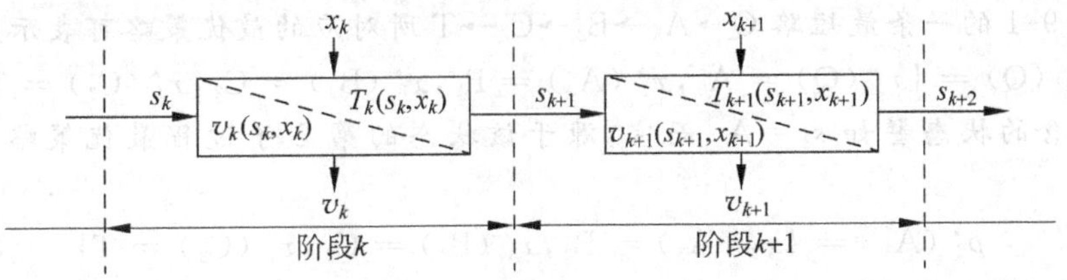

图 9-4

7. 最优解

(1) 最优指标函数

即

$$f_k^*(s_k) = \underset{p_k \in \boldsymbol{P}_k}{\text{opt}} \{f_k(s_k, p_k(s_k))\}, \quad (k = 1, 2, \cdots, n) \tag{9-1}$$

譬如例 9-1，图 9-3 中各点的标号、即该点到终点的最短路长，就是相应的最优指标函数值 f_k^*。

(2) **最优策略**

能使式(9-1)成立的子策略 p_k^* 称为**最优子策略**，记为

$$p_k^*(s_k) = \{x_k^*(s_k), \cdots, x_n^*(s_n)\}, \quad (k = 1, 2, \cdots, n)$$

特别当 $k=1$ 时，有

$$p_1^*(s_1) = \{x_1^*(s_1), \cdots, x_k^*(s_k), \cdots, x_n^*(s_n)\}$$

称为**最优策略**。

(3) **最优决策**

构成最优策略的各阶段 k 的决策 $x_k^*(k=1,2,\cdots,n)$，称为该阶段 k 的**最优决策**。

该定义表明：阶段 k 的最优决策，不是能使该段指标函数 $v_k(s_k, x_k)$ 取得最优值的某个 x_k，而是构成全过程最优策略的那个 x_k^*。譬如例 9-1，第 1 段的最优指标函数值为

$$\min v_1(\mathrm{Q}, x_1) = v_1(\mathrm{Q}, \mathrm{A}_1) = 2$$

但是偏巧第 1 段的最优决策 $x_1^* \neq \mathrm{A}_1$，而是 $x_1^* = \mathrm{A}_2$ 或 A_3。

(4) **最优值**

最优策略对应的最优指标 f_1^* 称为**最优值**。如例 9-1 的最优值即始点 Q 的标号 $f_1^* = 11$。

9.2.2 基本方程

1. DP 的最优化原理

作为一个全过程最优策略具有这样的性质：无论过去的状态和决策如何，对前面所形成的状态而言，余下的诸决策必构成最优策略。

更具体地说，若一个全过程最优策略为

$$p_1^*(\hat{s}_1) = \{x_1^*(\hat{s}_1), \cdots, x_k^*(\hat{s}_k), \cdots, x_n^*(\hat{s}_n)\}$$

则对其中隐含的任一状态 $\hat{s}_k(k=1,2,\cdots,n)$ 而言，源于该状态的第 k 子过程最优策略 $p_k^*(\hat{s}_k)$ 必然包含在决策序列 $p_1^*(\hat{s}_1)$ 中，即为

$$p_k^*(\hat{s}_k) = \{x_k^*(\hat{s}_k), \cdots, x_n^*(\hat{s}_n)\}, \quad (k = 1, 2, \cdots, n)$$

譬如例 9-1 的一条最短路 $\mathrm{Q} \to \mathrm{A}_3 \to \mathrm{B}_2 \to \mathrm{C}_2 \to \mathrm{T}$ 所对应的最优策略可表示为

$$p_1^*(\mathrm{Q}) = \{x_1^*(\mathrm{Q}) = \mathrm{A}_3, x_2^*(\mathrm{A}_3) = \mathrm{B}_2, x_3^*(\mathrm{B}_2) = \mathrm{C}_2, x_4^*(\mathrm{C}_2) = \mathrm{T}\}$$

则对其中隐含的状态譬如 $s_2 = \mathrm{A}_3$ 而言，源于该状态的第 2 子过程最优策略必为包含在 $p_1^*(\mathrm{Q})$ 中的

$$p_2^*(\mathrm{A}_3) = \{x_2^*(\mathrm{A}_3) = \mathrm{B}_2, x_3^*(\mathrm{B}_2) = \mathrm{C}_2, x_4^*(\mathrm{C}_2) = \mathrm{T}\}$$

即从 $\mathrm{A}_3 \to \mathrm{T}$ 的最短路为 $\mathrm{A}_3 \to \mathrm{B}_2 \to \mathrm{C}_2 \to \mathrm{T}$。

2. 函数基本方程

如前所述，DP 方法是一种递推方法，其关键在于确立一种基于过程指标函数 $f_k(s_k, p_k(s_k))$ 或 $f_k(s_k, x_k)$ 的数量递推关系，即**函数基本方程**，简称**函数方程**，或**基本方程**。

由于没有过程指标函数 $f_k(s_k, p_k(s_k))$ 的通式，也就没有函数基本方程的通式，但对最常用的“和”、“积”两种函数形式，相应的 BIM 基本方程可表示如下：

和函数形式：

$$\begin{cases} f_{n+1}^*(s_{n+1}) = 0 & (9\text{-}2a) \\ f_k^*(s_k) = \underset{x_k \in \boldsymbol{X}_k}{\text{opt}} \{v_k(s_k, x_k) + f_{k+1}^*(s_{k+1})\}, \quad (k = n, n-1, \cdots, 2, 1) & (9\text{-}2b) \end{cases}$$

积函数形式：

$$\begin{cases} f_{n+1}^*(s_{n+1}) = 1 & (9\text{-}3a) \\ f_k^*(s_k) = \underset{x_k \in \boldsymbol{X}_k}{\text{opt}} \{v_k(s_k, x_k) \times f_{k+1}^*(s_{k+1})\}, \quad (k = n, n-1, \cdots, 2, 1) & (9\text{-}3b) \end{cases}$$

其中，(b)式是**主式**，即**递推方程**；而(a)式是其**边界条件**。

实际上，前面用标号法求解例 9-1 时，已经用到了“和”函数形式的 BIM 基本方程(9-2)，即

$$\begin{cases} f_5^*(s_5) = 0 \\ f_k^*(s_k) = \min\limits_{x_k \in \boldsymbol{X}_k} \{v_k(s_k, x_k) + f_{k+1}^*(s_{k+1})\}, \quad (k = 4, 3, 2, 1) \end{cases}$$

只不过当时不便明示。其中 $f_k^*(s_k)$即图 9-3 中各段起点 s_k 的标号，而 $f_5^*(s_5)=0$ 即终点 T 的标号。

应当指出，最优化原理只是 DP 的必要属性，而函数基本方程才是 DP 的充要属性，但二者都须基于状态转移方程。

9.2.3 基本步骤

DP 方法共有 3 个基本步骤：

1° 建立模型， 2° 逆(顺)推求解， 3° 顺(逆)推结论。

下面仅概述步骤 1°的要点，而步骤 2°，3°将于后面 9.3 节举例详细说明。

为具体问题建立 DP 模型，可归结为建立两类方程：①状态转移方程；②函数基本方程。为此，先要描述清楚各类变量与指标的实际意义。概括起来，建立 DP 模型包括下述 6 项工作。

1. 恰当划分阶段，确立阶段变量 k

2. 正确设立状态变量 s_k，明确状态集 $\mathbf{S}_k$

这一步至关重要，模型能否建立以及好坏如何，在很大程度上都取决于状态变量 s_k 的设立是否满足以下 3 条性质：

(1) 可演变性　即能够描述所研究过程的演变特征，以便于建立状态转移方程。

(2) 无后效性　即任一状态前面各阶段状态与决策不会影响其后各段的决策，亦即各段状态具备相对独立性。譬如例 9-1 中 B_2 点以后最优路线的选择，不受 B_2 点以前状态与决策的影响，无论前面始于哪一状态、选择什么路线而抵达 B_2 点，都绝不会改变 $B_2 \to T$ 的最优路线。总之，状态变量须满足无后效性，方能确保所划分阶段这种分割不致破坏全过程的总体最优性。而这又须在设立状态变量之前划分阶段时就应预先统一考虑周全。

(3) 可知性　即一切状态变量的取值及其类型均为已知或可知。譬如例 9-1 状态变量 s_k 的取值为各段的起点，属于离散型。但状态集 $\mathbf{S}_k$ 却可能在步骤 2° 递推求解的过程中才逐渐明确。

3. 正确设立决策变量 x_k,明确可行决策集 $\mathbf{X}_k$

与状态变量密切相关,所设决策变量 x_k 也须满足可演变性与无后效性(或相对独立性)。其取值虽非已知,但其类型为可知,如离散或连续。而可行决策集 $\mathbf{X}_k$ 也可能在步骤2°递推求解的过程中才逐渐明确。

4. 恰当建立状态转移方程

必须恰当建立 s_{k+1} 与 s_k,x_k 之间一种明确的数量对应关系,即状态转移方程 $s_{k+1}=T_k(s_k,x_k)$,使其既能正确描述各段状态变量的演变规律,又简明适用。

5. 恰当确定指标函数 v_k,f_k,f_k^*

必须恰当确定指标函数 v_k,f_k,f_k^*,使其满足可递推性,譬如能写成下述形式:

$$f_k(s_k)=v_k(s_k,x_k)+f_{k+1}^*(s_{k+1})$$

$$f_k(s_k)=v_k(s_k,x_k)\times f_{k+1}^*(s_{k+1})$$

或其他递推形式。

6. 恰当建立函数基本方程

按所确立的指标函数的具体形式,适应所关注问题的特征,恰当建立“和”、“积”形式的函数基本方程,或其他形式的递推数量关系。

如前所述,这6项工作归根结底为建立两类方程:①状态转移方程;②函数基本方程。当然,这属于OR建模的艺术性,需不断实践历练、积累经验,方能提高造诣。

9.2.4 基本类型

DP问题或模型,既可按阶段变量 k 分类,也可按状态变量 s_k 分类,而后者更能体现本质属性。

1. 按阶段变量 k 分类

(1) **定期型**:阶段变量 $k=1,2,\cdots,n$,其取值个数 n 有限,并且求解之前就能确定 n 值。

譬如例9-1,解前即可知道阶段个数 $n=4$,就属于定期型。

(2) **不定期型**:阶段变量 $k=1,2,\cdots,n$,且阶段个数 n 有限,但是求解之前不能确定 n 值。

譬如寻求网络两点间的最短路,如8.3.2节所述在路上走的“步数”就是DP的阶段数 n。由于事先无法预知经过几个中间点才能使路长最短,所以解前未知步数或段数 n,即属于不定期型。

(3) **无期型**:阶段变量 $k=1,2,\cdots$即DP问题或模型有可数无穷多个阶段。

2. 按状态变量 s_k 分类

按状态变量 s_k 的取值属性,可分为离散型、连续型、确定型、随机型共4类。

综上,更常用的则是下述4类:离散确定型、连续确定型、离散随机型、连续随机型。

现对前两节内容加以小结,DP的基本思想可谓统而虑之,分而制之;**分而治之,统而律之**。

(1) **主要优点**

方法简便、结果丰富,尤其填补了离散型优化领域的某些空白而更卓有成效。

(2) **主要缺点**

① 占用计算机存贮空间较大。而DP的计算量随维数的增大呈指数增长,维数愈多、

后果愈著，以至某些问题的求解，计算机也无从胜任，产生所谓“维数障碍”或“维数灾难”。

② 没有统一模型（基本方程的通式）。这给实际应用造成不便，特别对初学者困惑尤甚。

因此，初学者研习、掌握 DP 的最好途径，就是大量阅读、学习前人成功应用的范例。为此，后 3 节将专门介绍几个不同类型的典例，以利读者初步掌握 DP 的类型识别、模型构建与方法运用。

9.3 离散确定型典例

本节介绍离散确定型 DP 的两个实用模型：**资源分配**模型与**运营调度**模型，并且全都采用**逆推法**（BIM）予以求解。

9.3.1 资源分配模型

【例 9-2】 某公司拟聘请 4～6 名商业专家，以分给其所辖 3 个商店任用。预计各商店分得不同人数的专家后每年可多盈利（万元）如表 9-1 所示。该公司应聘请几名商业专家并如何分配，才能使每年预计盈利总额最大？

表 9-1

商店 \ 专家数	0	1	2	3	4	5	6
1	0	1	4	8	7	7	6
2	0	3	4	6	7	8	9
3	0	2	4	5	6	5	4

解 1° 建立 DP 模型

设以$k=1,2,3$ 表示给 3 个商店分配的顺序。

s_k＝在给 k 店分配时尚余的（专家）人数。

x_k＝分给 k 店的人数；可行决策集为 $\boldsymbol{X}_k=\{x_k \mid 0\leqslant x_k\leqslant s_k\}$

由题意可知，状态转移方程为

$$s_{k+1}=s_k-x_k$$

$v_k(s_k,x_k)$＝从现有 s_k 人中分给k 店 x_k 人后的预计盈利额。

$f_k(s_k,x_k)$＝将现有 s_k 人从 k～3 分配（其中 k 店分得 x_k 人）后的预计盈利额之和。

则有

$$f_k^*(s_k)=\max_{0\leqslant x_k\leqslant s_k}\{f_k(s_k,x_k)\}$$

函数基本方程为

$$\begin{cases} f_4^*(s_4)=0 \\ f_k^*(s_k)=\max\limits_{0\leqslant x_k\leqslant s_k}\{v_k(s_k,x_k)+f_{k+1}^*(s_{k+1})\}, \quad (k=3,2,1) \end{cases}$$

上式的花括弧内的式子即 $f_k(s_k,x_k)$，亦即 $f_k(s_k,x_k)=v_k(s_k,x_k)+f_{k+1}^*(s_{k+1})$。

2° 按逆推法逐段求解

(1) $k=3$

此时,1,2 店已分完,而目前所剩人数可能为 $s_3=0,1,2,3,4,5,6$;可分给第 3 店的人数也能为 $x_3=0,1,2,3,4,5,6$。由 $f_4^*(s_4)=0$ 可得 $f_3(s_3,x_3)=v_3(s_3,x_3)$。据以列表运算,见表 9-2。

表 9-2 $k=3$

$f_3(s_3,x_3)$	$v_3(s_3,x_3)$							f_3^*	x_3^*
s_3 \ x_3	0	1	2	3	4	5	6		
0	0							0	0
1	0	2						2	1
2	0	2	4					4	**2**
3	0	2	4	5				5	3
4	0	2	4	5	6			6	4
5	0	2	4	5	6	5		6	4
6	0	2	4	5	6	5	4	6	4

(2) $k=2$

此时,1 店已分完,还剩 s_2 人要分给 2,3 店,其中分给 2 店 x_2 人。列表运算,见表 9-3。其中每列 $f_3^*(s_3)$ 的值都是按状态转移方程 $s_3=s_2-x_2$ 算得 s_3,再到表 9-2 的"f_3^*"列查知的,下同。

表 9-3 $s_3=s_2-x_2$ $k=2$

$f_2(s_2,x_2)$	$v_2(s_2,x_2)+f_3^*(s_3)$							f_2^*	x_2^*
s_2 \ x_2	0	1	2	3	4	5	6		
0	0+0=0							0	0
1	0+2=2	3+0=3						3	1
2	0+4=4	3+2=5	4+0=4					5	1
3	0+5=5	3+4=7	4+2=6	6+0=6				7	**1**
4	0+6=6	3+5=8	4+4=8	6+2=8	7+0=7			8	1,2,3
5	0+6=6	3+6=9	4+5=9	6+4=10	7+2=9	8+0=8		10	3
6	0+6=6	3+6=9	4+6=10	6+5=11	7+4=11	8+2=10	9+0=9	11	3,4

(3) $k=1$

此时尚未分配,而拟聘请 4~6 人,所以 $s_1=4,5,6$;待分给 1 店 x_1 人。列表运算,见表 9-4。

表 9-4 $s_2=s_1-x_1$ $k=1$

$f_1(s_1,x_1)$	$v_1(s_1,x_1)+f_2^*(s_2)$							f_1^*	x_1^*
s_1 \ x_1	0	1	2	3	4	5	6		
4	0+8=8	1+7=8	4+5=9	8+3=11	7+0=7			11	3
5	0+10=10	1+8=9	4+7=11	8+5=13	7+3=10	7+0=7		13	3
6	0+11=11	1+10=11	4+8=12	8+7=15	7+5=12	7+3=10	6+0=6	**15**	**3**

3° 顺序递推，得出结论

按 $k=1,2,3$ 的顺序，依次查看各表的 s_k 列与 x_k^* 列，并按 $s_{k+1}=s_k-x_k^*$ 的转移规律将最优决策衔接为最优策略。

先看 $k=1$ 的表 9-4，因 $s_1=6$ 时 $f_1^*(s_1)=15$ 的值最大，故 $s_1^*=6$，即公司应聘请 6 名商业专家；同时由该行、"x_1^*"列可得

$$x_1^* = 3$$

再由 $s_2=s_1-x_1^*=6-3=3$，转移到 $k=2$ 的表 9-3 中"s_2"列，找到该列数字 3 那行，查得

$$x_2^* = 1$$

类似转移到 $k=3$ 的表 9-2 中，可得

$$x_3^* = 2$$

终得最优策略

$$p_1^* = \{3,1,2\}(人)$$

即该公司应分给 1 店 3 人，2 店 1 人，3 店 2 人，这样预计每年盈利最大，为 15 万元。

9.3.2 运营调度模型

【例 9-3】 某厂根据市场预测，确认今后 4 个月该厂的一种主要产品每月需求量如表 9-5 所示。已知每月生产固定费用 $b=3$ 万元，但若当月不生产则 $b=0$；产品成本为 $c=1$ 万元/万件；存贮费用为 $h=0.2$ 万元/万件/月；每月最大生产能力为 $a=5$ 万件，最大存贮能力为 $w=4$ 万件。若第 1 月初无库存产品，第 4 月末也不留库存，则该厂应如何安排生产，才能使今后 4 个月的总费用最少？

表 9-5

月　份	1	2	3	4
需求量/万件	4	1	3	2

解 1° 建立模型

设以 $k=1,2,3,4$ 表示今后 4 个月的序号。

s_k＝第 k 月初(或第 $k-1$ 月末)的库存量；状态集为 $\boldsymbol{S}_k=\{s_k \mid 0\leqslant s_k\leqslant 4\}$

x_k＝第 k 月的产量；可行决策集合为 $\boldsymbol{X}_k=\{x_k \mid 0\leqslant x_k\leqslant 5\}$

令 d_k 表示第 k 月的需求量，则状态转移方程为

$$s_{k+1} = s_k + x_k - d_k$$

$v_k(s_k,x_k)$＝第 k 月生产费用(万元)；

$f_k(s_k,x_k)$＝第 k 月初到第 4 月末的运营费用(万元)；

$f_k^*(s_k)$＝第 k 月初到第 4 月末的最小运营费用(万元)。

由题意知

$$v_k(s_k,x_k)=\begin{cases}b+cx_k+hs_k, & 当\ x_k>0\\ hs_k, & 当\ x_k=0\end{cases}$$

$$=\begin{cases}3+x_k+0.2s_k, & 当\ x_k>0\\ 0.2s_k, & 当\ x_k=0\end{cases}$$

$$f_k(s_k,x_k)=\begin{cases}3+x_k+0.2s_k, & \text{当 } x_k>0\\ 0.2s_k, & \text{当 } x_k=0\end{cases}+f_{k+1}^*(s_{k+1})$$

函数基本方程为

$$\begin{cases}f_5^*(s_5)=0\\ f_k^*(s_k)=\min\limits_{0\leqslant x_k\leqslant 5}\{f_k(s_k,x_k)\}, \quad (k=4,3,2,1)\end{cases}$$

2° 逆推求解

(1) $k=4$

已知 $d_4=2, s_5=0$,由状态转移方程 $s_5=s_4+x_4-d_4$ 得

$$s_4=2-x_4\leqslant 2$$

故 $s_4=0,1,2$,则 x_4 的值也随之确定了。列表运算,见表 9-6。

表 9-6 $k=4$

$f_4(s_4,x_4)$	$0.2s_4$	$3+x_4+0.2s_4$		$f_4^*(s_4)$	x_4^*
s_4 \ x_4	0	1	2		
0			5	5	2
1		4.2		4.2	1
2	0.4			0.4	0

(2) $k=3$

已知 $d_3=3$,由前又知 $0\leqslant s_4\leqslant 2$,则由 $s_4=s_3+x_3-d_3$ 可得

$$0\leqslant s_3+x_3-3\leqslant 2$$

即

$$3\leqslant s_3+x_3\leqslant 5$$

又

$$s_3\leqslant w=4$$

故

$$s_3=0,1,2,3,4$$

则有

$$\boldsymbol{X}_3=\{x_3\mid 3\leqslant s_3+x_3\leqslant 5, \quad (s_3=0,1,2,3,4)\}$$

列表运算,见表 9-7。

表 9-7 $s_4=s_3+x_3-3$ $k=3$

$f_3(s_3,x_3)$	$0.2s_3+f_4^*(s_4)$	$3+x_3+0.2s_3+f_4^*(s_4)$					$f_3^*(s_3)$	x_3^*
s_3 \ x_3	0	1	2	3	4	5		
0				11	11.2	8.4	8.4	5
1			10.2	10.4	7.6		7.6	4
2		9.4	9.6	6.8			6.8	3
3	5.6	8.8	6				5.6	0
4	5	5.2					5	0

表中函数 $f_3(s_3,x_3)$ 的值，当 $x_3\neq 0$ 时，沿↙方向递减 $c-h=1-0.2=0.8$，这可大大简化手工计算。这是因为

$$f_k(s_k,x_k)=f_{k+1}^*(s_{k+1})+v_k(s_k,x_k)=f_{k+1}^*(s_k+x_k-d_k)+b+cx_k+hs_k$$

故有

$$\begin{aligned}f_k(s_k+1,x_k-1)&=f_{k+1}^*((s_k+1)+(x_k-1)-d_k)+b+c(x_k-1)+h(s_k+1)\\&=f_{k+1}^*(s_k+x_k-d_k)+b+cx_k+hs_k-(c-h)\\&=f_k(s_k,x_k)-(c-h)\end{aligned}$$

(3) $k=2$

已知 $d_2=1$，且 $0\leqslant s_3\leqslant 4$，则由 $s_3=s_2+x_2-d_2$，可得

$$0\leqslant s_2+x_2-1\leqslant 4\quad 或\quad 1\leqslant s_2+x_2\leqslant 5$$

又知 $s_1=0,d_1=4$，则

$$s_2=s_1+x_1-d_1=x_1-4$$

因 $x_1\leqslant 5$，故

$$s_2=x_1-4\leqslant 5-4=1$$

即 $s_2=0,1$，则 $x_2\in \boldsymbol{X}_2=\{x_2\mid 1\leqslant s_2+x_2\leqslant 5, s_2=0,1\}$。列表运算，见表 9-8。

表 9-8　　$s_3=s_2+x_2-1$　　$k=2$

$f_2(s_2,x_2)$	$0.2s_2+f_3^*(s_3)$	$3+x_2+0.2s_2+f_3^*(s_3)$					$f_2^*(s_2)$	x_2^*
s_2 \ x_2	0	1	2	3	4	5		
0		12.4	12.6	12.8	12.6	13	12.4	1
1	8.6	11.8	12	11.8	12.2		8.6	0

(4) $k=1$

由上已知 $s_1=0, s_2=x_1-4$；因 $s_2\geqslant 0$，故 $x_1\geqslant 4$，但 $x_1\leqslant 5$，则 $x_1=4,5$；可得表 9-9。

表 9-9　　$s_2=x_1-4$　　$k=1$

$f_1(s_1,x_1)$	$3+x_1+0.2s_1+f_2^*(s_2)$		$f_1^*(s_1)$	x_1^*
s_1 \ x_1	4	5		
0	19.4	16.6	16.6	5

3° 顺推结论

按例 9-3 的方法，可以推得最优解

$$p_1^*=\{5,0,5,0\}(万件)$$

最优值

$$f_1^*=16.6(万元)$$

即第 1，3 月分别生产 5 万件，第 2，4 月不生产，能使运营总费用达到最小，即 16.6 万元。

9.4 连续确定型典例

本节介绍连续确定型 DP 的 2 个实用模型：**机器负荷分配**模型与**项目投资**模型，并且分别采用**逆推法**(BIM)和**顺推法**(FIM)予以求解。

9.4.1 机器负荷分配模型

【例 9-4】 某厂有 100 台同一规格的完好机床，每台机床全年在高负荷下运行可创利 10 万元，完好率为 0.72；在低负荷下运行可创利 6 万元，完好率为 0.96。试拟订该机床连续 4 年的负荷分配计划，使总利润最大。

解 设以 $k=1,2,3,4$ 表示年度

s_k = 第 k 年初(第 $k-1$ 年末)拥有的机床当量(有效台年)

x_k = 第 k 年分配于高负荷下工作的机床当量(有效台年)

而(s_k-x_k)即为低负荷下工作的机床当量(有效台年)。

状态转移方程为

$$s_{k+1}=0.72x_k+0.96(s_k-x_k)=0.96s_k-0.24x_k$$

第 k 年创利(万元)

$$v_k(s_k,x_k)=10x_k+6(s_k-x_k)=4x_k+6s_k$$

基本方程为

$$\begin{cases} f_5^*(s_5)=0 \\ f_k^*(s_k)=\max\{4x_k+6s_k+f_{k+1}^*(0.96s_k-0.24x_k)\}, \quad (k=4,3,2,1) \end{cases}$$

(1) $k=4$

有

$$f_4^*(s_4)=\max_{0\leqslant x_4\leqslant s_4}\{4x_4+6s_4\}$$

由于 $f_4(s_4,x_4)=4x_4+6s_4$ 为关于 x_4 的线性单增函数，则 x_4 越大越好，但 $x_4\leqslant s_4$，故有

$$x_4^*=s_4, \quad f_4^*(s_4)=10s_4$$

(2) $k=3$

由于

$$\begin{aligned} f_3^*(s_3)&=\max\{4x_3+6s_3+10(0.96s_3-0.24x_3)\} \\ &=\max\{1.6x_3+15.6s_3\} \end{aligned}$$

故有

$$x_3^*=s_3, \quad f_3^*(s_3)=17.2s_3$$

(3) $k=2$

有

$$\begin{aligned} f_2^*(s_2)&=\max\{4x_2+6s_2+17.2(0.96s_2-0.24x_2)\} \\ &=\max\{22.512s_2-0.128x_2\} \end{aligned}$$

由于 $f_2(s_2,x_2)=22.512s_2-0.128x_2$ 为关于 x_2 的线性单减函数，则 x_2 越小越好，但 $x_2\geqslant0$，故有

$$x_2^*=0, \quad f_2^*(s_2)=22.512s_2$$

(4) $k=1$

由于

$$\begin{aligned} f_1^*(s_1)&=\max\{4x_1+6s_1+22.512(0.96s_1-0.24x_1)\} \\ &=\max\{27.611\,52s_1-1.402\,88x_1\} \end{aligned}$$

故有

$$x_1^* = 0, \quad f_1^*(s_1) = 27.611\,52 s_1$$

因 $s_1=100$，故 $f_1^*=2\,761.152$（万元）

最优策略为

$$x_1^* = x_2^* = 0, \quad x_3^* = s_3, \quad x_4^* = s_4$$

第 2～5 年每年初的机床当量为

$$s_2 = 0.96s_1 - 0.24x_1^* = 0.96s_1 = 96$$
$$s_3 = 0.96s_2 - 0.24x_2^* = 0.96s_2 = 92.16$$
$$s_4 = 0.96s_3 - 0.24x_3^* = 0.72s_3 = 66.36$$
$$s_5 = 0.96s_4 - 0.24x_4^* = 0.72s_4 = 47.78$$

4 年内机床当量（有效台年）分配于高低负荷的最优计划如表 9-10 所示。

表 9-10

负荷 \ 年	1	2	3	4	5(4 末)
低	100	96	0	0	47.78
高	0	0	92.16	66.36	

实际应用中，有时会规定期末机床当量一个下限，譬如本例若规定第 4 年末机床当量不低于 60，即 $s_5 \geqslant 60$，亦即 $0.96s_4 - 0.24x_4 \geqslant 60$，则可行决策 x_4 为

$$0 \leqslant x_4 \leqslant 4s_4 - 250$$

9.4.2 项目投资模型

【例 9-5】 某企业有 b 万元闲置资金，可投资于 n 个项目 $A_j(j=1,2,\cdots,n)$。项目 A_j 每万元投资的年收益期望值为 $v_j(x_j)$ 万元，其中 x_j 为项目 A_j 的投资额（万元）。应如何使用这笔资金，才能使投资于这 n 个项目的年收益期望值最大？

解 令 z 表示投资于这 n 个项目的年收益期望值，则由题意可得本例的数学模型

$$\max z = v_1(x_1) + v_2(x_2) + \cdots + v_n(x_n)$$
$$\text{s.t.}\begin{cases} x_1 + x_2 + \cdots + x_n \leqslant b \\ x_1, \quad x_2, \cdots, \quad x_n \geqslant 0 \end{cases}$$

下面建立采用 FIM（顺序递推法）的 DP 模型。

将确定 $x_1, x_2, \cdots, x_n$ 的值作为 n 个阶段，则 $k=1,2,\cdots,n$，而 $x_1, x_2, \cdots, x_n$ 即决策变量；状态变量 s_k 表示这 b 万元资金中分给 $x_1, x_2, \cdots, x_k (k=1,2,\cdots,n)$ 的数值之和。

状态转移方程为

$$\begin{cases} s_0 = 0 \\ s_{k-1} = s_k - x_k, \quad (k = 1,2,\cdots,n) \\ s_n = b \end{cases}$$

基本方程为

$$\begin{cases} f_0^*(s_0) = 0 & \text{(9-4a)} \\ f_k^*(s_k) = \max\{\underbrace{v_k(x_k) + f_{k-1}^*(s_{k-1})}_{f_k(s_k,x_k)}\}, \quad (k = 1,2,\cdots,n) & \text{(9-4b)} \end{cases}$$

例如：设 A_1, A_2, A_3 项目每100万元投资的年收益期望值(万元)分别为 $18x_1-3x_1^2$，$16x_2-2x_2^2$，$12x_3-x_3^2$，x_j 为 $A_j(j=1,2,3)$ 的投资额(1×100万元)。现有500万元资金，则应如何投资？即求解

$$\max z = 18x_1 - 3x_1^2 + 16x_2 - 2x_2^2 + 12x_3 - x_3^2$$

$$\text{s. t.} \begin{cases} x_1 + x_2 + x_3 \leqslant 5 \\ x_1, \quad x_2, \quad x_3 \geqslant 0 \end{cases}$$

(1) $k=1$

因 $s_0=0$，$s_0=s_1-x_1$，则

$$x_1^* = s_1$$

又由式(9-4a)知 $f_0^*(s_0)=0$，故按式(9-4b)，有

$$f_1^*(s_1) = \max\{18x_1 - 3x_1^2\} = 18s_1 - 3s_1^2$$

(2) $k=2$

按式(9-4b)，有 $\quad f_2^*(s_2)=\max\{16x_2-2x_2^2+18s_1-3s_1^2\}$

因 $s_1=s_2-x_2$，则有

$$f_2^*(s_2) = \max\{16x_2 - 2x_2^2 + 18(s_2-x_2) - 3(s_2-x_2)^2\}$$

$$= \max\{-5x_2^2 + (6s_2-2)x_2 - 3s_2^2 + 18s_2\} \tag{9-5}$$

式(9-5)中，花括弧内的式子即 $f_2(s_2, x_2)$，由一阶条件解得其驻点

$$x_2^* = 0.6s_2 - 0.2$$

再由二阶条件判定 x_2^* 为极大点，代入式(9-5)中，得

$$f_2^*(s_2) = -1.2s_2^2 + 16.8s_2 + 0.2$$

(3) $k=3$

按式(9-4b)，有 $f_3^*(s_3)=\max\{12x_3-x_3^2-1.2s_2^2+16.8s_2+0.2\}$

因 $s_2=s_3-x_3$，而 $s_3=5$，则有

$$x_3^* = 5 - s_2$$

$$f_3^*(s_3) = \max\{12(5-s_2) - (5-s_2)^2 - 1.2s_2^2 + 16.8s_2 + 0.2\}$$

$$= \max\{-2.2s_2^2 + 14.8s_2 + 35.2\}$$

由一阶、二阶条件解得

$$s_2^* = 37/11 \approx 3.3636$$

则

$$x_3^* = 5 - s_2^* = 18/11 \approx 1.6364(\times 100\text{ 万元})$$

$$x_2^* = 0.6s_2^* - 0.2 = 20/11 \approx 1.8182(\times 100\text{ 万元})$$

$$x_1^* = s_1^* = s_2^* - x_2^* = 37/11 - 20/11 = 17/11 \approx 1.5454(\times 100\text{ 万元})$$

$$z^* = f_3^* \approx 60(\text{万元})$$

9.5 离散随机型典例

本节介绍离散随机型DP的两个实用模型：**采购模型**与**试制品批量模型**，并且都用**逆推法**(BIM)予以求解。

9.5.1 采购模型

【例 9-6】 某厂供应科必须在今后 5 周内购买一批原料，以保证第 6 周生产之用。根据过去的统计资料，预计该原料今后每周的价格如表 9-11 所示。应如何采购，才能期望原料价格最低？

表 9-11

价格/元	500	550	600
概　　率	0.3	0.3	0.4

解 用 $k=1,2,3,4,5$ 表示今后每周的序号；

设 s_k = 第 k 周的原料价格（随机变量）

$$x_k = \text{第 } k \text{ 周的决策} = \begin{cases} 1(\text{采购}) \\ 0(\text{等待}) \end{cases}$$

$f_k^*(s_k)$ = 源于 s_k 状态的第 k 周及其以后的最低期望价格

第 k 段状态集 $\boldsymbol{S}_k=\{500,550,600\}$，状态概率分布为

$$P(s_k=500)=0.3,\quad P(s_k=550)=0.3,\quad P(s_k=600)=0.4$$

令

$$\begin{aligned} E(s_{k+1}) &= \sum P(s_{k+1}) f_{k+1}^*(s_{k+1}) \\ &= 0.3 f_{k+1}^*(500) + 0.3 f_{k+1}^*(550) + 0.4 f_{k+1}^*(600) \end{aligned}$$

则第 k 子过程指标函数为

$$f_k(s_k, x_k) = \begin{cases} s_k, & \text{当 } x_k = 1 \\ E(s_{k+1}), & \text{当 } x_k = 0 \end{cases}$$

而函数基本方程为

$$f_k^*(s_k) = \min\{\overset{x_k^*=1}{s_k},\ \overset{x_k^*=0}{E(s_{k+1})}\},\quad (k=4,3,2,1)$$

又因第 5 周只得采购，即 $x_5^*=1$，故有

$$f_5^*(s_5) = s_5$$

此即函数的边界条件。

其基本结构如图 9-5 所示。

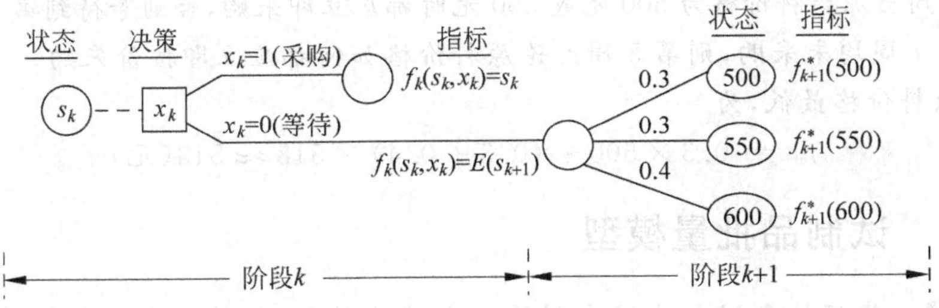

图 9-5

(1) $k=5$

这是最后一周,只有唯一决策:按该周价格采购,有

$$f_5^*(s_5)=s_5=\begin{cases}500, & 当\ s_5=500\\550, & 当\ s_5=550\\600, & 当\ s_5=600\end{cases}$$

(2) $k=4$

本周有两种决策:采购或等待。按函数方程有

$$f_4^*(s_4)=\min\{\overset{x_4^*=1}{s_4},\ \overset{x_4^*=0}{E(s_5)}\}$$

而

$$\begin{aligned}E(s_5)&=0.3f_5^*(500)+0.3f_5^*(550)+0.4f_5^*(600)\\&=0.3\times500+0.3\times550+0.4\times600=555\end{aligned}$$

故有

$$\begin{aligned}f_4^*(s_4)&=\min\{\overset{x_4^*=1}{s_4},\ \overset{x_4^*=0}{555}\}\\&=\begin{cases}500, & 当\ s_4=500(x_4^*=1)\\550, & 当\ s_4=550(x_4^*=1)\\555, & 当\ s_4=600(x_4^*=0)\end{cases}\end{aligned}$$

(3) $k=3$

因

$$\begin{aligned}E(s_4)&=0.3f_4^*(500)+0.3f_4^*(550)+0.4f_4^*(600)\\&=0.3\times500+0.3\times550+0.4\times555\\&=537\end{aligned}$$

故有

$$f_3^*(s_3)=\begin{cases}500, & 当\ s_3=500 \quad (x_3^*=1)\\537, & 当\ s_3=550\ 或\ 600 \quad (x_3^*=0)\end{cases}$$

类似可求得

$$f_2^*(s_2)=\begin{cases}500, & 当\ s_2=500 \quad (x_2^*=1)\\526, & 当\ s_2=550\ 或\ 600 \quad (x_2^*=0)\end{cases}$$

$$f_1^*(s_1)=\begin{cases}500, & 当\ s_1=500 \quad (x_1^*=1)\\518, & 当\ s_1=550\ 或\ 600 \quad (x_1^*=0)\end{cases}$$

根据以上结果,可得最优采购策略为:

- 若前3周原料价格为500元,则应立即采购,否则等待以后再采购;
- 第4周当原材料价格为500元或550元时都应立即采购,否则等待到第5周再采购;
- 若前4周均未采购,则第5周无论原料价格如何都应立即按价采购。

这样,预期原料价格最低,为

$$f_0^*=0.3\times500+(0.3+0.4)\times518\approx513(元)$$

9.5.2 试制品批量模型

【例9-7】 某厂按合同要为用户制造一台特殊设备,估计一台该设备的制造费用为1 000元,而其为合格品的概率为0.4,每制造一批的准备费用为3 000元。若一批试制品全不合格,可再试制一批,但在规定期限内最多只能试制3批。若3批未得到一台合格品,

则要赔偿用户 2 万元。该厂期望总的费用最小，每批应试制几台？

解 把每批的制造过程作为一个阶段，则阶段变量为 $k=1,2,3$。

设

$$s_k = \begin{cases} 1, & \text{当第 } k \text{ 段之前未得到合格品} \\ 0, & \text{否则} \end{cases}$$

$$x_k = \text{第 } k \text{ 段的批量(台)}$$

状态转移方程为

$$P(s_{k+1}=1)=(0.6)^{x_k},\quad P(s_{k+1}=0)=1-(0.6)^{x_k}$$

第 k 段的费用为

$$v_k(1,x_k)=b+1\,000x_k,\quad v_k(0,x_k)=0$$

其中

$$b=\begin{cases} 0, & \text{当 } x_k=0 \\ 3\,000, & \text{当 } x_k>0 \end{cases}$$

第 k 段及其以后的最小费用期望值为

$$f_k^*(s_k)=\min\{f_k(s_k,x_k)\},\quad (k=3,2,1)$$

其中

$$f_{k+1}^*(0)=0,\quad (k=1,2,3)$$

$$\begin{aligned} f_k(1,x_k) &= v_k(1,x_k)+\sum P(s_{k+1})f_{k+1}^*(s_{k+1}) \\ &= b+1\,000x_k+(0.6)^{x_k}f_{k+1}^*(1)+[1-(0.6)^{x_k}]f_{k+1}^*(0) \\ &= b+1\,000x_k+(0.6)^{x_k}f_{k+1}^*(1) \end{aligned}$$

因此，函数基本方程为

$$f_k^*(1)=\min\{b+1\,000x_k+(0.6)^{x_k}f_{k+1}^*(1)\},\quad (k=3,2,1)$$

其边界条件为

$$f_4^*(1)=20\,000$$

表示总共 3 批全未得到合格品而赔偿用户 20 000 元。

运算过程依次如表 9-12，表 9-13，表 9-14 所示。

表 9-12 $k=3$

$f_3(1,x_3)$	20 000	$3\,000+1\,000x_3+20\,000(0.6)^{x_3}$						$f_3^*(s_3)$	x_3^*
s_3 \ x_3	0	1	2	3	4	5	6		
0	0							0	0
1	20 000	16 000	12 200	10 320	9 592	9 555	9 933	9 555	5

表 9-13 $k=2$

$f_2(1,x_2)$	9 555	$3\,000+1\,000x_2+9\,555(0.6)^{x_2}$				$f_2^*(s_2)$	x_2^*
s_2 \ x_2	0	1	2	3	4		
0	0					0	0
1	9 555	9 733	8 440	8 064	8 238	8 064	3

表 9-14 $k=1$

$f_1(1,x_1)$	8 064	$3\,000+1\,000x_1+8\,064(0.6)^{x_1}$				$f_1^*(s_1)$	x_1^*
s_1 \ x_1	0	1	2	3	4		
1	8 064	8 838	7 903	7 742	8 045	7 742	3

综上,最优策略是:第 1 批试制 3 台;若无合格品,则第 2 批再试制 3 台;若仍无合格品,则第 3 批试制 5 台。这样能使总费用期望值最小,为 7 742 元。

习 题

9.1 试用 DP 方法,求解图 9-6 从 Q 点到 T 点的最短路。

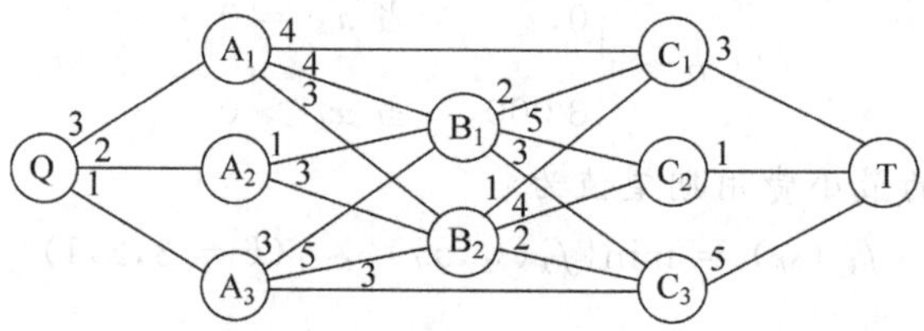

图 9-6

9.2 试就图 9-7 中的数字代表:①费用,②收益,分别求出 Q 到 T 间的最优路和最优值。

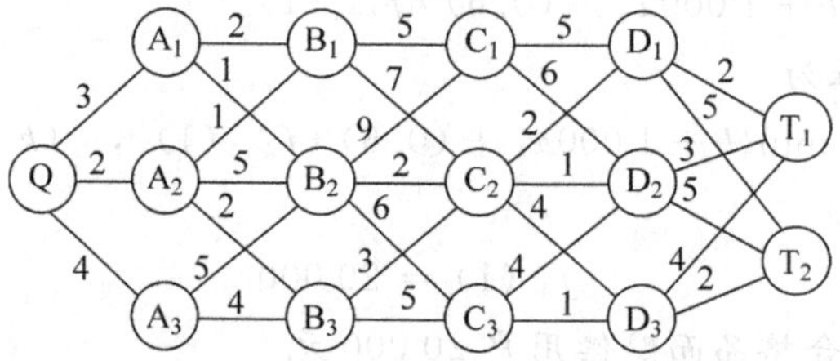

图 9-7

9.3 某公司拟订购某种设备 5 套,以分给所辖 3 个工厂。预计各厂分得不同套数的设备后,每年盈利额(万元)如表 9-15 所示。公司应如何分配?

表 9-15

工厂 \ 套数	0	1	2	3	4	5
甲	0	45	70	90	105	120
乙	0	20	45	75	110	150
丙	0	50	70	80	100	130

9.4 某商店按订购合同,下个月每天能收到海鲜品 6 箱,要分给所辖 4 个门市部销售。由于各门市部销售能力不同,且海鲜品久存易坏,因此预计各门市部销售盈利额

(元/天)各不相同,见表 9-16。商店应如何分配?

表 9-16

门市 \ 箱数	0	1	2	3	4	5	6
Ⅰ	0	100	200	280	330	300	250
Ⅱ	0	90	150	200	170	100	20
Ⅲ	0	100	200	300	385	465	540
Ⅳ	0	95	165	210	185	120	40

9.5 某厂生产一种机械设备。据市场调查,今后 4 个时期该产品需求量依次为 2,3,2,4 台。该厂每期最大生产能力为 6 台;每期生产固定费用为 3 万元(若不生产则为 0),单台成本 1 万元,每期贮存保养费为每台 0.5 万元。若第 1 期初和第 4 期末均无库存,试确定各期产量,使总费用最少。

9.6 某厂根据合同,今后半年的交货量如表 9-17 所示。该厂每月生产能力为 400 件,而仓库存货能力为 300 件。在进行生产的月份,固定费用为 4 000 元,变动费用为每件 100 元;仓库保管费为每件货物每月 10 元。假定 1 月初和 6 月末均无库存,问每月各生产多少件,才能既按期交货又使总费用最少?

表 9-17

月　份	1	2	3	4	5	6
交货量/100 件	1	2	5	3	2	1

9.7 某电子系统由 4 个部件构成,仅当每个部件都正常工作时系统才能正常运行。4 个部件各安装 1 个,或各并联安装 2,3 个的费用(元)及正常工作的概率见表 9-18。由于预算的限制,系统安装各部件的总费用不得超过 100 元。问各部件各安装几个,才能使该系统工作可靠性(即 4 个部件正常工作的概率乘积)最大?

表 9-18

安装部件数	部件 1		部件 2		部件 3		部件 4	
	概率	费用	概率	费用	概率	费用	概率	费用
1	0.70	10	0.50	20	0.70	10	0.60	20
2	0.80	20	0.70	40	0.90	30	0.70	30
3	0.90	30	0.80	50	0.95	40	0.90	40

9.8 某厂有 1 000 台完好机器,每台机器全年在高负荷下运行可创利 8 000 元,在低负荷下运行可创利 5 000 元。机器在高、低负荷下运行一年的完好率分别为 0.7,0.9。试拟订一个 5 年计划,使总利润最大。

9.9　某厂有100台设备,可用于加工甲、乙两种产品。据以往经验,这些设备加工甲产品每季末损坏1/3,而加工乙产品每季末损坏1/10,损坏的设备当年不能复修。每台机器一季全加工甲或乙产品,其创利为10万元或7万元。问如何安排各季加工任务,能使全年获利最大?

9.10　某厂生产一种易损消费品,由于各月产量的变动,每月需要重新调整生产线,为此需支付的费用为当月产量与上月产量的差数之平方的两倍。又若生产出来的产品当月销售不出去,每件将损失20元。据市场预测,该消费品明年前4个月的需求量分别为210,220,195,180件/月,而今年12月份产量为200件。问如何安排明年前4个月的生产计划,才能既满足市场需求,又使总的支出与损失费用最少?

9.11　某企业有300万元闲置资金,可投资于A_1,A_2两个项目,每100万元投资的年收益期望值(万元)分别为$12x_1+x_1^2-3x_1^3$,$16x_2-2x_2^3$,其中x_j为项目$A_j(j=1,2)$的投资额(1×100万元)。应如何使用这笔资金,才能使投资于这两个项目的年收益期望值最大?

9.12　某厂拟于今后4周内采购某种原料,估计该原料未来4周内可能的价格及其概率如表9-19所示。试求最优采购策略及最低期望价格。

表　9-19

价格/元	150	170	200
概　率	0.25	0.35	0.40

9.13　某厂按合同要在3个月内试制出一台合格的新型样机,否则将赔偿15 000元。估计试制一台合格的概率为1/3,投产一批的固定费用为2 500元,每台试制费用为1 000元,每投产一批的周期为1个月。问应如何确定每月投产批量?

9.14　某人有10 000元现金,可于今后3年的每年初投资于A,B两个项目,但年末的回收额不确定,见表9-20。若每年初只容许投资一个项目,且每次最多只能投资10 000元,试求:①3年后的回收金额期望值达到最大的投资方案;②3年后回收金额不少于20 000元的概率达到最大的投资方案。

表　9-20

项　目	A		B	
回收额/元	0	20 000	10 000	20 000
概　率	0.4	0.6	0.9	0.1

第10章

决策分析

“决策”一词来源于英语 decision making，直译为“做出决定”。决策就其本质而言是行为的选择，而凡属有意识的行为也必是某种决策的实施。因此，小至个人、家庭、企业，中至地区、部门，大至国家，都会经常面临各种决策问题。决策有正误满缺之分，其后果也有成败优劣之别，因此决策至关重要，尤其各级管理人员其主要职责就是做出决策，更应重视如何正确决策的问题。

而运筹学的**决策论**(decision theory，DT)就是一门帮助人们科学决策的理论，它的来源之一是荣膺1978年诺贝尔经济学奖的美国著名学者**西蒙**(H. A. Simon)所创立的“管理决策理论”。其基本内涵是**统计决策理论**，即以概率论与数理统计学为基础，对具有不确定因素的决策问题，提供一些定量判决的准则与方法。

本章**决策分析**，是决策论的基础知识。

10.1 基本概念

10.1.1 决策要素

1. 决策及其构成因素

所谓**决策**，是指决策者为了实现预定的目标，根据一定的条件，提出实现目标的各种行动方案，并且针对每一方案在实施中可能面临的自然状态，运用适当的决策准则与方法，比较各方案的优劣，从中选出一个最优方案或满意方案加以实施，这样一个完整的过程。

由此可见，决策是一个过程，包括7个因素，即决策者、决策目标、决策条件、行动方案、自然状态、决策准则与方法、后果指标。

下面举例加以具体说明。

【例 10-1】 宏宝雪糕厂以批发方式销售其生产的雪糕，每批1万根。每根雪糕成本为0.60元，批发价为0.90元。若当天销路不畅，则每根削价为0.40元可全销完。据以往经验，雪糕每天的需求量可能为0,1,2,3,4,5万根，而该厂每天最大产能为4万根。则宏宝雪糕厂每天应生产多少根雪糕，能期望获利最大？

【例 10-2】 通力公司生产某种设备，其中一种关键部件的质量不够稳定，其次品率 p 有时为0.05，有时为0.25。该部件按批量生产，每批1 500件。据以往统计，在过去生产的各批部件中，$p=0.05$ 的占80%，$p=0.25$ 的占20%。该厂对一批部件可以全检，剔除次品，每个部件的检查费用为15元；也可以全不检查就用于设备装配，但在设备最终检测时还得拆换次品部件，这样每件次品的检测、拆换费用为100元。则通力公司应如何检查该部件，能期望费用最小？

【例 10-3】 王钧有10万元钱,待从以下3个项目中选择1项予以投资:①某个创业项目,若成功则一年后可盈利40%,其概率为0.9;若失败则血本无回。②购买某种基金,预计一年后可能盈利50%(概率为0.2),40%(概率为0.2),30%(概率为0.3),20%(概率为0.2),10%(概率为0.1)。③购买某种股票,预计一年后可能盈利60%(概率为0.4),30%(概率为0.3),0(概率为0.2),亏损10%(概率为0.1)。王钧应投资哪个项目,能期望获利最大?

对例10-1而言,①**决策者**就是厂长或厂长办公会议,等等;②**决策目标**就是使每天生产、销售的雪糕获利最大;③**决策条件**就是该厂每天最大产能为4万根;④**行动方案**就是日产量;⑤**自然状态**就是日需量;⑥**决策准则与方法**恰是本章核心内容,留待后面10.2节详述;⑦**后果指标**就是不同日产量方案在不同日需量状态下的利润值。

读者不难类比识别例10-2、例10-3中决策的7个因素。

2. 决策模型三要素

在决策的7个因素中,单就据以构建决策模型而言,不可或缺的是**行动方案**、**自然状态**与**后果指标**这3个因素,分别解释如下。

(1) 行动方案

为了实现既定的目的,人们往往能够采用一些不同的行动方案,简称**行动**(act)或**方案**。

用 a 表示任一方案,其取值可以连续或离散;用 $\boldsymbol{A}$ 表示其集合,称为**方案集**或**决策集**。则所谓决策,就是选择一个最优方案 $a^* \in \boldsymbol{A}$,同时淘汰其他方案 $a \in \boldsymbol{A}$ 的一个完整过程。

对例10-1,设以 a 表示雪糕的日产量(万根),则 $a=0,1,2,3,4$(万根)分别表示5个不同方案,而方案集为 $\boldsymbol{A}=\{0,1,2,3,4\}$。也可用 a_1 表示"$a=0$",a_2 表示"$a=1$",…,a_5 表示"$a=4$"各方案,则 $\boldsymbol{A}=\{a_1,a_2,a_3,a_4,a_5\}$。

对例10-2,设以 a_1 表示"全检",a_2 表示"不检",则 $\boldsymbol{A}=\{a_1,a_2\}$。

对例10-3,设以 a_1 表示"创业",a_2 表示"买基金",a_3 表示"买股票",则 $\boldsymbol{A}=\{a_1,a_2,a_3\}$。

方案是可控因素,但所有方案必须两两互斥。

(2) 自然状态

采取不同的方案,未来可能面临不同的客观情况,如例10-1的6种不同"日需求量",例10-2的2种不同"次品率";或得到不同的结果,如例10-3的"购买某种基金"方案将会得到5种不同"收益率"的结果。这些统称**自然状态**,简称**状态**(state)。

用 $s(a)$ 表示采用方案 a 所面临的任一状态,其取值可以连续或离散;用 $\boldsymbol{S}(a)$ 表示其集合,称为**方案 a 的状态集**,简称**状态集**,有 $s(a)\in\boldsymbol{S}(a)$。但若所有方案都面临同一状态集,则可简记为 $s\in\boldsymbol{S}$,例10-1、例10-2即属此况。

如对例10-1,设以 s 表示雪糕的日需量(万根),则 $s=0,1,2,3,4,5$(万根)分别表示6个不同状态,而状态集为 $\boldsymbol{S}=\{0,1,2,3,4,5\}$。也可用 s_1 表示"$s=0$",s_2 表示"$s=1$",…,s_4 表示"$s=3$",s_5 表示"$s=4$ 或 5"诸状态,则 $\boldsymbol{S}=\{s_1,s_2,s_3,s_4,s_5\}$。

对例10-2,设以 s_1 表示"$p=0.05$",s_2 表示"$p=0.25$",则 $\boldsymbol{S}=\{s_1,s_2\}$。

对例10-3,设以 s_{11} 表示"创业成功",s_{12} 表示"创业失败";$s_{21},s_{22},s_{23},s_{24},s_{25}$ 分别表示

“买基金”盈利50%，40%，30%，20%，10%这5个状态；$s_{31}, s_{32}, s_{33}, s_{34}$分别表示“买股票”盈利60%，30%，0和亏损10%这4个状态；则$\boldsymbol{S}_1(a_1)=\{s_{11}, s_{12}\}$，$\boldsymbol{S}_2(a_2)=\{s_{21}, s_{22}, s_{23}, s_{24}, s_{25}\}$，$\boldsymbol{S}_3(a_3)=\{s_{31}, s_{32}, s_{33}, s_{34}\}$。

状态是不可控因素，其发生与否是随机事件，通常不可能准确知道未来发生哪一状态；但状态集则是可知的，是必然事件，即未来必然发生其中某一状态。另外，所有状态必须两两互斥。

(3) **后果指标**

采用不同的方案，未来面临不同的自然状态，其后果也各不同。用以权衡不同后果的数量指标称为**后果指标**，包括损益与效用两类。所谓损益，即损失与收益，而在经济管理决策中，最常用的后果指标就是金钱的损失或收益。关于效用，将于10.4节详述，此前3节则只用损益这类指标。

3. 决策问题的构成

运筹学的决策问题，由决策目标、行动方案、自然状态、后果指标4个因素所构成，分述如下。

(1) **目标**　决策者必须有一个预期的、明确的、可量化的目标。

如例10-1的决策目标就是使每天生产、销售的雪糕利润达到最大；例10-2的决策目标就是使每批部件的质量检查费用达到最小；而例10-3的决策目标就是使投资10万元钱的盈利达到最大。

(2) **方案**　至少有两种以上互斥的可行方案。

如例10-1有5个互斥可行方案，例10-2有2个互斥可行方案，而例10-3有3个互斥可行方案。

(3) **状态**　每一方案面临的各可能状态两两互斥，且状态集为可知必然事件。

如例10-1有5个或6个互斥状态，例10-2有2个互斥状态，而例10-3的3个方案分别有2，5，4个互斥状态，且状态集均为可知必然事件。

(4) **后果指标**　每一方案在各可能状态下的损益值都能事先计算或估算出来。

例10-1，例10-2，例10-3损益值的具体计算将于10.1.2节介绍，届时可知其全都能事先算出。

综上，例10-1，例10-2，例10-3都是运筹学的决策问题。

4. 决策类型

关于决策问题的分类，已有许多不同的方法，主要包括按决策因素与按决策过程分类。

(1) 按决策者分类

- 按决策者的**地位**，可分为高层、中层、基层决策，或宏观、中观、微观决策；
- 按决策者的**人数**，可分为个人决策、集体决策(如各类各级委员会决策)；
- 按决策者的**岗位**，可分为领导决策、专家咨询决策、群众决策(如职工代表大会决策)；
- 按决策者**对风险所持态度**，可分为趋险型、中立型、避险型决策。

(2) 按决策目标分类

- 按目标的**个数**，可分为单目标决策、多目标决策；
- 按目标**达成的时间**，可分为远期、中期、近期决策；

- 按目标的**重要程度**,可分为战略决策、战术决策;
- 按目标**达到的程度**,可分为最优决策、满意决策。

(3) 按**方案**分类

- 按方案的**实施次数**,可分为一次性决策、重复性决策;
- 按方案的**复杂程度**,可分为单级决策、序贯决策;
- 按方案的**可数程度**,可分为离散方案决策、连续方案决策。

(4) 按**状态**分类

- 按状态的**性质**,可分为自然状态决策、竞争状态决策;
- 按状态的**可数程度**,可分为离散状态决策、连续状态决策;
- **按决策者对状态发生规律的认识程度**,可分为确定型、不定型、概率型决策。

(5) 按**后果指标**分类,可分为损益决策、效用决策。

(6) 按**决策过程**的规范程度,可分为规范化、半规范化、非规范化决策,或谓程序化、半程序化、非程序化决策。

由于在决策的 7 个因素中,唯独状态是决策者不可控的要素,而对状态发生规律的认识也就至关重要,所以按状态分类就格外引人关注,而且也最便于决策准则的分类,从而成为广为应用的主要分类。本书也只关注与此相关的内容,其中"竞争状态决策"将于下一章介绍,而本章单纯讨论"自然状态决策"。下面概述"确定型、不定型、概率型决策"的基本内涵。

(1) **确定型**

若一个决策问题每一方案未来面临的状态都是唯一确定的,则称为**确定型**决策问题,如本书前 9 章各运筹学分支研究的就都是这类问题。有些确定型决策问题,除了运筹学,还需其他科学方能解决,对此,本书不再涉猎,而仅探讨不定型、概率型决策。

(2) **不定型**

若一个决策问题至少有一个方案未来面临的状态并不唯一,而且关于状态发生的规律毫无信息,则称为**不定型**决策问题,如例 10-1 就属此类型。

(3) **概率型**

若一个决策问题至少有一个方案未来面临的状态并不唯一,但是所有状态发生的概率均为已知或可知,则称为**概率型**决策问题,如例 10-2、例 10-3 就属此类型。由于解决这类问题都须依据数理统计学,并且付诸实施都有一定的风险,所以也称为**统计型**或**风险型**决策问题。

概率型与不定型的相同之处是事先都不能确定未来发生的状态,其区别在于状态概率是否可知。

5. 决策过程

如前所述,决策是一个过程,除非紧急情况,一般不是短瞬间内仓促做出决定,而应包括若干阶段或分为若干步骤。这类划分或粗或细、或多或少,也各见仁见智。而西蒙提出的"参谋、设计、选择、执行"4 个阶段已获公认,下面予以简单解释。

(1) **参谋阶段**

其主要任务即**明确问题,建立目标**。首先需要明确问题所在,分析其成因与影响,然后据以建立一个解决问题的恰当目标,满足概念清楚、时间明确、条件容许、指标量化。有无目标以及目标恰当与否至关重要，如邓小平在20世纪80年代初提出：到本世纪末，实现国民总值翻两番，就是一个旷世典范的睿智战略目标。

(2) **设计阶段**

其主要任务即**设计方案**。应针对所要解决的问题与所提出的决策目标，尽多、尽全地发现、发明实现目标的各种备择方案，这又可分为大胆构思与精心设计两个环节。由于在整个决策过程的4个阶段中，本阶段最需要创新精神，正如江泽民所指出：创新是一个民族发展的灵魂与不竭动力。所以应该继承发扬毛泽东提出的"鞍钢宪法"光辉思想，集思广益、群策群力，精心组织、精心设计，力争创设出较高层次、较高水平的可行方案，并对每一方案进行状态分析、信息分析与后果评估。必要时，也须重返第1阶段，调整、修订原目标。

(3) **选择阶段**

其主要任务即**从备择方案中选出一个最优方案或满意方案**。首先需要选定一种决策准则，恰当建立相应的决策模型，并采用适当的方法进行计算、比较和选优，初步确定一个较优方案。然后对该方案进行检验和参数分析，若检验与分析得以通过，则付诸实施。否则，需要重新选择方案；或重返第2阶段，改进、补充方案；或重返第1阶段，调整、修订目标。

(4) **执行阶段**

其主要任务即**实施选定的方案**，并在执行既定决策的过程中，随时了解新情况，发现新问题，及时予以解决。必要时，也须调整、改进原方案，或调整、修订原目标，甚或针对新问题，开始新一轮的决策分析。

总之，决策是一个动态反馈、盘旋演进的过程，如图10-1所示。

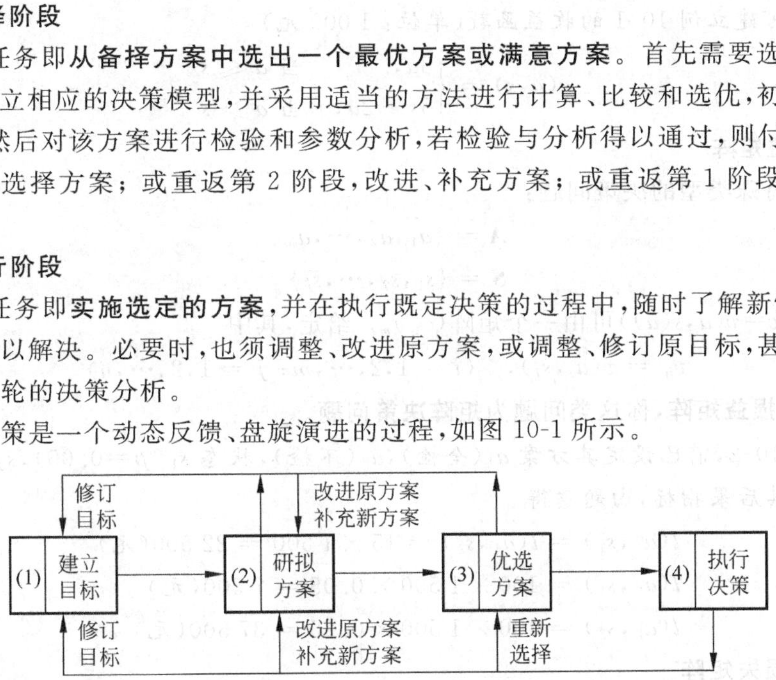

图10-1　决策过程示意图

10.1.2　决策模型

1. 损益函数

(1) **损益函数**

损益函数是决策模型的基础。如前所述，损益是用以权衡不同方案在不同状态下的不同后果的数量指标，因此，损益是关于方案与状态的函数，记为

$$v = v(a, s(a)), \quad a \in \boldsymbol{A}, \quad s(a) \in \boldsymbol{S}(a)$$

若 v 为利润、产值、收入等正向指标，则称之为**收益**(reward)**函数**，记为

$$r = r(a, s(a)), \quad a \in \boldsymbol{A}, \quad s(a) \in \boldsymbol{S}(a)$$

若 v 为费用、成本、耗损等负向指标，则称之为**损失**(loss)**函数**，记为

$$l = l(a,s(a)), \quad a \in \boldsymbol{A}, \quad s(a) \in \boldsymbol{S}(a)$$

实际应用时,可便易处之,选用其一。

譬如例10-1,用利润作为其后果指标,下面建立其收益函数。前已设定a为日产量(万根),s为日需量(万根),下面分别讨论两种情况。

① 当$a \leqslant s$时,日产a万根雪糕全部畅销,每根盈利$0.90-0.60=0.30$(元),a万根盈利$0.30 \times 10\,000a = 3\,000a$(元)$=3a(\times 1\,000$元),则

$$r(a,s) = 3a$$

② 当$a > s$时,超过需求的$(a-s)$万根雪糕将亏损$(0.60-0.40) \times 10\,000(a-s) = 2\,000(a-s)$(元)$=2(a-s)(\times 1\,000$元),但仍有$s$万根雪糕将盈利$3s(\times 1\,000$元),则有

$$r(a,s) = 3s - 2(a-s) = 5s - 2a$$

综上便可建立例10-1的收益函数(单位:1 000元)

$$r(a,s) = \begin{cases} 3a, & \text{当 } a \leqslant s \\ 5s-2a, & \text{当 } a > s \end{cases} \tag{10-1}$$

(2) **损益矩阵**

对下述特殊类型的决策问题:

$$\boldsymbol{A} = \{a_1, a_2, \cdots, a_m\}$$
$$\boldsymbol{S} = \{s_1, s_2, \cdots, s_n\}$$

其损益函数$v=v(a,s(a))$可由一个矩阵$(v_{ij})_{m \times n}$给定,其中

$$v_{ij} = v(a_i, s_j), \quad (i=1,2,\cdots,m;\ j=1,2,\cdots,n)$$

称$(v_{ij})_{m \times n}$为**损益矩阵**,称这类问题为**矩阵决策问题**。

譬如例10-2,前已设定其方案a_1(全检),a_2(不检),状态$s_1(p=0.05)$,$s_2(p=0.25)$,用费用作为其后果指标,由题意得

$$l(a_1,s_1) = l(a_1,s_2) = 15 \times 1\,500 = 22\,500(\text{元})$$
$$l(a_2,s_1) = 100 \times 1\,500 \times 0.05 = 7\,500(\text{元})$$
$$l(a_2,s_2) = 100 \times 1\,500 \times 0.25 = 37\,500(\text{元})$$

则可建立其**损失矩阵**

$$(l_{ij}) = \begin{pmatrix} 22\,500 & 22\,500 \\ 7\,500 & 37\,500 \end{pmatrix}$$

由于负的收益即损失,负的损失即收益,因此收益函数(矩阵)与损失函数(矩阵)可以相互转化。

2. 基本结构

决策模型的基本结构是有序4元组$(\boldsymbol{A},\boldsymbol{S},\boldsymbol{P},\boldsymbol{V})$,其中$\boldsymbol{A}$是方案集,$\boldsymbol{S}$是状态集,$\boldsymbol{P}$是状态概率集,$\boldsymbol{V}$是损益函数集。除了状态概率集$\boldsymbol{P}$可以是空集,其余3要素的集合均非空集。

下面介绍离散型决策问题的2种基本模型:决策表与决策树。

(1) **决策表**

决策表是体现决策基本结构$(\boldsymbol{A},\boldsymbol{S},\boldsymbol{P},\boldsymbol{V})$的一种特殊表格,只适用于前述"矩阵决策问题",对例10-3这类离散型决策问题则不适用。如例10-1的决策表见表10-1,其收益矩阵是按式(10-1)算出的。

表 10-1 例 10-1 的决策表

a \ s		s_1	s_2	s_3	s_4	s_5
		0	1	2	3	4 或 5
a_1	0	0	0	0	0	0
a_2	1	−2	3	3	3	3
a_3	2	−4	1	6	6	6
a_4	3	−6	−1	4	9	9
a_5	4	−8	−3	2	7	12

例 10-2 的决策表见表 10-2。

表 10-2 例 10-2 的决策表

方案 a_i \ 状态 s_j	$s_1(p=0.05)$	$s_2(p=0.25)$
a_1(全检)	22 500	22 500
a_2(不检)	7 500	37 500
概率 $P(s_j)$	0.8	0.2

(2) **决策树**

决策树是体现决策基本结构($\boldsymbol{A},\boldsymbol{S},\boldsymbol{P},\boldsymbol{V}$)的一种特殊树图，与第 8 章关于树的定义本质相同，只不过为了便于决策分析，将结点从形式上分成两类罢了。决策树有以下 4 个组成部分：①决策点；②方案点；③树枝；④树梢。如例 10-2、例 10-3 的决策树分别如图 10-2 与图 10-3 所示。

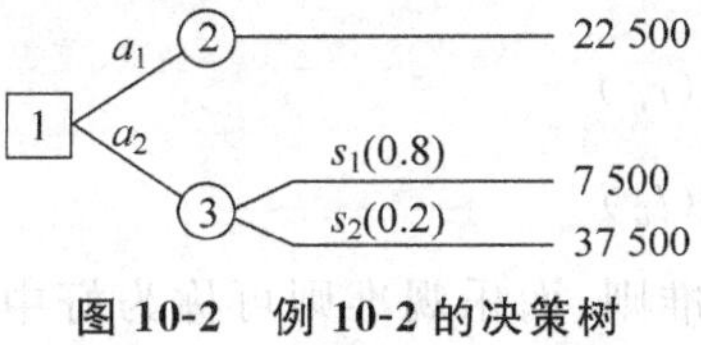

图 10-2 例 10-2 的决策树

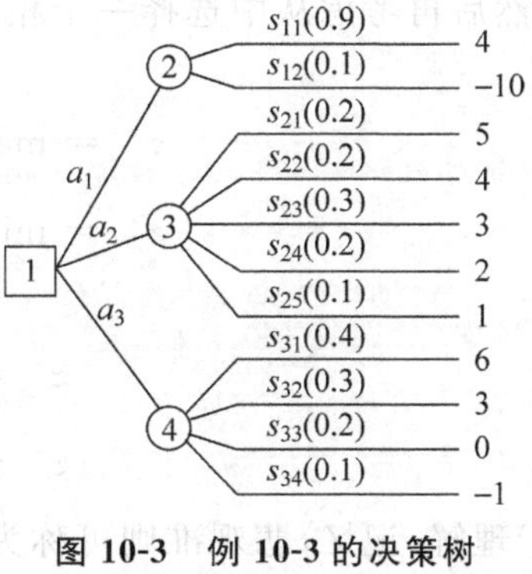

图 10-3 例 10-3 的决策树

图中方形结点 1 是**决策点**，其右侧的边为**方案分枝**，边旁标以相应的方案符号 a_i；圆形结点是**方案点**，其右侧的边为**状态分枝**，边旁标以相应的状态符号 s_j 或 s_{ij} 以及相应状态的概率；状态分枝的右端即**树梢**，其右旁标以相应于该枝的方案在相应状态下的损益值。

决策树简明直观，使决策者对决策要素及其关系一览无余，既便总揽全局，又能洞察细微；且能灵活变通，增删分并树枝，如图 10-2 中，方案 a_1 的状态分枝就是由原来的 2 枝并为 1 枝，而决策表则无此功能。因此，决策树是分析、解决离散型决策问题的最有效工具。

10.2 基本准则

本节将对不定型决策和概率型决策分别介绍几种基本决策准则,同时介绍常用方法。

10.2.1 不定型决策的基本准则

1. 乐观准则

如果决策者对未来总抱以乐观的态度,考虑、解决问题时,即便情况不明,也总是从可能获取最大利益的情况出发,哪怕其可能性很小,也不惜一切代价而冒险趋向于此,则称之为乐观主义决策者,相应的决策准则就是**乐观准则**。

更具体而言,设以 z^* 表示最优损益值,且以它对应的方案为最优方案,则按乐观准则,有

$$z^* = \max_{a\in \boldsymbol{A}}\{\max_{s(a)\in \boldsymbol{S}(a)} r(a,s(a))\} \tag{10-2a}$$

或

$$z^* = \min_{a\in \boldsymbol{A}}\{\min_{s(a)\in \boldsymbol{S}(a)} l(a,s(a))\} \tag{10-2b}$$

对矩阵决策问题,则有

$$z^* = \max_i \max_j (r_{ij}) \tag{10-2c}$$

$$z^* = \min_i \min_j (l_{ij}) \tag{10-2d}$$

2. 悲观准则

如果决策者由于未来情况不明而总抱以悲观的态度,考虑、解决问题时总是从最坏的情况出发,然后再考虑从中选择一个相对较好的结果,这就是悲观主义决策者及其**悲观准则**。有

$$z^* = \max_{a\in \boldsymbol{A}}\{\min_{s(a)\in \boldsymbol{S}(a)} r(a,s(a))\} \tag{10-3a}$$

$$z^* = \min_{a\in \boldsymbol{A}}\{\max_{s(a)\in \boldsymbol{S}(a)} l(a,s(a))\} \tag{10-3b}$$

或

$$z^* = \max_i \min_j (r_{ij}) \tag{10-3c}$$

$$z^* = \min_i \max_j (l_{ij}) \tag{10-3d}$$

为便于理解、记忆,悲观准则可称为**坏中求好**准则,而乐观准则可称为**好中求好**准则。更具体而言,**好中求好**即收益大中取大,损失小中取小;**坏中求好**即收益小中取大,损失大中取小。

3. 折中准则

若决策者认为乐观准则太冒险,悲观准则太保守,因而将这二者予以折中,这就是**折中准则**。

更具体而言,先取一个**乐观系数** $\alpha\in[0,1]$,表示决策者对未来的乐观程度,亦即对最好后果发生概率的一种定量评估;则$(1-\alpha)\in[0,1]$,就是**悲观系数**,表示决策者对未来的悲观程度,亦即对最坏后果发生概率的一种定量评估;这样,可据以计算每个方案 a 的预期

损益折中值：

$$\text{折中值} = \text{乐观系数} \times \text{乐观值} + \text{悲观系数} \times \text{悲观值}$$

$$\alpha \max_{s(a)\in \boldsymbol{S}(a)} r(a,s(a)) + (1-\alpha) \min_{s(a)\in \boldsymbol{S}(a)} r(a,s(a))$$

$$\alpha \min_{s(a)\in \boldsymbol{S}(a)} l(a,s(a)) + (1-\alpha) \max_{s(a)\in \boldsymbol{S}(a)} l(a,s(a))$$

然后比较各方案的损益折中值，并从中选优：

$$z^* = \max_{a\in \boldsymbol{A}}\{\alpha \max_{s(a)\in S(a)} r(a,s(a)) + (1-\alpha) \min_{s(a)\in S(a)} r(a,s(a))\} \tag{10-4a}$$

$$z^* = \min_{a\in \boldsymbol{A}}\{\alpha \min_{s(a)\in \boldsymbol{S}(a)} l(a,s(a)) + (1-\alpha) \max_{s(a)\in \boldsymbol{S}(a)} l(a,s(a))\} \tag{10-4b}$$

或

$$z^* = \max_i\{\alpha \max_j(r_{ij}) + (1-\alpha) \min_j(r_{ij})\} \tag{10-4c}$$

$$z^* = \min_i\{\alpha \min_j(l_{ij}) + (1-\alpha) \max_j(l_{ij})\} \tag{10-4d}$$

不难看出，当 $\alpha=1$ 时，折中准则就是乐观准则；当 $\alpha=0$ 时，折中准则就是悲观准则。亦即折中准则包含乐观准则与悲观准则，并且将后二者作为其两个极端。

【例 10-4】 试用乐观准则、悲观准则、折中准则($\alpha=0.6$)分别求解例 10-1。

解 采用前面建立的决策表作为决策模型，计算结果见表 10-3。相应的方法称为**决策表法**。

由表 10-3 中的计算结果可知：

(1) 按**乐观准则**，最优决策是日产 4 万根雪糕，$z^*=12\,000$ 元。

表 10-3 例 10-1——乐观、悲观、折中准则决策表

a \ s		s_1	s_2	s_3	s_4	s_5	乐观准则	悲观准则	折中准则($\alpha=0.6$)
		0	1	2	3	4 或 5	$\max(r_{ij})$	$\min(r_{ij})$	$\alpha\max(r_{ij})+(1-\alpha)\min(r_{ij})$
a_1	0	0	0	0	0	0	0	0 (max)	0.6(0)+0.4(0)=0
a_2	1	−2	3	3	3	3	3	−2	0.6(3)+0.4(−2)=1
a_3	2	−4	1	6	6	6	6	−4	0.6(6)+0.4(−4)=2
a_4	3	−6	−1	4	9	9	9	−6	0.6(9)+0.4(−6)=3
a_5	4	−8	−3	2	7	12	12(max)	−8	0.6(12)+0.4(−8)=4(max)
最优决策							$a^*=4$	$a^*=0$	$a^*=4$

(2) 按**悲观准则**，最优决策是日产量为 0，$z^*=0$ 元，即不生产雪糕。这看似荒谬，但在未来需求不明的情况下，暂不投产，待做市场调查后再视机定产，却不失为一种明智决策。

(3) 按**折中准则**，当 $\alpha=0.6$ 时，最优决策与乐观准则结果一致；但若 $\alpha=0.4$，则按折中准则，所有 5 个方案的折中值全都为 $z^*=0$ 元，这时 5 个方案同为最优，请读者自行验证。

4. 后悔值准则

由于决策总是面向未来，而未来总有一些不依人的意志为转移的不确定因素会影响决策后果，所以事先做出的决策未来蒙受这些不确定因素影响，造成事后的结果可能差强人意而往往令人感到后悔。为了尽量减少后悔程度，也就促生了**后悔值准则**。该准则只适用于矩阵决策问题，且基于收益阵。若原始阵为损失阵，则须先将其反号化为收益阵，然后才能使用该准则。

就收益阵而言，每一 j 列的最大收益值 r_j^* 与该列的每一收益值 r_{ij} 的差额 h_{ij}，称为该

列 s_j 状态下的**后悔值或机会损失值**，即有

$$r_j^* = \max_i(r_{ij}), \quad (j=1,2,\cdots,n) \tag{10-5a}$$

$$h_{ij} = r_j^* - r_{ij}, \quad (i=1,2,\cdots,m;\ j=1,2,\cdots,n) \tag{10-5b}$$

所有后悔值 h_{ij} 构成一个矩阵 $(h_{ij})_{m\times n}$，称为**后悔值矩阵(机会损失阵)**。对后悔值矩阵采用悲观准则，即机会损失"大中取小"，就是**后悔值准则**。有

$$z^* = \min_{a\in A}\{\max_{s(a)\in S(a)} h(a,s(a))\} \tag{10-5c}$$

或

$$z^* = \min_i \max_j (h_{ij}) \tag{10-5d}$$

【例 10-5】 试按后悔值准则求解例 10-1。

解 采用决策表法。首先，根据例 10-1 的收益阵，逐列计算后悔值，得到后悔值矩阵；再对后悔值矩阵采用悲观准则，计算结果见表 10-4，表中画圈数字即每列最大收益值 r_j^*。

表 10-4 例 10-1——后悔值准则决策表

a \ s		s_1	s_2	s_3	s_4	s_5	s_1	s_2	s_3	s_4	s_5	后悔值准则
		0	1	2	3	4 或 5	0	1	2	3	4 或 5	$\max(h_{ij})$
a_1	0	⓪	0	0	0	0	0	3	6	9	12	12
a_2	1	−2	③	3	3	3	2	0	3	6	9	9
a_3	2	−4	1	⑥	6	6	4	2	0	3	6	**6(min)**
a_4	3	−6	−1	4	⑨	9	6	4	2	0	3	**6(min)**
a_5	4	−8	−3	2	7	⑫	8	6	4	2	0	8
		收益阵(r_{ij})					后悔值矩阵(h_{ij})					$a^*=2,3$

例 10-1 中的决策问题，按后悔值准则，最优决策是日产 2 万根或 3 万根雪糕。

由例 10-4、例 10-5 可见，对同一个不定型决策问题，采用不同的决策准则，其最优决策多各不同。而不同的决策准则之间却没有更高准则来权衡优劣，所以实际应用时究竟采用哪一准则，全凭决策者的主观偏好而定。若对未来充满乐观态度，则可采用乐观准则；若对未来充满悲观态度，则可采用悲观准则；否则，既不全乐观也不全悲观，则可根据乐观程度 α 而采用折中准则；若对机会损失比较敏感，则可采用后悔值准则。

由于决策终须依据决策者的主观态度，而不可能完全客观，所以近十几年来，国际管理学界倾向于以评估状态概率(起码能够评估得出自然状态的主观概率，详见后面的 10.3.1 节)作为依据，将不定型决策转化为概率型决策，这样便可以采用依据统计规律从而更为普遍有效的期望值准则来进行决策，这就是下面 10.2.2 节的内容。

10.2.2 概率型决策的基本准则

1. 最大可能性准则(最似然准则)

概率论告诉我们，在一次随机试验中，概率最大的那个状态 s^* 比其余状态更有可能发生。若据此在决策时只考虑唯一状态 s^*，即认为其余状态不会发生，则该问题就转化为确定型了。这就是**最大可能性准则**，或称**最似然准则**。

【例 10-6】 试按最大可能性准则求解例 10-2。

解 采用决策表法，见表 10-5。先在各状态概率中选出最大者 0.8，则只考虑它对应

的状态 s_1；然后比较 s_1 状态下的各损失值，从中选出最小者 7 500，则它对应的方案 a_2（不检）即为最优方案。

表 10-5 例 10-2 的决策表

方案 a_i \ 状态 s_j	$s_1(p=0.05)$	$s_2(p=0.25)$
a_1（全检）	22 500	22 500
a_2（不检）	7 500(min)	37 500
概率 $P(s_j)$	0.8(max)	0.2

最大可能性准则简便易行，但须注意两个前提条件：

(1) 最大概率明显大于其他概率；

(2) 损益矩阵中的元素相差不很悬殊。

如例 10-6：(1) 最大概率 0.8 是其他概率 0.2 的 4 倍，可以认为其明显较大。(2) 阵中元素的极差为 37 500－7 500＝30 000（元），若决策者认为该差额不大，即二者相差不很悬殊，则可采用该准则下的最优决策 a_2；反之，则不用或慎用该准则。

2. 期望值准则（EV 准则）

期望值准则，简称 **EV**(expected value)**准则**，是一种通过计算、比较各方案的损益期望值而从中择优的决策准则。具体而言，即以最大收益期望值(expected reward，ER)或最小损失期望值(expected loss，EL)对应的方案为最优方案，故此分为相应的两种具体准则：**ER 准则**与 **EL 准则**。如前所述，在经济管理决策中，多用金钱的损益作为后果指标，因而 **EMV**(expected monetary value)**准则**，往往成为概率型决策的主要依据。

(1) 最大收益期望值准则（ER 准则）

先计算各方案的收益期望值

$$\mathrm{ER}(a)=\sum_{s(a)} r(a,s(a))P(s(a))$$

或

$$\mathrm{ER}(a_i)=\sum_j r_{ij}p_j$$

然后按

$$\mathrm{ER}(a^*)=\max_{a\in \boldsymbol{A}} \mathrm{ER}(a)$$

或

$$\mathrm{ER}(a^*)=\max_{a_i\in \boldsymbol{A}} \mathrm{ER}(a_i)$$

确定最优方案 a^*。若出现相持，则对相持方案按悲观准则进一步筛选；若再相持，则均为最优。

【例 10-7】 试按 EMV 准则求解例 10-3。

解 采用决策树模型，见图 10-4。相应的方法称为**决策树法**。

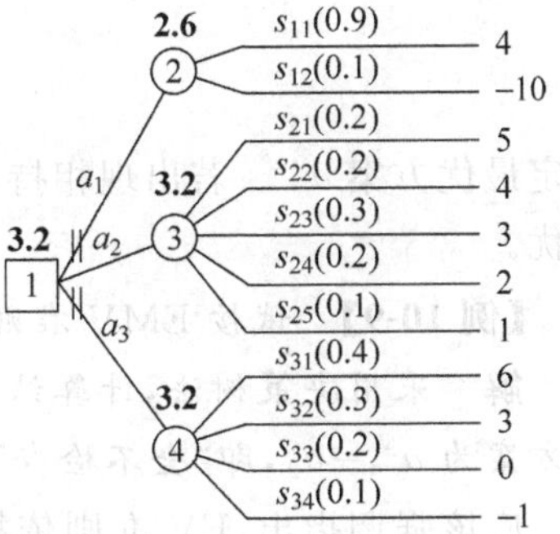

图 10-4 例 10-3——ER 准则决策树

先依次计算方案 a_1,a_2,a_3 的收益期望值，分别标写于各方案点上旁；然后比较选出最大收益期望值，结果出现相持，$ER(a^*)=ER(a_2)=ER(a_3)=3.2$，这时，须对相持方案 a_2,a_3，按悲观准则进一步筛选，因

$$\min r(a_2,s(a_2))=1>\min r(a_3,s(a_3))=-1$$

最终确定 $a^*=a_2$，同时也就淘汰 a_1,a_3，在决策树相应分枝上画上双短线"‖"，表示"剪枝"。

若期望值出现相持，则须进一步筛选——这是 EV 准则不同于其他决策准则之处。

【例 10-8】 承例 10-1。若知各需求量的概率，见表 10-6，试按 EMV 准则求解。

表 10-6

需求量 s/万根	0	1	2	3	4	5
概率 $P(s)$	0.1	0.2	0.4	0.2	0.08	0.02

解 采用决策表法，计算结果见表 10-7。最优方案为 $a^*=2$(万根)。

表 10-7 例 10-8——ER 准则决策表

a \ s		s_1	s_2	s_3	s_4	s_5	ER 准则
		0	1	2	3	4 或 5	$ER(a_i)$
a_1	0	0	0	0	0	0	0
a_2	1	−2	3	3	3	3	2.5
a_3	2	−4	1	6	6	6	4(max)
a_4	3	−6	−1	4	9	9	3.5
a_5	4	−8	−3	2	7	12	2
$P(s_j)$		0.1	0.2	0.4	0.2	0.1	$a^*=2$

(2) **最小损失期望值准则(EL 准则)**

先计算各方案的损失期望值：

$$EL(a)=\sum_{s(a)} l(a,s(a))P(s(a))$$

或

$$EL(a_i)=\sum_j l_{ij}p_j$$

然后按

$$EL(a^*)=\min_{a\in \boldsymbol{A}} EL(a)$$

或

$$EL(a^*)=\min_{a_i\in \boldsymbol{A}} EL(a_i)$$

确定最优方案 a^*。若出现相持，则对相持方案按悲观准则进一步筛选；若再相持，则均为最优。

【例 10-9】 试按 EMV 准则求解例 10-2。

解 采用决策树法，计算结果如图 10-5 所示。最优方案为 $a^*=a_2$，即"全不检查"。

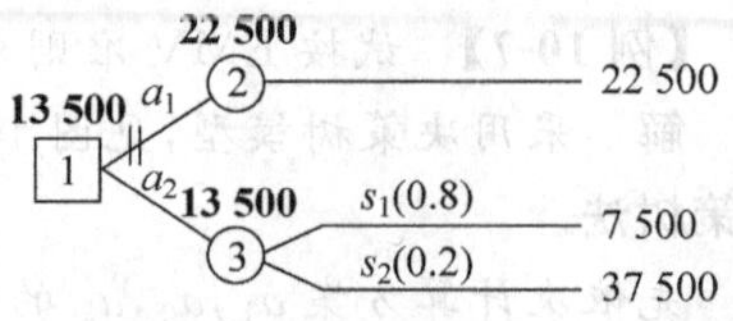

图 10-5 例 10-2——EL 准则决策树

应该强调指出，EV 准则依据了统计规律，所以特别适用于**重复性决策**问题，即在不变条件下多次重复

决策的问题。譬如例 10-8 即属于这类**重复性决策**问题，宏宝雪糕厂每天都在相同需求状态概率集的条件下面临着确定日产量这同一决策问题，而最优方案$a^*=2$(万根)意味着：该厂"以我不变，应其万变"，不论未来每天需求量为多少，都恒定不变地生产 2 万根雪糕。这样，每天盈利随机不定，有赔有赚，长此以往，平均每天实际盈利非常接近于理论均值$ER(a^*)=4(\times 1\,000$元)。

但是对例 10-3 这类**一次性决策**问题，则须慎用 EV 准则的最优决策，还应进一步搜集状态信息，进行信息分析，然后相机决策，这就是下一节的主要内容。

10.3 信息分析

10.3.1 先验概率

在随机事件尚未发生之前，根据经验，对其发生概率做出的评估，称为随机事件的**先验概率**。主要包括 2 类，即统计概率和主观概率。

1. 统计概率

根据历史资料，统计得出随机事件发生的频率，并将其近似作为随机事件发生的概率，可谓**统计概率**。如例 10-2 中的状态概率即统计概率。对此，概率论与数理统计学已有具体方法的专门介绍，本书不再赘述。

【例 10-10】 A 公司拥有某地石油开采权，可自行钻探开采，为此需花费 30 万美元；也可租让该地石油开采权给 B 公司，无论有油与否，都能稳得 10 万美元的租金，且若有油还可再得额外追加的 10 万美元。据以往统计，在相似地理区域钻探的井中，有 7 口油井和 16 口干井，每口油井的收益大约都是 130 万美元。则 A 公司应如何决策？

解 设以a_1表示 A 公司"自钻"，a_2表示"出租"，s_1表示"有油"，s_2表示"无油"。

则由题意，在相似地理区域"有油"状态s_1的发生频率为

$$w(s_1)=7/(7+16)\approx 0.3$$

将其近似作为 A 公司拥有石油开采权的某地"有油"状态s_1发生的概率，即令

$$P(s_1)=w(s_1)\approx 0.3$$

则"无油"状态s_2发生的概率为

$$P(s_2)=1-P(s_1)\approx 0.7$$

这就是统计概率的一个简例。

下面采用决策表法求解本例，以利润作为后果指标，计算结果见表 10-8。最优方案为$a^*=a_2$，即 A 公司将该地石油开采权"出租"给 B 公司，可期望获利 13 万美元。但因这是一次性决策，尚不能立即付诸实施，还须进一步搜集信息并做相应的分析，对此稍后再续探讨。

表 10-8 例 10-10——ER 准则决策表

状态 s_j / 方案 a_i	s_1(有油)	s_2(无油)	$ER(a_i)$
a_1(自钻)	100	−30	9
a_2(出租)	20	10	13(max)
概率 $P(s_j)$	0.3	0.7	$a^*=a_2$

2. 主观概率

有些随机现象,特别与人类实践活动密切相关的随机现象,往往不可重复发生,自然也都没有历史统计资料可用。譬如,“学习本门课程的某届学员期末考试全部通过”就是一个不可重复的随机事件,等等,则当如何获知这类随机事件的先验概率呢?这时,主观概率就可大派用场了。

主观概率绝非随心所欲的臆测,而是根据人们的经验做科学评估,也具有一定程度的客观性,尤其众多专家共同研究、评估,更是如此。其中,最简单的一种主观概率的模型即**等可能性概型**,若有 n 个状态,则认定每一状态的概率均为 $1/n$。下面,再介绍一种比较简单的**两两比较法**。

(1) 当仅有两个状态 s_1 和 s_2 时

① 首先判断:s_1 和 s_2 哪个更可能发生?

若认为二者发生的可能性大致相当,则判断结束,有

$$P(s_1)=P(s_2)=1/2$$

否则,譬如认为 s_1 比 s_2 更可能发生,则有

$$P(s_1)>1/2,\quad P(s_2)<1/2$$

② 接续判断:“$P(s_1)>3/4$”与“$P(s_2)>1/4$”,哪个更可能发生?

若认为二者发生的可能性差不多,则判断结束,有

$$P(s_1)=3/4,\quad P(s_2)=1/4$$

否则,譬如认为后者比前者更可能发生,则有

$$1/2<P(s_1)<3/4,\ 1/4<P(s_2)<1/2$$

③ 接续判断:“$P(s_1)>5/8$”与“$P(s_2)>3/8$”,哪个更可能发生?

若认为二者发生的可能性差不多,则判断结束,有

$$P(s_1)=5/8,\quad P(s_2)=3/8$$

否则继续……

可见,两两比较法实际上是一种逐次等分概率区间[0,1]的逐步判断法,如图 10-6 所示。

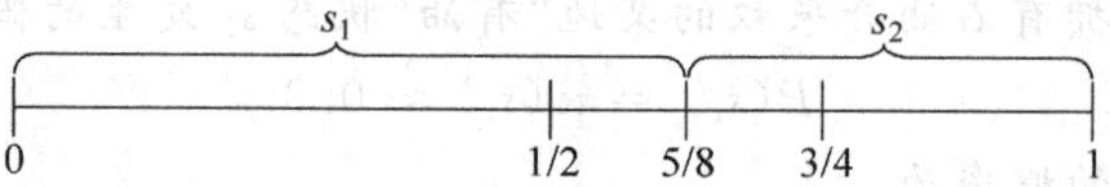

图 10-6

(2) 当有 $n(>2)$ 个状态 $s_1,s_2,\cdots,s_n$ 时

① 先通过两两比较各状态 s_i 与 s_j,构成一个**概率矩阵**

$$\begin{array}{c} \\ s_1 \\ s_2 \\ \vdots \\ s_n \end{array}\begin{array}{c} \begin{array}{cccc} s_1 & s_2 & \cdots & s_n \end{array} \\ \begin{bmatrix} p_{11} & p_{12} & \cdots & p_{1n} \\ p_{21} & p_{22} & \cdots & p_{2n} \\ \vdots & \vdots & & \vdots \\ p_{n1} & p_{n2} & \cdots & p_{nn} \end{bmatrix}\end{array}$$

其中 p_{ij} 与 p_{ji} 是评估两状态 s_i 与 s_j 时所得概率,有

$$p_{ij}+p_{ji}=1,\quad p_{ii}=0$$

② 再计算每一状态 s_i 的**概率优势度**

$$p_i = \sum_j p_{ij}, \quad (i = 1,2,\cdots,m) \tag{10-6a}$$

p_i 的值即**概率矩阵**每行($i=1,2,\cdots,m$)元素之和。

③ 最后算出各状态 s_j 的概率

$$P(s_j) = p_j / \sum_i p_i = 2p_j / [n(n-1)], \quad (j = 1,2,\cdots,n) \tag{10-6b}$$

3. 先验概率的灵敏度分析

同线性规划参数的灵敏度分析类似,先验概率作为决策模型的一种参数,也须确定其影响范围。下面就例 10-10 加以具体说明,考虑 $P(s_1)$ 在什么范围内变化,方可不改变最优方案 $a^* = a_2$。

设 $P(s_1)=p$,则 $P(s_2)=1-p$,有

$$\mathrm{ER}(a_1) = 100p - 30(1-p) = 130p - 30$$
$$\mathrm{ER}(a_2) = 20p + 10(1-p) = 10p + 10$$

若保持最优方案不变,仍为 a_2,应有 $\mathrm{ER}(a_1) \leqslant \mathrm{ER}(a_2)$①,即

$$130p - 30 \leqslant 10p + 10$$

解得

$$p \leqslant 1/3$$

又因 $p \geqslant 0$,故 s_1 状态概率的影响范围是

$$P(s_1) \in [0, 1/3]$$

这说明当收益值全都保持不变时,状态概率 $P(s_1)$ 的取值在 $[0,1/3]$ 范围内任意变化,都不会改变最优方案 $a^* = a_2$。

由于当 $P(s_1) \leqslant 1/3$ 时,$a^* = a_2$,当 $P(s_1) > 1/3$ 时,$a^* = a_1$,因此,称此概率 1/3 为状态 s_1 关于两个方案 a_1 与 a_2 的**转折概率**。其作用如下:

(1) **它是衡量一个状态的先验概率是否灵敏的重要标志**。当一个状态的先验概率临近转折概率时,则它是灵敏的,其取值稍有变化就可能改变最优方案;而最优方案相对该状态概率则是不稳定的,值得进一步分析并慎用。反之,当一个状态的先验概率在其影响范围内且不临近转折概率时,则它是不灵敏的,而最优方案相对该状态概率则是比较稳定的。

(2) **它有助于简化决策分析**。考虑例 10-10,假如对该地有油与否,没有相似地理区域以往钻探的统计资料,因而要做出主观评估。譬如假设决策者估计该地有油的概率超过四成,则因 $P(s_1) \geqslant 0.4 > 1/3$,遂可做出决策 $a^* = a_2$,而无须再予评定 $P(s_1)$ 的确切数值,从而简化决策分析。

10.3.2 信息的价值

在概率型决策中,除了状态概率以外,人们还希望获取关于状态的更多信息,统称为**补充信息**。而获取信息都要付出一定代价,为了权衡是否值得付出一定代价去获取补充信

① 当 $\mathrm{ER}(a_1) = \mathrm{ER}(a_2)$ 时,须按悲观准则再度筛选,结果仍为 $a^* = a_2$,故取 $\mathrm{ER}(a_1) \leqslant \mathrm{ER}(a_2)$;否则应取 $\mathrm{ER}(a_1) < \mathrm{ER}(a_2)$。

息,必须事先评估信息的价值。这可分为全信息与不全信息两类,分述如下。

1. 全信息的价值

能够完全准确地预报未来发生状态的信息称为**全信息**,由此信息所多获得的价值,称为全信息的价值。但是事先未得全信息,不知其预报发生哪一状态,只能评估其期望价值,简称**全信息的价值 EVPI**(expected value of perfect information),其计算公式分为如下两类。

(1) 当后果指标为**收益**时:

$$EVPI = ERPI - ER^* \tag{10-7a}$$

其中 ERPI 是全信息条件下的收益期望值,ER^* 是没有全信息时的最大收益期望值;有

$$ERPI = \sum_j \max_i (r_{ij}) P(s_j) \tag{10-7b}$$

(2) 当后果指标为**损失**时:

$$EVPI = EL^* - ELPI \tag{10-8a}$$

其中 ELPI 是全信息条件下的损失期望值,EL^* 是没有全信息时的最小损失期望值;有

$$ELPI = \sum_j \min_i (l_{ij}) P(s_j) \tag{10-8b}$$

譬如例 10-10,全信息条件下的收益如表 10-9 所示。

表 10-9

方案 a_i \ 状态 s_j	s_1(有油)	s_2(无油)
a_1(自钻)	100	
a_2(出租)		10
概率 $P(s_j)$	0.3	0.7

据此可以算出全信息条件下的收益期望值

$$ERPI = 100(0.3) + 10(0.7) = 37(\text{万元})$$

而 ER^* =13(万元),即表 10-8 中求解例 10-10 所得 $ER(a^*)$ 的值。故有

$$EVPI = ERPI - ER^* = 37 - 13 = 24(\text{万元})$$

它不是“预报有油”或“预报无油”这两个全信息的单独价值,而是其期望价值。

获取全信息所付出的代价,称为**全信息费 CPI**(cost of perfect information),当且仅当

$$EVPI \geqslant CPI$$

时,才值得花费 CPI 的代价去获取全信息,否则就不值得获取,这一判决准则称为 **EVPI 准则**。同运用 EV 准则一样,运用 EVPI 准则也要冒一定风险。

全信息固然可靠,但往往不易获得或得不偿失。譬如例 10-10,由于只有钻探才能获取地下有油与否的全信息,而其费用 30 万元大于全信息的价值 24 万元,所以不值得钻探去获取该全信息。

2. 不全信息的价值与贝叶斯决策

更常用的获取补充信息的方法是**实验**,其含义很广,如例 10-1 的市场调查,例 10-2 的抽样调查,例 10-3 的投资咨询,等等,都是这里所谓的“实验”。虽然这样获取的信息不能准确预报未来发生的状态,但倘若能够提高收益或降低损失期望值,则也有价值,简称为不

全信息的价值 EVII(expected value of imperfect information)，其计算公式分为如下两类。

(1) 当后果指标为**收益**时：

$$\text{EVII} = \text{ERII} - \text{ER}^* \tag{10-9a}$$

其中 ERII 是不全信息条件下的收益期望值，ER^* 是没有补充信息时的最大收益期望值。

(2) 当后果指标为**损失**时：

$$\text{EVII} = \text{EL}^* - \text{ELII} \tag{10-9b}$$

其中 ELII 是不全信息条件下的损失期望值，EL^* 是没有补充信息时的最小损失期望值。

【例 10-11】 承例 10-10。有一个地质勘探队，能对该地区进行一次地震试验，从而探明其地下构层是封闭结构或开放结构。据地质学可知，有油地区多半为封闭结构，无油地区多半为开放结构。另据以往统计，该地质勘探队把有油地区勘测为封闭结构的概率为 0.8，把无油地区勘测为开放结构的概率为 0.6。已知地震试验费为 5 万美元，则 A 公司是否进行这项试验？

解 设以 a_3 表示进行该项试验，以 θ_1，θ_2 分别表示试验结果为封闭、开放结构。

下面用决策树法分析、解决这一问题，见图 10-7。

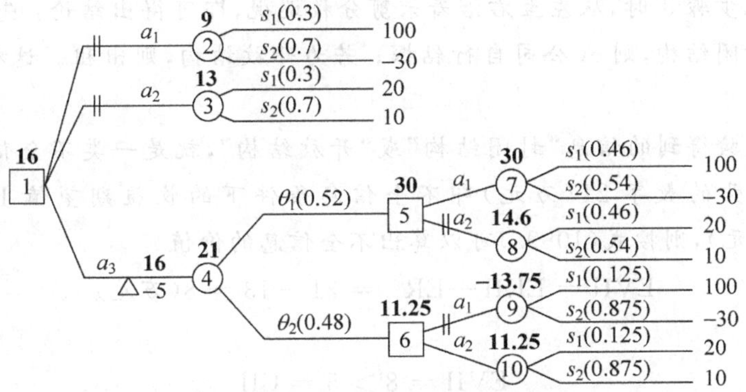

图 10-7 例 10-11 的二级决策树

图 10-7 中，状态 θ_1，θ_2 的概率，以及状态 s_j 的后验概率 $P(s_j|\theta_k)$，是按全概率公式和贝叶斯公式设计的概率计算表算出的，见表 10-10。其中(1)，(2)两栏为已知或可知数据，(3)，(4)两栏为计算所得数据。

表 10-10 例 10-11 的概率计算表

s_j	(1)	(2)		(3)=(1)×(2)		(4)=(3)/$P(\theta_k)$	
	$P(s_j)$	$P(\theta_1\|s_j)$	$P(\theta_2\|s_j)$	$P(\theta_1 s_j)$	$P(\theta_2 s_j)$	$P(s_j\|\theta_1)$	$P(s_j\|\theta_2)$
s_1	0.3	0.8	0.2	0.24	0.06	$\frac{0.24}{0.52}=\mathbf{0.46}$	$\frac{0.06}{0.48}=\mathbf{0.125}$
s_2	0.7	0.4	0.6	+)0.28	+)0.42	$\frac{0.28}{0.52}=\mathbf{0.54}$	$\frac{0.42}{0.48}=\mathbf{0.875}$
				0.52 $=P(\theta_1)$	**0.48** $=P(\theta_2)$		

在图 10-7 这类决策树中，从树根(结点 1)到每一树梢都是一条链，链上决策点的数目称为**链级**，而最大链级称为**树级**，因此图 10-7 是二级树。一级决策树对应的决策问题称为

单级决策；二级以上决策树对应的决策问题称为**多级决策**。决策树法在多级决策中的优点更加显著，其一般步骤如下：

1° **从左至右画树建模**

2° **从右至左逐点算决**

3° **从左至右得出结论**

如对本例实施步骤2°的过程如下：

(1) 在方案点7～10处，计算相应的每一方案的期望值，标于方案点上旁。

(2) 在决策点5，6处，按ER准则做出选择、判决，将最大收益期望值标于决策点上旁，并将非优方案剪枝。

(3) 在方案点2～4处，计算、标记每一方案的期望值；其中方案点4的左旁有一"△"表示"**追加结点**"，其右旁数字"－5"表示须从方案a_3的收益期望值21(万元)中减去地震试验费5(万元)，将所得差额16(万元)标于结点△上旁，表示方案a_3的纯收益期望值。

(4) 在决策点1处，按ER准则做出选择、判决，将最大收益期望值16标于决策点上旁，并将非优方案a_1，a_2剪枝。

对本例实施步骤3°时，从左至右沿着未剪分枝巡视，即可得出结论：先进行地震试验，若试验结果为封闭结构，则A公司自行钻探；若为开放结构，则出租。这样可期望获利最大，为16万元。

本例地震试验得到的信息"封闭结构"或"开放结构"，就是一类不全信息。在图10-7中，方案点4上旁的数字21(万元)即不全信息条件下的收益期望值ERII，而$ER^* = ER(a_2) = 13$(万元)，则按式(10-9a)可以算出不全信息的价值

$$\text{EVII} = \text{ERII} - \text{ER}^* = 21 - 13 = 8(\text{万元})$$

由于

$$\text{EVII} = 8 > 5 = \text{CII}$$

所以值得花费5万元进行地震试验以获取地质结构的信息。

当然，前面求解本例所得最优方案为a_3，即进行该项地震试验，已经表明了这一点。

由于这类决策分析必须用贝叶斯公式计算后验概率，所以也称之为**贝叶斯决策**。

【例10-12】 承例10-2。为获取补充信息，可从每批部件中抽取1件样品，送交实验室进行严格质量检验，每件样品的抽样检验费为125元，则是否进行该抽样检验？

解 设以a_3表示进行该项抽样检验，以θ_1，θ_2分别表示检验结果为正品、次品。

下面用决策树法分析、解决这一问题，结果见图10-8，其中有关概率计算见表10-11。

表10-11 例10-12的概率计算表

s_j	(1)	(2)		(3)＝(1)×(2)		(4)＝(3)/$P(\theta_k)$	
	$P(s_j)$	$P(\theta_1 \mid s_j)$	$P(\theta_2 \mid s_j)$	$P(\theta_1 s_j)$	$P(\theta_2 s_j)$	$P(s_j \mid \theta_1)$	$P(s_j \mid \theta_2)$
s_1	0.8	0.95	0.05	0.76	0.04	**0.835 2**	**0.444 4**
s_2	0.2	0.75	0.25	+)0.15	+)0.05	**0.164 8**	**0.555 6**
				0.91 $=P(\theta_1)$	**0.09** $=P(\theta_2)$		

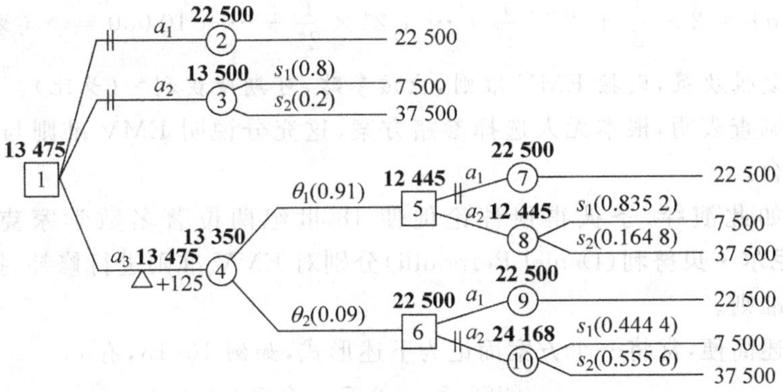

图 10-8　例 10-12 的二级决策树

最优决策是：先进行该项抽样检验，若检验结果为正品，则整批不检，否则整批全检。

进一步的研究表明，最佳样本容量恰为 1 件，参见文献[2]。

10.4　效用分析

10.4.1　效用与效用函数

1. 问题的提出

【例 10-13】　考虑下面两个方案：

a_1 = 稳得 100 元钱

a_2 = 掷一枚均匀硬币，若出现正面可得 250 元钱，若出现反面则一无所获，请问读者，你将如何选择？

分别计算这两个方案的收益期望值

$$\mathrm{ER}(a_1) = 100(\text{元})$$

$$\mathrm{ER}(a_2) = 250 \times 0.5 + 0 \times 0.5 = 125(\text{元})$$

则按 EMV 准则，应该选择方案 a_2，可期望获利 125 元。

但以往的调查表明，有接近半数的人会选择方案 a_1，这说明 EMV 准则与人们的实际抉择并非一贯吻合。可能有的读者会说，这是一次性决策，不足以说明问题，那么再看下例。

【例 10-14】　圣彼得堡悖论

18 世纪圣彼得堡街头曾经流行一种赌博游戏，参赌者交付庄家 100 卢布，可以连续投掷一枚均匀硬币，直到出现反面为止，可从庄家赢得 2^n 个戈比(1 卢布=100 戈比)，其中 n 为投掷次数。这意味着，若第 1 次投掷就出现反面，则只赢得 2 个戈比；若第 2 次投掷才出现反面，则可赢得 4 个戈比……若第 n 次投掷才出现反面，则可赢得 2^n 个戈比……

请问读者，你是否愿意参加这项赌博游戏？

现对此进行决策分析。设以 a 表示参赌，$\bar{a}$ 表示不参赌，其收益期望值如下：

$$\mathrm{ER}(\bar{a}) = 0(\text{戈比})$$

$$ER(a)=2\times\frac{1}{2}+2^2\times\frac{1}{2^2}+\cdots+2^n\times\frac{1}{2^n}+\cdots-10\,000=\infty\text{(戈比)}$$

由于这是可重复性决策，则按EMV准则，应该参赌，可期望获利∞(戈比)。

但以往的调查表明，根本无人选择参赌方案，这充分说明EMV准则与人们的实际抉择并非一贯吻合。

历史正是如此演绎，圣彼得堡悖论促使18世纪两位著名数学家**克莱姆**(Gabriel Cramer)和**丹尼尔·贝努利**(Daniel Bernoulli)分别对EMV准则进行修补、拓展，几乎同时提出效用决策准则。

以下为叙述简便，常将一个方案简记为下述形式，如例10-13，有

$$a_2(250\text{元},\quad 0.5,\quad 0\text{元})$$

如例10-14，有

$$a\left(2^n\text{戈比},\quad \frac{1}{2^n}\mid n=1,2,\cdots\right)$$

2. 偏好关系

比较例10-13的方案 a_1,a_2，若决策者甲偏好 a_1，则记为 $a_1\succ a_2$，称为 a_1 **优于** a_2，或 a_2 **劣于** a_1；

若决策者乙对 a_1,a_2 无所偏好，则记为 $a_1\sim a_2$，称为 a_1 **等价于** a_2；

若决策者丙认为 $a_1\succ a_2$ 或 $a_1\sim a_2$，则记为 $a_1\succcurlyeq a_2$，称为 a_1 **不劣于** a_2，或 a_2 **不优于** a_1。

$\succ,\sim,\succcurlyeq$ 统称为**偏好关系**。

譬如，若比较两个确定收益值的偏好关系，则“$>$”即“$\succ$”；若比较两个确定损失值的偏好关系，则“$<$”即“$\succ$”；而在上述两种情况下，“$=$”均为“$\sim$”。

设 x 是表征方案 a 的某种属性的数量指标，则称 x 为方案 a 的**属性值**。例如方案 a 表示某人待选购的一款夹克衫，则其价格、式样、颜色、质料、尺寸、品牌等，就是方案 a 的各种属性，而其价格譬如为200元，就是夹克衫 a 的价格属性值(金钱损益值)，等等。

若某决策者认为 $a\sim x$，则称 x 为该决策者关于方案 a 的**确定当量**(或**确定性等价量**)。如例10-13，若有一决策者认为 $a_2\sim 80$ 元，则该决策者关于方案 a_2 的确定当量为80元，亦即对该决策者而言，有风险的金钱收益期望值 $ER(a_2)=125$(元)，只相当于无风险的、稳得的收益80元。当然，不同的决策者关于方案 a_2 的确定当量多各不同。

确定当量的经济意义可解释为：决策者为了转让他愿意参加的某种风险活动的权利，如出售其拥有的一张彩券或股票，所肯于成交的最低售价。

3. 效用函数

所谓**效用**(utility)，乃是决策者关于行动后果以及行动方案主观偏好的一种度量尺标。决策者关于各个可能后果 x 的相对偏好的一种量度 $u(x)$，称为**效用函数**，该函数的值 u 称为**效用值**，记为

$$u=u(x)$$

效用函数具有以下性质：

(1) **规范性**：$u(x^0)=0$，$u(x^*)=1$；

(2) **严格单调性**：当且仅当 $x_1<x_2$ 时，$u(x_1)<u(x_2)$；

(3) **无殊性**：当且仅当 $x_1\sim x_2$ 时，$u(x_1)=u(x_2)$。

其中 x^0 是一个决策问题中的最劣属性值，x^* 是最优属性值。譬如例 10-10，易知 $x^0=-30$（万美元），$x^*=100$（万美元），则按性质（1），有 $u(-30)=0$，$u(100)=1$。

由于 $u(x)$ 的任意正向线性变换

$$\pi(x)=k+bu(x),\quad (b>0)$$

都是**保序**变换，即 $\pi(x)$ 反映的偏好关系与 $u(x)$ 完全一致，因此 $\pi(x)$ 也是一个效用函数。这意味着效用值是一种相对尺标，其零点与刻度可以任意规定，但为规范化，已经约定俗成 $u\in[0,1]$，恰如性质（1）所述。

4. 效用准则

设一个决策问题的备择方案为

$$a_i(x_{ij},p_{ij}\mid j=1,2,\cdots,n(,\cdots))\in \mathbf{A},\quad (i=1,2,\cdots,m)$$

其中，p_{ij} 为方案 a_i 的状态概率分布，满足：

$$\begin{cases}0\leqslant p_{ij}\leqslant 1, & (j=1,2,\cdots,n(,\cdots))\\ \sum\limits_{j=1}^{n}p_{ij}=1, & (i=1,2,\cdots,m)\end{cases}$$

定义**方案 a_i 的效用期望值**如下：

$$u(a_i)=\sum_{j=1}^{n}p_{ij}u(x_{ij})\tag{10-10a}$$

若以最大效用期望值对应的方案为最优方案，即

$$u(a^*)=\max_i\{u(a_i)\}\tag{10-10b}$$

则称该决策准则为**效用准则**，或 **EU**(expected utility)**准则**。

5. 效用曲线

在直角坐标系中，以横轴表示某种属性值（如金钱收益值）x，以纵轴表示效用值 u，所画出的效用函数的图像，称为**效用曲线**。根据效用函数的性质（2），效用曲线必为严格单调上升曲线。

按照决策者对风险所持态度，可将效用函数或效用曲线分为下述 3 种基本类型：

（1）**中立型**

若决策者认为，带有风险的收益期望值 $\mathrm{ER}(a)=x$ 与稳得的收益值 x 二者等价，亦即二者的效用值相等，则称其为**中立型**决策者。其效用函数 $u(x)$ 是关于属性值 x 的线性函数，而其效用曲线是一条直线。对中立型决策者而言，效用准则与 EMV 准则是一回事。

（2）**避险型**

若决策者认为，带有风险的收益期望值 $\mathrm{ER}(a)=x$ 劣于稳得的收益值 x，亦即 $\mathrm{ER}(a)$ 的效用值小于 x 的效用值，则称其为**避险型**决策者。其效用函数 $u(x)$ 是关于属性值 x 的凹函数。这类决策者对损失敏感，属于回避风险的决策者。

（3）**趋险型**

若决策者认为，带有风险的收益期望值 $\mathrm{ER}(a)=x$ 优于稳得的收益值 x，亦即 $\mathrm{ER}(a)$ 的效用值大于 x 的效用值，则称其为**趋险型**决策者。其效用函数 $u(x)$ 是关于属性值 x 的凸函数。这类决策者对收益敏感，属于趋向风险的决策者。

上述 3 种基本类型的效用曲线如图 10-9(a)所示。在现实生活中，决策者的效用曲线

并非全都如此单纯,也可能是**混合型**,如图10-9(b)所示,在$[x^0,x_1]$和$[x_2,x^*]$上是避险型,而在$[x_1,x_2]$上则是趋险型,如此等等。

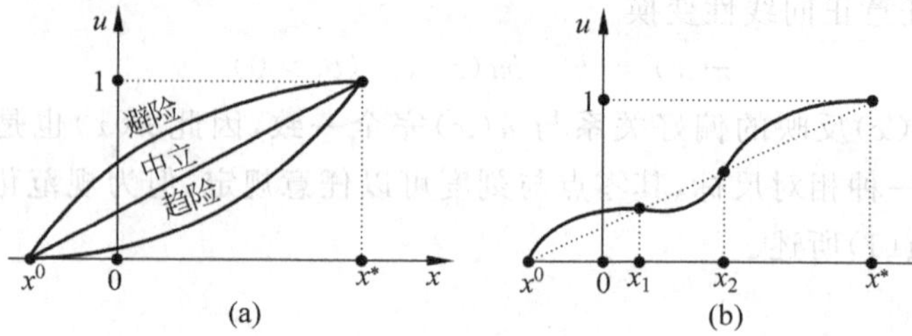

图10-9 效用曲线的类型

10.4.2 效用函数的评定

早期效用函数的评定,是依样本点进行曲线拟合,不仅过程冗繁,而且很难通过相容性检验。

目前较常用的方法是**典型效用函数评定法**。其基本思想是:先确定效用函数的定性特征,主要指决策者的风险特征;然后选择一个适合定性特征的典型效用函数参数族$u=u(x,\boldsymbol{\Lambda})$,这样只需确定其参数向量$\boldsymbol{\Lambda}$即可,而$\boldsymbol{\Lambda}$一般不超过3维,亦即最多只需确定3个参数。

1. 效用函数定性特征的评定

把所有可能后果x的值域,用选定的5个值x_0,x_1,x_2,x_3,x_4等分为4段$[x_i,x_{i+1}]$ $(i=0,1,2,3)$,然后逐段询问决策者:在方案$L(x_i,0.5,x_{i+1})$与其相应的期望值$0.5(x_i+x_{i+1})$之间,其偏好如何。据此就能确定该决策者的效用函数在每段$x\in[x_i,x_{i+1}]$上的风险特征是避险、中立或趋险。

例如,若决策者认定

$$L(x_i,0.5,x_{i+1})\prec 0.5(x_i+x_{i+1}),\quad (i=0,1,2,3)$$

则可判定他在整个x值域上都是避险型。

2. 典型效用函数参数族的评定

(1) 避险型效用函数的典型参数族

一种常见的避险型效用函数的参数族是下述对数函数形式:

$$u(x)=k+b\ln(x+c) \tag{10-11}$$

式中$k,b(>0),c$是参数,且c值的选取须满足$x^0+c>0$。

只需知道3个点

$$(x^0,0),\quad(\hat{x},0.5),\quad(x^*,1)$$

就能确定式(10-11)的3个参数

$$c=\frac{\hat{x}^2-x^*x^0}{x^*+x^0-2\hat{x}} \tag{10-12a}$$

$$b=\frac{0.5}{\ln(\hat{x}+c)-\ln(x^0+c)} \tag{10-12b}$$

$$k = -b\ln(x^0 + c) \tag{10-12c}$$

若 x 是金钱收益等正向值，则容易证明，当选取的 $\hat{x}$ 值满足

$$\hat{x} < (x^* + x^0)/2 \tag{10-13}$$

时，由式(10-12a)所确定的 c 值必满足 $x^0 + c > 0$。若 x 是金钱损失等负向值，则须先反号化成正向值，并按式(10-13)恰当选取 $\hat{x}$ 值，然后才能用式(10-12)及由此所得式(10-11)。

现就例10-10加以具体说明。由前已知收益值 $x^0 = -30$(万美元)，$x^* = 100$(万美元)，再设 $\hat{x} = 10$(万美元)，则按式(10-12)，有

$$c = \frac{10^2 - 100(-30)}{100 - 30 - 2(10)} = 62$$

$$b = \frac{0.5}{\ln(10 + 62) - \ln(-30 + 62)} = 0.6166$$

$$k = -0.6166\ln(-30 + 62) = -2.1369$$

再按式(10-11)，得效用函数

$$u(x) = -2.1369 + 0.6166\ln(x + 62) \tag{10-14}$$

(2) **通用效用函数的典型参数族**

更为通用的效用函数参数族是下述幂函数形式：

$$u(x) = k(x + c)^b \tag{10-15}$$

只需知道3个点 $(x^0, 0)$，$(\hat{x}, 0.5)$，$(x^*, 1)$，就可确定3个参数

$$c = -x^0 \tag{10-16a}$$

$$b = \frac{\ln 2}{\ln(x^* - x^0) - \ln(\hat{x} - x^0)} \tag{10-16b}$$

$$k = \frac{1}{(x^* - x^0)^b} \tag{10-16c}$$

由式(10-16b)，式(10-16c)易知，$b > 0$，$k > 0$，则效用函数(10-15)的一阶导数

$$u'(x) = kb(x + c)^{b-1} \geqslant 0$$

故 $u(x)$ 为关于 x 的单调递增函数。又由二阶导数

$$u''(x) = kb(b-1)(x + c)^{b-2}$$

可知：

① 当 $b > 1$ 时，$u''(x) \geqslant 0$，则 $u(x)$ 为凸函数，属于趋险型；

② 当 $b = 1$ 时，$u''(x) = 0$，则 $u(x)$ 为线性函数，属于中立型；

③ 当 $b < 1$ 时，$u''(x) \leqslant 0$，则 $u(x)$ 为凹函数，属于避险型。

如例10-10，按式(10-16)，得

$$c = 30$$

$$b = \frac{\ln 2}{\ln(100 + 30) - \ln(10 + 30)} = 0.588$$

$$k = \frac{1}{(100 + 30)^{0.588}} = 0.057148$$

再按式(10-15)，得

$$u(x) = 0.057148(x + 30)^{0.588} \tag{10-17}$$

这也是避险型效用函数。

10.4.3 效用决策

【例 10-15】 试按效用准则对例 10-10 做出决策。

解 首先确定效用函数为式(10-14),用以算出表 10-8 中已知诸 x 值(即收益阵中的诸 r 值)的效用值,已有

$$u(-30)=0,\quad u(100)=1,\quad u(10)=0.5$$

只需算出

$$u(20)=-2.1369+0.6166\ln(20+62)=0.58$$

然后,用决策树法进行分析,如图 10-10 所示。因

$$u(a_2)=0.524>0.3=u(a_1)$$

故 $a^*=a_2$。

本例按效用准则进行决策,与按 ER 准则决策结果相同。

【例 10-16】 若将例 10-10 中方案 a_2 的收益改为:无论有油与否,都只能获得租金 5 万美元。试按 ER 准则与效用准则分别就此做出决策。

解 先算出

$$u(5)=-2.1369+0.6166\ln(5+62)=0.46$$

然后,用决策树法进行分析,如图 10-11 所示。

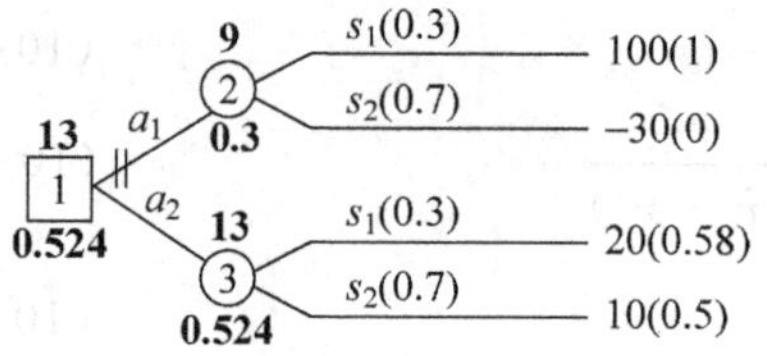

图 10-10 例 10-15——ER 与 EU 准则决策树

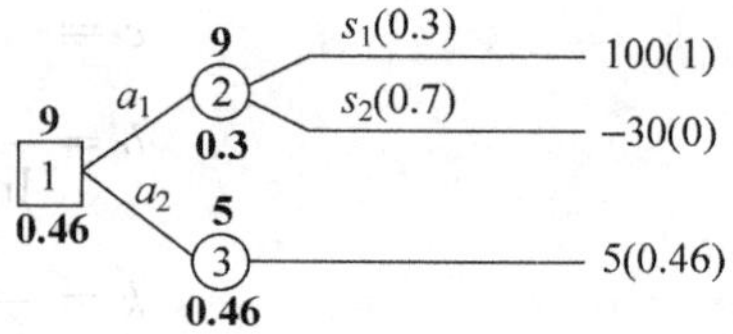

图 10-11 例 10-16——ER 与 EU 准则决策树

因 $\mathrm{ER}(a_1)=9>5=\mathrm{ER}(a_2)$,故按 ER 准则,$a^*=a_1$。

又因 $u(a_2)=0.46>0.3=u(a_1)$,故按效用准则,$a^*=a_2$。

本例按效用准则进行决策,与按 ER 准则决策结果不同。这是因为按效用函数式(10-14)算出方案 a_1 的确定当量为

$$x=\mathrm{e}^{(0.3+2.1369)/0.6166}-62=-10(\text{万美元})$$

这远远小于方案 a_1 的收益期望值 9(万美元)。

【例 10-17】 试按效用准则对例 10-2 做出决策。

解 先将表 10-2 中已知诸损失值 x 反号,化成收益值,然后令

$$x^0=-37\,500(\text{元}),\quad x^*=-7\,500(\text{元}),\quad \hat{x}=-25\,000(\text{元})$$

则按式(10-12),有

$$c=\frac{(-25\,000)^2-(-7\,500)(-37\,500)}{-7\,500+(-37\,500)-2(-25\,000)}=68\,750$$

$$b=\frac{0.5}{\ln(-25\,000+68\,750)-\ln(-37\,500+68\,750)}=1.486$$

$$k=-1.486\ln(-37\,500+68\,750)=-15.3798$$

再按式(10-11),得效用函数

$$u(x) = -15.3798 + 1.486\ln(x + 68750) \tag{10-18}$$

据以算出

$$u(-22500) = -15.3798 + 1.486\ln(-22500 + 68750) = 0.58$$

然后,用决策树法进行分析,结果如图10-12所示。

对于有“追加结点△”的决策树,如图10-7和图10-8,采用EU准则时,须将“追加结点△”处的损益值,如图10-7结点△处的收益值−5和图10-8结点△处的损失值125,都合并于该结点△右侧相应各分枝树梢处的确定性损益值中,然后才能据以评定效用函数并应用EU准则。

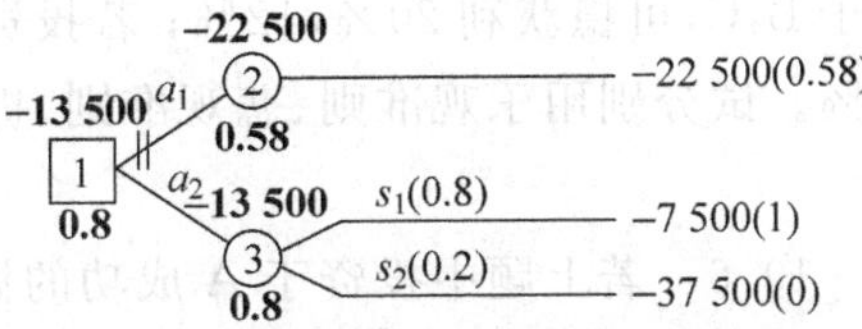

图10-12 例10-17——ER与EU准则决策树

通过本节学习,读者应该明确,在决策分析中,以金钱为基础的期望值准则,即EMV准则,即便对可重复性决策,也不是一贯可行的,而必须融入决策者的主观偏好。也就是说,以效用为基础的期望值准则,即EU准则是完全必要的。

习题

10.1 某书店希望订购新出版的一部书籍。据以往经验,新书的销售量可能为50本,100本,150本或200本。已知每本新书订购价为20元,零售价为30元,剩书的处理价为5元。试分别用乐观准则、悲观准则、折中准则($\alpha=0.6$)和后悔值准则确定该书的订购量。

10.2 若上题中书店统计以往这类新书销量的规律如表10-12所示,试分别用最大可能性准则与EMV准则确定该书的订购量。

表 10-12

销售量/本	50	100	150	200
比率/%	10	30	40	20

10.3 某民用电器厂拟生产一种新型家用电器,为使其具有较强的吸引力和竞争力,该厂决定以每件100元的低价出售。为此已提出三种生产方案:方案Ⅰ需一次性投资100万元,投产后每件产品成本50元;方案Ⅱ需一次性投资160万元,投产后每件产品成本40元;方案Ⅲ需一次性投资250万元,投产后每件产品成本30元。据市场预测,这种电器的需求量可能为3万件,12万件或20万件。试分别用乐观准则、折中准则($\alpha=0.8$)和后悔值准则进行决策。

10.4　若上题中各需求量的概率依次是0.15,0.75,0.10,试分别用最大可能性准则与EMV准则进行决策。

10.5　某公司有100万元资金,可投资于A,B,C,D四个项目,但B,C的投资额不能超过60万元,80万元。若投资于A,则成功后可获利30%或10%,失败将亏损50%;若投资于B,C,可稳获利20%,12%;若投资于D,则可能盈利30%或10%,也可能亏损10%或20%。试分别用乐观准则、悲观准则、折中准则($\alpha=0.6$)进行决策。

10.6　若上题中投资于A成功的概率为0.8;投资于D盈利30%,10%的概率分别为0.40,0.45,而亏损10%,20%的概率分别是0.10,0.05。试分别用最大可能性准则与EMV准则进行决策。

10.7　C国北方某河流下游有一个木材加工厂,所需圆木由河上游林区放木筏供应,但每年冬季封河期需提前储备一批圆木。据过去20多年统计资料,封河期近似服从均值为70天、标准差为15天的正态分布。已知该厂平均每天需用1 000根圆木,每加工一根圆木可盈利60元,每年冬季储存一根圆木的费用为20元。问该厂每年冬季应储备多少根圆木?

10.8　某厂要革新某产品的工艺,为此可以自行研究,估计成功率为0.6;也可以购买专利,估计洽谈成功率为0.8。无论研究成功还是洽谈成功,该产品产量既可以增大,也可以保持不变。若研究和洽谈失败,则仍按原工艺生产且产量不变。估计今后五年内该产品价格变动的情况以及各方案在不同价格下的盈利(万元)如表10-13所示。试用EMV准则对此进行决策。

表10-13　不同方案下今后五年内盈利情况估计

盈利＼方案 状态(概率)	按原工艺生产	洽谈成功		研究成功	
		产量不变	产量增大	产量不变	产量增大
价格低落(0.1)	−100	−200	−300	−200	−300
价格中等(0.5)	0	50	50	0	−250
价格高涨(0.4)	100	150	250	200	600

10.9　为生产某种产品设计了两个方案:一是建大厂,需要投资300万元;二是建小厂,需要投资160万元,二者使用年限都是10年。估计两个方案每年盈利如表10-14所示。

(1) 根据市场预测,前3年销路好的概率为0.7。若前3年销路好则后7年销路好的概率为0.9;否则后7年销路肯定差。试用EMV准则确定最优方案。

(2) 若还有一种方案,即先建小厂,3年后再决定是否追加投资140万元进行扩建。扩建后可使用7年,其每年盈利和大厂相同。试按EMV准则对此进行决策。

表 10-14

方案 \ 销路	年盈利/万元	
	好	坏
建大厂	100	−20
建小厂	40	10

10.10 某施工队已承包一项小型工程，计划从 7 月 1 日开工，到月末完工。据天气预报，从 16 日以后可能出现中雨(概率 0.5)，这样将使工期延长 5 天；也可能出现暴雨(概率 0.3)，这样将延期 10 天。延期施工的损失为：前 5 天每天 4 万元，后 5 天每天 6 万元。但若采取紧急措施，有可能减少延期的天数(见表 10-15)，这样每天需要增加 2 万元应急费用。另外，也可在开工后每天加班突击，这样能赶在 15 日提前完工，不过每天需要增加 1.2 万元加班费。问该施工队应如何决策(按 EMV 准则)？

表 10-15

应急可减少的天数		1	2	3
概率	中雨	0.5	0.3	0.2
	暴雨	0.6	0.3	0.1

10.11 某出版社编辑部考虑是否出版某篇小说，若出版则需花销 15 万元工本费，而收入将视销路如何而定。为此可请专家评审然后再作决定，但要支付审稿费 4 000 元。专家评审只是鉴定该篇小说是好、中或差，并不能确切判定将来销路如何。编辑部统计了过去处理同类小说的情况(见表 10-16)，问对该小说应如何决策？

表 10-16

出版情况 \ 评审		未评审的篇数	评审的篇数				合计	平均每篇小说收入/万元
			好	中	差	小计		
不出版		5	0	14	12	26	31	0
出版	销路差	2	0	4	3	7	9	5
	销路中	1	0	3	1	4	5	9
	销路良	1	2	4	0	6	7	70
	销路优	1	4	3	0	7	8	100
	小　计	5	6	14	4	24	29	
合　计		10	6	28	16	50	60	

10.12 某公司有一份拥有钻采某地油气权利的租约。该公司可自行钻井开采，也能出售此租约而获利 70 万元。钻井的可能结果如表 10-17 所示。有关专家两两比较各结果所得判断概率 p_{ij} 如表 10-18 所示。该公司应如何决策？

表 10-17

结 果	获利/万元
Ⅰ. 干井	−100
Ⅱ. 气井	50
Ⅲ. 油气井	100
Ⅳ. 油井	200

表 10-18

	Ⅱ	Ⅲ	Ⅳ
Ⅰ	0.20	0.36	0.40
Ⅱ		0.70	0.90
Ⅲ			0.50

10.13 试对例 10-2 进行灵敏度分析：

(1) 求各状态概率的影响范围。

(2) 若有五成把握认为 $p=0.05$，则应采用哪个方案？该方案是否稳定？

10.14 计算下列各题的 EVPI：(1)10.2 题；(2)例 10-8。

10.15 考虑 10.4 题，若某经济信息中心能为该厂调查这种新型电器未来确切的需求量，问该厂最多肯付多少调查费？

10.16 某食品厂研制出一种新型风味食品。若投产后销售成功，则于食品销售生命期内可获利 50 万元；若销售失败则损失 20 万元。该厂估计此产品销售成功的概率为 0.6。若不投产这种新食品，而仍生产原来的食品，则相应的生产能力在相同销售时期内可稳获利 20 万元。另外，也可对新食品的需求量做些市场调查，然后再做决定。据以往统计，这类调查的结果及实际销售情况如表 10-19 所示。

表 10-19

调查结果	实际销售情况	
	成功	失败
预测为成功	0.4	0.1
没有结论	0.4	0.5
预测为失败	0.2	0.4

若这类调查的费用为 0.2 万元，试问：

(1) 若不做调查，该厂最优决策是什么？

(2) 若可以考虑调查，该厂最优决策又是什么？

(3) EVII=？

10.17 某公司有 50 万元闲置资金，若投资于项目 A，估计成功率为 0.9，成功可获利 12%，失败则丧失全部投资；若投资于项目 B，可稳获利 6%。两个项目投资回收期均为一年。为对项目 A 获得更多信息，可花 5 000 元委托一家咨询中心进行可行性分析。据统计，咨询中心过去 200 次咨询的情况如表 10-20 所示。

(1) 试对此做出决策；

(2) 试求投资 A 成功的状态概率的影响范围。

表 10-20

咨询结果	投资结果	
	成功	失败
可以投资	152	3
不宜投资	38	7

10.18 承10.12题。若花50 000元进行一项试验,可以确定地下构层类型。据以往统计,在类似地理区域进行25次试验的结果如表10-21所示。若试验不加防范,将有90%的可能会泄密,泄密后此租约就不再能出售;若严加防范需花费50 000元,能使泄密的可能性降至40%。试对此做出决策。

表 10-21

井类 \ 构层	甲	乙	丙
Ⅰ	4	0	0
Ⅱ	1	9	0
Ⅲ	0	6	0
Ⅳ	0	0	5

10.19 今要在一台机器上加工1万个零件,若加工完后逐个整修一下则全部可以合格,每个零件整修费用为0.30元。若不整修,据以往统计,次品率及其概率分布如表10-22所示。但若装配时一旦发现次品,就要返工整修,费用为5.00元/件。

表 10-22

次品率	0.02	0.04	0.06	0.08	0.10
概　率	0.20	0.40	0.25	0.10	0.05

(1) 是否应当逐个整修?

(2) 为获取更多信息,从刚加工完的一批零件中任取130件,经检验有9件次品。此时又当如何抉择?

试对以上两种情况都分别按最大可能性准则与EMV准则进行决策,并求出EVPI。

10.20 试解答下列各题:

(1) 某经理对损失1 000元的效用值为0.5,对获得3 000元的效用值为0.8,而且认为(−1 000元,0.4,3 000元)的确定当量为10元,问他对稳得10元的效用值为多少?

(2) 某厂长对损失2元的效用值为0.5,对获得500元的效用值为0.6,而且认为(−2元,0.8,20 000元)的确定当量为500元,问该厂长对稳得20 000元的效用值为多少?

(3) 某经理对损失1 000元的效用值为0.2,对获得2 000元的效用值为0.9,而且认为a_1(−1 000元,0.25;300元,0.25;2 000元,0.5)~a_2(300元,0.6,2 000元),试求他对a_3(−1 000元,0.5;300元,0.3;2 000元,0.2)的效用值。

(4) 假定(3)中的经理认为 a_4(-1 000 元,0.5,300 元)~0 元,a_5(0 元,p,1 000 元)~300 元,a_6(300 元,p,2 000 元)~1 000 元,试求他对 1 000 元的效用值。

(5) 试按(3),(4)中的数据草拟一条效用曲线,并判断该经理属于哪种类型的决策者。

10.21 已知甲、乙、丙三人的效用函数分别为

$$u_1(x)=0.1(x+36)^{0.5},\quad u_2(x)=0.01x+0.36,\quad u_3(x)=0.000\,1(x+36)^2$$

其中 $x\in[-36,64]$为金额收益值。又知两个方案:$a_1(-32,0.5,45)$,$a_2(0,0.5,13)$。

(1) 试按 EMV 准则对 a_1,a_2 做出选择;

(2) 试按效用准则分别求甲、乙、丙三人对 a_1,a_2 的选择;

(3) 试问三人属于什么类型的决策者?为什么?

10.22 考虑 10.12 题。若该公司经理认为 L(-100 万元,0.5,200 万元)~60 万元,试求他的效用函数并据以进行如下决策:

(1) 公司将自行钻井还是出售租约?

(2) 公司愿意出售租约的最低价格是多少?

(3) 若有一银行提出如下建议:愿意无息贷给公司钻井费 20 万元,条件是以租约之半的金额购买 50%的股份。这意味着无论钻井结果如何,公司都需付给银行 20 万元加上钻井盈利额之半或减去钻井亏损额之半。问公司是否接受此建议?为什么?

10.23 某市郊工厂为解决生产用水有两个方案:一是铺设连接城市自来水网的地下管道,需投资 12.5 万元;二是挖机井。由于井位地质情况不明确,可能需要投资 10 万元(概率 0.3),或 12 万元(概率 0.3),或 14 万元(概率 0.4)。无论铺设管道还是挖机井,解决的用水量大致相等。为了确定井位的好坏,可花 2 000 元请当地水文站鉴定井位的地质情况,从而提供是否宜挖的意见。据以往统计,在挖掘建设费用为 10 万元,12 万元,14 万元的井中,水文站认为宜挖的所占比率分别为 80%,60%,20%。

(1) 试按 EMV 准则进行决策;

(2) 若工厂厂长认为 L(14.2 万元,0.5,10 万元)的确定当量为 12.6 万元(所述金额均指费用),试为他评定一个对数函数形式的效用函数,并据以按效用准则进行决策。

第11章

矩阵对策

对策论(games theory,GT,又译**博弈论**)是关于竞争状态决策的一门理论。1944 年,**冯·诺伊曼**(J. Von Neuman)和**摩根斯特恩**(Oskar Morgensten)合著的《对策论与经济行为》一书开创了其经典理论;而荣膺 1994 年诺贝尔经济学奖的**纳什**(John Nash)则奠定了其现代理论基础。

矩阵对策是对策论的经典知识,本章将介绍其基本概念、模型与方法,以便引导初学者进入对策论这座科学殿堂的"第一扇大门"。

11.1 基本概念

11.1.1 对策现象及其三要素

1. 对策现象

所谓**对策**,简单地说,即竞争或斗争状态下的决策。

在人类社会中,竞争或斗争现象到处可见。如政治领域中的阶级斗争、党派斗争;经济领域中的"南北对话"、劳资纷争、市场竞争;军事领域中的世界大战、军备竞赛;体育领域的各种竞赛,等等。参与竞争或斗争的各方都欲扬长避短,想方设法争取于己最有利的可能结果。这类现象称为**对策现象**。绪论中"田忌赛马"的典故就是一个典型的对策现象。

2. 对策三要素

对策现象有 3 个主要因素:局中人、策略、得失,分述如下。

(1) 局中人

参与对策并有切身利益关系与决策权的个人或集体,称为**局中人**。如"田忌赛马"典故中的局中人为田忌与齐王,而非孙膑。孙膑虽然也参与对策并有切身利益关系,但无决策权。

对策论有个前提,即局中人都是聪明的理性人。因此,人与自然灾害的斗争,动植物界的生存竞争,均不属于对策论研究的对策现象。因为大自然包括动植物界不会故意与人作对,而人类与大自然应该"天人合一"。即便自然界对人类有所负面影响,也属于前章"自然状态决策"范畴。

(2) 策略

每个局中人为了自身利益所能采取的对付其他局中人的方法或措施等,称为该局中人的**策略**。如田忌与齐王的策略都是 3 匹马参赛的排序,各有 3! =6 个策略。每个局中人所有策略构成的集合,称为该局中人的**策略集**。

一场对策活动称为**一局对策**。在一局对策中,每个局中人各从其策略集中选取一个策略所构成的一个组合,称为一个**局势**。如"田忌赛马"典故中的局势为

((下,上,中),(上,中,下))

(3) **得失**

权衡一局对策结果的数量指标称为**得失**,即每个局中人的赢得或损失,如金钱的损益、效用,等等。"田忌赛马"典故的结局是田忌赢得1千两黄金,而齐王损失1千两黄金。

得失是关于局势的函数,称为**赢得函数**或**损失函数**。

11.1.2 矩阵对策的基本模型

对策论早期研究的对策现象,正是"田忌赛马"典故这类**二人有限零和对策**,**二人**即恰有两个局中人,**有限**即每个局中人的策略集都是有限集合,**零和**即所有局中人的赢得总和恒为0。

在二人有限零和对策中,设以**甲方**、**乙方**表示两个局中人;以 $\boldsymbol{S}_1,\boldsymbol{S}_2$ 分别表示甲方、乙方的策略集,有

$$\boldsymbol{S}_1=\{\alpha_1,\alpha_2,\cdots,\alpha_m\},\quad \boldsymbol{S}_2=\{\beta_1,\beta_2,\cdots,\beta_n\}$$

其中 $\alpha_i(i=1,2,\cdots,m)$,$\beta_j(j=1,2,\cdots,n)$ 分别表示甲方、乙方的策略,二者构成 $m\times n$ 个局势:

$$(\alpha_i,\beta_j),\quad (i=1,2,\cdots,m;\ j=1,2,\cdots,n)$$

设以 a_{ij} 表示甲方关于局势 (α_i,β_j) 的赢得,则一切 a_{ij} 构成一个矩阵

$$\boldsymbol{A}=(a_{ij})_{m\times n}$$

称为**甲方的赢得矩阵**。

由于甲、乙双方赢得总和恒为0,所以甲方的赢得矩阵 $\boldsymbol{A}$ 亦即乙方的损失矩阵。而 $-\boldsymbol{A}=(-a_{ij})_{m\times n}$ 即为乙方的赢得矩阵。而二人有限零和对策的基本要素可由一个矩阵 $\boldsymbol{A}$ 给定,故约定俗成**矩阵对策**。

矩阵对策的基本模型为 $G=\{\boldsymbol{S}_1,\boldsymbol{S}_2,\boldsymbol{A}\}$,其中 $\boldsymbol{A}$ 规定为甲方的赢得矩阵,见表11-1。

表11-1 矩阵对策的基本模型

甲 \ 乙	β_1	β_2	$\cdots$	β_n
α_1	a_{11}	a_{12}	$\cdots$	a_{1n}
α_2	a_{21}	a_{22}		a_{2n}
$\vdots$	$\vdots$	$\vdots$		$\vdots$
α_m	a_{m1}	a_{m2}	$\cdots$	a_{mn}

感兴趣的读者可以自行考虑为"田忌赛马"的典故建立矩阵对策的基本模型。

前已述及,局中人都是理性人,简言之,即都能设身处地地考虑其他局中人的利益及其决策,从而最终选定对自身最有利的行动方案。因此,各局中人的决策准则都是"坏中求好"的悲观准则。

11.1.3 矩阵对策的解

1. 鞍点

【例 11-1】 已知矩阵对策 $G=\{\boldsymbol{S}_1,\boldsymbol{S}_2,\boldsymbol{A}\}$，见表 11-2。试分析甲、乙方如何选取各自的策略。

表 11-2

甲 \ 乙	β_1	β_2	β_3	β_4
α_1	6	−9	−3	2
α_2	2	5	0	1
α_3	8	1	−4	−5

解 按悲观准则，对甲方即“小中取大”，对乙方即“大中取小”，结果如表 11-3 所示。

表 11-3

甲 \ 乙	β_1	β_2	β_3	β_4	$\min(a_{ij})$
α_1	6	−9	−3	2	−9
α_2	2	5	⓪	1	0(max)
α_3	8	1	−4	−5	−5
$\max(a_{ij})$	8	5	0 (min)	2	

由于

$$\max_i \min_j(a_{ij}) = \min_j \max_i(a_{ij}) = 0 = a_{23}$$

故 a_{23} 对应的 α_2,β_3 分别为甲方、乙方的最优策略，而 $a_{23}=0$ 即为该对策 G 的值。

对任一矩阵 $\boldsymbol{A}=(a_{ij})$，恒有

$$\max_i \min_j(a_{ij}) \leqslant \min_j \max_i(a_{ij})$$

若赢得矩阵 $\boldsymbol{A}$ 中存在一个元素 a_{rk}，能使上式对等号成立，即有

$$v = \max_i \min_j(a_{ij}) = \min_j \max_i(a_{ij}) = a_{rk} \tag{11-1}$$

则称 a_{rk} 对应的局势 (α_r,β_k) 为**最优纯局势**或**对策 G 在纯策略意义下的解**，亦称为**鞍点**；称 α_r 为**甲方的最优纯策略**，β_k 为**乙方的最优纯策略**；而 v 为**对策 G 的值**。简记为

$$\alpha^* = \alpha_r,\quad \beta^* = \beta_k,\quad v^* = v$$

称 G 为**有鞍点的对策**。

鞍点源于马鞍骑坐点，具有独特属性：甲从“马头-马尾”方向看，它是极大点；乙转 90°看，它又是极小点。鞍点意味着，甲方、乙方都只能在其策略集中单纯选取一个特定策略参与对策，而且双方也都心照不宣地了解对方的决策，却都不能因为掌握该全信息而使本方的损益获得丝毫改善。

但是矩阵对策并非都有鞍点，如“田忌赛马”的对策就不存在鞍点，这就需要扩充解的概念。

2. 混合策略

【例 11-2】 已知矩阵对策 $G=\{S_1,S_2,\boldsymbol{A}\}$,其中

$$\boldsymbol{A}=\begin{matrix} & \beta_1 & \beta_2 \\ \alpha_1 & 5 & 2 \\ \alpha_2 & 1 & 4 \end{matrix}$$

已知该对策 G 不存在鞍点。这时,甲方、乙方都不能只取一个特定策略参与对策了,而必须以一定的概率随机选取各自所有的策略来参与对策。设

$x_i=$ 甲方采用策略 $\alpha_i(i=1,2)$ 的概率, $y_j=$ 乙方采用策略 $\beta_j(j=1,2)$ 的概率

令

$$\boldsymbol{X}=(x_1,x_2)^{\mathrm{T}},\quad \boldsymbol{Y}=(y_1,y_2)^{\mathrm{T}}$$

称为甲、乙方的"混合策略"。再令 $x_1=x$,则 $x_2=1-x$;令 $y_1=y$,则 $y_2=1-y$;见表 11-4。

表 11-4

甲 \ 乙	β_1	β_2	甲方概率 x_i
α_1	5	2	x
α_2	1	4	$1-x$
乙方概率 y_j	y	$1-y$	

据表 11-4 可算出甲方的期望赢得

$$\begin{aligned}\mathrm{ER}(x,y)&=5xy+2x(1-y)+(1-x)y+4(1-x)(1-y)\\&=6(x-1/2)(y-1/3)+3\end{aligned}$$

由此可见,甲方应取 $x=1/2$,可期望赢得 3;否则,若甲方取 $x<1/2$ 或 $x>1/2$,则乙方可取 $y>1/3$ 或 $y<1/3$,都会使甲方的期望赢得比 3 更小。同理乙方应取 $y=1/3$,则该对策 G 的解为

$$\boldsymbol{X}^*=(1/2,\quad 1/2)^{\mathrm{T}},\quad \boldsymbol{Y}^*=(1/3,\quad 2/3)^{\mathrm{T}}$$

即甲方各以 1/2 的概率混合采用策略 α_1,α_2;乙方各以 1/3,2/3 的概率混合采用策略 β_1,β_2。而该对策 G 的值为 $v^*=\mathrm{ER}(X^*,Y^*)=3$。

更一般的,设有对策 $G=\{\boldsymbol{S}_1,\boldsymbol{S}_2,\boldsymbol{A}\}$,令

$$\boldsymbol{S}_1^*=\left\{\boldsymbol{X}=(x_1,x_2,\cdots,x_m)^{\mathrm{T}}\mid x_i\geqslant 0(i=1,2,\cdots,m);\ \sum_{i=1}^{m}x_i=1\right\}$$

$$\boldsymbol{S}_2^*=\left\{\boldsymbol{Y}=(y_1,y_2,\cdots,y_n)^{\mathrm{T}}\mid y_j\geqslant 0(j=1,2,\cdots,n);\ \sum_{j=1}^{n}y_j=1\right\}$$

其中 x_i 为甲方采用策略 $\alpha_i(i=1,2,\cdots,m)$ 的概率,y_j 为乙方采用策略 $\beta_j(j=1,2,\cdots,n)$ 的概率;则称 $\boldsymbol{X},\boldsymbol{Y}$ 为甲、乙方的**混合策略**,称 $\boldsymbol{S}_1^*,\boldsymbol{S}_2^*$ 为甲、乙方的**混合策略集**。称数学期望

$$\mathrm{ER}(\boldsymbol{X},\boldsymbol{Y})=\sum_{i=1}^{m}\sum_{j=1}^{n}a_{ij}x_iy_j=\boldsymbol{X}^{\mathrm{T}}\boldsymbol{A}\boldsymbol{Y}\tag{11-2}$$

为甲方的**赢得**(或乙方的**损失**),称

$$G^*=\{\boldsymbol{S}_1^*,\boldsymbol{S}_2^*,E\}$$

为对策 $G=\{\boldsymbol{S}_1,\boldsymbol{S}_2,\boldsymbol{A}\}$的**混合扩充**。

若有 $\boldsymbol{X}^*\in S_1^*$，$\boldsymbol{Y}^*\in S_2^*$，使下式成立：

$$\mathrm{ER}(\boldsymbol{X}^*,\boldsymbol{Y}^*)=\max_{\boldsymbol{X}}\min_{\boldsymbol{Y}}\mathrm{ER}(\boldsymbol{X},\boldsymbol{Y})=\min_{\boldsymbol{Y}}\max_{\boldsymbol{X}}\mathrm{ER}(\boldsymbol{X},\boldsymbol{Y})=v^* \tag{11-3}$$

则称 $\boldsymbol{X}^*$，$\boldsymbol{Y}^*$ 为甲、乙方的**最优策略**，称($\boldsymbol{X}^*$，$\boldsymbol{Y}^*$)为对策 G 的**解**，称 v^* 为对策 G 的**值**。

这样，鞍点(α_r,β_k)就成为对策 G 的解($\boldsymbol{X}^*$，$\boldsymbol{Y}^*$)的特例，即甲、乙方各以概率为 1 地分别选用唯一策略 α_r,β_k。

11.1.4 矩阵对策的基本原理

【定理 11-1】 若存在实数 v_0 以及 $\boldsymbol{X}^*\in S_1^*$，$\boldsymbol{Y}^*\in S_2^*$，则($\boldsymbol{X}^*$，$\boldsymbol{Y}^*$)为对策 G 的解且 $v^*=v_0$ 的充要条件是：对任意 $i\in\boldsymbol{I}=\{1,2,\cdots,m\}$和任意 $j\in\boldsymbol{J}=\{1,2,\cdots,n\}$，都有

$$\mathrm{ER}(\boldsymbol{e}_i,\boldsymbol{Y}^*)\leqslant v_0\leqslant\mathrm{ER}(\boldsymbol{X}^*,\boldsymbol{e}_j) \tag{11-4}$$

其中 $\boldsymbol{e}_i$(或 $\boldsymbol{e}_j$)是第 i(或第 j)个分量为 1 的单位向量。

【定理 11-2】 设 v^* 为矩阵对策 $G=\{\boldsymbol{S}_1,\boldsymbol{S}_2,\boldsymbol{A}\}$的值，则方程组

$$(\mathrm{I})\begin{cases}\displaystyle\sum_{i=1}^{m}a_{ij}x_i\geqslant v^*, & (j=1,2,\cdots,n) \quad (11\text{-}5\mathrm{a})\\ \displaystyle\sum_{i=1}^{m}x_i=1 & (11\text{-}5\mathrm{b})\\ x_i\geqslant 0, & (i=1,2,\cdots,m) \quad (11\text{-}5\mathrm{c})\end{cases}$$

的解 $\boldsymbol{X}^*=(x_1^*,x_2^*,\cdots,x_m^*)^{\mathrm{T}}$ 为甲方的最优策略；而方程组

$$(\mathrm{II})\begin{cases}\displaystyle\sum_{j=1}^{n}a_{ij}y_j\leqslant v^*, & (i=1,2,\cdots,m) \quad (11\text{-}6\mathrm{a})\\ \displaystyle\sum_{j=1}^{n}y_j=1 & (11\text{-}6\mathrm{b})\\ y_j\geqslant 0, & (j=1,2,\cdots,n) \quad (11\text{-}6\mathrm{c})\end{cases}$$

的解 $\boldsymbol{Y}^*=(y_1^*,y_2^*,\cdots,y_n^*)^{\mathrm{T}}$ 为乙方的最优策略。

定理 11-2 是定理 11-1 的直接推论，它将式(11-2)中的 x_iy_j 分解开来，形成两个独立线性方程组，这是它的重要功效。但是方程组(Ⅰ)，(Ⅱ)中均含有一些不等式方程，一般很难求解。

【定理 11-3】 若($\boldsymbol{X}^*$，$\boldsymbol{Y}^*$)与 v^* 为对策 G 的解与值，则对任意 $i\in\boldsymbol{I}$ 和任意 $j\in\boldsymbol{J}$ 都有

(1) 若 $x_i^*>0$，则 $\displaystyle\sum_{j=1}^{n}a_{ij}y_j^*=v^*$；

(2) 若 $y_j^*>0$，则 $\displaystyle\sum_{i=1}^{m}a_{ij}x_i^*=v^*$；

(3) 若 $\displaystyle\sum_{j=1}^{n}a_{ij}y_j^*<v^*$，则 $x_i^*=0$；

(4) 若 $\displaystyle\sum_{i=1}^{m}a_{ij}x_i^*>v^*$，则 $y_j^*=0$。

定理 11-3 反映了两个方程组(Ⅰ),(Ⅱ)及其解之间的互补松紧性,这类似线性规划的**最优松紧性**。

【定理 11-4】 矩阵对策的基本定理 任何矩阵对策 $G=\{\boldsymbol{S}_1,\boldsymbol{S}_2,\boldsymbol{A}\}$ 在混合策略意义下肯定有解。

证明 由于对甲方来说,有

$$v^* = \max \mathrm{ER}(\boldsymbol{X},\boldsymbol{Y}^*)$$

因此可由方程组(Ⅰ)构造一个与其同解的线性规划

$$(\mathrm{P}_1):\max v \tag{11-7a}$$

$$\text{s.t.}\begin{cases}\sum_{i=1}^{m} a_{ij}x_i \geqslant v, & (j=1,2,\cdots,n) \quad (11\text{-}7\text{b})\\ \sum_{i=1}^{m} x_i = 1 & (11\text{-}7\text{c})\\ x_i \geqslant 0, & (i=1,2,\cdots,m) \quad (11\text{-}7\text{d})\end{cases}$$

同理,可由方程组(Ⅱ)构造一个与其同解的线性规划

$$(\mathrm{D}_1):\min u \tag{11-8a}$$

$$\text{s.t.}\begin{cases}\sum_{j=1}^{n} a_{ij}y_j \leqslant u, & (i=1,2,\cdots,m) \quad (11\text{-}8\text{b})\\ \sum_{j=1}^{n} y_j = 1 & (11\text{-}8\text{c})\\ y_j \geqslant 0, & (j=1,2,\cdots,n) \quad (11\text{-}8\text{d})\end{cases}$$

不难看出(P_1)与(D_1)互为对偶。

(P_1)肯定有解,譬如

$$\boldsymbol{X}=(1,0,\cdots,0)^{\mathrm{T}}, \quad v=\min_j a_{1j}$$

就是(P_1)的一个可行解。

因此,若假设(P_1)无最优解,则只能是解无界,即有 $v\to\infty$,这就导致

$$\sum_{i=1}^{m} a_{ij}x_i \geqslant v \to \infty$$

而 $a_{ij}<\infty$,$0\leqslant x_i\leqslant 1$,$(i=1,2,\cdots,m)$,可知上式显然不成立,因此"假设$(\mathrm{P}_1)$无最优解"是错误的,所以$(\mathrm{P}_1)$有最优解 $\boldsymbol{X}^*$,v^*。根据线性规划的对偶性质 4(1)(强对偶性),则(D_1)也有最优解 $\boldsymbol{Y}^*$,u^*,且二者最优值相等:$v^*=u^*$。

综上,存在实数 $v^*=u^*$,以及 $\boldsymbol{X}^*\in\boldsymbol{S}_1^*$,$\boldsymbol{Y}^*\in\boldsymbol{S}_2^*$,能使

$$\sum_{j=1}^{n} a_{ij}y_j^* \leqslant u^* = v^* \leqslant \sum_{i=1}^{m} a_{ij}x_i^*$$

对一切 $i=1,2,\cdots,m$ 和一切 $j=1,2,\cdots,n$ 都成立,而上式符合式(11-4),故按定理 11-1,矩阵对策 G 有解$(\boldsymbol{X}^*,\boldsymbol{Y}^*)$。 **(证毕)**

定理 11-4 不仅从理论上确保任何矩阵对策 G 混合扩充后肯定有解,而且其构造性的证明还提供了一种通用有效的求解方法,即 LP 法。但有些特殊的矩阵对策,还能有一些更简单的特殊方法。

11.2 特殊方法

11.2.1 特殊解法

1. 特殊方程组解法

如前所述，方程组（Ⅰ），（Ⅱ）中均含有一些不等式方程，一般很难求解。但有些特殊的方程组（Ⅰ），（Ⅱ）还是能够直接求解的。

【例 11-3】 甲、乙两人一起玩“锤剪袱”的划拳游戏，其中，握拳表示“锤子”，伸出食指与中指表示“剪子”，伸出5指表示“包袱”。该游戏规定：锤胜剪，剪胜袱，袱胜锤。为构建赢得函数，可规定每次划拳，胜得1分，负得－1分，双方平手各得0分，则该对策的基本模型如表11-5所示。

表 11-5 “锤剪袱”划拳游戏的基本模型

甲＼乙	β_1（锤）	β_2（剪）	β_3（袱）	甲方概率 x_i
α_1（锤）	0	1	－1	x_1
α_2（剪）	－1	0	1	x_2
α_3（袱）	1	－1	0	x_3
乙方概率 y_j	y_1	y_2	y_3	

解 已知该对策无鞍点，则混合扩充后，按定理11-2和表11-5，可得两个方程组：

$$(\text{Ⅰ})\begin{cases} -x_2+x_3\geqslant v^* & ① \\ x_1-x_3\geqslant v^* & ② \\ -x_1+x_2\geqslant v^* & ③ \\ x_1+x_2+x_3=1 & ④ \\ x_1,\ x_2,\ x_3\geqslant 0 & ⑤ \end{cases}$$

$$(\text{Ⅱ})\begin{cases} y_2-y_3\leqslant v^* & ① \\ -y_1+y_3\leqslant v^* & ② \\ y_1-y_2\leqslant v^* & ③ \\ y_1+y_2+y_3=1 & ④ \\ y_1,\ y_2,\ y_3\geqslant 0 & ⑤ \end{cases}$$

分别将两组的式①，②，③相加，得

$$0\geqslant 3v^*,\quad 0\leqslant 3v^*$$

故

$$v^*=0$$

将 $v^*=0$ 分别代入两组的式①，②，③中，可得

$$x_1\leqslant x_2\leqslant x_3\leqslant x_1,\quad y_1\leqslant y_2\leqslant y_3\leqslant y_1$$

故

$$x_1=x_2=x_3,\quad y_1=y_2=y_3$$

再结合式④,可得

$$X^* = (1/3, 1/3, 1/3)^T, \quad Y^* = (1/3, 1/3, 1/3)^T$$

这说明参与游戏者均以1/3的概率随机选取锤、剪、袱的拳法,则划拳很多次后的结果是双方作和,而对策值 $v^*=0$ 则意味着该游戏对双方是公平合理的。

2. 取等式试解法

研究表明,方程组(Ⅰ),(Ⅱ)中的不等式方程,在大多情况下都为等式。因此,不妨将其全都取为等式来试行求解,若所得 X^* 的一切分量 $x_i^* \geqslant 0(i=1,2,\cdots,m)$,且所得 Y^* 的一切分量 $y_j^* \geqslant 0(j=1,2,\cdots,n)$,则试解成功,$(X^*, Y^*)$ 就是该对策的解。否则,只要有一个分量 $x_i^*<0$ 或 $y_j^*<0$,则试解失败,需要另行求解。

这种方法就是**取等式试解法**。

3. 二阶矩阵对策的通解公式

考虑二阶矩阵对策 $G=(\boldsymbol{S}_1, \boldsymbol{S}_2, \boldsymbol{A})$,见表11-6。

表 11-6

甲 \ 乙	β_1	β_2	甲方概率 x_i
α_1	a	b	x_1
α_2	c	d	x_2
乙方概率 y_j	y_1	y_2	

若 G 有鞍点,则由式(11-1)易得其解。若 G 无鞍点,则按定理11-2构成两个方程组,可解得

$$D=(a+d)-(b+c) \tag{11-9a}$$

$$\begin{cases} x_1^* = \dfrac{d-c}{D} & (11\text{-}9b) \\ x_2^* = \dfrac{a-b}{D} & (11\text{-}9c) \end{cases}$$

$$\begin{cases} y_1^* = \dfrac{d-b}{D} & (11\text{-}9d) \\ y_2^* = \dfrac{a-c}{D} & (11\text{-}9e) \end{cases}$$

$$v^* = \frac{ad-bc}{D} \tag{11-9f}$$

如例11-2,按此通解公式,有

$$D=(5+4)-(2+1)=6$$

$$\begin{cases} x_1^* = (4-1)/6 = 1/2 \\ x_2^* = (5-2)/6 = 1/2 \end{cases}$$

$$\begin{cases} y_1^* = (4-2)/6 = 1/3 \\ y_2^* = (5-1)/6 = 2/3 \end{cases}$$

$$v^* = (5\times4-2\times1)/6 = 3$$

结果同前一致。

4. 图解法

图解法只适用于 $2\times n$ 阶或 $m\times 2$ 阶矩阵对策，下面举例加以说明。

【例 11-4】 求解矩阵对策 $G=\{\boldsymbol{S}_1,\boldsymbol{S}_2,\boldsymbol{A}\}$，其中

$$\boldsymbol{A}=\begin{pmatrix}3 & 4 & 7\\ 6 & 3 & 2\end{pmatrix}$$

解 已知该对策无鞍点，则混合扩充，见表 11-7。

表 11-7

甲 \ 乙	β_1	β_2	β_3	甲方概率 x_i
α_1	3	4	7	$x_1=x$
α_2	6	3	2	$x_2=1-x$
乙方概率 y_j	y_1	y_2	y_3	

当乙方采用策略 $\beta_j(j=1,2,3)$ 时，甲方的期望赢得为

$$v(x,\beta_j)=\mathrm{ER}(\boldsymbol{X},e_j)=\sum_{i=1}^{m}a_{ij}x_i,\quad (j=1,2,3)$$

即

$$v(x,\beta_1)=3x+6(1-x)\tag{11-10a}$$

$$v(x,\beta_2)=4x+3(1-x)\tag{11-10b}$$

$$v(x,\beta_3)=7x+2(1-x)\tag{11-10c}$$

在以 x 为横轴、以 v 为纵轴的平面直角坐标系中，依次画出上述 3 条直线(见图 11-1)，分别称为 β_1,β_2,β_3 **策略线**。

由于甲方对期望赢得 $v(x,\beta_j)$“小中取大”，即

$$\max_{x}\min_{\beta_j}v(x,\beta_j)$$

因此，先确定 $\min v(x,\beta_j)$，即 β_1,β_2,β_3 三条策略线的**下包络线**，如图 11-1 中的粗折线所示。然后在 v 的下包络线上选择 v 值最大的一点为最优点，即图 11-1 中的点 M。

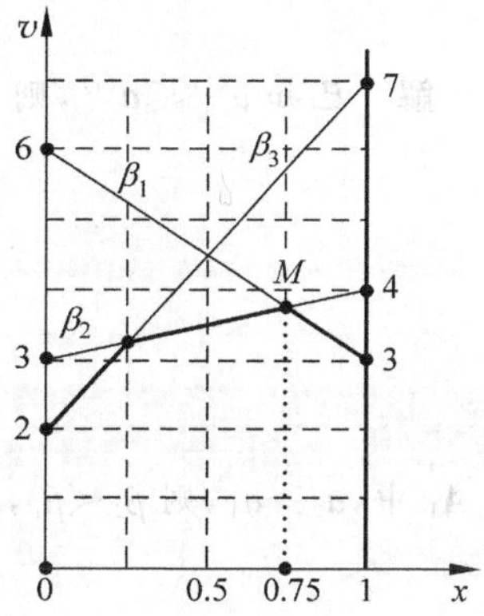

图 11-1

由于点 M 为 β_1,β_2 策略线的交点，所以联立相应两个直线方程(11-10a)，(11-10b)，即有

$$\begin{cases}6-3x=v\\ 3+\ x=v\end{cases}$$

解得

$$x^*=0.75,\quad v^*=3.75$$

另外，最优点 M 没有位于 β_3 策略线上，这表明乙方的最优决策是不采用 β_3 策略，亦即 $y_3=0$。

这样，方程组(Ⅱ)便简化为

$$\begin{cases}3y_1+4y_2=3.75\\ 6y_1+3y_2=3.75\end{cases}$$

解得

$$y_1^* = 0.25, \quad y_2^* = 0.75$$

综上,该对策 G 的解为

$$\boldsymbol{X}^* = (0.75,\ 0.25)^{\mathrm{T}}, \quad \boldsymbol{Y}^* = (0.25,\ 0.75,\ 0)^{\mathrm{T}}; \quad v^* = 3.75$$

本例为 $2\times n$ 阶类型的矩阵对策。对于 $m\times 2$ 阶类型的矩阵对策,可类比画出 m 条 α_i **策略线**,并取其**上包络线**的 v 值**最小点**为最优点。

11.2.2 特殊化简方法

1. 降阶化——汰劣准则

(1) 直接汰劣

设有对策 $G=\{\boldsymbol{S}_1,\boldsymbol{S}_2,\boldsymbol{A}\}$,其中 $\boldsymbol{A}=(a_{ij})_{m\times n}$。记以 $\boldsymbol{a}^{(i)}$ 表示 $\boldsymbol{A}$ 阵的第 i 行,仍以 $\boldsymbol{a}_j$ 表示 $\boldsymbol{A}$ 阵的第 j 列。

① 若 $\boldsymbol{a}^{(l)}\leqslant\boldsymbol{a}^{(k)}$,则 $\alpha_l\prec\alpha_k$,称 α_l 为**甲方的劣策略**;

② 若 $\boldsymbol{a}_s\geqslant\boldsymbol{a}_r$,则 $\beta_s\prec\beta_r$,称 β_s 为**乙方的劣策略**。

而劣策略理应淘汰,即可删除其所对应的 $\boldsymbol{A}$ 阵那行或那列,从而使 $\boldsymbol{A}$ 阵**降阶**,这就是**汰劣准则**。

【例 11-5】 求解矩阵对策 $G=\{\boldsymbol{S}_1,\boldsymbol{S}_2,\boldsymbol{A}\}$,其中

$$\boldsymbol{A}=\begin{array}{c} \\ \alpha_1\\ \alpha_2\\ \alpha_3\\ \alpha_4\\ \\ \end{array}\begin{array}{c}\begin{matrix}\beta_1 & \beta_2 & \beta_3 & \beta_4\end{matrix}\\ \begin{pmatrix}1 & 0 & 3 & 1\\ 2 & 4 & 0 & 3\\ 1 & 5 & 2 & 1\\ 1 & 2 & 3 & 2\end{pmatrix}\\ \begin{matrix}\boldsymbol{a}_1 & \boldsymbol{a}_2 & \boldsymbol{a}_3 & \boldsymbol{a}_4\end{matrix}\end{array}\begin{array}{c} \\ \boldsymbol{a}^{(1)}\\ \boldsymbol{a}^{(2)}\\ \boldsymbol{a}^{(3)}\\ \boldsymbol{a}^{(4)}\\ \\ \end{array}$$

解 已知 $\boldsymbol{a}^{(1)}\leqslant\boldsymbol{a}^{(4)}$,则 $\alpha_1\prec\alpha_4$,从 $\boldsymbol{A}$ 阵中删除 $\boldsymbol{a}^{(1)}$,得

$$\boldsymbol{A}\to\boldsymbol{A}_1=\begin{array}{c} \\ \alpha_2\\ \alpha_3\\ \alpha_4\\ \\ \end{array}\begin{array}{c}\begin{matrix}\beta_1 & \beta_2 & \beta_3 & \beta_4\end{matrix}\\ \begin{pmatrix}2 & 4 & 0 & 3\\ 1 & 5 & 2 & 1\\ 1 & 2 & 3 & 2\end{pmatrix}\\ \begin{matrix}\boldsymbol{a}_1 & \boldsymbol{a}_2 & \boldsymbol{a}_3 & \boldsymbol{a}_4\end{matrix}\end{array}\begin{array}{c} \\ \boldsymbol{a}^{(2)}\\ \boldsymbol{a}^{(3)}\\ \boldsymbol{a}^{(4)}\\ \\ \end{array}$$

在 $\boldsymbol{A}_1$ 中,$\boldsymbol{a}_2>\boldsymbol{a}_1$,则 $\beta_2\prec\beta_1$,从 $\boldsymbol{A}_1$ 阵中删除 $\boldsymbol{a}_2$,得

$$\boldsymbol{A}_1\to\boldsymbol{A}_2=\begin{array}{c} \\ \alpha_2\\ \alpha_3\\ \alpha_4\\ \\ \end{array}\begin{array}{c}\begin{matrix}\beta_1 & \beta_3 & \beta_4\end{matrix}\\ \begin{pmatrix}2 & 0 & 3\\ 1 & 2 & 1\\ 1 & 3 & 2\end{pmatrix}\\ \begin{matrix}\boldsymbol{a}_1 & \boldsymbol{a}_3 & \boldsymbol{a}_4\end{matrix}\end{array}\begin{array}{c} \\ \boldsymbol{a}^{(2)}\\ \boldsymbol{a}^{(3)}\\ \boldsymbol{a}^{(4)}\\ \\ \end{array}$$

在 $\boldsymbol{A}_2$ 中,$\alpha_3\prec\alpha_4$,删除 $\boldsymbol{a}^{(3)}$,得

$$\boldsymbol{A}_2\to\boldsymbol{A}_3=\begin{array}{c} \\ \alpha_2\\ \alpha_4\\ \\ \end{array}\begin{array}{c}\begin{matrix}\beta_1 & \beta_3 & \beta_4\end{matrix}\\ \begin{pmatrix}2 & 0 & 3\\ 1 & 3 & 2\end{pmatrix}\\ \begin{matrix}\boldsymbol{a}_1 & \boldsymbol{a}_3 & \boldsymbol{a}_4\end{matrix}\end{array}\begin{array}{c} \\ \boldsymbol{a}^{(2)}\\ \boldsymbol{a}^{(4)}\\ \\ \end{array}$$

在 $\boldsymbol{A}_3$ 中，$\beta_4 < \beta_1$，删除 $\boldsymbol{a}_4$，得

$$\boldsymbol{A}_3 \rightarrow \boldsymbol{A}_4 = \begin{matrix} & \beta_1 & \beta_3 & \\ \alpha_2 & 2 & 0 & \boldsymbol{a}^{(2)} \\ \alpha_4 & 1 & 3 & \boldsymbol{a}^{(4)} \\ & \boldsymbol{a}_1 & \boldsymbol{a}_3 & \end{matrix}$$

$\boldsymbol{A}_4$ 已为2阶矩阵并且不能降阶，则按通解公式，得

$$\boldsymbol{X}^* = (0,\ 0.5,\ 0,\ 0.5)^{\mathrm{T}},\quad \boldsymbol{Y}^* = (0.75,\ 0,\ 0.25,\ 0)^{\mathrm{T}};\quad v^* = 1.5$$

(2) **凸组合汰劣**

像上面求解例11-5这样，直接比较两行或两列而汰劣，可谓**直接汰劣**。有时，也能**凸组合汰劣**：

① 若有两个或更多行向量的凸组合大于等于某行，则可删除该行；

② 若有两个或更多列向量的凸组合小于等于某列，则可删除该列。

下面举例加以说明。

【例11-6】 求解矩阵对策 $G=(\boldsymbol{S}_1, \boldsymbol{S}_2, \boldsymbol{A})$，其中

$$\boldsymbol{A} = \begin{matrix} & \beta_1 & \beta_2 & \beta_3 & \beta_4 & \\ \alpha_1 & 2 & 4 & 3 & 0 & \boldsymbol{a}^{(1)} \\ \alpha_2 & 3 & 1 & 4 & 2 & \boldsymbol{a}^{(2)} \\ \alpha_3 & 4 & 2 & 3 & 4 & \boldsymbol{a}^{(3)} \\ \alpha_4 & 0 & 3 & 2 & 1 & \boldsymbol{a}^{(4)} \\ & \boldsymbol{a}_1 & \boldsymbol{a}_2 & \boldsymbol{a}_3 & \boldsymbol{a}_4 & \end{matrix}$$

解 虽然本题不能直接汰劣，但因 $\boldsymbol{a}^{(4)} \leqslant 0.5\boldsymbol{a}^{(1)} + 0.5\boldsymbol{a}^{(3)}$，故此 α_4 劣汰，删除 $\boldsymbol{a}^{(4)}$，得

$$\boldsymbol{A}_1 = \begin{matrix} & \beta_1 & \beta_2 & \beta_3 & \beta_4 & \\ \alpha_1 & 2 & 4 & 3 & 0 & \boldsymbol{a}^{(1)} \\ \alpha_2 & 3 & 1 & 4 & 2 & \boldsymbol{a}^{(2)} \\ \alpha_3 & 4 & 2 & 3 & 4 & \boldsymbol{a}^{(3)} \\ & \boldsymbol{a}_1 & \boldsymbol{a}_2 & \boldsymbol{a}_3 & \boldsymbol{a}_4 & \end{matrix}$$

由于 $\boldsymbol{a}_1$ 与 $\boldsymbol{a}_3$ 都 $\geqslant 0.5\boldsymbol{a}_2 + 0.5\boldsymbol{a}_4$，因此 β_1 与 β_3 劣汰，删除 $\boldsymbol{a}_1$ 与 $\boldsymbol{a}_3$，得

$$\boldsymbol{A}_2 = \begin{matrix} & \beta_2 & \beta_4 & \\ \alpha_1 & 4 & 0 & \boldsymbol{a}^{(1)} \\ \alpha_2 & 1 & 2 & \boldsymbol{a}^{(2)} \\ \alpha_3 & 2 & 4 & \boldsymbol{a}^{(3)} \\ & \boldsymbol{a}_2 & \boldsymbol{a}_4 & \end{matrix}$$

由于 $\boldsymbol{a}^{(2)} \leqslant \boldsymbol{a}^{(3)}$，因此 α_2 劣汰，删除 $\boldsymbol{a}^{(2)}$，得

$$\boldsymbol{A}_3 = \begin{matrix} & \beta_2 & \beta_4 & \\ \alpha_1 & 4 & 0 & \boldsymbol{a}^{(1)} \\ \alpha_3 & 2 & 4 & \boldsymbol{a}^{(3)} \\ & \boldsymbol{a}_2 & \boldsymbol{a}_4 & \end{matrix}$$

按通解公式，得

$$X^* = (1/3, 0, 2/3, 0)^T, \quad Y^* = (0, 2/3, 0, 1/3)^T; \quad v^* = 2\frac{2}{3}$$

2. 稀疏化——同解变换

【例 11-7】 求解矩阵对策 $G=\{\boldsymbol{S}_1, \boldsymbol{S}_2, \boldsymbol{A}\}$,其中

$$\boldsymbol{A} = \begin{bmatrix} 1 & 1 & 5 \\ 3 & 1 & 1 \\ 1 & 5 & 1 \end{bmatrix}$$

解 由于 $\boldsymbol{A}$ 阵中多半元素为 1,故将 $\boldsymbol{A}$ 阵中所有元素都减去 1,化成

$$\boldsymbol{A}' = \begin{bmatrix} 0 & 0 & 4 \\ 2 & 0 & 0 \\ 0 & 4 & 0 \end{bmatrix}$$

从而得到稀疏阵 $\boldsymbol{A}'$,谓之矩阵的**稀疏化**。

记 $\boldsymbol{A}'$ 相应的对策为 $G'=\{\boldsymbol{S}_1, \boldsymbol{S}_2, \boldsymbol{A}'\}$,其值为 v'。按定理 11-2,可建立两个方程组:

$$(\mathrm{I})\begin{cases} 4x_1 \geqslant v' & ① \\ 2x_2 \geqslant v' & ② \\ 4x_3 \geqslant v' & ③ \\ x_1 + x_2 + x_3 = 1 & ④ \\ x_1,\ x_2,\ x_3 \geqslant 0 & ⑤ \end{cases}$$

$$(\mathrm{II})\begin{cases} 2y_1 \leqslant v' & ① \\ 4y_2 \leqslant v' & ② \\ 4y_3 \leqslant v' & ③ \\ y_1 + y_2 + y_3 = 1 & ④ \\ y_1,\ y_2,\ y_3 \geqslant 0 & ⑤ \end{cases}$$

将方程组(Ⅰ)的①/4+②/2+③/4,得

$$x_1 + x_2 + x_3 \geqslant v'$$

再由式④,得

$$v' \leqslant 1$$

类似可由方程组(Ⅱ)得到

$$v' \geqslant 1$$

故

$$v' = 1$$

将 $v'=1$ 代入方程组(Ⅰ)的式①,②,③中,可得

$$x_1 \geqslant 0.25 > 0$$
$$x_2 \geqslant 0.50 > 0$$
$$x_3 \geqslant 0.25 > 0$$

则按定理 11-3,可知方程组(Ⅱ)的式①,②,③均取等式,可得

$$Y^* = (0.5, 0.25, 0.25)^T > (0,0,0)^T$$

由此同样按定理 11-3,可知方程组(Ⅰ)的式①,②,③均取等式,可得

$$X^* = (0.25, 0.5, 0.25)^T$$

另外，取等式试解 $\boldsymbol{A}$ 阵对应的原对策问题，其解与上面所得 $\boldsymbol{X}^*$，$\boldsymbol{Y}^*$ 完全相同，但其值为

$$v^* = 2$$

v^* 与 v' 的差额为 $v^* - v' = 2 - 1 = 1$，恰好是 $\boldsymbol{A}$ 变为 $\boldsymbol{A}'$ 时阵中元素的共同减数，这是必然规律。

【定理 11-5】 设有两个矩阵对策

$$G = \{\boldsymbol{S}_1, \boldsymbol{S}_2, \boldsymbol{A} = (a_{ij})\}$$
$$G' = \{\boldsymbol{S}_1, \boldsymbol{S}_2, \boldsymbol{A}' = (a_{ij} \pm c)\}, \quad (c > 0)$$

则 G 与 G' 同解，而 G 的值 v^* 与 G' 的值 v'^* 有如下关系：

$$v^* = v'^* \mp c \tag{11-11}$$

定理 11-5 给出的矩阵变换，即阵中元素都加上或都减去同一个常数 c，不改变对策的解，故称为**同解变换**。对具有多半相同元素的赢得矩阵，用此变换可使其**稀疏化**，从而便于求解。例 11-6 正是如此求解的。

11.3 线性规划法

11.3.1 基本方法

如前所述，定理 11-4 给出了矩阵对策一种通用有效的 LP 法，下面举例加以说明。

【例 11-8】 求解矩阵对策 $G = \{\boldsymbol{S}_1, \boldsymbol{S}_2, \boldsymbol{A}\}$，其中

$$\boldsymbol{A} = \begin{pmatrix} 1 & -4 & 2 \\ -3 & 2 & 0 \\ 0 & 0 & 4 \end{pmatrix}$$

解 按定理 11-4 的式(11-7)，为该对策 G 构建一个 LP 模型(P_1)：

$$\max v$$
$$\text{s.t.} \begin{cases} x_1 - 3x_2 \geqslant v \\ -4x_1 + 2x_2 \geqslant v \\ 2x_1 + 4x_3 \geqslant v \\ x_1 + x_2 + x_3 = 1 \\ x_1, \quad x_2, \quad x_3 \geqslant 0 \end{cases}$$

令 $v = v_1 - v_2$，标准化，并按两阶段法引入人工变量 x_7，化为典式

$$\max w = -x_7$$
$$\text{s.t.} \begin{cases} v_1 - v_2 - x_1 + 3x_2 + x_4 = 0 \\ v_1 - v_2 + 4x_1 - 2x_2 + x_5 = 0 \\ v_1 - v_2 - 2x_1 - 4x_3 + x_6 = 0 \\ x_1 + x_2 + x_3 + x_7 = 1 \\ v_1, \quad v_2, \quad x_1, \quad x_2, \quad x_3, \quad x_4, \quad x_5, \quad x_6, \quad x_7 \geqslant 0 \end{cases}$$

用两阶段法求解，第一阶段迭代求解过程见表 11-8。

表 11-8　例 11-8 的第一阶段迭代单纯形表

序	c_j			0	0	0	0	0	0	0	0	−1
		基	解	v_1	v_2	x_1	x_2	x_3	x_4	x_5	x_6	x_7
(a)	0	x_4	0	1	−1	−1	3	0	1	0	0	0
	0	x_5	0	1	−1	4	−2	0	0	1	0	0
	0	x_6	0	1	−1	−2	0	−4	0	0	1	0
	−1	x_7	1	0	0	1	1	①	0	0	0	1
			−1	0	0	−1	−1	−1	0	0	0	0
(b)	0	x_4	0	1	−1	−1	3	0	1	0	0	0
	0	x_5	0	1	−1	4	−2	0	0	1	0	0
	0	x_6	4	1	−1	2	4	0	0	0	1	4
	0	x_3	1	0	0	1	1	1	0	0	0	1
			0	0	0	0	0	0	0	0	0	1

表 11-8(b)已为最优，而 $w^*=0$，故转入第二阶段求解原问题，其迭代过程见表 11-9。

表 11-9　例 11-8 的第二阶段迭代单纯形表

序	c_j			1	−1	0	0	0	0	0	0
		基	解	v_1	v_2	x_1	x_2	x_3	x_4	x_5	x_6
(a)	0	x_4	0	①	−1	−1	3	0	1	0	0
	0	x_5	0	1	−1	4	−2	0	0	1	0
	0	x_6	4	1	−1	2	4	0	0	0	1
	0	x_3	1	0	0	1	1	1	0	0	0
			0	−1	1	0	0	0	0	0	0
(b)	0	v_1	0	1	−1	−1	3	0	1	0	0
	0	x_5	0	0	0	⑤	−5	0	−1	1	0
	0	x_6	4	0	0	3	1	0	−1	0	1
	0	x_3	1	0	0	1	1	1	0	0	0
			0	0	0	−1	3	0	1	0	0
(c)	0	v_1	0	1	−1	0	2	0	4/5	1/5	0
	0	x_1	0	0	0	1	(−1)	0	−1/5	1/5	0
	0	x_6	4	0	0	0	4	0	−2/5	−3/5	1
	0	x_3	1	0	0	0	2	1	1/5	−1/5	0
			0	0	0	0	2	0	4/5	1/5	0
(d)	0	v_1	0	1	−1	2	0	0	2/5	3/5	0
	0	x_2	0	0	0	−1	1	0	1/5	−1/5	0
	0	x_6	4	0	0	4	0	0	−6/5	1/5	1
	0	x_3	1	0	0	2	0	1	−1/5	1/5	0
			0	0	0	2	0	0	2/5	3/5	0
									y_1^*	y_2^*	y_3^*

表 11-9(c)已为最优，但因基变量 $x_1=0$，可知对偶问题有多重解，故再额外迭代一次。

由表 11-9(c)，(d)可知

$$X^*=(0,0,1)^{\mathrm{T}}$$

$$\begin{aligned} \boldsymbol{Y}^* &= \mu(4/5,\ 1/5,\ 0)^{\mathrm{T}} + (1-\mu)(2/5,\ 3/5,\ 0)^{\mathrm{T}} \\ &= (0.4+0.4\mu,\ 0.6-0.4\mu,\ 0)^{\mathrm{T}}, \quad \mu \in [0,1] \\ v^* &= 0 \end{aligned}$$

11.3.2 简化方法

矩阵对策的 LP 问题(P_1),(D_1)均能适当简化,现仅就问题

$$(D_1):\ \min v \tag{11-12a}$$

$$\text{s.t.}\begin{cases} \sum\limits_{j=1}^{n} a_{ij} y_j \leqslant v, & (i=1,2,\cdots,m) \quad (11\text{-}12b) \\ \sum\limits_{j=1}^{n} y_j = 1 & (11\text{-}12c) \\ y_j \geqslant 0, & (j=1,2,\cdots,n) \quad (11\text{-}12d) \end{cases}$$

加以说明。由于总能采用定理 11-5 中的同解变换

$$a'_{ij} = a_{ij} + c, \quad (i=1,2,\cdots,m;\ j=1,2,\cdots,n)$$

将 $\boldsymbol{A}=(a_{ij})$ 化成 $\boldsymbol{A}'=(a'_{ij})$,因此只要选取足够大的 $c>0$,就能使一切 $a'_{ij}>0$,从而确保对策 G' 的值 $v'>0$。这是因为式(11-12c)与(11-12d)成立,则由式(11-12b)有

$$v' \geqslant \sum_{j=1}^{n} a'_{ij} y_j > 0, \quad (i=1,2,\cdots,m)$$

因此,为叙述简便,不妨假设问题(D_1)中的对策值 $v>0$。这样,通过变量代换

$$y_j = v y'_j, \quad (j=1,2,\cdots,n)$$

可将问题(D_1)化为

$$(D'_1):\ \min v \quad ⓪$$

$$\text{s.t.}\begin{cases} \sum\limits_{j=1}^{n} a_{ij} y'_j \leqslant 1, & (i=1,2,\cdots,m) \quad ① \\ \sum\limits_{j=1}^{n} y'_j = 1/v & ② \\ y'_j \geqslant 0, & (j=1,2,\cdots,n) \quad ③ \end{cases}$$

因目标要求为 $\min v$,故 $1/v$ 应 max。令 $z=1/v$,则可将约束②化作目标函数,从而将问题(D'_1)化为

$$(D'):\ \max z = \sum_{j=1}^{n} y'_j \tag{11-13a}$$

$$\text{s.t.}\begin{cases} \sum\limits_{j=1}^{n} a_{ij} y'_j \leqslant 1, & (i=1,2,\cdots,m) \quad (11\text{-}13b) \\ y'_j \geqslant 0, & (j=1,2,\cdots,n) \quad (11\text{-}13c) \end{cases}$$

与此类似地,可将 LP 问题(P_1)简化为

$$(\mathrm{P}'):\min w=\sum_{i=1}^{m}x'_i \tag{11-14a}$$

$$\text{s.t.}\begin{cases}\sum_{i=1}^{m}a_{ij}x'_i\geqslant 1, & (j=1,2,\cdots,n) & (11\text{-}14\text{b})\\ x'_i\geqslant 0, & (i=1,2,\cdots,m) & (11\text{-}14\text{c})\end{cases}$$

简化前后的两类问题,其解之间的关系如下:

$$z^*=w^*$$

$$v^*=1/z^*,\quad \boldsymbol{X}^*=v^*\boldsymbol{X}'^*,\quad \boldsymbol{Y}^*=v^*\boldsymbol{Y}'^* \tag{11-15}$$

【例 11-9】 试用简化方法重新求解例 11-8 中的矩阵对策 G。

解 先用同解变换,把 $\boldsymbol{A}$ 阵中的元素都加上 4,化为非负

$$\boldsymbol{A}'=\begin{pmatrix}5&0&6\\1&6&4\\4&4&8\end{pmatrix}\begin{matrix}x'_1\\x'_2\\x'_3\end{matrix}$$
$$\quad y'_1\ \ y'_2\ \ y'_3$$

再按式(11-13)建立 LP 模型(D′):

$$\max z=y'_1+y'_2+y'_3$$

$$\text{s.t.}\begin{cases}5y'_1 & & +6y'_3 & \leqslant 1\\ y'_1 & +6y'_2 & +4y'_3 & \leqslant 1\\ 4y'_1 & +4y'_2 & +8y'_3 & \leqslant 1\\ y'_1, & y'_2, & y'_3 & \geqslant 0\end{cases}$$

标准化,得

$$\max z=y'_1+y'_2+y'_3$$

$$\text{s.t.}\begin{cases}5y'_1 & & +6y'_3 & +y'_4 & & & =1\\ y'_1 & +6y'_2 & +4y'_3 & & +y'_5 & & =1\\ 4y'_1 & +4y'_2 & +8y'_3 & & & +y'_6 & =1\\ y'_1, & y'_2, & y'_3, & y'_4, & y'_5, & y'_6 & \geqslant 0\end{cases}$$

用单纯形法求解,见表 11-10。

表 11-10 例 11-9 的迭代单纯形表

序	c_j	基	解	1 y'_1	1 y'_2	1 y'_3	0 y'_4	0 y'_5	0 y'_6
(a)	0	y'_4	1	⑤	0	6	1	0	0
	0	y'_5	1	1	6	4	0	1	0
	0	y'_6	1	4	4	8	0	0	1
			0	−1	−1	−1	0	0	0
(b)	1	y'_1	1/5	1	0	6/5	1/5	0	0
	0	y'_5	4/5	0	6	14/5	−1/5	1	0
	0	y'_6	1/5	0	④	16/5	−4/5	0	1
			1/5	0	−1	1/5	1/5	0	0

续表

序	c_j			1	1	1	0	0	0
		基	解	y_1'	y_2'	y_3'	y_4'	y_5'	y_6'
(c)	1	y_1'	1/5	1	0	6/5	1/5	0	0
	0	y_5'	1/2	0	0	−2	①	1	−3/2
	1	y_2'	1/20	0	1	4/5	−1/5	0	1/4
			1/4	0	0	1	0	0	1/4
(d)	1	y_1'	1/10	1	0	8/5	0	−1/5	3/10
	0	y_4'	1/2	0	0	−2	1	1	−3/2
	1	y_2'	3/20	0	1	2/5	0	1/5	−1/20
			1/4	0	0	1	0	0	1/4
							x_1^*	x_2^*	x_3^*

由表11-10得(D′)的解

$$z^* = 1/4$$
$$\boldsymbol{Y}'^* = (1/5,\ 1/20,\ 0)^{\mathrm{T}} 或 (1/10,\ 3/20,\ 0)^{\mathrm{T}}$$
$$\boldsymbol{X}'^* = (0,\ 0,\ 1/4)^{\mathrm{T}}$$

按式(11-15)，得

$$v'^* = 1/z^* = 4$$
$$\boldsymbol{X}^* = 4\boldsymbol{X}'^* = (0,0,1)^{\mathrm{T}}$$
$$\boldsymbol{Y}^* = 4\boldsymbol{Y}'^* = (4/5,\ 1/5,\ 0)^{\mathrm{T}} 或 (2/5,\ 3/5,\ 0)^{\mathrm{T}}$$

再按式(11-11)，得

$$v^* = v'^* - 4 = 0$$

【定理11-6】 矩阵对策的取值范围

设对策 $G=\{\boldsymbol{S}_1,\boldsymbol{S}_2,\boldsymbol{A}\}$，其中 $\boldsymbol{A}=(a_{ij})_{m\times n}$。令

$$v^- = \max_i \min_j (a_{ij}) \tag{11-16a}$$

$$v^+ = \min_j \max_i (a_{ij}) \tag{11-16b}$$

则对策 G 的值 v^* 的取值范围是

$$v^* \in [v^-, v^+] \tag{11-17a}$$

亦即

$$\max_i \min_j (a_{ij}) \leqslant v^* \leqslant \min_j \max_i (a_{ij}) \tag{11-17b}$$

定理11-6可用来预估对策 G 的取值范围 $v^* \in [v^-, v^+]$。这样，当采用简化LP方法时：

(1) 若下界 $v^- \leqslant 0$，则须先用同解变换，将 v^- 化为正数，然后才能建模求解；

(2) 若下界 $v^- > 0$，则无须采用同解变换，可直接建模求解。

譬如，重新审视例11-9中的对策问题，先判断其有无鞍点，见表11-11。

表 11-11

乙 / 甲	β_1	β_2	β_3	$\min(a_{ij})$
α_1	1	−4	2	−4
α_2	−3	2	0	−3
α_3	0	0	4	0(max)
$\max(a_{ij})$	**1** (min)	2	4	

由此可知其无鞍点。同时也就确定了对策值的下界 $v^-=0$，上界 $v^+=1$；而对策值 $v^*\in[0,1]$。

由于对策值的下界 $v^-=0$，若直接采用简化 LP 方法建模求解，则其解无界，请读者自行验证。而例 11-9 中的做法是先进行同解变换，然后再建模求解，才是正道。不过，同解变换时所取加数为 $c=4$，这却并非必然。实际上，可取为 $c>v^-=0$ 的任意实数，譬如取为 $c=1$，等等。

习题

11.1 在一次军事演习中，红军有 5 个团的兵力，蓝军有 4 个团的兵力，两军争夺 A，B 两个据点。设红、蓝两军派到某个据点的兵力分别为 m，n 个团，那么：

(1) 若 m > n，则红胜(得 n+1 分)蓝败(失 n+1 分)；

(2) 若 m < n，则红败(失 m+1 分)蓝胜(得 m+1 分)；

(3) 若 m=n，则红蓝各得 0 分。

试指出此对策的 3 要素，问该对策有无鞍点？

11.2 求解对策 $G=\{\boldsymbol{S}_1,\boldsymbol{S}_2,\boldsymbol{A}\}$，已知：

(1) $\boldsymbol{A}=\begin{bmatrix}2&-3&-1\\4&1&-4\\1&6&0\end{bmatrix}$　　(2) $\boldsymbol{A}=\begin{bmatrix}8&2&7&2\\-1&-2&3&0\\7&2&8&2\end{bmatrix}$

11.3 甲、乙两厂竞争 A，B 两种产品的市场，目前甲厂这两种产品的销量都只是乙厂销量的 1/3。两家工厂都已完成这两种产品更新换代的研制，但要投产上市则还需一段时间。

若同时投产两种新产品上市，每厂都需一年；若只投产一种抢先上市，则甲厂需 10 个月，乙厂需 9 个月，而另一种产品对每厂都再需 9 个月才能上市。

对任一种新产品，若两厂产品同时上市，估计甲厂该产品的市场占有率将增加 8 个百分点(即由 25%增至 33%)；若甲厂产品抢先 2，6，8 个月上市，则其市场占有率将分别增加 20，30，40 个百分点；若甲厂产品落后 1，3，7，10 个月上市，则其市场占有率将下降 4，10，12，14 个百分点。

假设每厂都以其两种产品市场占有率增加的百分点之和的一半作为赢得指标，试建立此对策的模型并求解。

11.4 试证明下列命题：

(1) 定理11-3。

(2) 若2阶矩阵对策无鞍点，则混合扩充后，x_1^*，x_2^*，y_1^*，y_2^* 均不为0，且 $D=(a+d)-(b+c)\neq 0$。

(3) 若赢得矩阵 $\boldsymbol{A}$ 为**反对称阵**，即有 $\boldsymbol{A}=-\boldsymbol{A}^{\mathrm{T}}$，则 $v^*=0$，并且若($\boldsymbol{X}^*$，$\boldsymbol{Y}^*$)是解，则($\boldsymbol{Y}^*$，$\boldsymbol{X}^*$)也是其解。

(4) 设有两个矩阵对策：$G_1=\{\boldsymbol{S}_1,\boldsymbol{S}_2,\boldsymbol{A}_1\}$，$G_2=\{\boldsymbol{S}_1,\boldsymbol{S}_2,\boldsymbol{A}_2\}$，若 $\boldsymbol{A}_2=k\boldsymbol{A}_1$，其中 $k>0$ 为常数，则 G_1 与 G_2 同解，且 $v_2^*=kv_1^*$。

11.5 求解下列矩阵对策，已知赢得矩阵为：

(1) $\boldsymbol{A}=\begin{bmatrix} a & 0 & 0 \\ 0 & b & 0 \\ 0 & 0 & c \end{bmatrix}$，$(a>b>c>0)$ (2) $\boldsymbol{A}=\begin{pmatrix} 1 & 4 \\ 3 & 2 \end{pmatrix}$ (3) $\boldsymbol{A}=\begin{pmatrix} 0 & -2 & 2 \\ -1 & 1 & -2 \end{pmatrix}$

(4) $\boldsymbol{A}=\begin{pmatrix} -2 & 1 & 4 \\ 3 & 1 & -1 \end{pmatrix}$ (5) $\boldsymbol{A}=\begin{bmatrix} 1 & 7 \\ 3 & 6 \\ 6 & 4 \\ 7 & 2 \end{bmatrix}$ (6) $\boldsymbol{A}=\begin{bmatrix} -3 & -3 & 0 & 0 & 1 \\ -1 & 6 & 2 & 2 & -3 \\ 6 & 6 & 2 & 4 & 1 \\ 5 & 3 & 4 & 1 & 4 \\ 5 & 0 & 5 & 3 & -3 \end{bmatrix}$

(7) $\boldsymbol{A}=\begin{bmatrix} 2 & 3 & 2 \\ 2 & 2 & 5 \\ 8 & 2 & 2 \end{bmatrix}$ (8) $\boldsymbol{A}=\begin{bmatrix} 1 & 6 & 5 \\ 3 & 2 & 4 \\ 5 & 1 & 3 \end{bmatrix}$

11.6 试证明下列命题：

(1) 凸组合汰劣准则。

(2) 一个 n 阶方阵，若每行、每列都由1到 n 的正整数所构成，称之为**拉丁方阵**。若一个矩阵对策的赢得矩阵为 n 阶拉丁方阵，则该对策的值为 $(n+1)/2$。

11.7 试用线性规划法求解下列矩阵对策：

(1) $\boldsymbol{A}=\begin{bmatrix} 0 & -2 & 1 \\ 1 & -1 & -2 \\ 0 & 3 & 0 \end{bmatrix}$ (2) $\boldsymbol{A}=\begin{bmatrix} 3 & -3 & -1 \\ -3 & 1 & 1 \\ 1 & -1 & -1 \end{bmatrix}$ (3) $\boldsymbol{A}=\begin{pmatrix} 1 & -1 & 2 \\ -2 & 2 & -4 \end{pmatrix}$

11.8 甲、乙二人玩一种猜球游戏，甲从一个罐内任取一球让乙猜其颜色，若猜对则乙得分为该罐该颜色球的个数，若猜错则乙失分为该罐其他颜色球的个数之半。甲可从3个罐中任取一罐：Ⅰ罐内有2个蓝球和2个白球；Ⅱ罐内有3个红球、1个蓝球和3个白球；Ⅲ罐内有2个红球和4个蓝球。试求甲乙二人的最优策略；又问这种游戏对双方是否公平合理？

第12章

排　队　论

排队论(queueing theory,QT),或称**等候线理论**(waiting line theory,WLT),是研究排队系统的性态、运行规律,以及最优设计与最优控制的一门理论。它于20世纪初叶由丹麦电话工程师**爱尔朗**(A. K. Erlang)所创立,迄今已广泛应用于通信、运输、交通、生产、存贮、计算机网络、水库等运作系统和商业、金融、卫生等服务系统以及物理学等领域。

本章介绍排队系统的基本概念与模型。

12.1　基本概念

12.1.1　排队系统及其基本结构

1. 排队系统

所谓**排队**,是指需要得到某种服务的对象加入等待的队列。需要得到服务的对象泛称为**顾客**,而从事服务的设施或人等泛称为**服务台**。顾客与服务台构成一个系统,称为**服务系统**。在一个服务系统中,若某一时刻顾客的数目超过服务台的数目,则称为拥挤,这时必然导致一些顾客不能立即得到服务而需要等待,从而产生排队现象。由于拥挤而产生排队现象的服务系统称为**排队系统**。

在现实世界中,排队系统是多种多样的,从日常生活中的各种服务系统,诸如商店的收款处、营业柜台,车站、码头、民航售票处,餐厅、旅馆、浴池、理发店……以及各种生产系统、维修系统、存贮系统、金融系统、电信系统、运输系统、交通系统、计算机系统……直到每个家庭的家务系统,每个学生的作业系统等,排队现象可谓司空见惯。

在各种排队系统中:①顾客可以是人,也可以是物,如待分类的图书、待送的邮件等,这些是有形的顾客;还有无形的顾客,如电话呼叫、故障信号、新闻、事务等。因此,顾客的等待队列也可以是有形的或无形的,集中的或分散的。②服务台可以是人,如维修工人;也可以是设施,如投币电话亭;还可以是一个系统,如由医生、护士、手术台、手术器械、药品等构成的有机整体;服务台可以是固定的,也可以是流动的,如沿街叫卖的个体商贩;服务方式也可以是登门服务,如自来水、供电、煤气公司派人到用户居住地看表计价,维修工人到故障机器前进行维修等。表12-1列出了一些排队系统及其构成因素。

2. 基本结构

在排队论中,把顾客到达服务系统的时刻称为**到达时刻**;由此刻至开始接受服务这段时间称为**等待时间**,再加上**服务时间**,称为**逗留时间**。一般总要假定顾客接受服务完毕即自行离去,因而结束服务的时刻称为**离去时刻**。顾客到达与离去又称为排队系统的**输入**与**输出**,而潜在的顾客总体称为**顾客源**或**输入源**。任何排队系统都是这样一种输入—输出系统，其基本结构如图 12-1 所示。

表 12-1

顾　客	服务内容	服务台
诉讼人	法律咨询	律师事务所
电子短信	收发	电子通信设备
民航客机	起降	机场指挥台
污水	无害处理	污水处理系统
来犯黑客	防范	公安部门
炮弹	发射	火炮演习部队
炊事原料	烹饪	家庭主妇
新闻	播报	播音员
试题	解答	考生

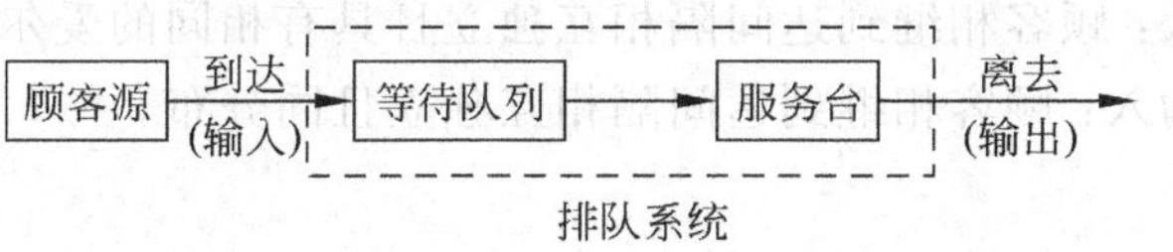

图 12-1

几种常见排队系统的结构如图 12-2 所示。

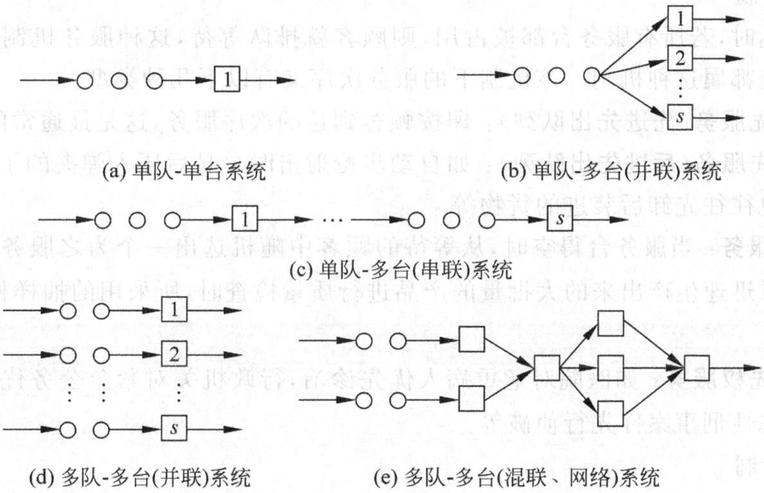

图 12-2

12.1.2 排队系统的三个基本特征

现实排队系统虽然多种多样，但都有三个共同的基本特征：

(1) **输入过程**：指顾客按怎样的规律到达，顾客源情况如何；

(2) **排队规则**：指顾客在排队系统中按怎样的规则与次序接受服务；

(3) **服务过程**：指同一时刻服务台能容纳多少顾客，以及为任一顾客服务的时间服从什么规律。

1. 输入过程

输入过程有下列各种情况：①顾客源可能为有限或无限集。如工厂内出故障的机器显然来源有限，而从上游流入水库的河水则来源无限。②顾客到达的方式可能是单个的，也可能是成批的。譬如到医院就诊有单个到达的病人，也有同时到达的成批体检人员。③相继顾客的到达间隔可以是确定性的，也可以是随机的。如自动生产流水线上的在制品到达各工序的间隔都是一定常量，但在更多排队系统中的顾客到达间隔则是随机变量。

常见的输入分布(即到达间隔的概率分布)有：

(1) **定长输入**：顾客严格按照固定的间隔时间相继到达。这种情况简单且易处理，是确定性输入类型。

(2) **泊松输入**：顾客到达过程为泊松流。

(3) **爱尔朗输入**：顾客相继到达间隔相互独立且具有相同的爱尔朗分布密度。

(4) **一般独立输入**：顾客相继到达间隔相互独立且同分布。

2. 排队规则

(1) **即时制**

顾客到达时，若所有服务台都被占用，则顾客自行消失。这种服务机制称为**即时制**。因为这会失掉许多顾客，故又称**损失制**。如停车场就属于这种情况。

(2) **等待制**

顾客到达时，若所有服务台都被占用，则顾客就排队等待，这种服务机制称为**等待制**。许多服务系统都属这种机制。该机制下的服务次序又有以下几种类型。

① **先到先服务(先进先出队列)**：即按顾客到达的次序服务，这是最通常的情形。

② **后到先服务(后进先出队列)**：如自动步枪射击时总是后压入弹夹的子弹先被射出；车船卸货时也往往先卸后装进的货物等。

③ **随机服务**：当服务台得空时，从等待的顾客中随机选出一个为之服务，而不管到达的先后。如对迅速生产出来的大批量的产品进行质量检查时，所采用的抽样检验方式就属这种情况。

④ **有优先权服务**：如医院对危重病人优先诊治，行政机关对紧急公务优先处理，公安部门对重大恶性刑事案件先行侦破等。

(3) **混合制**

有些排队系统的服务机制兼有等待制与损失制两种属性，称为**混合制**。这又可分为下列几种类型：

① **系统容量有限**：系统最多能容纳 r 个顾客(包括等待者与被服务者)，若容量已满，则后到的顾客就自行消失。如医院各门诊每天挂号有限，没挂上号的求诊者(除了危重病人外)将自行离去，而不会再到候诊室等待。

② **等待时间有限**：顾客在队列中的等待时间为 T，超过 T 就自行消失。如药房存放的药品过了使用有效期就被销毁，而不能再等待取给病人服用了。

③ **逗留时间有限**：顾客在系统中的逗留时间为 T，超过 T 就自行消失。如出炉的铁水

超过一定时间若仍未浇铸或浇铸未完，就报废了。

3. 服务过程

服务过程有下列各种情况：①服务台有单个，也有多个；多服务台又分为串联、并联和网络等形式。②服务方式有单个服务或成批服务，如客车对在站台等候的顾客就施行成批服务。③服务时间也有确定型和随机型两种。

常见的服务分布(即服务时间的概率分布)有：

(1) **定长服务**：对每个顾客服务的时间都相同，是一常数。这种情况简单易处理，是确定性服务类型。

(2) **指数服务**：对各顾客服务的时间相互独立，且具有相同的指数分布。

(3) **爱尔朗服务**：对各顾客服务的时间相互独立，且具有相同的爱尔朗分布。

(4) **一般独立服务**：对各顾客服务的时间相互独立且同分布。

排队论的研究对象一般为具有随机输入与随机输出(即服务分布为随机型)的服务系统，起码输入与输出二者之一为随机型，因此排队论也称为**随机服务系统理论**。

12.1.3 排队论的常用术语

1. 排队论的问题

排队论所研究的问题按性质分成 3 类：性态问题，统计问题，优化问题。

(1) **性态问题**。性态研究的目的在于了解排队系统的状态、性质、功能等，这是通过运用数学模型对真实系统作不同程度的理想化来达到的。本章只介绍系统可达**稳态**或**统计平衡状态**(即性态特征量不随时间 t 而变化)的问题。

(2) **统计问题**。统计研究的目的在于为真实系统建立数学模型。尽管已有许多现成的排队模型，但要把它们应用于一个真实系统，则必须通过数据分析、参数估计、假设检验等统计研究才能得以实现。

(3) **优化问题**。优化研究包括优化设计与优化运营。前者是指设计一个未来的排队系统并使适当的利益指标函数最优化；后者是指控制一个现存排队系统使之最有效地运行。

2. 排队系统的分类

对于串行排队、并行服务的排队系统，现在普遍采用**肯道尔**(E. G. Kendall)于 1953 年提出、后经他人扩展的分类方法与记号。它按以下 5 个特征来确定一个排队系统：

输入分布/服务分布/服务台数/系统容量/顾客源数

所谓“串行排队”，是指先到先服务规则；所谓“并行服务”，是指服务台为并联形式。

另外，若顾客源数为∞，则我们可省略这一特征。表示输入分布与服务分布的常用记号有：

M——泊松输入或指数服务；

D——定长分布；

E_k——k 阶爱尔朗分布；

G——一般独立分布。

于是，$M/M/s/\infty$就表示泊松输入、指数服务、s 个并联服务台、系统容量为∞(即等待制)、顾客源数为∞(被省略)的排队系统；

$M/G/1/r$ 就表示泊松输入、一般独立服务、单服务台、容量为 r 的无限源排队系统。

3. 常用数量指标

(1) 4 项主要性能指标

L——**平均队长**，即稳态系统任一时刻所有顾客数的期望值；

L_q——**平均等待队长**，即稳态系统任一时刻等待服务的顾客数的期望值；

W——**平均逗留时间**，即(在任意时刻)进入稳态系统的顾客逗留时间的期望值；

W_q——**平均等待时间**，即(在任意时刻)进入稳态系统的顾客等待时间的期望值。

这 4 项主要性能指标(又称主要工作指标)的值越小，说明系统排队越少，等待时间越少，因而系统性能越好。显然，它们是顾客与服务系统的管理者都很关注的。

(2) 其他常用数量指标

s——系统中并联服务台的数目；

λ——**平均到达率**；

$\frac{1}{\lambda}$——平均到达间隔；

μ——**平均服务率**；

$\frac{1}{\mu}$——平均服务时间；

ρ——**服务强度**，即每个服务台单位时间内的平均服务时间，一般有 $\rho=\lambda/s\mu$；

N——稳态系统任一时刻的状态(即系统中所有顾客数)；

U——任一顾客在稳态系统中的逗留时间；

Q——任一顾客在稳态系统中的等待时间。

N,U,Q 都是随机变量。

$P_n=P\{N=n\}$——稳态系统任一时刻状态为 n 的概率；

特别当 $n=0$ 时，有

P_0——稳态系统所有服务台全部空闲(因系统中顾客数为 0)的概率。

对于损失制和混合制的排队系统，顾客在到达服务系统时，若系统容量已满，则自行消失。这就是说，到达的顾客不一定全部进入系统，为此引入：

λ_e——**有效平均到达率**，即单位时间内进入系统的顾客数期望值。

这时 λ 就是单位时间内来到系统(包括未进入系统)的顾客数期望值。

对于等待制的排队系统，有 $\lambda_e=\lambda$。

在系统达到稳态时，假定平均到达率为常数 λ，则有**李特尔**(John D. C. Little)**公式**：

$$L=\lambda_e W \tag{12-1a}$$

$$L_q=\lambda_e W_q \tag{12-1b}$$

又假定平均服务时间为常数 $1/\mu$，则有

$$W=W_q+\frac{1}{\mu} \tag{12-1c}$$

$$L=L_q+\frac{\lambda_e}{\mu} \tag{12-1d}$$

因此，只要知道 L,L_q,W,W_q 这 4 者之一，则其余 3 者就可由式(12-1)求得。另外

还有

$$L = \sum_{n=0}^{\infty} nP_n \tag{12-2}$$

$$L_q = \sum_{n=s}^{\infty} (n-s)P_n = \sum_{n=0}^{\infty} nP_{s+n} \tag{12-3}$$

因此只要知道 $P_n(n=0,1,2,\cdots)$，则 L 或 L_q 就可由式(12-2)或式(12-3)求得，从而再由式(12-1)就能求得4项主要工作指标。

12.1.4 输入与输出

1. 泊松过程

设以 $X(t)$ 表示在 $[0,t]$ 时段内到达排队系统的顾客数，则对于每个给定的时刻 t，$X(t)$ 都是一个随机变量，而 $\{X(t)|t\in[0,\infty)\}$ 就是一个随机过程，$X(t)$ 的取值集合 $\boldsymbol{I}=\{0,1,2,\cdots\}$ 称为它的**状态集**。若 $\{X(t)\}$ 满足下述3个条件，则称之为**泊松过程**。

(1) **无后效性(独立增量性)**：对任意时刻 $\alpha\in(0,\infty)$，在时段 $[\alpha,\alpha+t]$ 内到达的顾客数与 α 时刻以前到达的顾客数无关，即 α 时刻前顾客的到达数不影响其后的到达数。这意味着在不相交的各时段内到达的顾客数相互独立。

(2) **平稳性(均匀性)**：在长度为 t 的时段内恰好到达 $k\in\boldsymbol{I}$ 个顾客的概率跟长度 t 有关，而跟时段起点无关。即对任意 $\alpha\in(0,\infty)$，在 $(\alpha,\alpha+t]$ 或 $(0,t]$ 内恰好到达 k 个顾客的概率相等：

$$P\{X(\alpha+t)-X(\alpha)=k\}=P\{X(t)-X(0)=k\}=P\{X(t)=k\}\triangleq g_k(t)$$

设初始条件 $g_0(0)=1$，且有 $\sum_{k=0}^{\infty} g_k(t)=1$。

(3) **普通性**：在充分小的时段内最多到达一个顾客。

由于泊松过程具有无后效性，因此它是一种特殊的马尔科夫过程。泊松过程又称为**泊松流**，在排队论中常称为**最简单流**。它有一些重要的性质。

【性质1】 设 $\{X(t)\in[0,\infty)\}$ 为泊松过程，$\lambda>0$ 为平均到达率，则 $X(t)$ 服从参数为 λ 的泊松分布，即有

$$g_k(t)=\frac{(\lambda t)^k}{k!}e^{-k}, \quad (k=0,1,2,\cdots) \tag{12-4}$$

根据性质1，由概率论知

$$E[X(t)]=\lambda t$$

$$\lambda=\frac{E[X(t)]}{t}$$

恰与 λ 的含义吻合。

【性质2】 顾客到达过程 $\{X(t)\}$ 是一个具有参数 λ 的泊松流的充要条件是：相继到达间隔 $\{T_k\}$ 是一族相互独立的随机变量，且每个随机变量 T_k 都具有下述指数分布函数：

$$F_{T_k}(t)=\begin{cases}1-e^{-\lambda t}, & (t\geqslant 0)\\ 0, & (t<0)\end{cases} \quad (k=1,2,\cdots) \tag{12-5}$$

由概率论知

$$E(T_k)=\frac{1}{\lambda},\quad (k=1,2,\cdots) \tag{12-6}$$

即平均间隔为 $1/\lambda$,则平均到达率为 λ,这也同具有参数 λ 的泊松流性质一致。

由性质 2 知:"泊松流"与"到达间隔为相互独立的指数分布"是一回事,都具有马尔科夫性,故肯道尔用记号 M(马尔科夫的头一个字母)表示这二者。

2. 指数服务分布

设以随机变量 V_i 表示为第 i 个顾客服务的时间($i=1,2,\cdots$),则$\{V_i\}$也是一族随机变量。若各 V_i 相互独立且具有相同参数 $\mu>0$ 的密度函数:

$$f_{V_i}=\begin{cases}\mu e^{-\mu t}, & (t\geqslant 0)\\ 0, & (t<0)\end{cases}\quad (i=1,2,\cdots) \tag{12-7}$$

则称 V_i 服从**参数为μ 的指数分布**。

由概率论知:V_i 的分布函数为

$$F_{V_i}(t)=\begin{cases}1-e^{-\mu t}, & (t\geqslant 0)\\ 0, & (t<0)\end{cases}\quad (i=1,2,\cdots) \tag{12-8}$$

V_i 的期望与方差分别为

$$\begin{aligned}E(V_i)&=\frac{1}{\mu}\\ &\qquad\qquad (i=1,2,\cdots)\\ D(V_i)&=\frac{1}{\mu^2}\end{aligned} \tag{12-9}$$

故 $1/\mu$ 为平均服务时间,而 $\mu=1/E(V_i)$即平均服务率。

【性质 1】 设任一顾客的服务时间 V 服从参数为 μ 的指数分布,则对任意 $\alpha>0$ 与 $t\geqslant 0$ 都有

$$P\{V\geqslant \alpha+t\mid V\geqslant \alpha\}=P\{V\geqslant t\} \tag{12-10}$$

式(12-10)意味着:无论为一个顾客服务了多么长的时间 α,剩余服务时间的概率分布独立于已经服务过的时间,而仍为原来的指数分布,称这种性质为**无记忆性**。具有这种性质的概率分布也只能是指数分布。

对于有规定基本动作的服务项目,这个性质比较荒谬,因为服务时间越长,则很快结束的可能性就越大。但对没有规定基本动作的服务项目,如创业策划、企业咨询等,或许还比较合理。

【性质 2】 设 V_i 服从参数为 $\mu_i>0$ 的指数分布($i=1,2,\cdots,s$)且相互独立,则随机变量 $V=\min\{V_i\}$服从参数为 $\mu=\sum_{i=1}^{s}\mu_i$ 的指数分布。

这个性质说明:

(1) 如果到达服务系统的顾客分为 s 种不同类型,每类顾客到达间隔服从参数为 λ_i 的指数分布,则对到达系统的全体顾客而言,相继到达间隔仍服从指数分布,其平均到达率为 $\lambda=\lambda_1+\lambda_2+\cdots+\lambda_s$。

(2) 如果一个服务系统内有 s 个并联服务台,而且每台对顾客的服务时间均服从具有相同参数 μ 的指数分布,则整个系统对任一顾客的服务时间就服从参数为 $s\mu$ 的指数分布。这样,对具有 s 个服务台的并联系统就可以按一个具有平均服务率 $s\mu$ 的单台系统看待。

在现实生活中，服务分布可以是各种形式，但比较常用、在数学上最易处理的一种重要分布就是指数分布。

3. 爱尔朗分布

若随机变量 V 具有下述密度函数：

$$f_k(t)=\begin{cases}\dfrac{(k\mu)^k t^{k-1}}{(k-1)!}e^{-k\mu t}, & (t\geqslant 0)\\ 0, & (t<0)\end{cases}\quad (k=1,2,\cdots) \tag{12-11}$$

则称 V 服从**参数为μ 的 k 阶爱尔朗分布**，记为 $V\sim E_k(\mu)$。

由概率论，若随机变量 $V\sim E_k(\mu)$，则其期望与方差分别为

$$E(V)=\frac{1}{\mu}$$

$$D(V)=\frac{1}{k\mu^2},\quad (k=1,2,\cdots) \tag{12-12}$$

【性质 1】 爱尔朗分布可以近似各种分布：

(1) 当 $k=1$ 时，爱尔朗分布就变成指数分布；

(2) 当 k 变大时，方差 $D(V)=1/k\mu^2$ 变小，V 的取值密集于均值 $1/\mu$ 附近，爱尔朗分布就近似于正态分布；

(3) 当 $k\to\infty$ 时，$D(V)\to 0$，V 趋近于常数 $1/\mu$，爱尔朗分布就转化为定长分布。

【性质 2】 设随机变量 $V_1,V_2,\cdots,V_k$ 相互独立且服从具有相同参数 $k\mu$ 的指数分布。设

$$V=\sum_{i=1}^{k}V_i$$

则 $V\sim E_k(\mu)$。

性质 2 的实际意义是：假设一个服务系统具有 k 个串联服务台，每台服务时间 $V_i(i=1,2,\cdots,k)$ 相互独立，都服从具有参数 $k\mu$ 的指数分布，而且 k 个服务台依次全部完成对一个顾客的服务后，下一个顾客才进入第一个服务台开始接受服务，那么该系统对任一顾客的服务时间 $V=\sum\limits_{i=1}^{k}V_i\sim E_k(\mu)$。

12.2 简单模型（*M*/*M*/*s* 模型）

12.2.1 *M*/*M*/*s*/∞系统模型

该系统可称为**无限源、无限队长**的排队系统。当 $s=1$ 时为单台系统，其基本结构如图 12-2(a)所示；当 $s>1$ 时为多台并联系统，其基本结构如图 12-2(b)所示。若系统内的顾客数 $n>s$，则有 $n-s$ 个顾客在等待服务。

1. 公式

(1) 当 $s>1$（多台并联系统）时

该系统的服务强度为

$$\rho = \frac{\lambda}{s\mu} \tag{12-13}$$

由式(12-13)知 $s\rho=\lambda/\mu$,故若令

$$\delta = \frac{\lambda}{\mu}$$

则系统的稳态概率可表示为

$$P_0 = \left(\sum_{k=0}^{s-1}\frac{\delta^k}{k\,!} + \frac{\delta^s}{s\,!(1-\rho)}\right)^{-1} \tag{12-14}$$

$$P_n = \begin{cases} \dfrac{\delta^n}{n\,!}P_0, & (1 \leqslant n \leqslant s) \\ \dfrac{\delta^n}{s\,!s^{n-s}}P_0, & (n > s) \end{cases} \tag{12-15}$$

4 项主要工作指标为

$$L_q = \frac{\delta^s\rho}{s\,!(1-\rho)^2}P_0 \tag{12-16}$$

$$L = L_q + \delta \tag{12-17}$$

$$W = \frac{L}{\lambda} \tag{12-18}$$

$$W_q = \frac{L_q}{\lambda} \tag{12-19}$$

另外还有

$$P(N \geqslant k) = \sum_{n=k}^{\infty}P_n = \frac{\delta^k}{k\,!(1-\rho)}P_0 \tag{12-20}$$

(2) **当 $s=1$(单台系统)时**

$$\rho = \frac{\lambda}{\mu}(=\delta) \tag{12-21}$$

由式(12-14)知

$$P_0 = 1-\rho \tag{12-22}$$

故有

$$P_n = \rho^n(1-\rho) \tag{12-23}$$

$$L = \frac{\lambda}{\mu-\lambda} = \frac{\rho}{1-\rho} \tag{12-24}$$

$$L_q = \frac{\lambda^2}{\mu(\mu-\lambda)} = \frac{\rho^2}{1-\rho} = L\rho \tag{12-25}$$

$$W = \frac{1}{\mu-\lambda} \tag{12-26}$$

$$W_q = \frac{\lambda}{\mu(\mu-\lambda)} = W\rho \tag{12-27}$$

另外还有

$$P(N > k) = \rho^{k+1} \tag{12-28}$$

$$P(U > t) = e^{-\mu t(1-\rho)} \tag{12-29}$$

2. 举例

【例 12-1】 某针灸按摩诊所只有1名中医，求诊患者按泊松分布到达，平均每小时到达4人。诊疗时间服从指数分布，平均每个患者需要12分钟。试对此排队系统进行数量分析。

解 (1) **确定参数值**，由题意知：这是单台系统，有

$$\lambda = 4(\text{人}/\text{小时}),\quad \mu = 60/12 = 5(\text{人}/\text{小时})$$

故服务强度为

$$\rho = \frac{\lambda}{\mu} = \frac{4}{5} = 0.8$$

(2) **计算稳态概率**

$$P_0 = 1 - \rho = 1 - 0.8 = 0.2$$

这是诊所空闲的概率，也是患者不必等待立即就能诊疗的概率。而患者需要等待的概率则为

$$P(Q > 0) = 1 - P_0 = \rho = 0.8$$

这也是诊所繁忙的概率。

(3) **计算系统主要工作指标**。来诊所求诊患者平均数：

$$L = \frac{\lambda}{\mu - \lambda} = \frac{4}{5-4} = 4(\text{人})$$

排队等待的患者平均数：

$$L_q = L\rho = 4 \times 0.8 = 3.2(\text{人})$$

患者在诊所平均逗留时间：

$$W = \frac{1}{\mu - \lambda} = \frac{1}{5-4} = 1(\text{小时})$$

患者平均等候时间：

$$W_q = W\rho = 1 \times 0.8 = 0.8(\text{小时}) = 48(\text{分钟})$$

(4) **为使患者平均逗留时间不超过半小时，则平均服务时间应减少多少？**

由于

$$W = \frac{1}{\mu - \lambda} \leqslant 0.5$$

将 $\lambda=4$ 代入，解得 $\mu \geqslant 6$，则平均服务时间为

$$\frac{1}{\mu} \leqslant \frac{1}{6}(\text{小时}) = 10(\text{分钟})$$

故

$$\Delta \frac{1}{\mu} \geqslant 12 - 10 = 2(\text{分钟})$$

即平均服务时间至少应减少2分钟。

(5) **若诊所希望90%以上的候诊患者都能有座位，则至少应安置多少候诊座位？**

设应安置 x 个候诊座位，再加上接受诊疗的1个座位，共有 $x+1$ 个。要使90%以上的候诊患者都有座位，相当于使"来诊患者数不多于 $x+1$ 个"的概率不小于90%，即

$$P(N \leqslant x+1) = 1 - P(N > x+1) \geqslant 0.9$$

或

$$P(N > x+1) \leqslant 0.1$$

由式(12-28)知上式即

$$\rho^{(x+1)+1}=\rho^{x+2}\leqslant 0.1$$

两边取对数

$$(x+2)\lg\rho\leqslant\lg 0.1$$

因 $\rho<1$,故

$$x+2\geqslant\frac{\lg 0.1}{\lg\rho}=\frac{-1}{\lg 0.8}\approx 10$$

$$x\geqslant 8$$

至少应安置8个候诊座位。

【例12-2】 承例12-1。若增加1名中医(平均服务率相同),以使诊所同时能诊治2个患者。试分析该系统工作情况,并与例12-1进行比较。

解 这相当于增加了1个服务台,故有

$$s=2,\ \lambda=4(\text{人}/\text{小时}),\ \mu=5(\text{人}/\text{小时})$$

$$\delta=\frac{\lambda}{\mu}=0.8,\quad \rho=\frac{\lambda}{s\mu}=\frac{4}{2\times 5}=0.4$$

由式(12-14)得

$$P_0=\left(1+0.8+\frac{(0.8)^2}{2!(1-0.4)}\right)^{-1}=\frac{3}{7}\approx 0.43$$

由式(12-16)得

$$L_q=\frac{(0.8)^2\times 0.4}{2!(1-0.4)^2}\times\frac{3}{7}=0.3556\times\frac{3}{7}\approx 0.15(\text{人})$$

于是有

$$L=L_q+\delta=0.15+0.8=0.95(\text{人})$$

$$W=\frac{L}{\lambda}=\frac{0.95}{4}=0.2375(\text{小时})=14.25(\text{分钟})$$

$$W_q=\frac{L_q}{\lambda}=\frac{0.15}{4}=0.0375(\text{小时})=2.25(\text{分钟})$$

而患者必须等候的概率,即系统状态 $N\geqslant s(=2)$ 的概率,可由式(12-20)求得,有

$$P(Q>0)=P(N\geqslant 2)=\frac{(0.8)^2}{2!(1-0.4)}\times\frac{3}{7}\approx 0.23$$

另外,还常采用**顾客时间损失系数**

$$\beta=\frac{W_q}{E(V)}$$

来评估服务效率。

譬如例12-1与本例任一顾客的服务时间 V 服从参数为 μ 的指数分布,故由式(12-9)知 $E(V)=1/\mu$,从而可由上式分别算出例12-1与本例的 β 值,见表12-2。

表12-2 例12-1与例12-2排队系统的指标比较

指标	$s=1$ 系统	$s=2$ 系统
P_0	0.2	0.43
$P(Q>0)$	0.8	0.23

续表

指标	$s=1$ 系统	$s=2$ 系统
L_q/人	3.2	0.15
L/人	4	0.95
W/分钟	60	14.25
W_q/分钟	48	2.25
β	4倍	18.75%

12.2.2 $M/M/s/r$ 系统模型

该系统的容量有限，最多可容纳 $r(\geqslant s)$ 个顾客（包括正在接受服务的顾客），故称为**无限源、有限队长**排队系统。当 $r=s$ 时为损失制系统；当 $r>s$ 时为混合制系统；当顾客到达该系统时，若系统已经满员（$N=r$），则后到的顾客就自动消失。因系统容量有限，故无须规定 $\rho<1$ 就能保证系统达到稳态。下面就 $s=1$ 与 $s>1$ 两种情况分别进行介绍。

1. 当 $s=1$（单台系统）时

服务强度为

$$\rho=\frac{\lambda}{\mu}$$

稳态概率为

$$P_0=\begin{cases}\dfrac{1-\rho}{1-\rho^{r+1}}, & (\rho\neq 1)\\[2mm] \dfrac{1}{r+1}, & (\rho=1)\end{cases} \tag{12-30}$$

$$P_n=\begin{cases}\rho^n P_0, & (\rho\neq 1)\\ P_0, & (\rho=1)\end{cases}\quad (n\leqslant r) \tag{12-31}$$

平均队长、平均等待队长为

$$L=\begin{cases}\dfrac{\rho}{1-\rho}-\dfrac{(r+1)\rho^{r+1}}{1-\rho^{r+1}}, & (\rho\neq 1)\\[2mm] \dfrac{r}{2}, & (\rho=1)\end{cases} \tag{12-32}$$

$$L_q=L-(1-P_0) \tag{12-33}$$

由于到达的潜在顾客能进入系统的概率为 $1-P_r$，故系统的有效平均到达率为

$$\lambda_e=\lambda(1-P_r)=\mu(1-P_0) \tag{12-34}$$

据此按李特尔公式即可求出 W 和 W_q。

【例 12-3】 韶华美容屋系私人开办并自理业务，由于屋内面积有限，只能安置 3 个座位供顾客等候，一旦满座则后来者不再进屋等候。已知顾客到达间隔与美容时间均为指数分布，平均到达间隔为 80 分钟，平均美容时间为 40 分钟。试求任一顾客期望等待时间及该屋潜在顾客的损失率。

解 这是一个 $M/M/1/r$ 系统。由题意知

$$r=3+1=4,\ \frac{1}{\lambda}=80(\text{分钟}/\text{人}),\ \frac{1}{\mu}=40(\text{分钟}/\text{人})$$

故服务强度

$$\rho=\frac{\lambda}{\mu}=\frac{1/80}{1/40}=\frac{1}{2}=0.5$$

则

$$P_0=\frac{1-\rho}{1-\rho^{r+1}}=\frac{1-0.5}{1-(0.5)^5}\approx 0.516\,1$$

$$L=\frac{\rho}{1-\rho}-\frac{(r+1)\rho^{r+1}}{1-\rho^{r+1}}=\frac{0.5}{1-0.5}-\frac{5(0.5)^5}{1-(0.5)^5}\approx 0.838\,8(\text{人})$$

$$L_q=L-(1-P_0)=0.838\,8-(1-0.516\,5)\approx 0.355\,3(\text{人})$$

$$\lambda_e=\mu(1-P_0)=\frac{1}{40}(1-0.516\,5)=0.012\,1$$

故任一顾客期望等待时间为

$$W_q=\frac{L_q}{\lambda_e}=\frac{0.355\,3}{0.012\,1}\approx 29(\text{分钟})$$

该屋潜在顾客的损失率即系统满员的概率：

$$P_4=\rho^4P_0=(0.5)^4\times 0.516\,1\approx 0.03=3\%$$

另外也可按式(12-34)计算，有

$$P_4=1-\frac{\lambda_e}{\lambda}=1-80(0.012\,1)\approx 0.03=3\%$$

2. 当 $s>1$(多台并联系统)时

服务强度为

$$\rho=\frac{\lambda}{s\mu}$$

仍令

$$\delta=\lambda/\mu$$

(1) **当 $r>s$ 时**，常用指标如下：

$$P_0=\begin{cases}\left[\sum_{k=0}^{s}\frac{\delta^k}{k!}+\frac{s^s\rho(\rho^s-\rho^r)}{s!(1-\rho)}\right]^{-1}, & (\rho\neq 1)\\ \left(\sum_{k=0}^{s}\frac{s^k}{k!}+(r-s)\frac{s^s}{s!}\right)^{-1}, & (\rho=1)\end{cases}\tag{12-35}$$

$$P_n=\begin{cases}\frac{\delta^n}{n!}P_0, & (n=1,2,\cdots,s)\\ \frac{s^s\rho^n}{s!}P_0, & (n=s+1,s+2,\cdots,r)\end{cases}\tag{12-36}$$

$$L_q=\begin{cases}\frac{\rho\delta^s}{s!(1-\rho)^2}\{1-\rho^{r-s}[1+(r-s)(1-\rho)]\}P_0, & (\rho\neq 1)\\ \frac{(r-s)(r-s+1)s^s}{2(s!)}P_0, & (\rho=1)\end{cases}\tag{12-37}$$

$$L=L_q+\delta(1-P_r)\tag{12-38}$$

$$\lambda_e=\lambda(1-P_r)\tag{12-39}$$

而 W,W_q 可按李特尔公式计算。

(2) 当 **$r=s$(损失制)**时,例如影剧院、旅馆、停车场客满就不能等待空位了,这时的公式将大为简化,成为

$$P_0=\left(\sum_{k=0}^{s}\frac{\delta^k}{k\,!}\right)^{-1} \tag{12-40}$$

$$P_n=\frac{\delta^n}{n\,!}P_0,\quad (n=0,1,\cdots,s) \tag{12-41}$$

$$L_q=0,\ W_q=0,\ W=\frac{1}{\mu} \tag{12-42}$$

$$L=\delta(1-P_s) \tag{12-43}$$

这里 L 也是被使用的服务台的平均数。

【例 12-4】 某街口汽车加油站可同时为 2 辆汽车加油,同时还可容纳 3 辆汽车等待,超过此限则顾客不能等待而消失。汽车到达间隔与加油时间均为指数分布,平均每分钟到达 2 辆,平均加油时间为每辆 2 分钟。求每辆汽车的平均逗留时间。

解 这是一个 $M/M/2/r$ 系统,由题意知

$$s=2,\qquad r=2+3=5$$

$$\lambda=2(\text{辆}/\text{分钟}),\quad \mu=\frac{1}{2}=0.5(\text{辆}/\text{分钟})$$

则

$$\delta=\frac{\lambda}{\mu}=4,\quad \rho=\frac{\lambda}{s\mu}=2$$

按式(12-35)得

$$\begin{aligned}P_0&=\left(1+4+\frac{4^2}{2}+\frac{2^2\times 2(2^2-2^5)}{2(1-2)}\right)^{-1}\\&=(13+112)^{-1}=0.008\end{aligned}$$

按式(12-37)得

$$\begin{aligned}L_q&=\frac{2\times 4^2}{2(1-2)^2}\{1-(2)^{5-2}[1+(5-2)(1-2)]\}\times 0.008\\&=16\times(1+16)\times 0.008=2.18(\text{辆})\end{aligned}$$

按式(12-36)得

$$P_5=\frac{2^2}{2}(2)^5\times 0.008=0.512\approx 51\%$$

这是系统潜在顾客的损失率。按式(12-38)得

$$L=2.18+4\times(1-0.512)=4.132(\text{辆})$$

按李特尔公式以及式(12-39),得

$$W=\frac{L}{\lambda_e}=\frac{L}{\lambda(1-P_r)}=\frac{4.132}{2(1-0.512)}\approx 4.23(\text{分钟})$$

即每辆汽车平均逗留 4.23 分钟。

12.2.3 $M/M/s/m/m$ 系统模型

该系统的顾客源数为 m,故称为**有限源系统**。构成此系统的典型情况有:①s 个电工共同负责 m 台机器的维修;②m 个车工共同使用 s 个电动砂轮;③m 名教师共同使用 s 个

计算机终端；④一家几口人共同使用一个卫生间，等等。下面以情况①为例加以说明。

在这种情况下，顾客源即 m 台机器，机器发生故障表示顾客到达，s 名电工即服务台。由于故障机器修好后，经过若干时间的运转还会发生故障，因此该排队系统具有图 12-3 所示的循环排队结构形式。

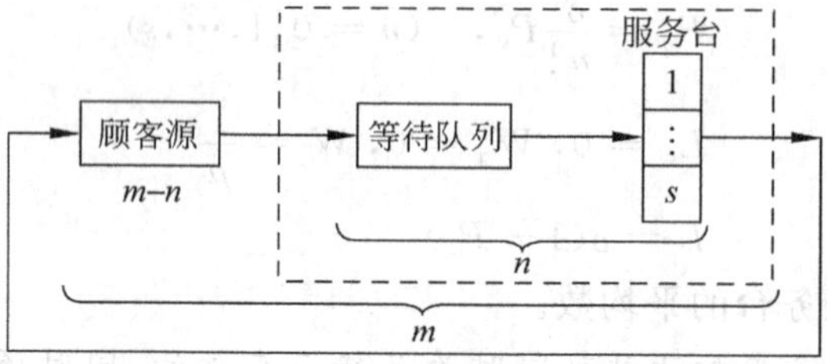

图 12-3

假定：

(1) m 台机器质量相同，每台机器连续运转时间相互独立且都服从参数为 λ 的指数分布。每台机器平均连续运转时间为 $1/\lambda$，而 λ 则是一台机器在单位时间内发生故障的平均次数。

(2) s 个工人技术程度相同，每人修复机器的时间相互独立，每台机器的修复时间都服从参数为 μ 的指数分布。工人修复每台机器的平均时间为 $1/\mu$，而 μ 则是一个工人在单位时间内修复的机器的台次。

(3) 机器的正常运转与修理状态相互独立，修复的机器具有与新机器相同的质量。

1. 公式

(1) **当 $s>1$(多台并联系统)时**，该系统的服务强度为

$$\rho=\frac{m\lambda}{s\mu}$$

稳态概率为

$$P_0=\left(\sum_{k=0}^{s}\frac{m!}{k!(m-k)!}\delta^k+\frac{s^s}{s!}\sum_{k=s+1}^{m}\frac{m!}{(m-k)!}\gamma^k\right)^{-1} \tag{12-44}$$

$$P_n=\begin{cases}\dfrac{m!}{(m-n)!n!}\delta^n P_0, & (n=0,1,\cdots,s)\\[2ex] \dfrac{m!s^s}{(m-n)!s!}\gamma^n P_0, & (n=s+1,s+2,\cdots,m)\end{cases} \tag{12-45}$$

其中

$$\delta=\frac{\lambda}{\mu},\quad \gamma=\frac{\lambda}{s\mu}$$

L 和 L_q 按式(12-2)计算，而这时

$$\lambda_e=\lambda(m-L) \tag{12-46}$$

据此可按李特尔公式计算 W 和 W_q。

(2) **当 $s=1$(单台系统)时**，有

$$\rho=\frac{m\lambda}{\mu}$$

$$P_0=\left(\sum_{k=0}^{m}\frac{m!}{(m-k)!}\delta^k\right)^{-1} \tag{12-47}$$

$$P_n=\frac{m!}{(m-n)!}\delta^n P_0,\quad (n=1,2,\cdots,m) \tag{12-48}$$

$$L=m-\frac{\mu}{\lambda}(1-P_0) \tag{12-49}$$

$$L_q=m-\frac{(\lambda+\mu)(1-P_0)}{\lambda}=L-(1-P_0) \tag{12-50}$$

$$\lambda_e=\lambda(m-L)=\mu(1-P_0) \tag{12-51}$$

W,W_q 按李特尔公式计算。

2. 举例

【例 12-5】 一个工人负责照管6台自动机床，当机床需要加料、发生故障或刀具磨损时就自动停车，等待工人照管。设每台机床平均每小时停车一次，每次需要工人照管的平均时间为0.1小时。试分析该系统运行情况。

解 由题意知，这是一个 $M/M/1/6/6$ 系统，有

$$m=6,\ \lambda=1(\text{台}/\text{小时}),\ \mu=\frac{1}{0.1}=10(\text{台}/\text{小时})$$

$$\delta=\frac{\lambda}{\mu}=0.1$$

工人空闲的概率：

$$\begin{aligned}P_0&=\left[\sum_{k=0}^{6}\frac{6!}{(6-k)!}(0.1)^k\right]^{-1}\\&=[1+6\times0.1+6\times5(0.1)^2+6\times5\times4(0.1)^3+\\&\quad 6\times5\times4\times3(0.1)^4+6!(0.1)^5+6!(0.1)^6]^{-1}\\&=0.4845\end{aligned}$$

停车（包括正在照管和等待照管）的机床平均数：

$$L=6-10(1-0.4845)=0.845(\text{台})$$

等待照管的机床平均数：

$$L_q=0.845-(1-0.4845)=0.3295(\text{台})$$

平均停车时间：

$$W=\frac{L}{\mu(1-P_0)}=\frac{0.845}{10(1-0.4845)}=0.1639(\text{小时})\approx9.83(\text{分钟})$$

平均等待时间：

$$W_q=W-\frac{1}{\mu}=0.1639-0.1=0.0639(\text{小时})\approx3.83(\text{分钟})$$

生产损失率（即停车机床所占比例）：

$$\xi=\frac{L}{m}=\frac{0.845}{6}\approx14.1\%$$

机床利用率

$$\eta=1-\xi=100\%-14.1\%=85.9\%$$

【例 12-6】 若将例12-5改为由3个技术程度相同的工人共同照管20台自动机床，其

他数据不变，试分析此时系统的运行情况，并与例 12-5 进行比较。

解 由题意知，这是一个 $M/M/3/20/20$ 系统，有

$$s=3,\ m=20,\ \lambda=1(台/小时),\ \mu=10(台/小时)$$

$$\delta=0.1,\ \gamma=\frac{\lambda}{s\mu}=\frac{1}{30}$$

机床全好率(即全部 20 台机床同时正常运转的概率)：

$$P_0=\left[\sum_{k=0}^{3}\frac{20!}{k!(20-k)!}(0.1)^k+\frac{3^3}{3!}\sum_{k=4}^{20}\frac{20!}{(20-k)!}\left(\frac{1}{30}\right)^k\right]^{-1}=0.1363$$

为了计算 4 项主要工作指标，先要按下式：

$$P_n=\begin{cases}\dfrac{20!}{(20-n)!n!}(0.1)^n\times 0.1363, & (0\leqslant n\leqslant 3)\\[2ex] \dfrac{20!3^3}{(20-n)!3!}\left(\dfrac{1}{30}\right)^n\times 0.1363, & (4\leqslant n\leqslant 20)\end{cases}$$

分别算出 $P_1,P_2,\cdots,P_{20}$。通过计算知道 $P_{12}=0.00007$，而当 $n\geqslant 13$ 时，$P_n<0.5\times 10^{-5}$，故可忽略不计。于是

$$L=\sum_{n=1}^{20}nP_n\approx P_1+2P_2+\cdots+12P_{12}=2.1268(台)$$

$$L_q=\sum_{n=1}^{17}nP_{3+n}\approx P_4+2P_5+\cdots+9P_{12}=0.3386(台)$$

$$\lambda_e=\lambda(m-L)=1\times(20-2.1268)=17.8732$$

$$W=\frac{L}{\lambda_e}=\frac{2.1268}{17.8732}=0.1190(小时)=7.14(分钟)$$

$$W_q=W-\frac{1}{\mu}=0.1190-0.1=0.0190(小时)=1.14(分钟)$$

$$\xi=\frac{L}{m}=\frac{2.1268}{20}=10.6\%$$

$$\eta=1-\xi=89.4\%$$

工人平均空闲率(即单位时间内平均每人空闲的时间)：

$$\frac{1}{3}\sum_{n=0}^{2}(3-n)P_n=\frac{1}{3}(3P_0+2P_1+P_2)=0.4042$$

而单台系统的该项指标即 P_0。

例 12-5、例 12-6 各项指标的比较见表 12-3。由此可见，协作共管优于个人承包，虽然照管的台数增加了(平均每人增加 0.6 台)，利用率反而提高了，但每个工人的空闲时间相应地减少了。

表 12-3

照管效率	平均每人照管台数	平均空闲率	L/台	L_q/台	W/分钟	W_q/分钟	损失率/%	利用率/%
一人照管 6 台	6	0.4845	0.845	0.3295	9.83	3.83	14.1	85.9
三人共管 20 台	6.6	0.4042	2.1268	0.3386	7.14	1.14	10.6	89.4

12.3 其他模型选介

12.3.1 *M/G/*1 系统模型

这里讨论具有泊松输入、一般独立服务的单台系统的排队模型。

1. 基本公式

该系统的平均到达率为λ,任一顾客的服务时间为V,且有

$$E(V)=\frac{1}{\mu}<\infty,\quad D(V)=\sigma^2<\infty$$

服务强度为

$$\rho=\frac{\lambda}{\mu}$$

不论V服从什么分布,只要$\rho<1$,系统就能达到稳态,并有稳态概率

$$P_0=1-\rho \tag{12-52}$$

从而根据**波拉切克**(Pollaczek)-**欣钦**(Khintchine)**公式**还可导出

$$L_q=\frac{\rho^2+\lambda^2\sigma^2}{2(1-\rho)} \tag{12-53}$$

进而按式(12-1)就可求出L,W,W_q。(这时$\lambda_e=\lambda$。)

【例 12-7】 有一个汽车冲洗台,来冲洗的汽车按泊松分布平均每小时到达18辆。冲洗时间的均值、标准差分别为0.05小时/辆、0.1小时/辆。试分析该系统的工作情况与服务质量。

解 由题意知

$$\lambda=18(\text{辆}/\text{小时}),\quad \frac{1}{\mu}=0.05(\text{小时}/\text{辆})$$

$$\sigma^2=0.1^2(\text{小时}/\text{辆})^2,\quad \rho=\frac{\lambda}{\mu}=18(0.05)=0.9$$

按式(12-52)可得该冲洗台空闲的概率:

$$P_0=1-\rho=1-0.9=0.1$$

按式(12-53)得

$$L_q=\frac{0.9^2+18^2(0.1)^2}{2(1-0.9)}=20.25(\text{辆})$$

再按式(12-1)得

$$L=L_q+\rho=20.25+0.9=21.15(\text{辆})$$

$$W=\frac{L}{\lambda}=\frac{21.15}{18}=1.175(\text{小时})=70.5(\text{分钟})$$

$$W_q=\frac{L_q}{\lambda}=\frac{20.25}{18}=1.125(\text{小时})=67.5(\text{分钟})$$

2. *M/D/*1 系统

该系统对各顾客服务时间相互独立且为同一个常数V,故有

$$E(V)=V=\frac{1}{\mu},\quad D(V)=0(=\sigma^2)$$

这样式(12-53)简化为

$$L_q = \frac{\rho^2}{2(1-\rho)} \tag{12-54}$$

【例 12-8】 某检测站有一台自动检测机器性能的仪器,检测每台机器都需 3 分钟。送检机器按泊松分布到达,平均每小时 10 台。试求该系统的主要工作指标。

解 由题意知,这是一个 $M/D/1$ 系统,且有

$$\lambda = 10(\text{台} / \text{小时}), \frac{1}{\mu} = 3(\text{分钟} / \text{台}) = 0.05(\text{小时} / \text{台})$$

$$\sigma^2 = 0, \quad \rho = \frac{\lambda}{\mu} = 10(0.05) = 0.5$$

故按式(12-54)得

$$L_q = \frac{0.5^2}{2(1-0.5)} = 0.25(\text{台})$$

再按式(12-1)得

$$L = L_q + \rho = 0.25 + 0.5 = 0.75(\text{台})$$

$$W_q = \frac{L_q}{\lambda} = \frac{1}{10}(0.25) = 0.025(\text{小时}) = 1.5(\text{分钟})$$

$$W = W_q + \frac{1}{\mu} = 1.5 + 3 = 4.5(\text{分钟})$$

3. $M/E_k/1$ 系统

该系统对任一顾客的服务时间 $V \sim E_k(\mu)$。由式(12-12)知

$$E(V) = \frac{1}{\mu}, \quad D(V) = \frac{1}{k\mu^2}(= \sigma^2)$$

代入式(12-53)中,有

$$L_q = \frac{\rho^2 + \frac{\lambda^2}{k\mu^2}}{2(1-\rho)} = \frac{(k+1)\rho^2}{2k(1-\rho)} \tag{12-55}$$

【例 12-9】 一个质量检查员平均每小时收到 2 件送来检查的样品,每件样品要依次完成 5 项检验才能判定是否合格。据统计,每项检验所需时间的期望值都是 4 分钟,每项检验的时间和送检产品的到达间隔都为指数分布。问一件样品从送到至检查完毕预期需要多少时间?

解 分析题意可知该系统为 $M/E_5/1$ 型,且有

$$\lambda = 2(\text{件} / \text{小时}), \quad (k = 5)$$

设 $V_i(i=1,2,\cdots,5)$ 为任一件样品第 i 项检验的时间,则由爱尔朗分布的性质 2 知:

$$E(V_i) = \frac{1}{k\mu}, \quad (i = 1,2,\cdots,5)$$

由题意知上式即

$$\frac{1}{5\mu} = 4(\text{分钟} / \text{件})$$

故

$$\frac{1}{\mu} = 20(\text{分钟} / \text{件}) = \frac{1}{3}(\text{小时} / \text{件})$$

$$\rho=\frac{\lambda}{\mu}=2\left(\frac{1}{3}\right)=\frac{2}{3}$$

将 $\rho=\frac{2}{3}$ 和 $k=5$ 代入式(12-55)中,得

$$L_{\mathrm{q}}=\frac{(5+1)\left(\frac{2}{3}\right)^{2}}{2\times 5\left(1-\frac{2}{3}\right)}=\frac{4}{5}(\text{件})$$

再按式(12-1)得

$$W_{\mathrm{q}}=\frac{L_{\mathrm{q}}}{\lambda}=\frac{1}{2}\left(\frac{4}{5}\right)=\frac{2}{5}(\text{小时})$$

$$W=W_{\mathrm{q}}+\frac{1}{\mu}=\frac{2}{5}+\frac{1}{3}=\frac{11}{15}(\text{小时})=44(\text{分钟})$$

即一件样品从送到至检查完毕预期需要 44 分钟。

12.3.2 优化设计模型

如 12.1.3 节所述,排队系统的优化设计是指设计一个未来的排队系统,使适当的利益指标函数最优化。常用的利益指标有:稳态系统单位时间的平均总费用或平均总利润,它们是关于平均服务率 μ、服务台数 s、系统容量 r 等决策变量的函数。由于 μ 连续,s,r 离散,因而决策变量类型复杂,再加上利益指标函数的形式也很复杂,所以这类优化问题的求解很复杂,通常采用数值法并需在计算机上实现,而很少能够采用解析法。

本小节仅就 μ,s 这两个决策变量的分别单独优化,介绍两个较简单的模型,以便读者了解排队系统优化设计的基本思想。

1. $M/M/1/\infty$ 系统的最优平均服务率 μ^*

设

c_1——当 $\mu=1$ 时服务系统单位时间的平均费用;

c_{w}——平均每个顾客在系统逗留单位时间的损失;

y——整个系统单位时间的平均总费用。

其中 c_1,c_{w} 均为可知(下同)。则目标函数为

$$y=c_1\mu+c_{\mathrm{w}}L \tag{12-56}$$

将式(12-24),即 $L=\lambda/(\mu-\lambda)$,代入上式,得

$$y=c_1\mu+c_{\mathrm{w}}\lambda\frac{1}{\mu-\lambda}$$

易见 y 是关于决策变量 μ 的一元非线性函数。由一阶条件

$$\frac{\mathrm{d}y}{\mathrm{d}\mu}=c_1-c_{\mathrm{w}}\lambda\frac{1}{(\mu-\lambda)^2}=0$$

解得驻点

$$\mu^*=\lambda+\sqrt{c_{\mathrm{w}}\lambda/c_1} \tag{12-57}$$

根号前取正号是为了保证 $\rho<1$,即 $\mu^*>\lambda$,这样,系统才能达到稳态。又由二阶条件

$$\frac{\mathrm{d}^2y}{\mathrm{d}\mu^2}=\frac{2c_{\mathrm{w}}\lambda}{(\mu-\lambda)^3}>0,\quad(\text{因 }\mu>\lambda)$$

可知式(12-57)给出的μ^*为(λ,∞)上的全局唯一最小点。将μ^*代入式(12-56)中,可得最小总平均费用

$$y^* = c_1\lambda + 2\sqrt{c_1 c_w \lambda} \tag{12-58}$$

另外,若c_w设为平均每个顾客在队列中等待单位时间的损失,则需用式(12-25)给出的$L_q=\dfrac{\lambda^2}{\mu(\mu-\lambda)}$取代式(12-56)中的$L$,这时类似可得一阶条件:

$$c_1\mu^4 - 2c_1\lambda\mu^3 + c_1\lambda^2\mu^2 - 2c_w\lambda^2\mu + c_w\lambda^3 = 0$$

这是一个关于μ的4次方程,尽管它有求根公式,但由于形式太复杂,实际并不应用。一般采用数值法(如牛顿法)确定其根μ^*。

2. $M/M/s/\infty$系统的最优服务台数s^*

设目标函数为

$$f(s) = c_2 s + c_w L(s)$$

其中:

s——并联服务台的个数(待定);

$f(s)$——整个系统单位时间的平均总费用,它是关于服务台数s的函数;

c_2——单位时间内平均每个服务台的费用;

c_w——平均每个顾客在系统中逗留(或等待)单位时间的损失;

$L(s)$——平均队长(或平均等待队长),它是关于服务台数s的函数。

我们要确定最优服务台数$s^* \in \{1,2,\cdots\}$,使

$$f(s^*) = \min f(s) = c_2 s + c_w L(s) \tag{12-59}$$

由于s取值离散,不能采用微分法或非线性规划的方法,只能采用差分法。显然有

$$\begin{cases} f(s^*) \leqslant f(s^*-1) \\ f(s^*) \leqslant f(s^*+1) \end{cases} \tag{12-60}$$

将式(12-59)代入式(12-60)中,得

$$\begin{cases} c_2 s^* + c_w L(s^*) \leqslant c_2(s^*-1) + c_w L(s^*-1) \\ c_2 s^* + c_w L(s^*) \leqslant c_2(s^*+1) + c_w L(s^*+1) \end{cases}$$

由此可得

$$L(s^*) - L(s^*+1) \leqslant \frac{c_2}{c_w} \leqslant L(s^*-1) - L(s^*)$$

令

$$\theta = c_2/c_w \tag{12-61}$$

依次计算$s=1,2,\cdots$时的$L(s)$值及每一差值$L(s)-L(s+1)$,根据θ落在哪两个差值之间就可以确定s^*。

【例12-10】 某储蓄所平均每小时接待储户18次,储户到达次数为泊松流。办理存取业务时间为指数分布,平均每次耗时5分钟。平均每次储户逗留1小时所造成的损失为30元,平均每个窗口每小时的服务成本为50元,试求最优窗口数。

解 由题意知,这是一个$M/M/s/\infty$系统,有

$$c_2 = 50(\text{元}/\text{小时}),\quad c_w = 30(\text{元}/\text{小时}),$$
$$\lambda = 18(\text{次}/\text{小时}),\quad \mu = 60/5 = 12(\text{次}/\text{小时})$$

则按式(12-61)得

$$\theta = c_2/c_w = 50/30 \approx 1.67$$

另有

$$\delta = \frac{\lambda}{\mu} = \frac{18}{12} = 1.5,\quad \rho = \frac{\lambda}{s\mu} = \frac{\delta}{s} = \frac{1.5}{s},\quad 1-\rho = 1-\frac{1.5}{s} = \frac{s-1.5}{s}$$

把上述 $\delta,\rho,1-\rho$ 代入式(12-14)得

$$P_0 = \left(\sum_{k=0}^{s-1}\frac{(1.5)^k}{k!} + \frac{(1.5)^s}{(s-1)!(s-1.5)}\right)^{-1}$$

又由式(12-16),式(12-17)得

$$L = \frac{\delta^2\rho}{s!(1-\rho)^2}P_0 + \delta$$

把上述 $\delta,\rho,1-\rho,P_0$ 代入上式,整理可得

$$L(s) = \frac{(1.5)^{s+1}}{(s-1.5)\left[(s-1)!(s-1.5)\sum_{k=0}^{s-1}\frac{(1.5)^k}{k!} + (1.5)^s\right]} + 1.5$$

当 $s=1$ 时,$\rho=\delta=1.5>1$,不满足系统达到稳态的条件 $\rho<1$,故这时 $L(1)\to\infty$。

依次计算当 $s=2,3,\cdots$ 时的 $L(s)$ 值及其差值 $L(s)-L(s+1)$,见表 12-4。

表 12-4

s	$L(s)$	$L(s)-L(s+1)$	
1	∞	∞	
2	3.429	1.692	$\theta=1.67$
3	1.737	0.192	
4	1.545	…	
…	…		

由表 12-4 及 θ 所落位置,对应可知

$$s^* = 3(个)$$

据此按式(12-59)可得最少平均总费用

$$f(s^* = 3) = 50\times 3 + 30\times 1.737 = 202.11(元/小时)$$

故该储蓄所应设置 3 个窗口可使每小时平均总费用达到最少,为 202.11 元。

习 题

12.1 试举出下列排队系统的实例(不得举教材中及课堂上讲授之例):

(1) 图 12-2 各情形;

(2) 下列情形:①队列无形;②顾客为物;③服务上门;④排队顾客不能中途离去;⑤并联多台、多队,且各列间顾客不能相互转移;⑥顾客成批到达;⑦顾客源有限与无限;⑧定长输入;⑨泊松输入;⑩成批服务;⑪后到先服务;⑫有优先权服务;⑬随机服务;⑭队列长度有限制;⑮等待时间有限制;⑯逗留时间有限制;⑰定长服务;⑱指数服务;⑲k 阶爱尔朗服务;⑳损失制系统。

12.2 按照 Kendall 分类法,为下列系统分类或叙述其含义:

(1) 泊松输入、定长服务、3 个并联服务台、系统容量为 r;

(2) 一般独立输入、指数服务、单服务台;

(3) $G/E_3/1/1$;

(4) $M/G/3/15/15$。

12.3 表 12-5、表 12-6 中的数据是到达邮局的顾客数和对顾客服务时间的统计结果。以 3 分钟为一个时段,统计了 100 个时段中顾客到达的情况以及对 100 位顾客的服务时间。试用统计推断的方法确定该系统的输入分布与服务分布。

表 12-5

到达人数	0	1	2	3	4	5	6
时段数	14	27	27	18	9	4	1

表 12-6

服务时间/秒	0～12	12～24	24～36	36～48	48～60	60～72	72～84
顾客人数	33	22	15	10	6	4	3
服务时间/秒	84～96	96～108	108～120	120～150	150～180	180～200	>200
顾客人数	2	1	1	1	1	1	0

12.4 承上题。试求:① 顾客不必等待的概率;② 4 项主要工作指标。

12.5 某个体劳动者经营的家用电器装修服务部,每天有效工作时间(接待顾客除外)为 8 个小时,平均每天承揽 2 件业务,平均每件业务需要有效工作时间 3 小时。假设该服务部为 $M/M/1/\infty$ 系统,试求:

(1) 服务部每天空闲的平均有效工作时间;

(2) 4 项主要工作指标;

(3) 未干或未干完的业务多于 3 件的概率;

(4) 任一件业务从承揽至干完的有效时间多于 6 小时的概率。

12.6 顾客按泊松分布到达某私人按摩诊所,平均间隔 20 分钟。按摩时间为指数分布,平均每人 15 分钟。试求:

(1) 顾客不必等待的概率;

(2) 4 项主要工作指标;

(3) 若顾客在所内耗时超过 1.25 小时,则按摩师的配偶也参与按摩。问平均到达率提高到多少,配偶才会参与?

(4) 若希望 95%以上的顾客都有座位,则至少应准备多少把椅子?

12.7 前来某体育馆买票观赛者为泊松流,平均每分钟到达一人。售票处只有一个窗口,售票时间为指数分布,平均每人 20 秒。

(1) 若一个观众于赛前 2 分钟到达售票窗口，买完票后恰好用一分半钟来到其座位，试问他能期望于开赛前坐好吗？

(2) 试求他在开赛前坐好的概率；

(3) 若要以 99% 的把握于开赛前坐好座位，他应提前几分钟到达售票处？

12.8 某厂医务室就诊的职工按泊松分布平均每小时到达 4 人。该室为每人诊疗的时间为指数分布，平均每小时可诊疗 5 人。该厂实行全天 24 小时倒班工作制。试求：

(1) 医务室每天空闲的平均时间；

(2) 4 项主要工作指标；

(3) 若平均每个职工停工一小时会给工厂造成 30 元的损失，那么每天所耗等待看病的时间将会给工厂造成多大损失？

(4) 如果工厂为医务室增设医务人员及医疗设备，能使平均诊疗率提高到每小时 6 人，但为此每天需额外投资 1 000 元。问此项投资是否合算？为什么？

12.9 某医院外科换药处有两名护士，换药者按泊松分布平均每小时到达 20 人。换药时间为指数分布，平均每人 5 分钟。试求一位病人到换药处换药平均花费的时间。

12.10 某机关文书室有 3 名打字员，每名打字员每小时能打 6 份普通公文，公文平均到达率为 15 份/小时。假设该室为 $M/M/s/\infty$ 系统。

(1) 试求 3 名打字员都忙于打字的概率及该室主要工作指标。

(2) 若 3 名打字员分工包打不同科室的公文，每名打字员都能平均每小时接到 5 份公文，试计算此情况下该室的各项工作指标。

(3) 将(1)和(2)的结果列表加以对照，问从中能得出什么结论？

12.11 某储蓄所有 2 名营业员，一名负责存款，一名负责取款，两人服务时间均服从指数分布，平均服务时间都是 3 分钟/人。存款、取款顾客均按泊松分布到达，平均每小时分别到达 16 人、14 人。

(1) 试求存款、取款各自的平均等待时间；

(2) 若每个营业员兼营两种业务，则存款、取款的等待时间有何变化？

(3) 假若每个营业员兼营两种业务时其工作效率有所下降，平均服务时间变为 3.5 分钟/人，则存款、取款的等待时间又各为多少？

12.12 有一条电话线，平均每分钟有 0.8 次呼叫，每次通话平均时间为 1.5 分钟。若呼叫间隔与通话时间都相互独立且均为指数分布，试问该电话线每小时：①能接通多少次电话？②有多少次呼叫不通？

12.13 某消防大队由 3 个消防中队组成，每一消防中队在某一时刻只能执行一处消防任务。据火警统计资料可知，火警为泊松流，平均每天报警 3 次；消防时间为指数分布，平均一天完成消防任务 1 次。

(1) 试求报警而无中队可派前往的概率；

(2) 每天执行消防任务的中队平均数；

(3) 若要求(1)中概率小于3%，则应配备多少中队？

12.14 某医院有一台心电图机，前来做心电图的人按泊松分布平均每小时到达3人，每人做心电图的时间为指数分布，平均每人15分钟。候诊室设置6个座位，若满座则后到者便自动离去。试求该系统的主要工作指标及潜在顾客的损失率。

12.15 2人理发馆有5把椅子供顾客等待，当全部坐满时，后来者便自动离去。顾客到达时间间隔与理发时间均为相互独立的指数分布，每小时平均到达3.7634人，每人理发平均需要15分钟。试求潜在顾客的损失率及平均逗留时间。

12.16 试证明下列公式：①(12-27)；②(12-37)；③(12-38)；④(12-39)；⑤(12-40)；⑥(12-41)；⑦(12-43)；⑧(12-45)。

12.17 2个技术程度相同的工人共同照管5台自动机床，每台机床平均每小时需要照管一次，每次需要一个工人照管的平均时间为15分钟。每次照管时间及每相继两次照管间隔都相互独立且为指数分布。

(1) 试求每人平均空闲时间，系统4项主要指标，以及机床利用率；

(2) 若由一名工人照管2台自动机床，其他数据不变，试求系统工作指标，并按表12-5的格式与(1)进行对照。

12.18 试比较 $M/D/1$ 与 $M/M/1$ 两个系统的 W_q。

12.19 某储蓄所有一个服务窗口，顾客按泊松分布平均每小时到达10人。为任一顾客办理存款、取款等业务的时间 V(小时)$\sim N(0.05,0.01^2)$。试求该储蓄所空闲的概率及其主要工作指标。

12.20 某种试验仪器每次使用时间为3分钟，实验者按泊松分布平均每小时到达18人。试求该系统的主要工作指标及实验者不必等待的概率。

12.21 某私营服装裁缝店每周工作6天，每天工作8小时。该店只有一个西服裁缝，做一套西服要经历4个不同工序，完成这4个工序才开始做另一套。每道工序时间相互独立且为同一指数分布，平均时间为2小时，订做西服的活儿按泊松分布平均每周送来5.5套。问顾客做一套西服期望几天后可取回？

12.22 某种零件装入真空管之前必须清除油污再组装。该零件按泊松流生产出来，平均每小时生产出50件。清除油污和组装时间为指数分布。零件生产出来后，在装入真空管之前会氧化而造成损失，每个零件逗留一小时的损失为1元。清洗和组装费为每小时

平均 2μ 元。试求能使每小时总费用最少的平均服务率 μ(件/小时)。

12.23 某厂机修车间专门修理某种大量的设备。该设备故障数为泊松流,平均每天2台,修复时间为指数分布,平均每台的修理时间为 $1/\mu$ 天。μ 与机修人员及维修装备现代化程度(即与机修车间全年经费 K)等有关,为

$$\mu = 0.1 + 0.01K, \quad (K \geqslant 1\,900\text{ 元})$$

每台故障设备每天的停产损失为400元。试确定该厂最经济的机修年经费 K 及平均修复率 μ。

12.24 某联合企业的中心实验室为所辖各企业服务,实验者按泊松流每小时到达10人,试验时间为指数分布,平均每人20分钟。平均每个实验者在实验室逗留一小时所造成的损失为25元,每台实验设备平均每小时的使用成本为60元。求最优实验设备数。

第13章

存 贮 论

存贮论(inventory theory,IT)是研究存贮系统的性质、运行规律以及最优运营的一门理论。1915 年美国学者**哈里斯**(Ford W. Harris)首次为商业存贮系统建立了一个数学模型并给出最优解的公式,现称**经典经济批量公式**,为存贮论开启先河,但当时并未引起关注。1918 年美国学者**威尔逊**(R. H. Wilson)重新研究给出该公式才引起关注。尔后经过几十年的发展,已从单一货物的确定型拓展为多种货物、多个存贮地点并包括随机系统的混合型。

本书只介绍单一货物的存贮模型及有关的基本概念。

13.1 基本概念

13.1.1 存贮系统

存贮活动,作为人类社会活动过程中一个不可或缺的重要环节,从古至今,盖莫能外。大至一个国家的战略物资储备,小至一个工厂的原材料储备、一个商店的商品储备,直至一个家庭的日常生活用品储备,凡此种种,不一而足。

但是存贮物品并非多多益善,因为这不仅影响资金周转率,从而降低经济效益,而且存贮活动本身也需耗费人、财、物力,这会提高运营总成本。因此,保持合理的存贮水平,使总的损失、费用达到最小,便是存贮论研究的主要问题。

存贮论的对象是一个由补充、存贮、需求三个环节紧密构成的现实运行系统,并且以存贮为中心环节,故称为**存贮系统**,其一般结构如图 13-1 所示。

图 13-1

由于生产或销售等的需求,从存贮点(仓库)取出一定数量的库存货物,这就是存贮的输出;由于不断输出从而使存贮减少,因而必须及时加以补充,这就是存贮的输入。任一存贮系统均由存贮、补充、需求这 3 个部分所组成。

存贮的某种货物简称为**存贮**,它随时间的推移所发生的盘点数量的变化,称为**存贮状态**。存贮状态随需求过程而减小,随补充过程而增大。

需求可以有不同的形式:①均匀(线性)或不均匀(非线性),如工厂自动生产流水线对原料的需求均匀,而顾客对超市商品的需求则不均匀;②连续或离散,如对水、电、气等的需求连续,而对日用商品的需求离散;③确定或随机,如生产活动中对原材料的需求一般是确定性的，而营销活动中顾客对商品的需求则往往是随机的。对于随机需求，通过大量观察试验，其统计规律性也是可以认识的。因而无论需求形式如何，存贮系统的输出特性还是可以明确的。

补充有内部生产和外部订购(采购)两种方式。在有些情况下，从订货到交货之间有一段滞后时间，简称**时滞**，它也可能是确定性的或随机的。因此，为使存贮在某一时刻获得补充，就必须提前一段时间订货，这段时间称为**订货提前期**。若时滞为确定常数，则提前期就可取作时滞；若时滞随机，则提前期往往取作时滞的期望值。

13.1.2 存贮策略

对一个存贮系统而言，需求是其服务对象，因而即便需求是确定性的，也不作为控制的对象，更何况随机需求是不可控的。因此，需要控制的只不过是存贮的输入过程。而这里有两个基本问题需要做出决策：

(1) 何时补充？称为"期"的问题；

(2) 补充多少？称为"量"的问题。

管理者可以通过控制补充的期与量这两个决策变量，来调节存贮系统的运行，以便达到最优运营效果。这便是存贮系统的最优运营问题。

关于补充的期与量所作的决策，构成存贮系统的一个运营策略，称为**存贮策略**，简称**策略**。给定一个策略，则何时补充及补充多少，就完全明确了。常用的存贮策略有以下几种类型。

(1) **t 循环策略**，设

t——**运营周期**，它是一个决策变量；

Q——**进货(补充)批量**，它也是一个决策变量。

该策略的含义是：每隔 t 时段补充一次，补充数量为 Q。这种策略又称为**经济批量策略**，它适用于需求确定的存贮系统。

(2) **(t_0,α,S) 策略**，设

t_0——固定周期(如一月、一周、一天等)，它是一个常数而非决策变量；

α——**临界点**，即判断进货与否的存贮状态临界值，它是一个决策变量；

S——**存贮上限**，即最大存贮量，它也是一个决策变量；

I——本周期初(或上个周期末)的存贮状态，它是一个参数而非决策变量。

该策略的含义是：每隔 t_0 时段盘点一次，若 $I\geqslant\alpha$，则不补充；若 $I<\alpha$，则把存贮补充到 S 水平，因而进货批量为 $Q=S-I$。

(3) **(T_0,β,Q) 策略**，设

T_0——计划期，它是一个常数而非决策变量；

β——**订货点**，即标志订货时刻的存贮状态，它是一个决策变量；

$I(\tau)$——τ 时刻的存贮状态，它是一个参量而非决策变量。

该策略的含义是：在一个计划期 T_0 内，其间每当 $I(\tau)\leqslant\beta$ 时立即订货，订货批量为 Q。

后两种策略适用于需求随机的存贮系统。其中(2)称为**定期盘点策略**；而(3)称为**连续盘点策略**，采用这种策略需要计算机进行监控，及时发出何时补充及补充多少的信号。

13.1.3 运营费用

衡量一个存贮策略优劣的常用数量指标就是存贮系统的**运营费用**(operating costs)。它包括进货费用、保管费用、缺货费用这3项费用,分述如下。

1. 进货费用

补充存贮而发生的费用,记为C_O,其一般形式为

$$C_O=\begin{cases}a+cQ, & (Q>0)\\ 0, & (Q=0)\end{cases}$$

其中:a——**每次进货的固定费用**,与进货批量Q的大小无关;

c——**单位费用**,而cQ则是**变动费用**,它与进货批量有关。

进货分为内部生产与外部订购两种方式,分别解释如下:

(1) **订购费用**:订货与购货而发生的费用。这时称

a——**每次订货费用**(ordering costs),如手续费、电信费、外出采购差旅费、最低起运费、检查验收费等,与订货批量Q无关。

c——**单位货物的购置费用**,如货物本身的购价,单位运费等。而cQ就是一批货物的购置费用,与订货批量Q有关。

(2) **生产费用**:生产货物所发生的费用。这时称

a——**每批次的装配费用**(**或准备、结束费用**),如更换生产线上的器械、添置专用设备等的费用,与生产批量Q无关。

c——**单位产品的生产费用**,即单位产品所消耗的原材料、能源、人工、包装等费用之和。而cQ是一批产品的变动生产费用,与生产批量Q有关。

2. 保管费用(holding or carrying cost)

又称为**持货费用**、**存贮费用**,即因持有这些货物而发生的费用。它可能包括仓库使用费、管理费、货物维护费、保险费、税金,积压资金所造成的损失(利息、占用资金费等),存货陈旧、变质、损耗、降价等所造成的损失等。记

C_H——**保管费用**,与单位时间的存贮量有关。

h——单位时间内单位货物的保管费用。

3. 缺货费用(shortage loss costs,**或** stock out costs)

是指因缺货所造成的损失费。如停工待料所造成的生产损失,因货物脱销而造成的机会损失(少得的收益),延期付货所交的罚金以及商誉降低所造成的无形损失等。又如血库缺血将造成生命危急,外贸仓库中的重要出口商品缺货将造成巨额外汇损失和商誉损失,战争中缺少军火将造成人员重大伤亡乃至战败,在这些情况下都不允许缺货,因此这时的缺货费用可视为无穷大。记

C_S——**缺货费用**,与单位时间的缺货量有关。

l——单位时间内缺少单位货物所造成的损失费。

运营费用即为上述3项费用之和,故又称为**总费用**,记为C_T,则

$$C_T=C_O+C_H+C_S$$

又记

f——单位时间的平均(或期望)运营费用。

能使运营费用 f 达到极小的进货批量,称为**经济批量**(economic lot size),记为 Q^*。对几种确定性存贮系统,人们已经导出了经济批量 Q^* 的数学表达式,通称为**经济批量公式**。这些公式也是存贮模型的一种形式,称为**经济批量模型**。

13.2 需求确定的模型

本节介绍具有连续确定性需求,采用 t 循环策略的存贮系统的 4 种基本模型。它们都是在一些假设条件下建立的,因此实际应用时,先须检查真实系统是否与这些假设相符或相近。

13.2.1 模型 I——经典模型

假设:

(1) 需求连续均匀,需求率为一常数 d;

(2) 不允许缺货,因此在存贮告罄时应立即补充,而进货时间很短,可视为 0,即每次进货能在瞬间全部入库;

(3) 在每个运营周期 t 的初始时刻进行补充,每期进货批量相同,均为 Q。

根据上述条件可知:$I(\tau)=Q-d\tau,\tau\in[0,t]$;于是可以画出该系统的存贮状态图,见图 13-2。图中 L 是订货提前期,当每个运营周期 t 内存贮状态 $I(\tau)=Ld$ 时就立即订货,这样可保证在 $I(\tau)=0$ 时,将存贮立即补充到最高水平 Q,易知 $Q=dt$。

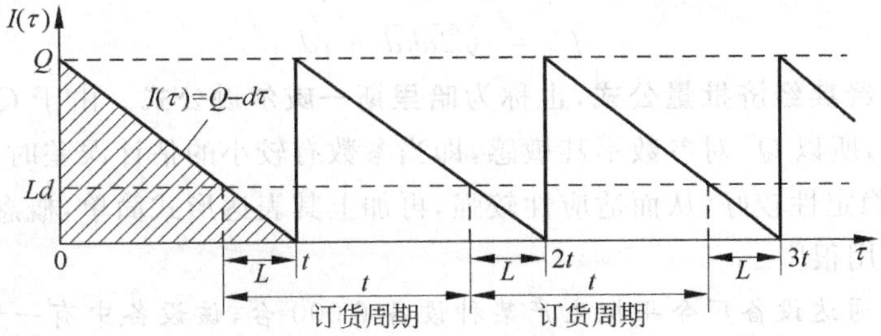

图 13-2

由图 13-2 可知,在$[0,t]$时段内的存贮量为

$$\int_0^t I(\tau)\mathrm{d}\tau=\int_0^t (Q-d\times\tau)\mathrm{d}\tau=Qt-\frac{1}{2}dt^2=\frac{1}{2}Qt$$

另外,根据定积分的几何意义,上述定积分等于图 13-2 中阴影△的面积,这样立即可得上述结果。因此,在一个运营周期 t 内的保管费为

$$C_{\mathrm{H}}=\frac{1}{2}hQt$$

而定购费为

$$C_{\mathrm{O}}=a+cQ$$

由于不允许缺货,无缺货现象,也无此项费用,故一个周期 t 内的运营费用 C_{T} 只包括上述两项,为

$$C_T = C_H + C_O = \frac{1}{2}hQt + a + cQ$$

而单位时间的平均运营费用为

$$f = \frac{C_T}{t} = \frac{1}{2}hQ + \frac{a}{t} + \frac{cQ}{t} \tag{13-1}$$

式中有 Q,t 两个决策变量。因 $Q=dt$，故 $t=Q/d$，代入上式得

$$f(Q) = \frac{1}{2}hQ + \frac{ad}{Q} + cd \tag{13-2}$$

为了求得 $f(Q)$ 的极小点，由一阶条件

$$f'(Q) = \frac{1}{2}h - \frac{ad}{Q^2} = 0$$

解得驻点

$$Q^* = \sqrt{\frac{2ad}{h}} \tag{13-3}$$

(根号前取正号是因为 $Q>0$。)又由二阶条件

$$f''(Q) = \frac{2ad}{Q^3} > 0, \quad (Q > 0)$$

可知：式(13-3)给出的 Q^* 为 f 在 $Q\in(0,\infty)$ 上的全局唯一最小点。而最佳运营周期为

$$t^* = \frac{Q^*}{d} = \sqrt{\frac{2a}{hd}} \tag{13-4}$$

最优值(最小平均运营费用)为

$$f^* = \sqrt{2ahd} + cd \tag{13-5}$$

式(13-3)即**经典经济批量公式**，也称为**哈里斯—威尔逊公式**。由于 Q^* 与参数 a,h,d 是平方根的关系，所以 Q^* 对参数不甚敏感，即当参数有较小的估计误差时，Q^* 的相应误差更小。故 Q^* 的稳定性较好，从而适应性较强，再加上其表达形式简单，概念浅显易懂，因而在工业系统中应用很广。

【例 13-1】 通达设备厂今年拟生产某种设备 6 000 台，该设备中有一种轴承需向轴承厂订购，每次订货费用为 2 000 元，每件轴承购价为 50 元，全年保管费用为购价的 20%。

(1) 试求通达设备厂今年对该轴承的最佳存贮策略及费用；

(2) 若明年拟将这种设备产量提高一倍，则所需轴承的订购批量应比今年增加多少？订购次数又为多少？

解 (1) 依题意取 1 年为时间单位，且知：

$$a = 2\,000(\text{元 / 次}), \quad c = 50(\text{元 / 件}), \quad d = 6\,000(\text{件 / 年}),$$
$$h = 0.2c = 0.2 \times 50 = 10(\text{元 / 件 / 年})$$

由式(13-3)，(13-4)，(13-5)得

$$Q^* = \sqrt{\frac{2\times 2\,000\times 6\,000}{10}} \approx 1\,549(\text{件})$$

$$t^* = \frac{1\,549}{6\,000} \approx 0.258(\text{年})$$

$$f^* = \sqrt{2\times 2\,000\times 10\times 6\,000} + 50\times 6\,000 \approx 315\,492(\text{元 / 年})$$

而全年订购次数为

$$n^* = \frac{1}{t^*} = \frac{1}{0.258} \approx 3.876(\text{次})$$

由于 n 须为正整数，故还应比较 $n=3$ 与 $n=4$ 时的全年费用。

若 $n=3$，则

$$t = \frac{1}{n} = \frac{1}{3}, \quad Q = \frac{6\,000}{3} = 2\,000$$

代入式(13-1)，得

$$f(3) = \frac{1}{2} \times 10 \times 2\,000 + 2\,000 \times 3 + 50 \times 6\,000 = 316\,000(\text{元}/\text{年})$$

类似可得 $n=4$ 时的全年费用：

$$f(4) = \frac{1}{2} \times 10 \times 1\,500 + 2\,000 \times 4 + 50 \times 6\,000 = 315\,500(\text{元}/\text{年})$$

由于 $f(4) < f(3)$，故 $n=4$。这样每 3 个月订货一次，每次订购批量为 1 500 件，全年费用为 315 500 元，比最优值 f^* 略多 8 元。

(2) 若没学过经典经济批量模型，很可能会认为明年订购批量为今年的 2 倍。但由式(13-3)知道，明年订购批量应为今年的 $\sqrt{2}$ 倍，订购次数也为今年的 $\sqrt{2}$ 倍，从而有

$$Q^* = \sqrt{2} \times 1\,549 \approx 2\,191(\text{件})$$

$$n^* = \sqrt{2} \times 3.876 \approx 5.48(\text{次})$$

为实用方便，也需比较 $n=5$ 与 $n=6$ 时的费用，请读者自行完成。

13.2.2 模型Ⅱ——非即时补充的模型

模型Ⅰ有个前提条件，即每次进货能在瞬间全部入库，可称为**即时补充**。许多实际存贮系统并非即时补充，例如订购的货物很多，不能一次运到，需要一段时间陆续入库；又如工业企业通过内部生产来实现补充时也往往需要一段时间陆续生产出所需批量的零部件，等等。在这种情况下，假定除了进货时间大于 0 外，模型Ⅰ的其余假设条件均成立。设

T——**进货周期**，即每次进货的时间($0 < T < t$)；

p——**进货速率**，即单位时间内入库的货物数量($p > d$)。

又设在每一运营周期 t 的初始时刻开始进货，且每期开始与结束时刻存贮状态均为 0。

根据上述假设条件，可以画出该系统的存贮状态图，见图 13-3。

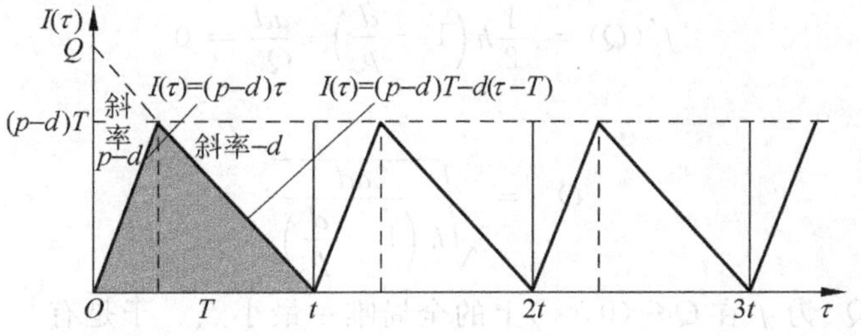

图 13-3

由图13-3可见，一个周期$[0,t]$被分为两段：

在$[0,T]$内，存贮状态从0开始以$p-d$的速率增加，到T时刻达到最高水平$(p-d)T$，这时停止进货，而pT就是一个周期t内的总进货量Q，即有$Q=pT$；

在$[T,t]$内，存贮状态从最高水平$(p-d)T$以速率d减少，到时刻t降为0。

综上可知，在$[0,t]$内的存贮状态为

$$I(\tau)=\begin{cases}(p-d)\tau, & (\tau\in[0,T])\\(p-d)T-d(\tau-T), & (\tau\in[T,t])\end{cases}$$

故每一运营周期t内的存贮量为

$$\int_0^t I(\tau)\mathrm{d}\tau=\int_0^T(p-d)\tau\mathrm{d}\tau+\int_T^t[(p-d)T-d(\tau-T)]\mathrm{d}\tau$$

根据定积分的几何意义，它等于图13-3中阴影△的面积，即为

$$\int_0^t I(\tau)\mathrm{d}\tau=\frac{1}{2}(p-d)Tt$$

故每一周期t的保管费为

$$C_{\mathrm{H}}=\frac{1}{2}h(p-d)Tt$$

而订购费为

$$C_{\mathrm{O}}=a+cQ$$

故每一周期t的运营费用为

$$C_{\mathrm{T}}=C_{\mathrm{H}}+C_{\mathrm{O}}=\frac{1}{2}h(p-d)Tt+a+cQ$$

而单位时间内的平均运营费用为

$$f=\frac{C_{\mathrm{T}}}{t}=\frac{1}{2}h(p-d)T+\frac{a}{t}+\frac{cQ}{t} \tag{13-6}$$

式中有3个决策变量Q,t,T，易知它们之间有下述关系：

$$Q=pT=dt$$

故

$$T=\frac{Q}{p},\quad t=\frac{Q}{d}$$

代入式(13-6)得

$$f(Q)=\frac{1}{2}h\left(1-\frac{d}{p}\right)Q+\frac{ad}{Q}+cd \tag{13-7}$$

由一阶条件

$$f'(Q)=\frac{1}{2}h\left(1-\frac{d}{p}\right)-\frac{ad}{Q^2}=0$$

解得驻点

$$Q^*=\sqrt{\frac{2ad}{h\left(1-\frac{d}{p}\right)}} \tag{13-8}$$

由二阶条件易知Q^*为f在$Q\in(0,\infty)$上的全局唯一最小点。于是有

$$t^* = \frac{Q^*}{d} = \sqrt{\frac{2a}{hd\left(1-\frac{d}{p}\right)}} \tag{13-9}$$

$$T^* = \frac{Q^*}{p} = \sqrt{\frac{2ad}{hp(p-d)}} \tag{13-10}$$

$$f^* = \sqrt{2ahd\left(1-\frac{d}{p}\right)} + cd \tag{13-11}$$

当 $p \to \infty$ 时，由上述公式易知：$T^* \to 0$，而 Q^*, t^*, f^* 与模型Ⅰ完全一致。

【例 13-2】 承例 13-1，假设轴承厂每天只能供给通达设备厂 100 件轴承，试求通达设备厂今年对该轴承的最优存贮策略及费用。

解 由题意知

$$p = 100 \text{件}/\text{天} = 36\,500 \text{件}/\text{年}$$

其他数据同例 13-1 一致，则

$$1-\frac{d}{p} = 1-\frac{6\,000}{36\,500} \approx 0.835\,6$$

由式(13-8)～(13-11)，可得

$$Q^* = \sqrt{\frac{2\times 2\,000\times 12\,000}{10\times 0.835\,6}} \approx 2\,397(\text{件})$$

$$t^* = \frac{2\,397}{6\,000} \approx 0.4(\text{年})$$

$$T^* = \frac{2\,397}{365\,000} \approx 0.066(\text{年}) \approx 24(\text{天})$$

$$f^* = \sqrt{2\times 2\,000\times 10\times 6\,000\times 0.835\,6} + 50\times 6\,000 \approx 314\,161.36(\text{元}/\text{年})$$

由于

$$n^* = \frac{1}{t^*} \approx \frac{1}{0.4} = 2.5(\text{次})$$

非整，故为实用方便，也需比较 $n=2$ 与 $n=3$ 时的运营费用。结果为 $n=3$，全年订货 3 次（每隔 4 个月订购一次），每次订购 $Q=2\,000$ 件轴承，$f=314\,356$ 元/年。

比较例 13-1、例 13-2 可知，非即时补充优于即时补充，可降低运营费用。

13.2.3 模型Ⅲ——允许缺货的模型

模型Ⅰ的假设条件之一为不允许缺货，现在考虑放宽这一条件而允许缺货的存贮模型，除此以外，其余假设同模型Ⅰ一致。

由于允许缺货，所以当存贮告罄时不急于补充，而是过一段时间再补充。这样，虽须支付一些缺货费，但可少付一些订货费和保管费，因而运营费用或许能够减少。假设在时段 $[0,t]$ 内，开始存贮状态为最高水平 S，它可以供应长度为 $t_1 \in (0,t)$ 的时段内的需求；在 $[t_1,t]$ 内则存贮状态持续为 0，并发生缺货。假设本系统采取“缺货后补”的办法，即先对需求者进行预售登记，待订货一到即全部付清。于是有

$$I(\tau) = \begin{cases} S-d\tau, & (\tau \in [0,t_1]) \\ 0, & (\tau \in [t_1,t]) \end{cases}$$

还可画出存贮状态图，如图 13-4 所示。图中 W 为最大缺货量，$W=d(t-t_1)$。

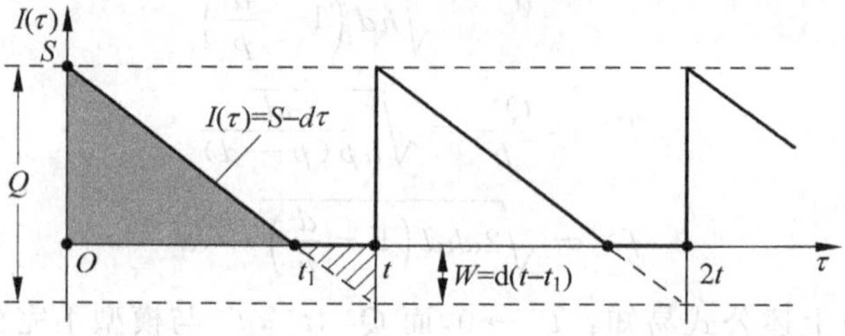

图 13-4

由图 13-4 可知，$[0,t]$内的存贮量为$\frac{1}{2}St_1$，故保管费为

$$C_H = \frac{1}{2}hSt_1$$

而$[t_1,t]$内的缺货量为$\frac{1}{2}W(t-t_1)=\frac{1}{2}d(t-t_1)^2$，即图 13-4 中阴影△的面积。

因$[0,t_1]$内不缺货，故$[0,t]$内的缺货费用为

$$C_S = \frac{1}{2}ld(t-t_1)^2$$

又知订购费为

$$C_O = a + cQ$$

则$[0,t]$内的运营费用为

$$C_T = C_H + C_S + C_O = \frac{1}{2}hSt_1 + \frac{1}{2}ld(t-t_1)^2 + a + cQ$$

而单位时间的平均运营费用为

$$f = \frac{1}{t}\left[\frac{1}{2}hSt_1 + \frac{1}{2}ld(t-t_1)^2\right] + \frac{a}{t} + \frac{cQ}{t} \tag{13-12}$$

式中有 Q,S,t,t_1 四个决策变量，但自由变量只有两个。易知

$$S = dt_1,\quad Q = dt$$

代入式(13-12)得

$$f(t_1,t) = \frac{1}{t}\left[\frac{1}{2}hdt_1^2 + \frac{1}{2}ld(t-t_1)^2\right] + \frac{a}{t} + cd \tag{13-13}$$

其极小点的一阶条件为

$$\begin{cases} \dfrac{\partial f}{\partial t_1} = \dfrac{1}{t}[hdt_1 - ld(t-t_1)] = 0 & ① \\ \dfrac{\partial f}{\partial t} = -\dfrac{1}{t^2}\left[\dfrac{1}{2}hdt_1^2 + \dfrac{1}{2}ld(t-t_1)^2\right] + \dfrac{1}{t}ld(t-t_1) - \dfrac{a}{t^2} = 0 & ② \end{cases}$$

由式①得

$$t_1 = \frac{l}{h+l}t \quad ③$$

而式②可化简为

$$\frac{\partial f}{\partial t} = -\frac{1}{2}ld - \frac{1}{2t^2}(h+l)dt_1^2 - \frac{a}{t^2} \quad ④$$

把式③代入式④，可得

$$\frac{hld}{2(h+l)}-\frac{a}{t^2}=0$$

由此可得

$$t^*=\sqrt{\frac{2a(h+l)}{hld}} \tag{13-14}$$

$$t_1^*=\frac{l}{h+l}t^*=\sqrt{\frac{2al}{hd(h+l)}} \tag{13-15}$$

$$Q^*=dt^*=\sqrt{\frac{2ad(h+l)}{hl}} \tag{13-16}$$

$$S^*=dt_1^*=\sqrt{\frac{2ald}{h(h+l)}} \tag{13-17}$$

$$W^*=Q^*-S^*=\frac{h}{h+l}Q^*=\sqrt{\frac{2ahd}{l(h+l)}} \tag{13-18}$$

$$f^*=\sqrt{\frac{2ahld}{h+l}}+cd \tag{13-19}$$

另外，把式③代入式(13-13)中，可得

$$f(t)=\frac{hld}{2(h+l)}t+\frac{a}{t}+cd \tag{13-20}$$

或

$$f(Q)=\frac{1}{2}hQ\frac{l}{h+l}+\frac{ad}{Q}+cd \tag{13-21}$$

若不允许缺货，则 $l\to\infty$，$\frac{l}{h+l}\to 1$，易见这时模型Ⅲ就成为模型Ⅰ了。

模型Ⅰ的存贮系统在$[0,t^*]$内的存贮量为$\frac{1}{2}Q^*t^*$，故单位时间的平均存贮量为

$$\frac{1}{2}Q^*=\frac{1}{2}\sqrt{\frac{2ad}{h}}$$

而模型Ⅲ的存贮系统在$[0,t_1^*]$内的存贮量为$\frac{1}{2}S^*t_1^*$，故单位时间的平均存贮量为

$$\frac{S^*t_1^*}{2t^*}=\frac{1}{2}\sqrt{\frac{2ad}{h}}\left(\frac{l}{h+l}\right)^{\frac{3}{2}}<\frac{1}{2}\sqrt{\frac{2ad}{h}}=\frac{1}{2}Q^*$$

因此考虑缺货后，系统的平均存贮量降低，从而保管费也得以减少。

而模型Ⅲ的订购次数 $n_{Ⅲ}^*$ 也比模型Ⅰ的订购次数 $n_{Ⅰ}^*$ 要少：

$$n_{Ⅲ}^*=\frac{1}{t_{Ⅲ}^*}=\sqrt{\frac{hld}{2a(h+l)}}=\sqrt{\frac{hd}{2a}}\sqrt{\frac{l}{h+l}}<\sqrt{\frac{hd}{2a}}n_{Ⅰ}^*$$

从而订货费用也得以减少。

【例13-3】 承例13-1，若允许轴承缺货，且每件全年缺货费为购价的10%，试求最优策略、最大缺货量及最小费用。

解 由题意知

$$l=0.1c=0.1\times 50=5(元/件/年)$$

按式(13-14)～(13-19)得

$$t^* = \sqrt{\frac{2\times 2\,000\times(10+5)}{10\times 5\times 6\,000}} = 0.447\,2(\text{年})$$

$$t_1^* = \frac{5}{10+5}\times 0.447\,2 \approx 0.149\,1(\text{年})$$

$$S^* = 6\,000\times 0.149\,1 \approx 895(\text{件})$$

$$Q^* = 6\,000\times 0.447\,2 \approx 2\,683(\text{件})$$

$$W^* = 2\,683 - 895 = 1\,788(\text{件})$$

$$f^* = \sqrt{\frac{2\times 2\,000\times 10\times 5\times 6\,000}{10+5}} + 0.5\times 6\,000 \approx 308\,944.27(\text{元}/\text{年})$$

$$n^* = \frac{1}{t^*} = \frac{1}{0.447\,2} = 2.236(\text{次})$$

由于n^*非整，故为实用方便，也需比较$n=3$与$n=4$时的f值：

若$n=3$，则$t=\frac{1}{3}$，代入式(13-20)得

$$f\left(\frac{1}{3}\right) = \frac{10\times 5\times 6\,000}{2(10+5)}\times\frac{1}{3} + 3\times 2\,000 + 50\times 6\,000 \approx 309\,333.33(\text{元}/\text{年})$$

若$n=4$，则$t=\frac{1}{4}$，代入式(13-20)得

$$f\left(\frac{1}{4}\right) = \frac{10\times 5\times 6\,000}{2(10+5)}\times\frac{1}{4} + 4\times 2\,000 + 50\times 6\,000 \approx 310\,500(\text{元}/\text{年})$$

故取$n=3$，即全年订货3次，每隔4个月订货一次，每次订购批量为2 000件，最高存贮水平为

$$S = dt_1 = 6\,000\times\frac{5}{10+5}\times\frac{1}{3} \approx 667(\text{件})$$

最大缺货量为

$$W = 2\,000 - 667 = 1\,333(\text{件})$$

全年运营费用为309 333.33元。

注意：本例$W=1\,333$件，为每期轴承缺货量，按模型Ⅲ的假设条件，这些缺货量待订货运到须一次付清。对本例而言，这意味着通达设备厂有充分的生产能力，可以在极短的时间(近似为0)内迅速生产出1 333台设备，立即把这1 333件轴承用光。这样，批量为2 000件的一批订货只剩下667件，恰为最高存贮水平。这便是本例允许缺货的深层含义。若通达设备厂没有偌大的生产能力，不能在极短的时间内耗尽这1 333件缺货，则最高存贮水平将超过$S=667$件，因而轴承的保管费不仅不会减少，反而会增加。这时“允许缺货”毫无意义，也就是说真实系统与此假设不符，故不能应用模型Ⅲ。

13.2.4 模型Ⅳ——综合模型

本模型为模型Ⅱ，Ⅲ的综合。其存贮状态如图13-5所示。

在每一周期$[0,t]$内，从$\tau=0$时刻开始以速率p进货，但因此刻有累计缺货量W，因此在开始一段时间$[0,\tau_1]$内无存贮，进货除满足该段内的需求外，还清偿预售的缺货。从τ_1

时刻起，存贮以 $p-d$ 的速率由 0 递增，到 τ_2 时刻到达最高水平 S 并停止进货。$[\tau_2,\tau_3]$为纯消耗期，存贮以速率 d 由 S 递减，到 τ_3 时刻降为 0。$[\tau_3,t]$为缺货期，不进货但预售，直到 t 时刻才开始进货，从而又开始新一周期的运行。

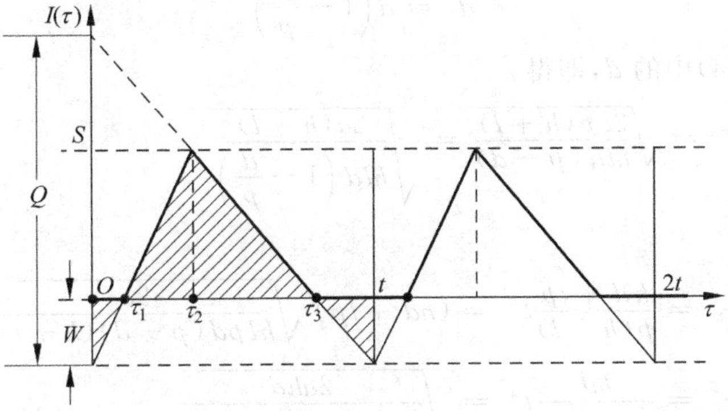

图 13-5

从图 13-5 中任取一个周期 t，得到图 13-6。

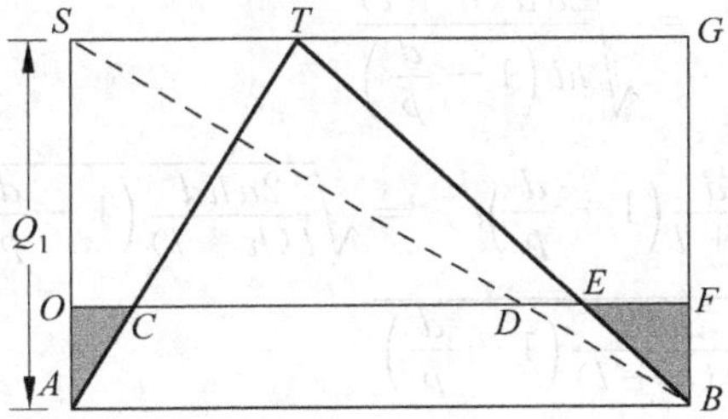

图 13-6

连接 SB 作一条辅助线。由相似△的对应边成比例，易得

$$\frac{DE}{ST}=\frac{BD}{BS}=\frac{BF}{BG}=\frac{OC}{ST}$$

则

$$DE=OC$$

$$CE=OD$$

于是，$\triangle AOC$ 与 $\triangle BDE$ 面积相等(等底同高)，进而

$$\triangle BDF \text{ 的面积} = \triangle AOC \text{ 与 } \triangle BEF \text{ 的面积之和} = \text{缺货量}$$

类似还有

$$\triangle ODS \text{ 的面积} = \triangle CET \text{ 的面积} = \text{存贮量}$$

这样，图 13-5 中的每一周期 t 都对应图 13-4(模型Ⅲ)中的一个周期 t，相应的需求率是 SD 的斜率的绝对值，记作 d_1，则有

$$Q_1=d_1t$$

又由图 13-5 及假设条件可知：

$$S=d(\tau_3-\tau_2),\ W=d(t-\tau_3),\ Q=p\tau_2=dt$$

则有

$$Q_1 = S + W = d(t-\tau_2) = d\left(t - \frac{d}{p}t\right) = d\left(1 - \frac{d}{p}\right)t$$

故

$$d_1 = d\left(1 - \frac{d}{p}\right)$$

用 d_1 取代式(13-14)中的 d,即得

$$t^* = \sqrt{\frac{2ap(h+l)}{hld(p-d)}} = \sqrt{\frac{2a(h+l)}{hld\left(1-\frac{d}{p}\right)}} \tag{13-22}$$

类似可得其他公式

$$\tau_3^* = \frac{hd+lp}{p(h+l)}t^* = (hd+lp)\sqrt{\frac{2a}{hlpd(p-d)(h+l)}} \tag{13-23}$$

$$\tau_1^* = \frac{hd}{p(h+l)}t^* = \sqrt{\frac{2ahd}{lp(p-d)(h+l)}} \tag{13-24}$$

$$\tau_2^* = \frac{d}{p}t^* = \sqrt{\frac{2ad(h+l)}{hlp(p-d)}} \tag{13-25}$$

$$Q^* = dt^* = \sqrt{\frac{2ad(h+l)}{hl\left(1-\frac{d}{p}\right)}} \tag{13-26}$$

$$W^* = \frac{hd}{h+l}\left(1-\frac{d}{p}\right)t^* = \sqrt{\frac{2ahd}{l(h+l)}\left(1-\frac{d}{p}\right)} \tag{13-27}$$

$$S^* = \sqrt{\frac{2ald}{h(h+l)}\left(1-\frac{d}{p}\right)} \tag{13-28}$$

$$f^* = \sqrt{\frac{2ahld}{h+l}\left(1-\frac{d}{p}\right)} + cd \tag{13-29}$$

$$f(t) = \frac{hld}{2(h+l)}\left(1-\frac{d}{p}\right)t + \frac{a}{t} + cd \tag{13-30}$$

$$f(Q) = \frac{1}{2}hQ\frac{l}{h+l}\left(1-\frac{d}{p}\right) + \frac{ad}{Q} + cd \tag{13-31}$$

易见:当 $p\to\infty$ 时,模型Ⅳ就成为模型Ⅲ;当 $l\to\infty$ 时,模型Ⅳ就成为模型Ⅱ;而当 $p\to\infty$ 且 $l\to\infty$ 时,则模型Ⅳ就成为模型Ⅰ。

【例 13-4】 试就例 13-2,例 13-3 的条件求最优策略、最大缺货量及最小费用。

解 已知:$a=2\,000$(元/次),$c=50$(元/件),$d=6\,000$(件/年),
$p=36\,500$(件/年),$h=10$(元/件/年),$l=5$(元/件/年),

$$1-\frac{d}{p}\approx 0.835\,6$$

由式(13-22),(13-27),(13-29),得

$$t^* = \sqrt{\frac{2\times 2\,000(10+5)}{10\times 5\times 6\,000\times 0.835\,6}} \approx 0.489\,2(\text{年})$$

$$Q^* = 6\,000\times 0.489\,2 \approx 2\,935(\text{件})$$

$$W^* = \sqrt{\frac{2\times 2\,000\times 10\times 6\,000}{5(10+5)}}\times 0.835\,6 \approx 1\,495(\text{件})$$

$$f^* = \sqrt{\frac{2\times 2\,000\times 10\times 5\times 6\,000}{10+5}}\times 0.835\,6 + 50\times 6\,000 \approx 308\,176.06(\text{元}/\text{年})$$

可见本例的 f^* 比例 13-2、例 13-3 的 f^* 都小。

由于订货次数为

$$n^* = \frac{1}{t^*} = \frac{1}{0.489\,2} \approx 2.04(\text{次})$$

故为实用方便,取 $n=2$,则 $t=\frac{1}{2}$年,这时

$$Q = 6\,000\times\frac{1}{2} = 3\,000(\text{件})$$

$$W = \frac{10\times 6\,000}{10+5}\times 0.835\,6\times\frac{1}{2} \approx 1\,671(\text{件})$$

故每当缺货量达到 $W=1\,671$ 件就开始进货,而运营费用为

$$f\left(\frac{1}{2}\right) = \frac{10\times 5\times 6\,000}{2(10+5)}\times 0.835\,6\times\frac{1}{2} + 2\times 2\,000 + 50\times 6\,000 \approx 308\,178(\text{元}/\text{年})$$

与最优值 f^* 相差无几。

13.3 其他模型选介

13.3.1 模型Ⅴ——订价折扣模型

所谓“订价折扣”,是指供方采取的一种鼓励用户多订货的优惠政策,即根据订货量 Q 的大小规定不同的购价,订货越多则购价越低。换言之,购价为关于订货量 Q 的分段函数 $c(Q)$。通常 $c(Q)$是一个阶梯函数,其一般形式如下:

$$c(Q) = \begin{cases} c_1, & (Q\in[0,Q_1)) \\ c_2, & (Q\in[Q_1,Q_2)) \\ \vdots & \\ c_m, & (Q\in[Q_{m-1},\infty)) \end{cases}$$

其中 $c_1>c_2>\cdots>c_m$,$0=Q_0<Q_1<Q_2<\cdots<Q_{m-1}<Q_m=\infty$,且 c_i,$Q_i(i=1,2,\cdots,m)$均为常数。上式也可简写成

$$c(Q) = c_i, \quad (Q\in[Q_{i-1},Q_i), i=1,2,\cdots,m)$$

下面仅就模型Ⅰ为例加以分析,其方法也适用于模型Ⅱ,Ⅲ,Ⅳ。按式(13-2),令

$$f_i = \frac{1}{2}hQ + \frac{ad}{Q} + c_i d, \quad (i=1,2,\cdots,m)$$

则目标函数为

$$f(Q) = f_i, \quad (Q\in[Q_{i-1},Q_i), i=1,2,\cdots,m) \tag{13-32}$$

如图 13-7 所示,$f(Q)$由以 $Q_1,Q_2,\cdots,Q_m$ 为分界点的几条不连续的曲线段(实线)所构成,因而也是一个分段函数。

由于 $c_i d$ 为常数,所以每一 f_i 的极小点都是

$$Q^* = \sqrt{\frac{2ad}{h}}$$

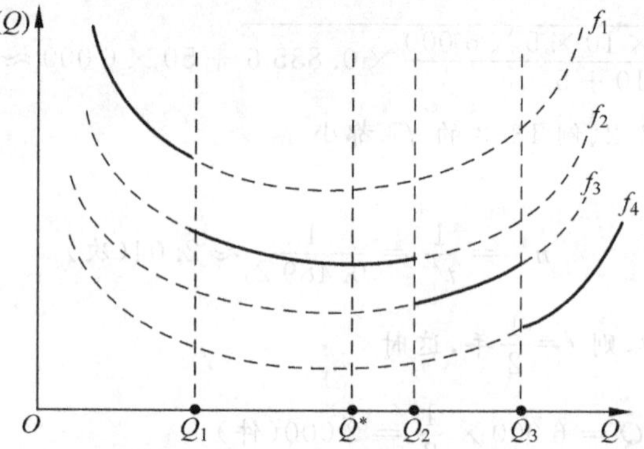

图 13-7

如果 $Q^* \in [Q_1, Q_2)$，则由式(13-5)可得

$$f(Q^*) = \sqrt{2ahd} + c_2 d$$

对于一切 $Q \in (0, Q_2)$，都有

$$f(Q^*) < f(Q)$$

则 Q^* 为 $f(Q)$ 在 $(0, Q_2)$ 上的极小点。但当 $Q = Q_2$ 时，由于购价由 c_2 降为 c_3，可能有 $f(Q_2) \leqslant f(Q^*)$。所以应依次计算 Q^* 右侧各分界点 Q_i 的目标函数值：

$$f(Q_i) = \frac{1}{2}hQ_i + \frac{ad}{Q_i} + c_i d, \quad (Q_i > Q^*) \tag{13-33}$$

并与 $f(Q^*)$ 一起加以比较，从中选出最小值：

$$f(\widetilde{Q}) = \min\{f(Q^*), f(Q_i) \mid Q_i > Q^*\}$$

而它所对应的 $\widetilde{Q}$ 即最优订购量。

【例 13-5】 承例 13-1，假设轴承厂规定该轴承的购价为

$$c(Q) = \begin{cases} 50, & (Q < 3\,000) \\ 48, & (3\,000 \leqslant Q < 6\,000) \\ 46, & (Q \geqslant 6\,000) \end{cases}$$

试求仪表厂对该元件的最优存贮策略及最少费用。

解 由例 13-1 已知 $Q^* = 1\,459$ 件，以及

$$f(Q^*) = 315\,492(\text{元}/\text{年})$$

又按式(13-33)得

$$f(3\,000) = \frac{1}{2} \times 10 \times 3\,000 + 2\,000 \times 2 + 48 \times 6\,000 = 307\,000(\text{元}/\text{年})$$

$$f(6\,000) = \frac{1}{2} \times 10 \times 6\,000 + 2\,000 \times 1 + 46 \times 6\,000 = 308\,000(\text{元}/\text{年})$$

故

$$\widetilde{Q} = 3\,000(\text{件}), \tilde{n} = \frac{d}{\widetilde{Q}} = 2(\text{次}), \tilde{f} = 307\,000(\text{元}/\text{年})$$

13.3.2 模型Ⅵ——需求随机的单周期存贮模型

许多时令商品，如蔬菜、水果、鲜蛋、鲜肉、鲜鱼……报纸、杂志、挂历，等等，其经营期限

很短，过期则报废或贬值。因此每次进货只能当期销售，不能逾期存贮。由于需求随机不定，因此进货偏多偏少都会造成一定损失，则每期进货批量如何确定？这就是**需求随机的单周期存贮问题**。记以

k——畅销时的盈利(元/件)

l——滞销时的亏损(元/件)

$F(x)=P(X\leqslant x)$——需求量 X 的概率分布函数

$f(Q)=\mathrm{ER}(Q)$——方案 Q(即单周期进货批量为 Q)的期望盈利(元)

则有

$$\begin{cases} f(Q^*) \geqslant f(Q^*+1) & ① \\ f(Q^*) \geqslant f(Q^*-1) & ② \end{cases}$$

式①的右端 $f(Q^*+1)$ 表示：比最优方案 Q^* 多订 1 件时的期望盈利(元)，令

$$B=f(Q^*)$$

则与其比较，方案 Q^*+1 的盈利情况如表 13-1 所示。

表 13-1　进货批量为 Q^*+1 时的盈利情况

状　态	概　率	盈利/元
第 Q^*+1 件滞销	$P(X\leqslant Q^*)$	$B-l$
第 Q^*+1 件畅销	$1-P(X\leqslant Q^*)$	$B+k$

由此可知，式①即

$$B \geqslant (B-l)P(X\leqslant Q^*)+(B+k)[1-P(X\leqslant Q^*)]$$

由此可得

$$F(Q^*)=P(X\leqslant Q^*)\geqslant \frac{k}{k+l} \qquad ③$$

式②的右端 $f(Q^*-1)$ 表示：比最优方案 Q^* 少订 1 件时的期望盈利(元)，令

$$D=f(Q^*-1)$$

则与其比较，最优方案 Q^* 的盈利情况如表 13-2 所示。

表 13-2　进货批量为 Q^* 时的盈利情况

状　态	概　率	盈利/元
第 Q^* 件滞销	$P(X\leqslant Q^*-1)$	$D-l$
第 Q^* 件畅销	$1-P(X\leqslant Q^*-1)$	$D+k$

由此可知，式②即

$$(D-l)P(X\leqslant Q^*-1)+(D+k)[1-P(X\leqslant Q^*-1)]\geqslant D$$

由此可得

$$F(Q^*-1)=P(X\leqslant Q^*-1)\leqslant \frac{k}{k+l} \qquad ④$$

令

$$\theta_1=\frac{k}{k+l} \qquad (13\text{-}34)$$

称为**(概率)临界值**。则由③,④两式可得

$$F(Q^*-1) \leqslant \theta_1 \leqslant F(Q^*)$$

由此即可确定最优进货批量 Q^*,因此该法又称为**临界值法**。

更具体地说,由于需求量 X 取值离散,因此其分布函数为累积概率,即

$$F(Q) = \sum_{x \leqslant Q} P(X = x) \tag{13-35}$$

为确定最优进货批量 Q^*,可依次计算 $Q=0,1,\cdots$时的分布函数值 $F(Q)$,当首次出现

$$F(Q) \geqslant \theta_1$$

时,则该 Q 值就是最优进货批量 Q^*。

简记 $P(x)=P(X=x)$,则方案 Q 的期望盈利为

$$f(Q) = \sum_{x<Q} [(k+l)x - lQ]P(x) + kQ\sum_{x \geqslant Q} P(x) \tag{13-36}$$

【例 13-6】 考虑第 10 章的例 10-8。其实该例正是一个单周期存贮问题。由前已知:

$$k = 3,\ l = 2,\ (\text{单位:}1\,000\ \text{元}/\text{万根})$$

则按式(13-34),临界值为

$$\theta_1 = \frac{k}{k+l} = \frac{3}{3+2} = 0.6$$

按日产量 $a=0,1,\cdots,5$(万根),依次计算累积概率 $F(a)$,见表 13-3。

表 13-3

a,s/万根	0	1	2	3	4	5
概率 $P(s)$	0.1	0.2	0.4	0.2	0.08	0.02
累积概率 $F(a)$	0.1	0.3	0.7			

直至首次出现

$$F(2) = 0.7 \geqslant \theta_1 = 0.6$$

为止,则最优日产量为

$$a^* = 2(\text{万根})$$

再按式(13-36)计算最优方案 $a^*=2$ 的期望盈利,有

$$\begin{aligned} f(2) &= \sum_{s<2}(5s-4)P(s) + 6\sum_{s \geqslant 2} P(s) \\ &= -4(0.1) + 1(0.2) + 6(0.4 + 0.2 + 0.08 + 0.02) \\ &= 4(\times 1\,000\ \text{元}) \end{aligned}$$

结果同前,方法更简。

注意:

(1) 本例最优方案 $a^*=2$ 为可重复性决策,其适用前提条件是各期需求量 X 相互独立;

(2) 若需求量 X 为连续型随机变量,则可按

$$F(Q) = \theta_1$$

来确定最优进货批量 Q^*。

13.3.3 模型Ⅶ——需求随机的多周期存贮定期盘点模型

1. 假设——模型适用的前提条件

(1) 需求随机。但在每一固定周期 t_0(如一年、一季、一个月、一周等)内的需求量 X 的概率分布 $P(X)$ 可知。

(2) 订货与交货之间的时滞很短。在模型中取做 0,即被视为无时滞。

(3) 进货时间很短,在模型中也是取做 0,即被视为即时补充。

(4) 采用 (t_0,α,S) 策略,即每隔 t_0 周期盘点一次,若存贮状态 $I<\alpha$,则立即补充到 S 水平;否则不补充。

该系统的存贮状态示意图如图 13-8 所示。图中第 4 周期初的存贮状态 $I<0$,这时 I 表示最大缺货量;而进货量为 $Q=S-I,(I<\alpha)$。由于每期初的存贮状态 I 各不相同,因此每次进货量 Q 也各不同。

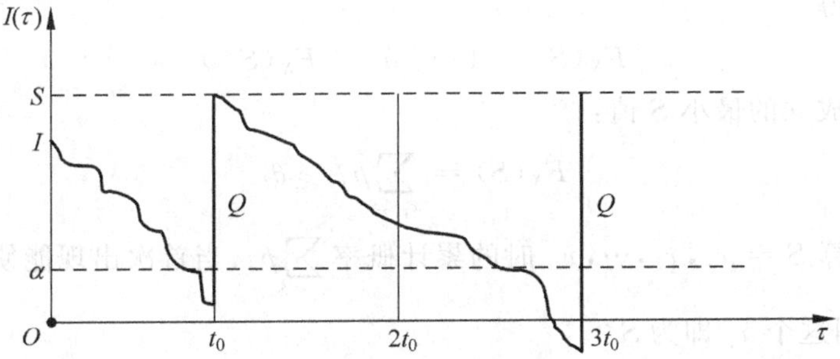

图 13-8

2. 离散型

下面就 X 为离散随机变量的情况进行讨论。设 X 的概率分布为

$$P(X=x_j)=p_j,\quad (j=1,2,\cdots,m)$$

自然有 $p_j\geqslant 0,(j=1,2,\cdots,m)$;且 $\sum\limits_{j=1}^{m}p_j=1$。

以 t_0 为单位时间,把目标函数 f 取做一个周期 t_0 内的期望运营费用。

(1) 存贮上限 S 的确定

先讨论存贮上限 S 如何确定,以使 f 达到极小。为便于讨论,先不考虑 α,即假定每期初不管 I 为多少,都把存贮补充到 S 水平。这样每期的最大存贮量均为 S。

因为仅当需求量 $X\leqslant S$ 时,剩余 $S-X$ 数量的存贮才有保管费,否则无保管费,所以一个周期 t_0 内的保管费期望值为

$$C_H=h\sum_{x_j\leqslant S}(S-x_j)p_j$$

又因仅当 $X>S$ 时才有缺货量 $X-S$,否则不缺货,故 t_0 内的缺货费期望值为

$$C_S=l\sum_{x_j>S}(x_j-S)p_j$$

因此 t_0 内的运营费用期望值为

$$f=a+cQ+h\sum_{x_j\leqslant S}(S-x_j)p_j+l\sum_{x_j>S}(x_j-S)p_j$$

由于$Q=S-I$,因此上式可写成

$$f(S)=a+c(S-I)+h\sum_{x_j\leqslant S}(S-x_j)p_j+l\sum_{x_j>S}(x_j-S)p_j \tag{13-37}$$

设S^*为最优存贮上限,即有

$$f(S^*)=\min_S\{f(S)\}$$

则

$$f(S^*)\leqslant f(S^*+1) \quad ①$$

$$f(S^*)\leqslant f(S^*-1) \quad ②$$

令

$$F_X(S)=P(X\leqslant S)=\sum_{x_j\leqslant S}p(X=x_j)=\sum_{x_j\leqslant S}p_j$$

$$\theta_2=\frac{l-c}{l+h} \tag{13-38}$$

则由式①,②可得

$$F_X(S^*-1)\leqslant\theta_2\leqslant F_X(S^*)$$

故S^*是使下式成立的最小S值:

$$F_X(S)=\sum_{x_j\leqslant S}p_j\geqslant\theta_2 \tag{13-39}$$

因此,可由此计算$S=x_1,x_2,\cdots,x_m$时的累计概率$\sum_{x_j\leqslant S}p_j$,当首次出现能使式(13-39)成立的$S=x_j$时,则这个x_j即为S^*。

【例13-7】 某厂对某种材料每月的需求量及其概率见表13-4。

表 13-4

需求量(吨)	50	60	70	80	90	100	110	120
概　　率	0.05	0.10	0.15	0.25	0.20	0.10	0.10	0.05

每次订货费为500元,购置费为每吨1 000元;每吨材料每月保管费为50元,缺货费为1 500元。试求S^*及期望费用。

解 由题意知:$a=500$(元/次),$c=1\,000$(元/吨),$h=50$(元/吨/月),$l=1\,500$(元/吨/月),$I=50$(吨)。按式(13-38)得

$$\theta_2=\frac{1\,500-1\,000}{1\,500+50}\approx 0.32$$

列表计算$S=40,50,\cdots,80$时的累计概率$F_X(S)$,见表13-5。

表 13-5

S,x_j	50	60	70	80	90	100	110	120
p_j	0.05	0.10	0.15	0.25	0.20	0.10	0.10	0.05
$F_X(S)$	0.05	0.15	0.30	0.55				

由于

$$0.30=F_X(70)<\theta_2(=0.32)<F_X(80)=0.55$$

所以

$$S^* = 80(\text{吨})$$

再按式(13-37)得

$$\begin{aligned} f(80) = &500 + 1\,000(80-50) + 50[0.05(80-50) + 0.10(80-60) + \\ &0.15(80-70)] + 1\,500[0.2(90-80) + 0.1(100-80) + 0.1(110-80) + \\ &0.05(120-80)] \\ = &44\,250(\text{元}/\text{月}) \end{aligned}$$

故月初进货 $Q^* = 80-50 = 30$ 吨，可使每月期望运营费用达到最少，为44 250元。

(2) 订货点 α 的确定

上面确定的 S^* 及相应策略，是不论初始存贮量 I 为多少，都将存贮补充到 S^* 水平。可称为 (t_0, S) 策略。这种策略不一定最优，因为当 I 在某一存贮水平 α 以上时，尽管 $I < S^*$，也许不进货能使运营费用比 $f(S^*)$ 更少。下面就讨论 α 如何确定。

由于 $S = I + Q$，故式(13-37)也可写成

$$f(I+Q) = a + cQ + h\sum_{x_j \leqslant I+Q}(I+Q-x_j)p_j + l\sum_{x_j > I+Q}(x_j - I - Q)p_j$$

若期初不进货，则 $Q=0$，$a=0$，这时上式成为

$$f(I) = h\sum_{x_j \leqslant I}(I-x_j)p_j + l\sum_{x_j > I}(x_j - I)p_j$$

其中，I 满足：

$$\alpha \leqslant I < S^*$$

由于 $f(I)$ 中无定购费，又因 $I < S^*$，故其保管费也比 $f(S^*)$ 中的保管费少，唯有缺货费可能比 $f(S^*)$ 中的多。总之，$f(I)$ 可能小于 $f(S^*)$。因此，若

$$f(I) \leqslant f(S^*)$$

则期初"不进货"的决策就优于"进货"的决策。上式即

$$h\sum_{x_j \leqslant I}(I-x_j)p_j + l\sum_{x_j > I}(x_j - I)p_j \leqslant a + c(S^* - I) + h\sum_{x_j \leqslant S^*}(S^* - x_j)p_j + l\sum_{x_j > S^*}(x_j - S^*)p_j$$

或

$$cI + h\sum_{x_j \leqslant I}(I-x_j)p_j + l\sum_{x_j > I}(x_j - I)p_j \leqslant$$

$$a + cS^* + h\sum_{x_j \leqslant S^*}(S^* - x_j)p_j + l\sum_{x_j > S^*}(x_j - S^*)p_j \tag{13-40}$$

为叙述简便，记式(13-40)的右端为

$$R(S^*) = a + cS^* + h\sum_{x_j \leqslant S^*}(S^* - x_j)p_j + l\sum_{x_j > S^*}(x_j - S^*)p_j \tag{13-41}$$

记式(13-40)的左端为

$$G(I) = cI + h\sum_{x_j \leqslant I}(I-x_j)p_j + l\sum_{x_j > I}(x_j - I)p_j \tag{13-42}$$

则式(13-40)可简写成 $G(I) \leqslant R(S^*)$。现要确定一个值 α，使得

当 $I \geqslant \alpha$ 时，有 $G(I) \leqslant R(S^*)$，从而"不进货"

当 $I < \alpha$ 时，有 $G(I) > R(S^*)$，从而"进货"

显然，α 为 I 值关于两个互逆决策"进货"与"不进货"的转折点，称 α 为期初存贮状态 I 的临

界点。于是问题归结为寻求 α,使

$$G(\alpha)\leqslant R(S^*)$$

起码有 $\alpha=S^*$ 使上式成立,故 α 总是存在的,同 S^* 的取值范围一样,α 也只能从 $\{x_1,x_2,\cdots,x_m\}$ 中取值,且 $\alpha\leqslant S^*$,故

$$\alpha=\min_j\{x_j \mid x_j\leqslant S^*,\quad G(x_j)\leqslant R(S^*)\} \tag{13-43}$$

于是有下述算法:

1° 按式(13-41)算出 $R(S^*)$;令 $k=1$。

2° 按式(13-42)算出 $G(x_k)$。

3° 若 $G(x_k)\leqslant R(S^*)$,则 $\alpha=x_k$,停止;否则令 $k:=k+1$,返 2°。

而一个周期 t_0 内的最小期望运营费用为

$$f^*=\begin{cases}f(I)=G(I)-cI, & \text{当 } I\geqslant\alpha\\ f(S^*)=R(S^*)-cI, & \text{当 } I<\alpha\end{cases} \tag{13-44}$$

【例 13-8】 承例 13-7,求最优策略及最少费用。

解 由例 13-7 的计算结果知 $S^*=80$ 吨,按式(13-41)得

$$\begin{aligned}R(80)=&\ 500+1\,000\times80+50\times[0.05\times(80-50)+0.10\times(80-60)+\\&0.15\times(80-70)]+1\,500\times[0.2\times(90-80)+0.1\times(100-80)+\\&0.1\times(110-80)+0.05\times(120-80)]\\=&\ 94\,250\end{aligned}$$

再按式(13-42)对 $x_k\leqslant80$ 依次计算 $G(x_k)$ 如下:

$$\begin{aligned}G(50)=&\ 1\,000\times50+1\,500\times[0.1\times(60-50)+0.15\times(70-50)+0.25\times(80-50)+\\&0.2\times(90-50)+0.1\times(100-50)+0.1\times(110-50)+0.05\times(120-50)]\\=&\ 101\,000>94\,250=R(60)\end{aligned}$$

$$\begin{aligned}G(60)=&\ 1\,000\times60+50\times0.05\times(60-50)+1\,500\times[0.15\times(70-60)+0.25\times(80-60)+\\&0.2\times(90-60)+0.1\times(100-60)+0.1\times(110-60)+0.05\times(120-60)]\\=&\ 96\,775>94\,250=R(60)\end{aligned}$$

$$\begin{aligned}G(70)=&\ 1\,000\times70+50\times[0.05(70-50)+0.15\times(70-60)]+1\,500\times[0.25(80-70)+\\&0.2(90-70)+0.1\times(100-70)+0.1\times(110-70)+0.05\times(120-70)]\\=&\ 94\,100<94\,250=R(60)\end{aligned}$$

故 $\alpha=70$ 吨,最优策略为(1 月,70 吨,80 吨)。即每月初进行盘点,若月初存贮量 $I<70$ 吨,立即补充 $Q^*=S^*-I$;否则不补充。由于本例 $I=50<70=\alpha$,故月初应进货

$$Q^*=80-50=30(\text{吨})$$

每月最小运营费用按式(13-44)计算为

$$f^*=R(S^*)-cI=94\,250-1\,000\times50=44\,250(\text{元})$$

同例 13-7 结果一致。

倘若 $I\geqslant70$,那么本例的策略必优于例 13-7 的(1 月,80 吨)策略(请读者就 $I=70$ 吨的情况加以验证)。

3. 连续型

(t_0,α,S) 策略也适用于需求量 X 为连续型随机变量的情况。设 X 的概率密度函数为 $p(x)$,则其分布函数为

$$F_X(x)=P(X\leqslant x)=\int_{-\infty}^{x}p(x)\mathrm{d}x$$

这时应按下式确定 S^*：

$$F_X(S^*)=\int_{-\infty}^{S^*}p(x)\mathrm{d}x=\theta_2 \tag{13-45}$$

并按下式确定 α：

$$G(\alpha)=R(S^*) \tag{13-46}$$

其中

$$R(S^*)=a+cS^*+h\int_{-\infty}^{S^*}(S^*-x)p(x)\mathrm{d}x+l\int_{S^*}^{\infty}(x-S^*)p(x)\mathrm{d}x \tag{13-47}$$

$$G(\alpha)=c\alpha+h\int_{-\infty}^{\alpha}(\alpha-x)p(x)\mathrm{d}x+l\int_{\alpha}^{\infty}(x-\alpha)p(x)\mathrm{d}x \tag{13-48}$$

这样就能确定最优策略，而一个周期的最少期望运营费用仍按式(13-44)计算。

【例 13-9】 某商店经销一种家用电器，每次订货费 500 元，每台进货价格为 1 000 元；每台每月的保管费为 50 元，缺货费为 1 500 元。据以往统计，这种电器每月的需求量(台)服从[50,120]内的均匀分布。①试确定最优策略；②若商店上月末库存这种电器 12 台，则本月应采用什么策略？其运营费用为多少？

解 设以 X(台)表示这种家用电器的月需求量，则依题意 X 的概率密度函数为

$$p(x)=\begin{cases}\dfrac{1}{70}, & 50\leqslant x\leqslant 120\\ 0, & \text{其他 } x\end{cases}$$

又知：$a=500$(元)，$c=1\,000$(元/台)，$h=50$(元/台/月)，$l=1\,500$(元/台/月)，$I=12$ 台。

(1) 因为

$$F_X(S^*)=\int_{50}^{S^*}\frac{1}{70}\mathrm{d}x=\frac{S^*-50}{70}$$

$$\theta_2=\frac{l-c}{l+h}=\frac{1\,500-1\,000}{1\,500+50}=\frac{500}{1\,550}=\frac{10}{31}$$

所以按式(13-45)得

$$\frac{S^*-50}{70}=\frac{10}{31}$$

$$S^*\approx 72(\text{台})$$

由式(13-47)得

$$R(S^*)=500+1\,000(72)+50\int_{50}^{72}(72-x)\frac{1}{70}\mathrm{d}x+1\,500\int_{S^*}^{\infty}(x-72)\frac{1}{70}\mathrm{d}x$$

由式(13-48)得

$$G(\alpha)=1\,000\alpha+50\int_{50}^{\alpha}(\alpha-x)\frac{1}{70}\mathrm{d}x+1\,500\int_{\alpha}^{120}(x-\alpha)\frac{1}{70}\mathrm{d}x$$

按式(13-46)，经积分并整理后，有

$$31\alpha^2-4\,500\alpha+161\,896=0$$

解此方程，得

$$\alpha=66 \quad 和 \quad \alpha=79$$

因为 $\alpha=79>S^*=72$(台)，故舍去；则

$$\begin{cases} \alpha = 66 \text{ 台} \\ S^* = 72 \text{ 台} \end{cases}$$

最优存贮策略为(1 个月,66 台,72 台)。

(2) 由于$I=12<66=\alpha$,因此本月初应进货

$$Q^* = S^* - I = 72 - 12 = 60(\text{台})$$

期望费用由式(13-44)算得:

$$f^* = R(S^*) - cI = 85\ 355.20(\text{元})$$

习 题

13.1 一家出租汽车公司平均每月使用汽油 8 000 公升,汽油价格为 1.05 元,每次定货费为 3 000 元,保管费为每月每公升 0.03 元。试求最优策略及其费用。

13.2 某厂对某种材料的全年需求量为 1 040 吨,其购价为每吨 1 200 元,每次订货费为 2 040 元,每年每吨的保管费为 170 元。

(1) 试求最优策略及其费用;

(2) 为实用方便,则存贮策略及其费用又如何?

13.3 某装配车间每月需要 A 零件 400 件。该零件由厂内生产,生产率为每月 800 件,每批生产准备费为 100 元,每件生产成本为 5 元,每月每个零件的保管费为 0.5 元。试求装配车间对 A 零件的存贮策略及其费用,以及该零件的生产周期与最高存贮水平。

13.4 某厂每天生产 50 件产品,每批生产固定费用为 250 元,每件产品的成本为 200 元,每件产品每年保管费为 65 元。若每天对该产品的需求量为 10 件,求最优策略及其费用。

13.5 某机械厂每周购进某种机械零件 50 个,购价为每件 4 元,每次订货费为 4 元,每件每周保管费为 0.36 元。

(1) 求经济订货批量;

(2) 为少占用流动资金,使存贮达到最低限度,该厂宁可使总费用超过最低费用的 4%,则此时订货批量又为多少?

13.6 承 13.2 题,若允许缺货,且知缺货损失费为每吨每年 500 元。

(1) 求最优策略、最大缺货量及最小费用;

(2) 若为实用方便,则结果又应如何?

13.7 某印刷厂负责印刷一本年销售量为 120 万册的书,该厂每天的生产能力是几十万册,该书的销售是均匀的。若该厂只按每天销量印刷,则可使生产率与销售率同步,从而无库存,但每天印完此书又得换版印刷别的书,其生产调节费为每天 2 000 元。每万册书贮

存一天的费用为 4.53 元，缺货一天的损失为 1.02 元，试分析比较缺货与不缺货的最优策略哪个比较好，并说明理由。

13.8 承 13.4 题，若允许缺货，且知缺货损失为每件每年 85 元。

(1) 求最优策略、最大缺货量及最小费用；

(2) 若为实用方便，则又应如何？

13.9 某报社定期补充纸张的库存量，所用新闻纸以大型卷筒进货，每次订货费用(包括采购手续、运输费等)为 25 元，购价如下：

买 1 ～ 9 筒，单价为 12.00 元

买 10 ～ 49 筒，单价为 10.00 元

买 50 ～ 99 筒，单价为 9.50 元

买 100 筒以上，单价为 9.00 元

报社印刷车间的消耗率是每周 32 筒，贮存纸张的费用(包括保险、占用资金的利息)为每周每筒 1 元。试求最佳定货批量及每周最小费用。

13.10 某医院药房每年需某种药 1 000 瓶，每次订货费 5 元，每瓶药每年的保管费为 0.40 元。制药厂规定每瓶药的单价为 2.50 元，其折扣条件为：

定购 100 瓶，价格折扣率为 0.05

定购 300 瓶，价格折扣率为 0.10

该医院是否应接受制药厂的折扣条件？最佳订货批量如何？

13.11 承上题。

(1) 若医院每年对这种药的需要量为 100 瓶，其他数据不变，则应采用什么存贮策略？

(2) 若每年需要 400 瓶呢？

13.12 试用临界值法分别求解 10.2 题、10.4 题。

13.13 某服装店拟于今冬前订购一批新式皮装，每件进价 800 元，畅销盈利 80%，但冬去滞销则只能按进价 50%处理。预测该皮装销量服从参数为 1/80 的指数分布，试求最佳订购量。

13.14 某电器维修部使用的一种零件的订购价格为每件 26 元，每次订货费为 150 元；每年每个零件保管费为 1 元，平均缺货费为 80 元；年需求量的概率分布见表 13-6。

表 13-6

需求量/(件/年)	40	50	60	70	80
概率	0.2	0.3	0.3	0.1	0.1

(1) 若年初该零件存贮量为 10 件，试求最优策略和期望费用；

(2) 若年初该零件存贮量为 50 件，则最优策略和期望费用如何？

参考文献

1. (美)摩特 J J,爱尔玛拉巴 S E. 运筹学手册(基础和基本原理). 上海：上海科学技术出版社,1987.
2. 韩大卫. 管理运筹学通论. 第二版. 大连：大连理工大学出版社,2007.
3. (美)吉勒特 B E 等著. 蔡宣三等译. 运筹学导论—计算机算法. 北京：机械工业出版社,1982.
4.《运筹学》教材编写组. 运筹学. 第二版. 北京：清华大学出版社,1990.
5. 胡运权等. 运筹学基础及应用. 第四版. 北京：高等教育出版社,2004.
6. 韩大卫. 管理运筹学习题精解. 大连：大连理工大学出版社,2002.

教师服务

感谢您选用清华大学出版社的教材！为了更好地服务教学，我们为授课教师提供本书的教学辅助资源，以及本学科重点教材信息。请您扫码获取。

» 教辅获取

本书教辅资源，授课教师扫码获取

» 样书赠送

管理科学与工程类重点教材，教师扫码获取样书

清华大学出版社

E-mail: tupfuwu@163.com
电话：010-83470332 / 83470142
地址：北京市海淀区双清路学研大厦B座509

网址：http://www.tup.com.cn/
传真：8610-83470107
邮编：100084